JN425243

유아 다문화교육

박 재 옥

창지사

머리말

4차 산업혁명 시대에 들어오면서 디지털(사물인터넷, 인공지능), 바이오(유전공학, 합성생물학), 물리학(3D 프린팅, 나노기술), 빅데이터, 초연결성(IoT와 모바일), 로봇, 클라우드 등 첨단 기술이 모든 산업에 융합하는 사회입니다. 이러한 미래 사회를 이끌어 갈 인재가 갖추어야 할 요소로 호기심, 상상력, 문제해결능력, 창의력, 공감능력과 더불어 강조되는 덕목이 바로 사회적 인성입니다. 국가 수준 교육과정인 개정 누리과정 사회관계 영역의 목표 역시 영·유아로 하여금 자신을 소중히 여기며 자율성을 기르고, 가족이나 또래와 협력하며 공동체 구성원들과 함께 더불어 살아가는 방법을 익히고, 사회에 관심을 가지며 적응해 나갈 수 있는 기초능력과 인성을 기르는 데 있습니다.

유아기는 자신에 대한 긍정적 사고를 바탕으로 다른 사람과 더불어 살아가는 능력을 키울 수 있는 사회·정서적 발달의 결정적 시기입니다. 따라서 글로벌·다문화 시대를 살아가는 영·유아들에게 있어 다문화교육은 필수적일 수밖에 없기에 그 어느 때보다 영·유아 교사들의 역할과 다문화 역량이 요구되고 있습니다. 이는 교원자격검정에서도 다문화교육을 교사양성과정에 필수적으로 편성하도록 강조하는 것과 맥락을 같이하는 것입니다.

유아 다문화교육은 유아가 사회 구성원으로서 다른 사람과 적절하게 관계를 맺고 살아가도록 타인의 정서에 대해 관심을 갖고 이해하며 배려하는 능력을 가질 수 있게 이끌어 주는 교육입니다. 어려서부터 배려를 잘하고 타인의 복지에 관심을 갖는 유아가 그러한 성향의 성인으로 성장하는 경향이 있다는 것은 연구를 통해서도 밝혀지고 있습니다.

그러므로 사회교육의 주요한 영역인 다문화교육을 통해 아이들에게 다른 사람과 다른 문화에 관한 이해와 배려에 대해 긍정적인 태도의 토대를 갖추도록 지원하는 것은 개인의 행복이나 성공적인 삶은 물론, 사회와 국가, 나아가 인류의 미래도 보장될 수 있는 중요한 일입니다. 이 책이 우리 아이들에게 그 토대를 마련해 줄 수 있는 미래 사회의 운명과 관련된 숭고한 활동을 펼치는 데 있어 예비 및 현장 교사, 나아가 부모들에게 작은 길잡이가 되길 기대합니다.

이 책은 크게 이론 편과 실제 편의 두 파트로 구성되어 있습니다.

첫 번째 이론 편에서 Chapter 1은 문화에 대한 이해와 다문화 현황을 비롯하여 다문화가정의 아동과 아동의 권리 등 기초적인 내용을 다루었으며, Chapter 2는 유아 다문화교육의 개념을 보다 명확히 이해하고자 다문화교육과 관련 교육들을 살펴보았습니다. Chapter 3부터 Chapter 5까지는 유아 다문화교육의 필요성과 방향 및 목표와 내용을, Chapter 6에서는 우리나라와 다른 나라의 다문화정책과 다문화교육의 동향을 살펴봄으로써 시사점을 찾기를 희망하였습니다. Chapter 7에서는 교사가 유아 다문화교육을 실천할 때 전문적인 지식과 더불어 요구되는 교사의 인식과 태도, 교수, 인성 등 개인이 갖출 요건을 강조하였으며, Chapter 8에서는 다문화가정의 부모 상담 필요성과 다문화 상담법을, Chapter 9에서는 다문화가정의 이해와 다문화가정 부모교육 방법을 제시하였습니다. Chapter 10에서는 유아 다문화교육 실천에 고려하여야 할 개정 누리과정 및 개정 표준보육과정 등 교육과정과의 관계를 알아보았으며, Chapter11에는 유아 다문화교육 프로그램의 기본방향, 실천방향, 교육방법, 평가 등을 담았습니다.

두 번째 파트인 실제 편에서는 2019 개정 누리과정과 2024 개정 표준보육과정을 연계하여 다문화교육 프로그램을 연령별 연간, 월간, 주간 일별로 구성하였으며, 창의적이고 유아 중심적인 프로그램을 구안하는 데 참고가 될 수 있도록 하였습니다.

이 책은 유아 다문화교육 현장에서의 실천 경험을 바탕으로, 부모는 물론 현직 교사에게 유아가 일상생활, 놀이, 배움을 위한 활동지원 등 전반에 걸쳐 다양한 문화를 자연스럽게 접하고 존중하는 태도를 기를 수 있도록 효과적인 실천 방안을 제시하고자 합니다.

특히 유아 중심·놀이 중심의 환경을 마련하는 데 중점을 두고 교사의 포용적 태도와 다문화에 대한 깊은 이해가 선행되어야 하며 작은 실천 하나하나가 미래 사회를 살아갈 유능한 인재로 성장하는 밑거름이 됨을 인식하여 지속적이고 일관적인 실천이 이루어지길 바랍니다.

마지막으로, 이 책이 나오기까지 아이들과 함께 실제 활동을 해보면서 많은 도움과 협조를 아끼지 않은 교사들의 노고와 정서적인 지원을 해준 도겸에게 감사를 드리며, 멋진 편집으로 완성도를 높이고자 수고하신 창지사 대표님과 편집부 및 관계자분들께 감사의 마음을 전합니다.

2025년 여름날에

박재옥

차례

PART 01

유아 다문화이해교육

CHAPTER 01
문화와 다문화

1. 문화의 개념

'문화'는 일상 속에서 자주 사용하는 용어이다. 문화의 개념 정의는 영역에 따라 다양하게 정의되고 있다. 개념 정의가 이처럼 다양하고 광범위한 것은 '문화'는 인간의 존재와 행동양식, 사고양식을 설명하기 위한 중심적인 개념이기 때문이다. 그러나 다양한 문화의 개념 정의에 공통적인 인자(因子)는 '인간'이다. '문화'를 광의의 수준으로 확장하면 인간이 사고하고 행동하는 모든 현상이 문화를 규정하는 범주이지만, 협의의 수준으로 축소하면 선거문화, 음식문화, 토론문화, 청년문화, 교통문화, 채팅문화 등처럼 일정 범주의 일정 현상에 대해 사용되기도 한다.

문화는 무의식적으로 사용될 수 있는 개념이지만, 문화라는 용어가 수식하는 개개의 현상에 대한 우리의 일반적인 인식은 보다 지적이고 합리적이며 발전되고 수준이 높은 상태를 암암리에 지시하는 경향이 있다. 예를 들어 '문화수준이 낮다'라고 표현할 경우 후진적이고 발전이 덜 되었으며 미개하고 무식하며 야만적이고 저급한 상태를 가리키는 경우가 많다. 그러나 '후진, 미개, 저발전, 무식, 야만, 저급'이라는 것은 상대적 개념에 의한 용어이다. 즉, 대항 개념이 존재하는 것으로 기준이 되는 선진, 개화, 발전, 유식, 문명, 고급에 의해 규정되는 것이다. 문제는 이러한 대항 개념의 각각의 자리에 누가 무엇을 어떻게 놓을 것인가 하는 것은 대단히 자의적이고 인위적이라 할 수 있다.

이처럼 문화는 '영역의 방대함', 특정한 것으로 단정될 수 없는 '추상적 특성', 시대나 사회, 지역, 인종 등에 따라 변할 수 있는 '유동적 특성' 때문에 단정적인 개념으로 설명되기 어렵지만, 그동안의 개념 정의를 기반으로 공통분모를 뽑아 문화의 개념을 정리할 수 있다.

Tylor(1973)는 문화를 지식, 신앙, 예술, 도덕, 관습, 기타 사회 구성원으로서 인간에 의하여 획득된 모든 능력과 습관들이 복합되어 있는 총합체라고 했다. 즉, 문화 인류학에서 문화의 개념은 인간은 문화적인 수단을 통해서 그들을 둘러싸고 있는 환경에 적응하면서 살아가고 있는데, 그 환경에 적응하는 과정에서 축적된 지식으로서의 도구, 기술, 사회조직, 언어, 관습 등의 총합체를 문화라고 부르고 있다.

Brown(1994)은 학습 내용으로서의 문화란 생활방식이며 우리가 존재하고, 생각하고, 느끼고, 남과 접촉하고 있는 생활의 장이며 사람들의 집단을 결속시키는 접착제와 같은 구실을 하는 것으로 어느 특정한 시기에 있어서 특정 집단의 사람들을 특징짓게 해주는 생각, 관습, 기능, 예술, 도구 등을 일컫는다고 말하며, 이러한 문화는 서로 복잡하게 얽혀 있어 양자를 분리시키면 어느 하나의 중요성이 사라진다고 하였다.

Brooks(1964)는 문화를 다음과 같이 5가지로 세분하여 정의하였다.

- Culture 1 : 생물학적 성장(biological growth)
- Culture 2 : 개인적 소양(personal refinement)
- Culture 3 : 문학과 미술(literature and the fine arts)
- Culture 4 : 생활 유형(patterns for living)
- Culture 5 : 생활방식의 총체(the sum total of a way of life)

Henden(1980)은 문화를 문화(Culture)의 대문자 'C'와 소문자 'c'로 구별 짓고 대문자 C에 포함되는 것은 예술, 철학, 문학 등 한 사회 안에서의 개인이나 전체 구성원의 뛰어난 업적에 관한 것이며, 소문자 c에 포함되는 것은 한 나라의 관습, 사상, 가치관 등 그 지역 사람과 타 문화권 국민과의 문화적 특징을 구별 지을 수 있는 행동양식(behavior pattern)과 생활양식(life style)을 들고 있다. 대문자 'C'는 주로 과거를 다루고 소문자 'c'는 주로 현재를 다루고 있다.

Chastain(1976)은 문화를 large culture와 small culture로 나누고 large culture는 한 사회에서 일반적인 혹은 특출한 개인의 작품이나 사회에 대한 이바지함을 뜻하며 주로 한 나라의 경제, 사회, 정치, 위대한 영웅, 정치가, 작가 등을 다룬다고 하였다. small culture는 전 주민의 생활방식을 말하며 의사소통을 위한 생활 위주의 문화를 의미한다고 했다.

Samovar와 Porter(1981)는 문화란 어떤 한 지역에서 수 세대에 걸친 개별 및 집단생활을 통해서 대집단의 사람들에 의해 습득된 지식, 경험, 신념, 가치, 태도, 의미, 종교, 역할, 공간적 관계, 세계에 대한 개념, 물질적 대상과 소유물의 저장이라고 하였다. 이 주장은 다른 사람들의 정의에 비해 문화를 더 세분화시켜 개념화하고 있다.

이상의 문화 개념을 토대로 '문화의 정의'를 다음과 같이 요약할 수 있다.

첫째, 문화는 사회적으로 습득되거나 학습되어지는 지식이다.

둘째, 문화는 물질적, 비물질적 요소로 구성된다.

셋째, 비물질적 요소를 명시하면 생활양식, 사고방식, 행동 유형 등이다.

넷째, 문화는 인간이 환경에 적응하는 과정에서 축적된 지식의 총합체이다.

2. 문화의 속성

문화는 인간이 이룩한 환경의 일부로서 사회와 밀접히 관련된 사회적 소산이지만 사회와 동일시될 수는 없다. 사회는 사람으로 구성되지만, 문화는 오랜 역사적 과정을 통해 그 문화권의 사람들이 행동하고 믿고 공통적으로 인정하는 가치체계로 구성된다. 따라서 문화는 사회에 따라 다르며 한 개인의 행동과 반응도 그가 속한 문화에 따라 다르다. 그러므로 우리는 이미 자신의 문화에 기초한 풍부하고 복잡한 도식망을 구축하고 있으며, 이것을 통해서 사물을 경험하려 한다. 여기에서 문화 간의 오해가 일어난다. 따라서 문화 간의 오해는 대부분은 악의에서가 아니라 상대방의 문화적 내용에 대한 무지에서 일어난다고 볼 수 있다.

문화 없는 사회란 존재할 수 없으며, 문화는 사회마다 매우 다양하지만, 그런데도 모든 문화는 다음과 같은 보편적이고 일반적인 성향이 있다.

1) 문화의 공유성(Cultural commonality)

한 사회의 구성원들의 행위에서 다른 집단의 것과 구별될 만한 어떤 공통적인 것을 발견할 수 있는데, 우리는 이것을 문화라고 부른다. 문화는 개인마다 다르게 지니고 있는 습관이나 취향, 버릇과는 구별되는 것으로 우리의 행동 대부분은 소속된 집단의 행동양식을 따른다. 따라서 문화는 각 집단의 구성원에 의해 함께 공유된 것이라고 볼 수 있다.

2) 문화의 학습성(Cultural learning)

생활양식 중에서 선천적이고 본능적인 것들은 문화라고 볼 수 없다. 문화는 후천적으로 학습되는 것이기 때문이다. 대표적인 것이 각 나라의 언어이다. 한국인이라 할지라도 외국에서 태어나 자랐을 때 한국어를 구사하지 못하는 사례를 보면 문화는 비유전적인 수단에 의해 습득된다고 볼 수 있다. 이와 같은 문화의 학습성은 '구성원들의 사회화'와도 밀접한 관련이 있다.

3) 문화의 축적성(Cultural accumulation)

인간은 다른 동물과 달리 언어와 문자라는 상징체계를 가지고 있기 때문에 한 세대의 지식을 다음 세대로 수월하게 전할 수 있다. 특히 문자를 사용한 이후로 가진 엄청난 양의 지식을 선대에서 후대로 전할 수 있었다. 문화는 이처럼 여러 세대에 걸쳐 축적된 생활양식과 지식의 총체라 할 수 있다.

4) 문화의 총체성(Cultural totality)

문화의 총체성은 문화의 전체성이라고도 한다. 한 사회 집단의 문화는 예술, 종교, 관습 등 수많은 부분으로 구성된다. 그러나 한 사회의 문화를 구성하는 이런 부분들은 서로 독립적으로 존재하는 것이 아니라, 서로 간에 밀접한 관계를 유지하면서 하나의 체계 혹은 전체를 이루고 있다. 따라서 문화의 일부 구성 요소가 변하면 문화의 여러 분야도 동시에 변화를 겪게 된다.

5) 문화의 변동성(Cultural variability)

문화는 고정된 것이 아니라 시간이 흐르면서 그 모습이나 내용, 의미 등이 지속적으로 바뀐다. 인간은 생활의 불편함을 개선하기 위하여 새로운 기술과 물자를 만들어 낸다. 즉, 문화는 시대적 · 공간적 배경에 따라 인류에 의해 새로운 요소가 추가되거나 기존의 문화 요소가 소멸되는 과정을 지속적으로 겪는 것이다. 이처럼 새로운 환경에 적응하고 새로운 욕구를 충족하고자 끊임없이 변화를 추구하는데, 그 과정에서 문화의 변동성이 나타난다.

6) 문화의 보편성(Cultural universality)

어느 시대나 지역에 상관없이 인간의 삶에 공통적으로 나타나는 문화적 요소들을 가리킨다. 인간은 공동생활을 더욱 편리하게 하고 질서를 바로잡고 능률을 높이고자 여러 가지 제도나 관습을 만들고 정신 활동을 통해 학문, 예술, 종교, 도덕을 발전시킨다. 이처럼 인간의 활동방법과 그 활동으로 만들어 낸 물질적인 것과 정신적인 것 그리고 제도적인 것 모두를 통틀어 문화라 할 수 있다.

7) 문화 다양성(Cultural diversity)

인류가 서로 다른 환경에서 다른 모습으로 적응한 결과, 서로 다른 방식, 서로 다른 사회조직 유형, 서로 다른 일련의 믿음 · 가치 · 관행, 의식 · 정치 · 구전 · 이야기와 노래, 우리가 언어를 통해 자신을 표현하는 모든 상황, 일상생활에서 서로 의사소통하는 다른 방식들을 발전시켜 집단 또는 민족은 문화의 다양성을 지니게 되었다. 특정 민족, 유적, 유산을 보존하고 관리하는 것이 소극적 의미의 문화 다양성이라고 한다면, 새롭게 떠오르고 창조되는 문화들을 적극적으로 수용하고 함께 공존할 수 있도록 여건을 마련함으로써 열린 문화를 지향하는 것은 적극적 의미의 문화 다양성이다. 즉, 다양한 문화가 얼마만큼 존재하는가의 수적인 차원이 아니라 사회적 약자와 소수자의 문화적 권리를 얼마나 보장할 수 있는가 하는 보다 근본적인 문제와 관련된다.

3. 문화의 분류

Bierstedt(1957)는 문화를 사회 구성원인 사람들의 생각과 행동, 소유물을 구성하는 복합적 총체라 정의하면서 문화의 유형을 물질문화(things having), 행동문화(norms doing), 정신문화(ideas thinking)로 나누었다.

물질문화는 사회의 구성원들이 가지고 사용하는 물질 항목으로 보고 만질 수 있는 것들이다. 물질문화의 내용으로는 유적지 및 유물, 풍경, 기후, 의복, 음식, 주택, 교통, 통신, 기계, 도구, 가구, 건물, 길 등과 같이 감각을 이용하여 경험할 수 있는 것이 포함된다. 행동문화, 즉 규범은 공유되며 예상되는 사회 내에서의 적절한 행동을 말한다. 사람이 살면서 처하는 모든 상황에는 특정한 행동 방식이 정해져 있다. 예를 들어 누군가와의 만남에서 볼키스를 해야 하는지, 목례를 해야 하는지, 코를 비벼야 하는지 등을 약속해 놓은 것이 바로 규범인 것이다. 이러한 특정 행동 방식, 즉 규범이 적용되는 모든 문화가 행동문화에 포함된다. 정신문화는 그 사회의 성질이나 성격을 형성하는 주요 요소라고 생각할 수 있다. 정신문화는 비가시적이고 존재를 입증하기 힘들어 보이지만 실제로는 말과 행동에 그것이 존재하고 지배한다고까지 말할 수 있다(김경한, 2007; Lustig & Rooks, 1975).

이 밖에도 Brooks(1975)의 사람들이 이룩해 놓은 성취문화와 일상의 행동양식의 행동문화로의 구분, Moran(2001)의 개인, 공동체, 관점, 물질, 관습의 분류 등이 있다. 안지영(2013)은 초등영어교육의 실정에 맞게 Yuen(2011)의 분류를 기준으로 초등 수준에 맞는 세부항목을 제시하였다.

다음은 Bierstedt(1957), Brooks(1975), 안지영(2013) 3인의 문화 유형 분류이다.

〈표 1-1〉 문화의 유형과 내용

<table>
<tr><th>구분</th><th colspan="2">문화 유형</th><th>문화 내용</th></tr>
<tr><td rowspan="3">Bierstedt
(1957)</td><td>물질문화</td><td>• 보고 만질 수 있는 것</td><td>유적지 및 유물, 풍경, 지형, 기후, 의복, 음식, 주택, 교통, 통신, 기계, 도구, 가구, 건물, 길</td></tr>
<tr><td>행동문화</td><td>• 구성원들의 상호작용에 영향을 미치는 규범</td><td>인사법, 소개법, 가족생활, 사회생활(학교, 직업, 병원), 규범, 제도, 법, 관습적 행사(생일, 명절), 여가생활(놀이, 편지 쓰기)</td></tr>
<tr><td>정신문화</td><td>• 인간의 사고에서 파생된 이념</td><td>가치관, 도덕성, 애국심, 과학적 진리, 신화, 민담, 전설, 미신, 경구, 속담, 문화, 예술, 역사, 언어</td></tr>
<tr><td rowspan="2">Brooks
(1975)</td><td>성취문화</td><td>• 사람들이 이룩해 놓은 것</td><td>역사, 지리, 고전음악, 무용, 문학, 예술, 건축, 정치제도, 경제제도</td></tr>
<tr><td>행위문화</td><td>• 일상의 행동양식</td><td>행동양식, 태도, 신념, 가치체계</td></tr>
<tr><td rowspan="4">안지영
(2013)</td><td>물질문화</td><td colspan="2">• 의식주(의복, 음식, 주택)
• 유적, 문화재, 도시, 국기, 화폐, 상징물, 교통, 대중매체, 통신, 기계, 자연(계절, 풍경, 날씨, 동식물 등)</td></tr>
<tr><td>행동문화</td><td colspan="2">• 제도, 법률, 사회적 금기, 공공도덕, 소개 인사예절, 식사, 전화 예절, 에티켓, 가정생활(가족, 친척, 가족 간 호칭, 결혼 등), 학교생활(과목, 학습, 교육체계 등), 사회생활(병원, 쇼핑, 직업, 길 묻기, 약속, 초대 등), 행사(기념일, 명절, 축제, 풍습, 생일), 일기 쓰기, 편지 쓰기, 전자우편 보내기, 여가활동(취미, 여행, 운동 등)</td></tr>
<tr><td>정신문화</td><td colspan="2">• 역사, 신화, 전설, 미신, 유래, 종교
• 다른 나라 사람들의 특징, 중요하게 생각하는 것
• 속담, 자주 쓰는 표현, 유행어, 제스처
• 시, 소설, 동화, 이야기, 그림, 음악, 연극</td></tr>
<tr><td>인간문화</td><td colspan="2">• 유명 위인의 이야기</td></tr>
</table>

출처 : 김인영(2015). 문화간 의사소통능력과 문화간 감수성에 미치는 과정극 기반 초등 영어 문화수업의 효과, 재인용 편집.

4. 다문화와 다문화이해교육

1) 문화인식

어떤 대상에 대하여 대상의 현상이 아닌 본질을 파악하는 것을 인식이라 한다(Cornforth, 1963). 즉, 인식이란 사물을 분명히 알고 그 의의를 바르게 이해하고, 판별하고 기억하는 사유에 이르기까지의 의식작용이다.

인간은 행위를 통해 물질적 또는 정신적 현실을 변화시킴으로써 현실을 인식하며, 활동과정 중에서 무엇인가를 지각하고 사유하며, 이러한 지각과 사유의 일반적인 과정, 즉 인간의 정신 속에서 진행되는 과정을 인식작용이라 부른다(Schaff, 1990). 인식은 인간의 지적인 능력과 관련은 있지만, 지적 능력과는 구별된다. 심리학적으로 인식은 감각, 지각, 감정, 표상(表象), 정조(情調), 의욕 등 거의 심적 체험의 일체를 포함하는 개념으로(세계백과사전, 1990) 주체로서의 인간과 객체로서의 세계 사이에서 일어나며, 인간은 정신과 신체를 가지며, 정신이 인식 기능을 발휘하게 한다(차인양, 1992). 철학적 관점은 '존재의 참된 파악을 의미하는 것'에서 비롯되고 있다. 인식의 획득 및 인식의 형성은 사물을 알지 못한 상태에서 그것을 아는 것으로 이행되는 과정을 뜻하며, 우리가 의식적으로 사물과 능동적인 관계를 맺음으로써 나타난다(강영계, 1983).

따라서 문화인식이란 문화에 대한 그 의의를 바르게 이해하고 판별하는 의식작용으로 정의할 수 있다. 즉, 문화의 본질과 이념에 대한 올바른 이해와 문화의 가치를 올바르게 파악하는 것이다(이용희, 2011).

2) 다문화의 개념과 다문화 인식

다문화(multiculture)란 기존의 단일문화와 대비되는 개념으로서 동일한 혈통과 문화를 추구하던 단일문화에 다른 문화들이 통합되어 여러 문화가 공존하는 상태의 문화를 말한다. 연령, 성, 언어, 장애, 종교 등으로 제시할 수 있으며, 개인차, 인종, 민족, 종교, 성별, 사회·경제적 수준, 연령, 능력, 신체적 조건 등의 개인과 여러 집단 간의 다양성까지를 포함하는 더 넓은 개념이다(Baker, 1994). 즉, 다문화는 문화 간에 생기는 여러 유형의 사회적 문제를 조화롭게 극복하고자 하는 의도에서 만들어진 용어로 세계 여러 나라의 문화를 연결·반영하고, 적용하는 것으로, 근본적으로는 각 문화의 차별성을 인정하는 가운데 자기 나라의 문화 다양성을 추구하는 것이다.

다문화 인식은 현재 학습자들이 살아가면서 접하는 집단들의 내부 및 집단 간에 존재하는 인종, 민족, 문화, 언어, 종교 등의 광범위한 편차를 수용하는 수준을 말한다(Banks, 2008). 사회 구성원들이 다른 문화를 접하게 되었을 때 개인적, 사회적, 전문적임과 동시에 전략적인 태도를 갖고 다른 문화에 적절하게 대응하는 능력이다. 이를 위해서는 다른 나라의 문화, 성, 계층, 종교 등의 영역에서 다양한 요소가 존재한다는 것을 인정하고, 다른 문화적 배경을 가진 사람과 자신의 차이를 수용할 수 있는 지식, 마음가짐, 태도를 의미한다. 다문화 인식이 높은 사람은 나와 다른 문화를 이해하고 존중하며 그것의 가치를 인정하여 수용할 수 있는 능력이 높다고 할 수 있다. 이 사람은 다문화사회에서 다문화 현상을 파악할 수 있으며, 이해하고 공감할 수 있어 다문화사회에 적합한 행동을 할 수 있다.

다문화 인식에 영향을 미치는 요인으로는 성별(남성보다는 여성), 다문화이해교육 경험, 외국 문화 접촉, 미디어 경험, 다문화가정과의 접촉 등의 비형식적 경험이 많을수록 다문화 인식이 긍정적이다(박재옥, 2013).

3) 다문화이해교육

다문화교육은 다문화이해교육으로 모든 인간에 대한 존중과 평등 개념을 바탕으로 긍정적인 정체성을 형성하도록 하고, 개인 및 집단 그리고 각 문화의 고유성과 차이점을 인정하며 다양성을 수용할 수 있도록 일정한 체계에 의해 실행되는 일련의 교육활동을 의미한다. 다문화이해교육은 궁극적으로 한 사회 구성원에게 문화 간의 공통성을 보는 관점을 배양하여 다른 문화에 대한 배려와 소통을 익혀 상호 공존해 갈 수 있는 다문화적 태도와 역량을 길러 주기 위한 교육이다.

다문화이해교육은 다양한 문화이해 교육의 차원에 머무르지 않으며 우리 사회 전체로 확대되어 개별적이고 이질적인 문화를 각각의 개성을 살리면서 하나로 통합할 수 있는 정신적 기반을 제공하는 교육이다. 이는 '나'와는 다른 문화를 우선 이해하고 나와 같은 점과 다른 점이 무엇인지 찾아본 후, 이를 하나의 문화로 통합해 가는 사고 과정을 통해 가능해진다. 따라서 다문화이해교육은 다양한 문화를 체험하고 경험하고 정보를 습득하는 차원에 머무르는 것이 아니라 문화를 자신의 관점에서 이해해 보고 조정하여 새로운 문화로 확장해 가는 차원까지 확대되어야 한다. 이러한 사고방식은 결국 다문화를 이해하는 가장 기본적인 접근법이 될 것이며, 이것이 다문화이해교육의 바탕이 되어야 진정한 의미에서 다문화이해교육이 이루어질 수 있다. 이러한 교육 중점 사항을 간단히 정리하면 [그림 1-1]과 같다(교육과학기술부, 2008).

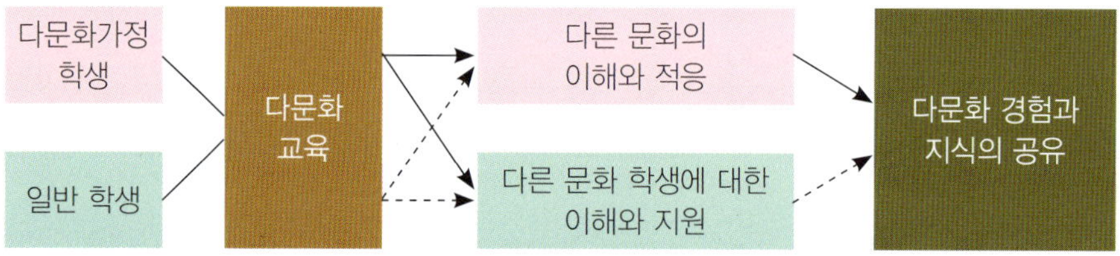

출처 : 교육과학기술부(2008). 다문화이해교육을 위한 교수·학습 유형 지도서 개발.

그림 1-1 다문화이해교육의 중점 사항

5. 우리나라 다문화 현황

1) 다문화 현황

오랜 기간 우리는 단일민족에 대한 신화를 교육받으며 자랑스럽게 여겨 왔다. 그러나 2007 개정 교육과정에서부터 단일민족에 대한 내용이 교과서에서 삭제되었고, '다문화사회'라는 용어가 등장하기 시작했다. 우리 사회가 언제부터 다문화사회였는가는 논란의 여지는 있으나, 고대 한반도에는 독특한 문화를 지닌 부족국가 시대가 있었고 나름의 독특한 문화를 지녔던 것으로 알려졌다. 삼국으로 국가 체제를 갖추면서 서로의 문화는 섞이었을 뿐만 아니라 중국문화, 불교문화 등 교류의 영역과 범위가 확장되어 왔다. 이후 한반도의 지속적인 문화적 교섭은 때로는 수동적으로 때로는 능동적으로 이루어져 왔다. 외세의 강점이나 전란은 수동적인 외국 문화 유입이며, 무역과 사절단 교류, 유학 등은 능동적인 경우라 할 수 있다.

사실 오늘날 우리가 고유문화라고 여기는 것들은 인접 문화와의 끊임없는 교섭에 의해 섞이면서 새로운 문화로 창조되어 주변 문화와는 다름이 있는 문화를 형성하여 온 것이다. 다른 문화와의 교섭이 없이 유지되는 문화란 깊은 밀림 속이나 사막 한가운데에서 발견될 수 있는데, 이러한 현상은 철저한 교통과 통신의 단절이 전제될 때라야 가능하다. 그러나 교통과 통신의 발달은 사람들이 이주에 필요한 정보수집이 수월해지고 국가 간 이동이 점점 용이해지게 되었다. 세계는 국경을 넘어 이주를 하는 사람들이 증가하여 하나의 공동체에 여러 문화가 섞이는 다문화사회로 변화하게 되었다. 국가 간 이주 현상의 확대는 일반적으로 이주민의 전 지구화, 이주의 가속화, 이주의 차별화, 이주의 여성화, 이주의 정치화 경향(Castles & Miller, 2013; 한국이민학회 역)이 두드러졌다.

노동인구의 국가 간 이동, 즉 일자리를 찾아온 사람들이 국경을 넘어서 모이고, 또 다른 일자리를 찾아 국경을 넘어 다니면서 국경이 무의미해진 지구촌 시대가 된 것이다. 지구촌의 대도시는 다양한 국가적 배경을 지닌 사람들의 마을이 되었고 이 마을은 다양한 문화적 배경을 지닌 사람들이 뒤섞여 살게 되었다. 이를테면 뉴욕은 전체 인구 중 34%, 런던은 30%가 외국 출신이고(임형백, 2009), 프랑크푸르트는 40%가 넘으며 이들은 무려 175개국에서 온 다양한 문화적 · 종교적 배경을 가진 사람들이고 이들 중 약 25%가량은 미등록자, 곧 불법 체류자라고 알려졌다(최현덕, 2008).

우리나라의 다문화 사회화는 1990년대 이후 외국인 근로자의 유입과 함께 국제결혼으로 인적 구성이 급격히 변화하면서 시작되었다. 일반적으로 외국인 거주자가 전체 인구의 5% 이상일 때 다문화사회라고 간주한다. 2023년 11월 국내 외국인 체류자는 약 250만 명이다(그림 1-2 참조). 국내 외국인 체류자는 해마다 늘고 있으며 더욱이 출생률 감소와 고령화의 심화로 전체 인구에서 체류 외국인의 비율은 점차 증가할 것으로 보인다. 외국인 체류자 중 취업체류 외국인이 58만 1,480명(등록외국인 52만 1,243명, 미등록외국인 6만 237명)으로 체류 목적의 비율이 가장 높다. 2023년 기준 체류외국인 중 등록외국인의 지역별 분포(그림 1-4 참조)는 서울 31.6%, 인천 6.3%, 경기 3.6%로 대부분 수도권을 중심으로 집중되어 있다(법무부, 2025).

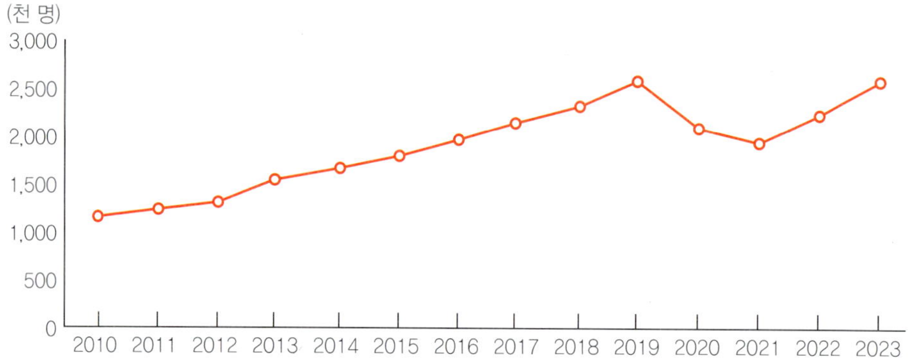

출처 : 법무부(2025). 2023 출입국자 및 체류외국인 통계.

그림 1-2 국내 체류외국인 증감 추이

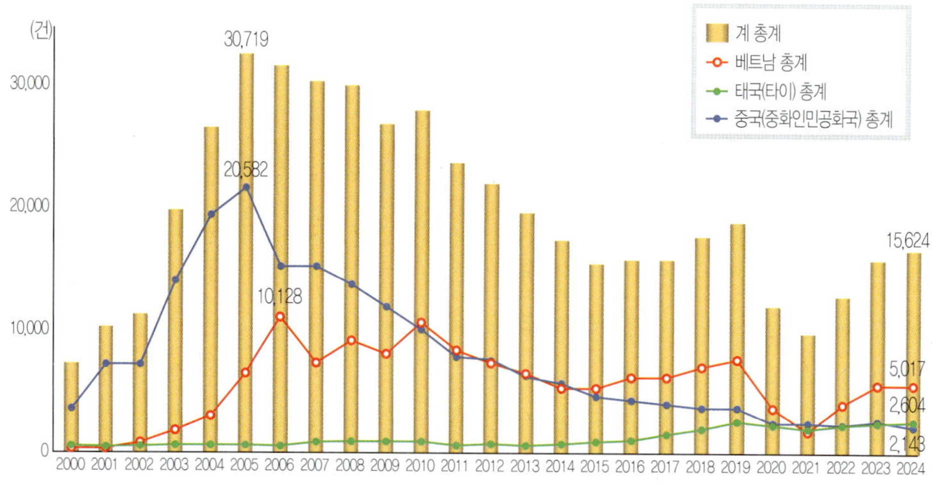

출처 : 통계청(2025). 2024 인구동향조사. 한국인 남편의 혼인종류 · 외국인 아내의 국적별 혼인.

그림 1-3 국제결혼(한국남자+외국여자) 추이

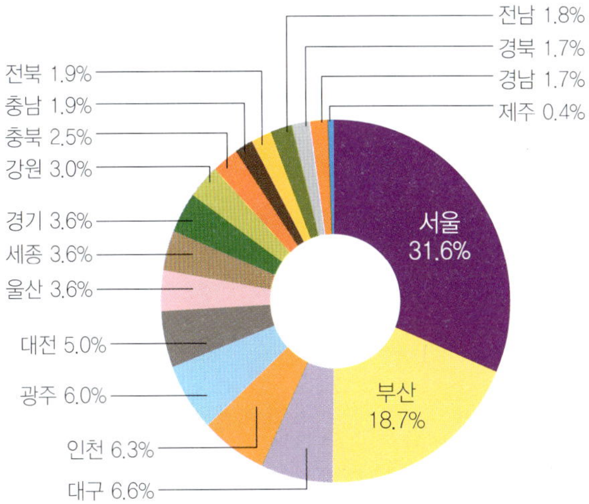

※ 수록된 자료는 반올림되어 표 내의 합계와 일치하지 않을 수 있음.

(2017. 12. 31. 현재, 단위 : 명)

계	경기	서울	경남	인천	충남	경북	부산	충북
1,348,626	48,866	425,629	23,384	85,215	25,456	23,484	252,765	33,305
세종	**전남**	**울산**	**대구**	**전북**	**광주**	**제주**	**대전**	**강원**
49,090	23,620	49,110	89,312	23,484	81,016	5,786	67,025	40,215

출처 : 법무부(2025). 2023 출입국자 및 체류외국인 통계. 시군구별 및 국적(지역)별 등록외국인 현황.

그림 1-4 외국인 거주 지역별 분포 현황

연도별 국제결혼에 의한 결혼이주 여성의 변화는 [그림 1-3]과 같이 2000년 이후 급격히 증가하다가 2005년 3만여 건을 정점으로 2016년 1만 4,800여 건으로 감소하였고, 국적별로는 2014년까지는 중국 국적 여성과의 혼인이 가장 많았으나, 2015년부터 2024년까지 베트남 출신 여성과의 혼인이 가장 많다. 결혼중개업자에 의한 국제결혼은 당사자 간의 자연스러운 만남보다는 국내 남성들이 상업적 결혼중개업체 등을 통해 외국인 여성을 소개받아 단기간(4~5일) 만남 후 혼인하고 그 배우자를 국내로 초청하는 형태로 이루어지고 있다. 이러한 결혼중개 과정에서 결혼중개업자 등이 결혼성사를 위해 충분하고 정확한 정보를 제공하지 않는 등으로 인해 결혼 후 상대방에 대한 이해 부족, 문화 차이 등으로 가정불화, 가정폭력 등이 빈발하여 사회문제로 부각되면서 결혼중개에 대한 규제를 강화할 필요성이 제기되었다. 법무부는 결혼이민의 경우 2014년 4월부터 의사소통 가능 여부, 가족부양능력(소득, 주거), 빈번한 초청 제한 등 결혼이민 사증 심사기준을 강화하였다.

2) 다문화가정 현황

다문화가정은 정책적 개념으로 한국인과 외국인이 결혼하는 결혼 이민자, 외국인 노동자, 유학생, 북한이탈주민이 포함된 이주민 가정을 포함하며 다양한 문화가 공존하는 가족을 의미한다. 다문화가족은 「다문화가족지원법」 제2조에서 '다문화가족'을 「재한외국인처우기본법」 제2조 제3호에서 규정하고 있는 결혼이민자, 즉 대한민국 국민과 혼인한 적이 있거나 혼인관계에 있는 재한 외국인 그리고 「국적법」(제2조 : 출생, 제3조 : 인지, 제4조 : 귀화)의 규정에 의해 대한민국 국적을 취득한 자로 이루어진 가족으로 규정하고 있다.

2015년 전국다문화가족실태 조사분석(한국여성정책연구원, 2016)에 따르면 법무부가 국제결혼과 관련한 사회문제를 사전에 예방하기 위해 「출입국관리법 시행규칙」 제9조의 5(결혼동거 목적의 사증 발급 기준 등)를 개정하여 비자 발급 단계에서 결혼이민자가 기초 수준의 한국어 구사가 가능한지, 초청자가 일정 수준 이상의 소득과 주거 공간을 확보하고 있는지를 심사하고 결혼이민자 초청 제한기간을 5년 내 1회로 제한하는 등 심사기준을 2014년 4월 1일부터 전면 적용함에 따라 국제결혼을 통한 신규 결혼이민자의 유입은 일정 수까지는 감소 추세를 보이고 있다.

국제결혼의 감소에 따라 신규 결혼이민자 수의 증가가 둔화되고 있는 반면, 혼인 이외의 기타 사유에 의한 귀화자가 빠르게 증가하고 있다. 2011년 4월 「다문화가족지원법」이 개정됨에 따라, 결혼이민자와 출생 한국인으로 구성된 가족 이외에 인지, 귀화에 의한 한국인과 결혼이민자, 인지, 귀화에 의한 한국인으로 이루어진 가족도 다문화가족에 포함되게 되었다. 이에 따라 부부 모두 인지나 귀화를 통해 한국인이 된 가족, 즉 국적은 한국이나 출생 한국인이 아닌 사람들이 만나 가족을 이룬 경우가 다문화가족의 한 유형으로 자리 잡게 되었다. 결혼이민이 출생 한국인과의 결혼이 주를 이루는

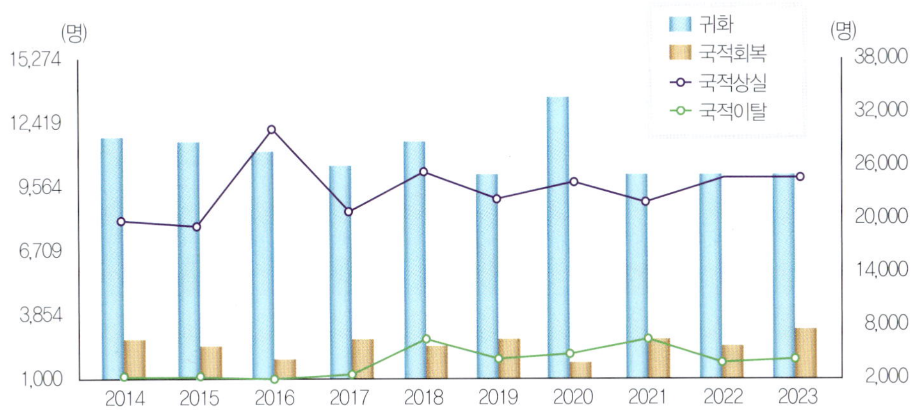

출처 : 지표누리 홈페이지(2025). 연도별 귀화 및 국적상실 현황.

그림 1-5 귀화자 추이

가운데, 기타 사유 귀화자가 증가하고 있다는 것은 출생 한국인이 아닌 사람, 즉 외국 출신들로 구성된 가족이 증가할 가능성이 커짐을 의미한다.

2012년 이후 혼인 귀화자는 1만 5,843명이 증가한 데 비해, 혼인 귀화 이외의 사유로 귀화한 기타 사유 귀화자는 1만 8,708명이 증가하였다. 이에 따라 2012년 38.1%를 차지하던 전체 귀화자 중 기타 사유 귀화자의 비중이 2015년에는 41.6%로 증가하였다. 이는 다문화가정의 유형이 결혼이민자와 출생 한국인이라는 전형적인 틀에서 벗어나 외국출신 한국인 간의 결합으로 이루어진 가족이 확대될 가능성이 커지고 있음을 시사한다.

다문화가족 자녀 출생이 전체 출생에서 차지하는 비중이 2008년 2.9%에서 2009년 4.3%로 급증한 이후 2012년 4.7%에서 2014년에는 4.9%로 미미하나마 지속적으로 증가하는 것으로 나타난다. 행정자치부의 외국인 주민 현황에 따르면, 2012년 전국다문화가족 실태조사 당시 만 18세 이하 다문화가족 자녀수는 16만 8,583명이었으나, 2015년에는 23.2%가 증가한 20만 7,693명으로 집계되었다. 2023년에는 30만 8,402명으로 점점 증가하는 추세이다(그림 1-7).

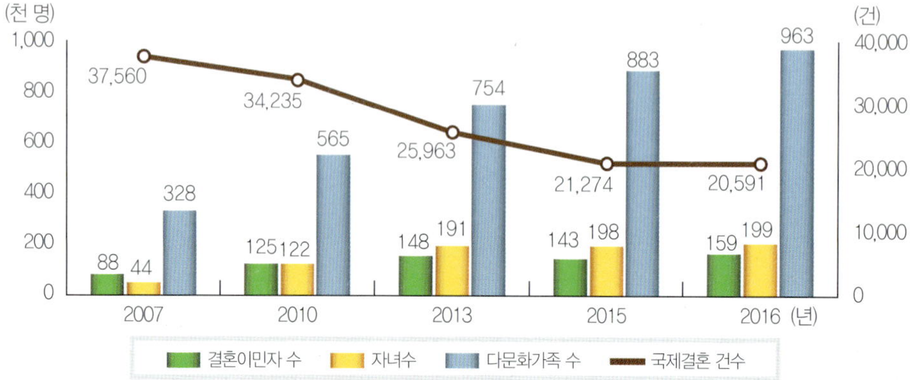

출처 : 여성가족부(2021). 2021 전국다문화가족 실태조사. 재구성.

그림 1-6 다문화가족 변동 추이

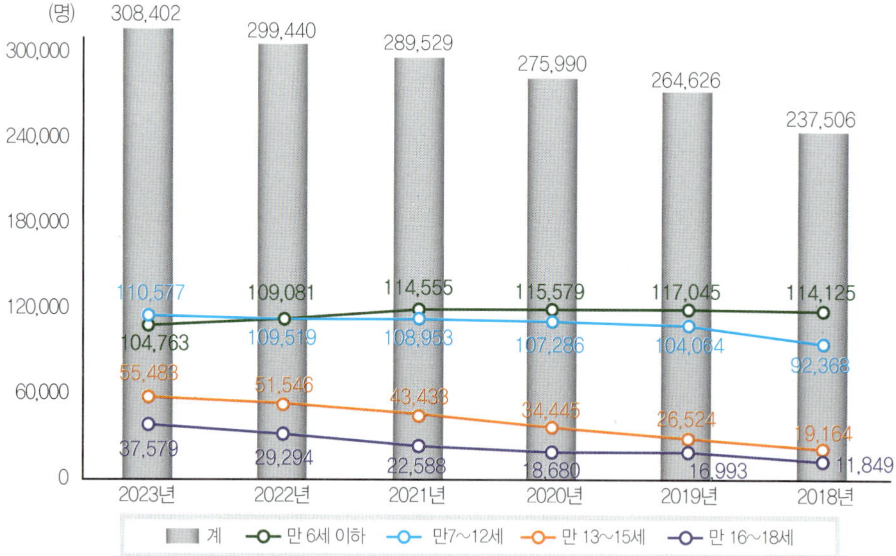

출처 : 행정안전부(2023). 지방자치단체 외국인주민 현황. 각년도.

그림 1-7 다문화가족 자녀 연령별 추이

6. 다문화가정 유아의 생활

1) 다문화가정 아동의 범주

「다문화가족지원법」 제2조에 근거한 다문화가족은 최소한 한 사람의 가족 구성원이 대한민국에서 출생한 경우로 한정하고 있다. 그러나 이러한 정의에 의거한 다문화가정은 현재 교육현장 및 다문화 관련 기관에서 적절하게 대응되지 못하고 있으므로(김미숙 외, 2011), 다문화가정의 개념을 국제결혼 가정 이외에도 이주 노동자, 중도입국가정, 새터민 등으로 확대 적용하는 연구가 증가하고 있음을 감안하면, 보다 넓은 의미의 개념으로 다문화가정 및 다문화가정 아동을 이해해야 할 필요가 있다.

교육부에서는 다문화가정 아동의 개념을 확대 적용하여 국제결혼 가정의 국내출생 자녀와 중도입국자녀(북한이탈주민 자녀 포함), 외국인 근로자 가정의 자녀까지 포함하고 있다. 교육부에서 분류하고 있는 다문화가정 학생의 유형과 의미를 살펴보면 〈표 1-2〉와 같다(교육부·한국직업능률개발원, 2016).

〈표 1-2〉 다문화 학생의 유형과 의미

<table>
<tr><th>유형</th><th>의미</th><th>세부 유형</th><th>의미</th><th>국적</th></tr>
<tr><td rowspan="2">국제결혼 가정 자녀</td><td rowspan="2">한국인과 외국인이 결혼한 가정에서 태어난 자녀 (초혼가정, 이혼가정, 재혼가정 포함)</td><td>국내출생</td><td>국내에서 태어난 국제결혼 가정 자녀</td><td>한국</td></tr>
<tr><td>중도입국</td><td>외국에서 태어나 성장하다 부모의 재혼, 취업 등으로 부모를 따라 입국한 자</td><td>외국 또는 한국(귀화 시)</td></tr>
<tr><td rowspan="2">외국인 가정 자녀</td><td rowspan="2">외국인과 외국인이 결혼한 가정에서 태어난 자녀 (외국인 근로자, 유학생, 재외동포 포함)</td><td>국내출생</td><td>외국인 부부가 국내에서 출생한 자녀</td><td rowspan="2">외국</td></tr>
<tr><td>중도입국</td><td>외국인 부모를 따라 국내로 이주한 자녀</td></tr>
</table>

출처 : 교육부·한국직업능률개발원(2016).

2) 다문화가정 아동 현황

한국보건사회연구원(2010)의 조사에 의하면 다문화가족의 규모는 2009년 기준 27만 2,613명이지만, 2050년에는 216만 4,886명으로 약 8배 이상 증가할 것으로 예측하고 있다. 이에 따라 총인구 대비 다문화가족의 비율은 2009년 0.56%에서 2015년 1.05%, 2025년 3.04%, 2050년 5.11%로 급격하게 높아질 것으로 보고 있다.

2015년 다문화가족 실태조사(여성가족부, 2016)의 결과를 토대로 다문화가정 9~24세 자녀의 규모가 지난 2012년 조사보다 2015년 조사에서 더욱 늘어난 것으로 확인되었으며, 특히 2015년 조사에서는 새로 유입된 9~11세의 비율이 높은 것으로 확인되었다. 2012년 6만 6,536명에서 2015년 8만 2,476명으로 약 124% 증가하였으며(12,940명), 이 중 9~11세의 비중이 30.7%로 높게 나타났다(여성가족부, 2016).

또한, 다문화가정 학생의 증가 추이를 살펴보면, 2012년에 전체 학생 수에서 차지하는 비중이 0.70%였으나, 2023년 기준 3.5%로 매해 꾸준히 증가하는 것으로 나타났다(표 1-3).

〈표 1-3〉 다문화가정 학생의 증가 추이

연도 / 인원수	2017	2018	2019	2020	2021	2022	2023
다문화 학생 수(A)	109,387	122,212	137,225	147,378	160,058	168,645	181,178
전체 학생 수(B)	6,440,327	6,281,469	6,111,567	5,987,097	5,929,026	5,852,545	5,764,040
다문화 학생 비율	1.9%	2.2%	2.5%	2.8%	3.0%	3.2%	3.5%

출처 : 한국교육개발원(2023). 교육기본통계.

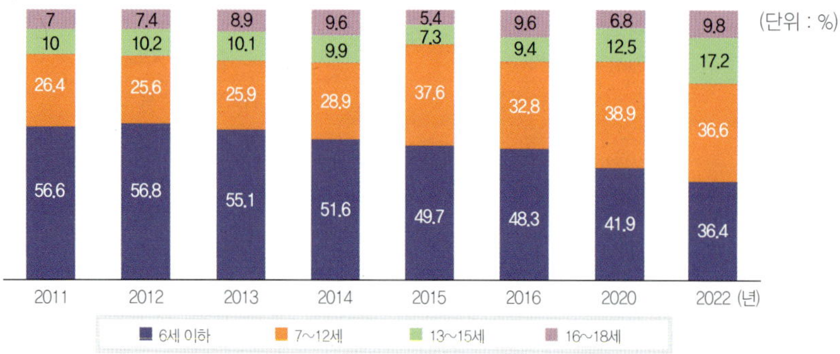

출처 : 여성가족부(2022). 2022 다문화가족 관련 통계 현황.

그림 1-8 다문화가정 아동 연령별 비율

3) 다문화가정 아동의 양육

여성가족부의 2015년 전국다문화 실태조사 분석과 2018년 전국다문화가족 실태조사 연구의 비교에 의하면, 응답자 중 5세 미만 자녀가 있는 경우 부모역할을 하는 데 어려움(77.4% → 78.2%), 한국어를 직접 가르치기 어려움(31.4% → 26.3%), 바쁠 때 자녀를 돌봐 줄 사람이 없는 점(21.5% → 26.9%) 등에서 자녀 양육에 어려움을 겪는 것으로 조사되었다. 한편 '어려움이 없다'는 22.6% → 21.8%로 각각 조사되었다. 2015년 조사결과와 비교하면 자녀에게 직접 한글을 가르치기 어렵다는 응답은 다소 줄어든 반면, 급할 때 자녀를 돌봐 줄 사람을 찾기 어렵다는 응답이 늘어났음에 영·유아 교육과 관련하여 시사점이 있다 하겠다. 자녀에게 한국어를 직접 가르치기 어렵다는 응답은 여전히 남성(13.3% → 12.4%)보다 여성(33.9% → 28.1%)에게서 더 높음을 알 수 있다.

학령기 자녀를 둔 부모의 어려움은 영·유아기 자녀를 양육하는 경우와는 조금 다른 양상을 보인다. 2018년 전국다문화가족 실태조사 연구에 따르면, 복수응답을 기준으로 가장 많은 응답자들이 꼽은 어려움은 자녀의 학업, 진학, 진로 등에 관한 정보 부족(47.1%)이었으며, 그다음은 교육비, 용돈 등 비용 부담(40.9%), 게임·스마트폰·인터넷 사용 등에 대한 자녀와의 갈등(25.1%), 자녀와의 대화 부족(16.3%), 학부모회 등 학부모 활동 참여의 어려움(14.9%)의 순으로 나타난다. 자녀 양육에 어려움이 없다는 응답은 12.8%이다.

여성들은 진학·진로에 대한 정보 부족(48.0%), 게임·스마트폰·인터넷 사용 등에 대한 갈등(25.6%)으로 인해 어려움을 느낀다는 응답이 높고, 남성들은 경제적 비용 부담(46.8%)을 지목하는 경우가 많다. 특히 자녀의 진학·진로에 대한 정보 부족으로 느끼는 어려움은 한국에서 오래 생활한 응답자에게서도 완화되지 않는다(체류기간 5년 미만 48.0%, 15년 이상 47.4%). 자녀의 진학과 진로 문제는 결혼이민자·귀화자뿐 아니라 한국의 모든 부모가 공통으로 경험하는 문제이기 때문일 것이다.

4) 다문화가족 아동의 어려움

(1) 이중문화 적응과 이중문화로 인한 정체성의 혼란

다문화가정의 아동이 이중문화에 의한 정체성에 대한 혼란은 결과적으로 자신을 이방인으로 생각하는 것으로 나타난다(류성창 · 김재우 · 이윤옥, 2016). 중도입국 다문화가정 아동은 국내에서 출생하고 자란 다문화가정 아동보다 한국 사회가 더 낯설고, 한국문화에 적응하는 것을 더 어려워한다. 특히, 성장 도중에 한국으로 입국하게 되어 거의 외국인과 다름없는 한국어 실력으로 인해 한국 문화 적응에 대한 스트레스가 더 높다(오성배 · 서덕희, 2012). 이러한 스트레스는 자신의 강점을 발견하지 못하고 오히려 부정적인 자아개념을 형성한다고 지적되고 있다(유지희 · 황숙연, 2016). 이러한 부정적 자아개념은 다시 정체감의 혼란으로 이어지며, 정체감의 혼란과 낮은 자아개념을 지속적으로 형성할 경우, 학업 중단 및 학교생활에서의 부적응을 경험할 가능성이 커지게 된다.

다문화 아동의 문화 적응에 대한 스트레스는 다문화가정 아동과 부모와의 긍정적인 관계, 영적 안녕감 및 자아탄력성을 통해 극복할 수 있는 것으로 나타났다(윤은영, 2016). 다문화가정 아동이 안정적으로 이중문화에 대한 정체감을 갖게 될 경우, 성공적으로 기능할 수 있을 뿐 아니라(Schwartz et al., 2017), 다문화가정 아동이 2개의 문화에 대한 다양한 지식과 경험을 통해 외국인 부모님 나라의 문화에 대한 가치를 이해하며, 소수 민족으로서 경험하게 되는 스트레스를 감소시키며, 신체적 · 심리적 건강성에 긍정적인 영향을 미친다(Schwartz, Montegomery, & Briones, 2006).

(2) 사회적 편견, 차별 경험 및 사회적 배제로 인해 소외감을 경험

다문화가정 아동이 경험하는 낮은 유능감과 같은 심리 · 사회적 문제는 그들의 학교생활 적응에도 부정적인 영향을 미치게 된다. 특히 외모의 차이는 때로 차별의 원인으로 작용된다. 다문화가정 아동이 느끼는 학생 간 차별 경험 비율도 비다문화가정 아동보다 높은 것으로 나타났다(박윤경 · 이소연, 2009).

다문화가정 아동이 초등학교 시기에 경험한 차별 경험으로 인해 중학교에 진학한 이후에도 심리적 위축감을 지속적으로 느끼며 결과적으로 또래와 긍정적인 관계형성이 어렵다. 다문화가정 아동들이 경험하는 차별 경험은 아동에게 낙인감을 느끼게 하며(심진화, 2017), 다문화가정 아동 및 가족이 경험하는 사회적 편견, 그로 인한 심리적 위축, 자신이 이방인이라는 것에서 느끼는 이질감 등의 경험은 다문화가정 아동들에게 미래에 대한 비관적인 생각을 갖게 한다(김수미 · 정경은, 2013).

(3) 또래관계의 어려움과 그로 인한 심리 · 사회적 문제

다문화가정 아동은 비다문화가정 아동과는 다소 다른 외모로 인해 교우관계 및 학교생활에서 어려움을 겪기도 한다. 학교에서 다문화가정 청소년이 집단 따돌림을 받는 정도는 10명 중 3명의 비율로 나타났으며, 그 이유로는 '외국인이라서(46.7%)', '특별한 이유 없음(40.0%)'으로 나타났으며, 그 외 의사소통이 되지 않아서 따돌림을 당하고 있는 것으로 나타났다(설동훈, 2011). 특히, 국제결혼 가정 학생이 외국인 근로자 가정 학생보다 상대적으로 교우관계를 부정적으로 경험하는 경우가 많은 것으로 나타났는데(김재우, 2013), 외국인 근로자 가정 학생들이 '외국인'으로서의 정체성을 갖는 경우가 많은 데 비해 국내출생 국제결혼 가정 학생은 스스로 자신을 '한국인'이라고 생각했지만 자신을 '다르게' 바라보는 친구들의 시선을 받아들이기 어렵기 때문이다.

다문화가정 아동의 이질적인 외모로 인한 차별 경험은 또래와의 관계에서 소극적인 경향으로 나타나기도 한다. 다문화가정 아동은 비다문화가정 아동보다 괴롭힘 피해 경험이 높으며, 우울, 불안, 사회적 위축, 과잉행동과 같은 심리 · 사회적 문제를 경험하는 것으로 나타났으며, 고학년으로 올라갈수록 내재화 문제가 비다문화가정 아동보다 높게 나타나고 있었다(이영아 · 전명숙, 2017). 그러나 최근에는 다문화가정 아동이 경험하는 집단 괴롭힘 피해가 점점 줄어들고 있는 것으로 조사(양계민 · 윤민종 · 신현옥 · 최홍일, 2016)되었다.

(4) 언어적 환경에 따른 어려움을 경험

아동은 언어발달 시기에 주 양육자인 어머니의 영향을 많이 받는데, 외국인 어머니의 경우 한국어 실력이 낮아 아동의 언어발달을 저해할 가능성이 크다. 이는 이후 인지발달, 사회성 발달에 부정적인 영향을 미치며(유지희 · 황숙연, 2016), 낮은 학업성취로 이어질 수 있다(최문성 · 김순자, 2009). 낮은 학업성취 또는 기초학력 수준의 미달로 인해 일부 다문화가정 아동은 집단 따돌림으로 이어질 수 있다(전재일 · 신효선, 2008). 중도입국 다문화가정 아동과 외국인 근로자 가정의 아동의 경우에는 언어적 어려움이 더욱 크며, 결과적으로 학교수업에 적응하는 것이 매우 어려운 상황이다(이혜숙, 2016). 심지어 외국인 근로자 가정의 아동의 경우 31.6%가 한국말을 잘하지 못해서 취학연령임에도 불구하고 학교에 가지 않거나, 학교에 다니는 아동의 경우에도 한국어가 미숙하여 학교생활을 적응하지 못하여(설동훈, 2011) 어려움을 겪는다.

국내출생 다문화가정 아동의 경우 일상생활에서 의사소통에는 크게 어려움을 경험하지 않으나, 글쓰기와 독해 등의 영역에서 어려움을 경험하는 것으로 나타났으며, 결과적으로 낮은 학업성취로 이어지게 된다.

그러나 다문화가정 아동의 이중언어 능력은 변화하는 주변 상황과 환경을 통제하거나 조절할 수 있는 능력을 발달시킬 수 있으며, 비다문화가정 아동에 비해 이러한 능력이 높은 것으로 나타나 다문화가정 아동의 이중언어 능력을 키워 줄 수 있는 프로그램 및 서비스가 더욱 필요함을 시사한다.

(5) 가정의 낮은 사회 · 경제적 지위와 다문화가정 아동의 학교생활의 어려움

대부분의 다문화가정은 농촌지역 및 수도권 변두리에 밀집되어 있거나, 낮은 임금과 비정규직 일자리를 가지고 있고, 기초생활 수급 지원을 받는 가정이 많은 것으로 나타났다(서종남, 2010; 오성배, 2009; 최옥주, 2017). 경제적 어려움은 자녀에 대한 충분한 교육적 지원이 미흡하여 아동의 지적 발달 및 학업성취에도 부정적인 영향을 미치는 요인으로 작용하고 있다(여성가족부, 2016).

한국어 이해가 힘든 어머니를 둔 경우 어머니가 자녀의 과제를 거의 도와주지 못하므로, 교육적 지원을 기대하기가 어렵게 된다. 부족한 교육적 지원으로 인해 다문화가정 아동의 학교생활에서의 성취 수준은 비다문화가정 아동보다 낮아지게 되고, 학년이 올라갈수록 점차 심화된다. 이러한 문제는 다문화가정 아동의 학교 중단율을 통해서도 확인할 수 있는데, 2014년 기준 초등학생 0.8%, 중학생 1.2%, 고등학생 2.1%로 전체 학생의 학업 중단율인 초등학생 0.6%, 중학생 0.8%, 고등학생 1.6%에 비해 높은 것을 확인할 수 있다(교육부, 2015).

(6) 가족 내 갈등의 문제를 경험

다문화가정은 문화와 양육방식의 차이로 인해 가족 구성원 간에 갈등이 나타나기도 한다. 다문화가정 내 외국인 부모의 언어문제는 부부간 의사소통에 문제를 일으킬 뿐 아니라 부모-자녀 간의 상호작용에도 부정적인 영향을 미칠 수 있다.

부모의 언어적 소통의 문제, 외국인 부모의 문화 적응 문제 등으로 인한 가족 내 갈등은 자녀를 양육하는 과정에서도 부정적인 요인으로 작용한다. 중도입국 다문화가정의 아동은 부모의 이혼 및 재혼으로 인해 한국에 입국하는 경우도 적지 않아 한국사회에 적응하는 문제 이외에 새롭게 구성된 가족 구성원과 겪게 되는 심리적 갈등도 크다. 그뿐만 아니라 중도입국 다문화가정 아동은 한국에 입국하기 전까지 부모와 떨어져 지낸 경험이 있거나, 가정 내 높은 불안감 및 방임을 더 많이 경험하는 것으로 나타났다(류방란 · 오성배 · 박균열, 2011). 다문화가정 아동의 어려움은 발달과정에서 지속적으로 영향을 미칠 것이므로 그들의 건강한 성장을 지원하기 위한 적극적인 대책 마련이 시급하다고 할 수 있다.

다문화가정 아동의 어려움 해결 연습

[사례 1]

중국인 다문화가정의 만 3세인 유아 A가 있었다. A는 어린이집을 다닌 적이 없고 유치원 생활이 처음인 유아였다. 아예 한국어를 할 줄 몰라 선생님, 친구들과 의사소통이 되지 않는 아이였다.

학기 초에 A는 친구 사이에서 거의 말을 하지 않았으며 친구들을 멀리서 쳐다보며 놀이 시 머뭇거리고 멀리 떨어져서 지켜보곤 했다. 그러나 A는 필요한 게 있을 때만 중국어로 이야기하였는데, 그마저도 담임 선생님께서 중국어를 하지 못해서 의사소통이 잘되지 않았다. 또한, 학기 초에 A는 원 생활에 있어서 의사소통이 되지 않아 화장실 실수도 하고 울기도 하며, 친구들과 선생님 눈치를 보면서 잘 어울리지도 못하였다.

어느 날 같은 반 아이가 "A는 왜 이상한 말을 해요?" 하고 선생님께 말을 한 적이 있는데, 그때 선생님이 "이상한 말이 아니라 중국어라고 하는 중국 사람들이 하는 언어야."라면서 문화 차이에 대해서 아이들한테 잘 설명해 주셨다. 그러자 아이들도 자신들과 다른 문화를 가진 A에게 적응하는 것 같았다. 그런데 A는 적응을 하는 데 조금 어려워 보였다.

그 후 여름쯤에 다시 갔을 때 A는 학기 초보다 많이 밝아졌으며, 또래 친구들과 어울려서 뛰어놀기도 하고, 여전히 의사소통이 잘되지는 않았지만, 적응하여 놀이를 하곤 했다. 어느 정도 기초적인 언어표현이 가능해져서 자신이 하고자 하는 것에 대해 의사를 표현하였다. 그러나 가끔 자신이 화나고 속상한 일에 대해 표현하지 못하여서 답답해하는 행동을 보이기도 했다.

[사례 2]

유치원 현장에서 담임으로 일하게 된 첫 해에 다문화가정 유아를 만나게 되었다. 부모 중 아버지는 한국 출신, 어머니가 태국 출신의 만 3세 혼혈 유아였는데, 흔히 우리가 가진 선입견과 달리, 그 유아는 부모가 먼저 다문화가정이라고 소개하기 전까지는 미처 알아차리지 못할 정도로 피부색이나 생김새 등 외향적으로 한국 아이와 큰 차이가 없는 유아였다. 또한, 반 아이들의 연령도 어리기 때문에 가장 우려했던 소외 문제에 대해서도 한시름 놓을 수 있었다.

문제는 그 유아가 언어소통에 어려움을 보이고 있다는 점이다. 보통 만 3세 유아의 경우 간단한 단어나 문장을 사용해 대화가 가능해져야 할 시기인데, 이 유아는 모든 말을 '으-' 라는 소리를 내는 것이 다였다. 간단한 단어를 가르치려고 '선생님이라고 불러보자.'라며 '선, 생, 님'이라고 반복해서 알려 주어도, '서- 스- 느-'라며 따라 하는 것조차 어려워했다. 말하는 것뿐만 아니라 가장 기본인 단어나 문장을 듣고도 이해하지 못하는 수준이었기 때문에 이 아이를 데리고 만 3세 수준의 활동을 하는 것 자체가 불가능하다고 판단이 되었다.

더 큰 문제는 이 이후에 있었는데, 아이의 문제에 대해 상담을 하기 위해 몇 차례 연락을 드려도 유아의 엄마가 한국어를 아예 하지 못했기 때문에 상담조차 불가능했다. 아빠는 일 때문에 바쁘다는 이유로 통화하기 어려워서 결국 상반기가 끝날 무렵에야 원감님의 호출로 어렵사리 부모님과 상담을 하게 되었다.

상담을 하면서 유아의 문제점을 파악하던 중, 아이가 왜 언어적인 발달이 이루어지지 않았는지를 엄마에게서 찾을 수 있었는데, 엄마 스스로 한국어를 못하다 보니 유아에게 동화를 들려준다거나 말을 건네는 등의 상호작용을 하나도 시도하지 않았다는 것이다. 아빠는 일 때문에 대부분 주말에나 아이와 만날 수 있고, 온종일 엄마와 함께 있어야 하는데, 상호작용이 이루어지지 않으니 아이의 언어발달이 이루어지지 않는 것이 당연했다. 안타까움에 아이의 엄마에게 '굳이 한국어가 아니더라도 모국어로 아이와 상호작용을 하실 생각은 안 하셨나요?'라고 물어보니 유아의 아빠가 '그렇게 하면 아이가 헷갈려서 더 안 좋지 않을까요?'라며 본인 역시 부모의 모국어가 2가지이다 보니, 아이에게 어떻게 소통해야 할지 늘 고민이라고 털어놓았다.

PBL 문제 해결하기

연습문제 01

○ 해결 과제 : 유치원에서부터 시작하여 6학년 아이들이 사용할 수 있는 놀이기구가 필요함

○ 조(4명) : 조별 토론 후 문제 해결하기

○ 학습과제 도출 : 교사의 질문

생각 (ideas)	(이미 알고 있는) 사실들 (facts)	학습과제 (learning issues)	연구 및 조사계획 (action plans)
• ㅁㅁ를 알면 이 문제를 해결할 수 있을까요? • 이 문제를 해결하기 위해 알아야 하는 것은 무엇일까요?	• 문제에 제시된 내용 중 기억해야 할 중요한 것은 무엇인가요? • 자신의 경험, 선행지식 중 문제 해결에 도움이 되는 것이 있다면 이야기해 주세요.	• 앞의 두 과정을 거치면서 논의한 결과, 우리가 꼭 학습하고 조사해야 할 것은 무엇일까요?	• 각각의 학습과제는 어떤 방식으로 수행할 수 있을까요? • 자료수집방법은 무엇일까요?

○ 조별 과제 수행하기 : 학습과제 도출 후 수행계획

생각 (ideas)	(이미 알고 있는) 사실들 (facts)	학습과제 (learning issues)	연구 및 조사계획 (action plans)
• 학교 놀이터 면적 조사 • 아이들이 즐겨 노는 게임 종류 및 인기 있는 놀이기구 종류 • 다른 학교의 경우 소요된 비용 내력 • 가격 조율 • 제안서 형식 꾸미기 • 누구에게 제안서를 제출할 것인가?	• 학생 수용력이 600명 • 유치원생부터 6학년 학생까지 사용할 것임 • 사용 가능 예산 : 1억5천만 원 • 옆 학교와 YMCA놀이터가 매우 모범적인 경우임 • 이대부속초등학교 : 저학년, 고학년 놀이터 구분	• 학교 놀이터 모양 및 면적 조사 • 아이들이 즐겨하는 게임 종류 및 인기 있는 놀이기구 종류, 가격, 재질 • 연령대별 발달상황 • 학년별 인원수 • 제안서 형식 꾸미기 • Good case 특성 • 필요한 놀이 및 활동	• 해당 교육지원청 및 구청 담당자(조사1) • 인근학교 재학생 대상 설문조사 및 놀이기구 업체에 문의(2) • 청소년 관련 전문서적(3) • 인터넷 검색 및 교육지원청 문의(4)

PBL 문제 해결하기

연습문제 02

❶ 사례

유치원, 어린이집에서 많이 볼 수 있는 유형은 이주 근로자 가정이라고 생각한다.

현재 근무하고 있는 원에서도 한국인 아빠와 베트남 엄마에 사이에서 태어난 아이가 이번에 만 3세반에 입학하였다. 처음 입학원서를 내러 온 어머니의 조금 어눌한 한국어 실력을 보고 들어오는 아이에 대해 걱정이 앞섰다. 한국말을 못하는 건 아닌지, 친구와 잘 어울리지 못하면 어쩌나 하는 누구나 할 수 있는 걱정이었다.

하지만 3월에 입학한 아이는 한국말도 잘하고 준비된 활동에도 적극적으로 참여해 주는 성실한 유아였다. 또한, 한글과 숫자에 관심이 많고, 만 3세 수준에 비해 집중력이 좋아 하나를 알려 주면 열을 아는 똑똑한 친구였다. 이렇게 평범한 한국인 유아보다 그 유아를 위해 좀 더 질 높은 활동을 계획해 주어야겠다는 생각이 들었다.

엄마의 국적이 베트남이다 보니 영어를 잘하지 않을까 하는 생각이 있었는데, 특별활동 영어시간에는 아직 'no'만 할 줄 안다는 담임교사의 말에 피식 웃음이 나기도 했다.

앞으로 유치원과 어린이집에서는 다양한 다문화가정의 아이들을 만날 수 있을 것이다. 우리의 선입견과 편견으로 인해 작은 오해가 생기는 것 같다. 그러므로 다문화가정을 접하는 우리는 모두가 서로 같은 존재라고 하는 보편적 가치에 대한 인식 변화를 이끌어 낼 교육이 필요하다고 생각한다. 조화로운 다문화사회를 이루기 위해서는 다양한 사회에 적응할 수 있도록 피부색, 언어, 문화가 서로 다르더라도, 이를 차별이 아닌 서로 다른 개성으로 인정해야 한다고 생각한다.

❷ 수행 예시

○ 해결 과제 : 선입견과 편견으로 인해 작은 오해가 생긴다.

○ 조 4명 : 조별 과제 토론 후 문제 해결하기

○ 조별 과제 수행하기 : 학습과제 도출 후 수행계획

생각 (ideas)	(이미 알고 있는) 사실들 (facts)	학습과제 (learning issues)	연구 및 조사계획 (action plans)
• 다문화가정 유아의 어눌한 우리말 실력 • 다문화가정 유아의 또래 관계 • 유아교사의 선입견과 편견 • 유아교사의 다문화 인식을 증진 방법은 없을까?	• 다문화사회와 다문화가정 • 결혼이주 여성의 어눌한 우리말 실력 • 아이가 우리말을 잘하며 활동에 적극적으로 참여 • 숫자에 관심이 많은 아이	• 다문화가정 이해 • 유아교사의 다문화 인식 조사와 증진방법 • 유아교사의 다문화 인식 개선을 위한 자체 장학 • 다문화가정 유아의 교육 지원	• 결혼이주 여성의 생활(조원1) • 유아교사의 다문화 인식 조사(2) • 유아교사의 다문화 인식 개선 장학자료 조사(2) • 유아교사 다문화 연수기관 조사(3) • 다문화가정에서의 유아교육 실태(4)

PBL 수행하기

○ 과제 : 다문화가정 아동의 어려움의 사례를 제시하고 조별로 과제 수행하기

생각 (ideas)	(이미 알고 있는) 사실들 (facts)	학습과제 (learning issues)	연구 및 조사계획 (action plans)

다음 주제에 대하여 토론 후 해결방안을 정리하여 발표해 보세요. (조별 수행)

(1) 다문화가정 아동의 언어교육 지원방안
(2) 결혼이민자 아동양육지원 사업 확대
(3) 사회적 편견 개선
(4) 다문화가정에 대한 자녀출산 및 양육지원
(5) 다문화시민사회 네트워크 조성

(1) 다문화가정 아동의 언어교육 지원방안

다문화가정 자녀 중에는 언어습득지체를 겪고 있는 아동이 많다. 언어습득지체는 아이들이 사회성을 기르는 데 장애요소가 될 수 있기 때문에 이에 대한 지원이 절실하다. 문제 해결을 위해 민·관·학 공동으로 언어발달지체 예방 프로그램을 만들어 아이들의 언어습득을 도와야 한다. 생계 때문에 일자리를 찾아 밖으로 도는 아버지나 한국어 구사 능력이 떨어지는 어머니에게 맡길 수 없는 처지에서 민·관·학 프로그램은 이런 공백을 메워 주는 중요한 방안이 될 것이다.

국제결혼이 일반화된 한국 사회에서 다문화가정 자녀에 대한 적절하고 체계적인 학습 및 언어발달 지원은 더 이상 미룰 수 없는 과제가 됐다. 가정과 학교에서도 다문화사회에 대한 아이들의 인식을 새롭게 할 수 있는 교육에 관심을 기울여야 한다. 앞으로 사회의 중추적 역할을 해나갈 이들의 이탈을 막지 못한다면 가정의 불행을 떠나 국가적으로도 큰 손실일 수밖에 없다.

(2) 결혼이민자 아동양육지원 사업 확대

현재 우리나라는 언어소통 곤란, 문화이해 차이 등으로 자녀 양육에 어려움을 겪고 있는 결혼이민자를 대상으로 전문 지도사가 방문하여 자녀 양육 상담·교육, 자녀학습지도 등의 아동양육 지원 서비스를 제공하고 있다. 2007년 결혼이민자 아동양육지원 사업의 지원 대상 가정 및 아동양육도우미는 해당 지자체와 결혼이민자가족지원센터에 의해 선정되었으며, 전국 31개 센터에서 1차 220명, 2차 237명의 아동양육지도사가 활동하였고, 지원 대상 가정은 1차 1,097가정, 2차 1,161가정이었다.

하지만, 현재 우리나라의 아동양육지원 사업은 지원이 필요한 가정보다 지도사의 수가 턱없이 부족한 상황이어서 그 효과가 미미할 것으로 예상된다. 다문화가정의 아동양육지도사에 대한 전문성을 확보하고, 인력을 확충해서 형식적인 교육을 탈피하여 수준 높은 교육을 받을 수 있도록 지원해야 한다.

(3) 사회적 편견 개선

일반 국민의 의식 제고를 위한 홍보를 통해 국민이 가지고 있는 편견을 바로잡아야 한다. 다문화가정이 겪고 있는 문제 중에서 무엇보다 심각한 것은 사람들이 그들을 바라보는 싸늘한 시선이다. 물론 모든 사람이 그렇다고 할 수는 없지만 일반적으로 다문화가정을 일반 가정과 다른 시각으로 바라보는 경우가 대부분이다.

이러한 편견을 해소하기 위해서 다문화 관련 공익광고 및 다문화 공생·이해 강좌 개최 등을 개최하고, 지역주민이 함께할 수 있는 행사를 마련하여 그들과 일반 국민의 벽을 허물 수 있도록 노력해야 한다. 지금 세계는 인종과 민족의 경계를 허물어 가고 있다. 우리나라도 이러한 추세에 맞추어 나와 다른 피부색, 다른 문화를 가진 사람들을 바라보는 인식을 개선해야 한다.

(4) 다문화가정에 대한 자녀출산 및 양육지원

임신, 출산, 양육에 대한 책을 언어별로 제작하여 외국인 아내들에게 배포하고, 저소득 가정의 여성결혼이민자에게 산전후 지원이 이루어져야 한다. 그리고 영·유아 예방접종과 저소득계층에 대한 미숙아 및 선천성 이상아의 의료비와 영·유아 및 임산부의 건강검진 지원 등을 적극적으로 검토해야 한다. 그리고 한국어가 서툰 외국인 아내로 인해 자녀가 한국어 습득에 장애를 겪을 수 있으므로 다문화가정을 위한 보육시설 마련을 통해 문제를 해결해야 한다. 다문화가정을 위한 보육시설은 자녀의 언어습득에 도움을 줄 뿐만 아니라 외국인 아내들의 경제적 활동을 장려할 수 있다는 장점이 있으므로 적극적인 지원 대책이 필요하다.

(5) 다문화시민사회 네트워크 조성

사회적 자본이라는 관점에서 다문화가정, 이주외국인, 일반시민, 국제사회가 상호 신뢰를 바탕으로 네트워크(연계망)를 구축하고 상호 교류할 수 있는 재정적, 제도적 지원체계 구축 프로그램을 만들어야 한다.

온라인상의 경진대회 및 협력 연대의 협력 시스템을 구축함으로써 문화 이해에 대한 교류와 문화교육의 파급 효과를 극대화할 수 있다. 신뢰와 네트워크, 공통의 문화적 규범을 지도하고 선도할 수 있는 주체로서 자신을 인식하도록 교육하고, 자신이 변화하는 다문화사회의 선도자라는 인식을 갖게 하는 교육을 통해서, 지역사회의 전반적인 다문화 수용성을 증대시킬 수 있다.

7. 다문화가정 아동의 권리

1) 아동권리

아동권리란 아동이 가진 인권을 의미한다. 1989년 채택된 유엔아동권리협약은 아동이 가진 특정한 권리를 인정한 조약으로 국제법으로서 효력을 가지고 있다. 모든 아동은 당연히 '권리'를 누릴 자격이 있으며, 따라서 모든 아동은 동일한 권리를 갖는다. 유엔아동권리협약은 이러한 아동의 권리를 총망라해 담고 있으며, 전 세계 거의 모든 국가가 협약을 존중하겠다고 약속했다. 협약에 명시된 모든 권리는 서로 연결되어 있고, 똑같이 중요하다. 그러므로 아동은 그 어떠한 권리도 침해받아서는 안 된다는 뜻이다.

아동의 권리는 힘으로서의 권리가 아니라 아동이 본래 갖고 있는 특성을 정당하게 보장받는 권리이다(이혜원, 2006). 이뿐만 아니라 아동의 권리를 이해하고 정의하는 작업은 아동을 소극적 존재로 보느냐 혹은 적극적 존재로 인정하는가의 관점 차이에 의해 다르다. 그동안 서구사회에서는 아동의 수동적 특성에 초점을 맞추어 아동은 성인의 관심과 보호의 대상이며, 사회로부터 교육적 · 의료적 개입을 받는 존재로 인식하여 왔다. 그러나 Jenkins(2003)의 아동권리모델에 따르면, 아동은 성인으로부터 보호될 대상을 넘어서 아동 스스로 자신을 위한 결정에서 있어 주체적인 역할을 담당하며, 나아가 적극적인 시민으로 아동의 권리를 확장하여 보고 있다.

유엔아동권리협약 비준국들은 협약 3조의 '아동 최선의 이익'을 아동의 권리에 있어서 기본적인 시각으로 보고 있다(윤혜원 · 이혜원, 2009). 아동을 적극적인 권리를 가진 시민으로 정의하고 그에 상응하는 서비스 및 합당한 권리가 주어질 경우, 아동은 의사결정과정에 참여하여 자신의 의견을 표현하고, 그것이 반영됨을 경험함으로써 성취감을 얻고, 향후 자신의 권리를 지킬 수 있는 역량이 더욱 강화되는 것으로 나타났다(Hegar, 1989). 이러한 점에서 볼 때 아동의 권리가 소극적 차원에 머무르지 않도록 아동의 적극적 권리를 포함해야 할 것이다.

2) 다문화가정 아동 관련 국내법과 정책

우리나라는 다문화가정 아동의 기본적 권리를 보장하기 위한 법률과 정책을 다음과 같이 지원하고 있다. 그러나 이러한 법과 정책이 제공되고 있음에도 불구하고 현실적으로 다문화가정 아동들은 주류 사회 아동들과 다르게 차별을 경험하고 있다. 이처럼 다문화가정 아동들에게 지원되는 법과 정책은 다문화가정 아동이 차별을 경험하지 않고 기본적 발달을 보장할 만큼 충분하지 않은 상황이다.

(1) 헌법

현행 「헌법」상 외국인이 기본권의 주체가 될 수 있는가에 대한 명문규정은 존재하지 않지만, 다문화가정의 구성원인 이주민 역시 권리를 보장받을 수 있다.

「헌법」 제6조 제2항에 따르면 외국인은 국제법과 조약이 정하는 바에 따라 그 지위가 보장된다. 헌법재판소 판례(2001. 11. 29.)에 따르면, 국내에 거주하는 외국인은 국민과 유사한 지위에 있으므로 원칙적으로 기본권의 주체성이 인정된다고 판시하고 있다. 특히 인간의 존엄과 가치, 행복추구권은 대체로 '인간의 권리'로서 외국인도 주체가 될 수 있다고 보고 있다. 또한, 평등권도 인간의 권리로서 인정받을 수 있다고 판시하였다(김미선, 2010).

「헌법」 제10조는 국민의 기본적 인권의 보장을 위하여 인간은 존엄하며 가치를 가지고 행복을 추구할 수 있는 권리를 가진다고 규정하고 있는데, 이는 인간이 누릴 수 있는 개인의 기본적 인권을 최대한 보장할 국가의 의무를 규정하고 있다. 그리고 「헌법」 제6조 제1항에 따라 우리나라가 비준, 공포한 조약과 일반적으로 승인된 국제법규에서 외국인의 지위에 대해 규정하고 있는 경우 국내법과 동일하게 적용되어야 함을 명시하고 있다(박미경, 2010).

우리나라 다문화가정 아동이 부모의 체류 적법성 여부와 국적에 관계없이 인간으로서 누릴 수 있는 기본적 권리는 「헌법」과 우리나라가 비준하는 유엔아동권리협약과 같은 국제규약에 의해 보장받을 수 있다.

(2) 국적법

우리 사회가 다문화사회로 변화하면서 가장 문제가 될 수 있는 부분이 국적의 부여와 국민이 되는 자격 기준의 마련이다. 외국인은 우리 국적을 부여받는 순간부터 내국인이 가진 권리와 동등한 지위를 받게 된다. 「국적법」에 의해 외국인이 한국 국민으로서의 국적을 취득하기 위한 요건을 살펴보면, '출생'으로 인한 국적 취득 조건은 한쪽 부모가 반드시 한국 국민이어야 한다. 결혼이주 여성의 경우 남편이 한국 국적을 소유하고 있을 때 그 자녀는 당연히 한국 국적을 취득할 수 있다. 그러나 부모가 모두 외국인 출신으로 한국에 거주하는 외국인 이주 노동자 가정이나 미등록자의 자녀는 속인주의 원칙에 따라 국적 취득이 불가능하다. 따라서 외국인 노동자 가정 자녀의 경우 '국민'의 자격을 갖추지 못하게 되어 국가에서 보장하는 기본법과 정책의 경계 밖에 존재하게 된다. '귀화'를 통한 국적 취득의 조건 중 '국어 능력과 대한민국의 풍습에 대한 이해 등 국민으로서의 기본 소양을 갖추고 있을 것'이라는 규정은 기준을 명확히 알 수 없어 매우 모호하고 까다롭다.

우리나라 「국적법」 규정이 다문화가정의 증가와 관련하여 문제가 되는 부분은 '국민'의 요건과 자격 범위에 있다. 국민이라는 개념이 가진 배타적 성격은 인정해야 하지만, 다문화사회에서 시대적 상황과 변화를 어느 정도 반영하고 있는지 살펴봐야 할 일이다. 현재 미등록 이주 노동자 가정 아동은 속인주의(「형법」의 적용 범위에 관한 사고방식으로, 국적을 기준으로 법을 적용하는 주의와 영역을 기준으로 법을 적용하는 주의를 일컫는 용어) 정책으로 국적을 취득할 수 없어 출생과 동시에 미등록 체류자가 되어 교육권 및 의료적 혜택을 받기 어려운 차별적 상황을 경험하게 된다. 이러한 실정으로 아동의 기본적 발달권과 생존권이 위협받고 있으며, 다른 위험한 상황에서도 아동이 보호받을 수 있는 안전장치의 마련이 필요하다.

(3) 다문화가족지원법

2008년 다문화가족 구성원의 안정적인 생활과 사회통합을 목적으로 필요한 제도와 여건을 조성하고 이를 위한 시책을 수립함으로써 그들의 삶의 질 향상을 위해 「다문화가족지원법」이 제정되었다.

이 법에서 다문화가족이란 「재한외국인처우기본법」과 「국적법」에 따라, 첫째 한국인과의 결혼이민자이거나, 둘째 출생 시부터 한국 국적을 취득하거나, 셋째, 한국 국적으로 귀화하는 경우로 정의하고 있으며, 이들에 한하여 「다문화가족지원법」의 대상이 될 수 있다. 또한, 결혼이민자에게 생활 정보, 교육 지원, 건강 지원, 다국어 서비스 제공을 의무화하고 있으며, 결혼이민자 아동에게 취학 전 보육 및 교육 지원, 한국어 교육과 학교생활 적응 지원, 방과 후 교육 지원에 대한 규정을 포함하고 있다. 또한, 다문화가족 실태조사, 다문화이해교육, 다문화가족에 대한 조치와 보호, 아동에 대한 보육 등 광범위한 보장을 하고 있다(국가인권위원회, 2010).

그러나 이 법의 지원 대상은 합법적 체류를 하고 있는 결혼이민자만으로 제한되어 미등록 이주 노동자 가정의 아동은 이 법에 의한 지원을 받지 못하여 다양한 배경의 다문화가정을 수용하지 못하는 한계가 있다.

(4) 재한외국인처우기본법

「재한외국인처우기본법」은 재한외국인에 대한 처우 등 기본사항을 결정하고 재한외국인이 대한민국 사회에 적응하여 각자의 능력을 충분히 발휘할 수 있도록 하는 것이다. 그리고 대한민국 국민과 재한외국인이 서로를 이해하고 존중하는 사회 환경을 만들어 대한민국의 발전과 사회통합에 이바지함을 목적으로 한다.

「재한외국인처우기본법」은 기존 국내법의 범주 대상에 포함되지 않았던 국내 거주 '외국인'을 대상으로 그들의 법적 권리 확보를 시도했다는 데 의의가 있다. 그러나 합법적으로 체류하는 외국인만을 대상으로 한정시킴으로써 미등록 이주 노동자들과 그 자녀들은 이 법의 적용 대상에 포함되지 않는 차별 상황에 처하게 된다. 제10조 재한외국인 등의 인권 옹호, 제11조 재한외국인의 사회 적응 지원, 제12조 결혼이민자 및 그 자녀의 처우 등의 조항은 학교를 다니고 있는 다문화가정의 아동만을 대상으로 제한하여 한국어 교육, 한국의 제도 및 문화 교육, 결혼이민자 자녀의 보육과 교육 지원을 통해 학교 적응을 지원하고 있는 한계가 있다. 따라서 제도권 교육을 받지 못하고 있는 다문화가정 아동의 경우 사회적으로 소외되는 차별을 경험하고 있다. 특히 이 조항에 의한 교육지원은 다문화가정 아동을 우리 사회에 '적응'해야 할 '대상'으로 보는 동화주의적 관점이 내재되어 있다. 다문화가정 아동은 자신의 고유한 문화와 언어를 공교육 체계 안에서 학습할 수 있는 권리를 가지고 있으므로, 이에 대한 지원도 함께 제공되어야 한다. 「재한외국인처우기본법」을 통해 볼 때, 다문화가정 아동은 우리 사회에서 법을 통해서 보호받는 것이 아니라 오히려 법에 의해서 우리 사회로부터 합법적으로 차별을 경험하고 소외당할 우려가 있다.

(5) 초·중등교육법

유엔아동권리위원회의 권고에 의해 2003년 「초·중등교육법 시행령」 제19조를 개정해 다문화가정 아동 중 이주 아동이 초등학교에 입학하는 경우, '외국인등록사실증명' 서류를 대신해 '거주사실확인' 서류를 제출하는 것으로 변경했다. 이를 통해서 기본적으로 다문화가정 아동이 국적을 취득하지 않거나 이주 노동자의 아동이라 할지라도 본인의 의사가 있다면 초등학교에 입학이 가능해졌다. 그러나 재외국인의 자녀가 중·고등학생 이상이거나 한국어에 서툰 상황일 경우 이들에 대한 별도의 교육과정이나 지도 방법에 대한 규정이 마련되지 않고 있다. 또한, 미등록 이주 노동자는 단속과 처벌의 대상이므로 아동이 안정적으로 학교생활을 하기 어려워 여전히 학교 입학을 꺼리는 경우가 많다. 이처럼 미등록 이주 노동자 자녀의 경우 교육받을 권리가 보장받지 못하고 있는 상황이다.

「초·중등교육법」을 통해서 기본적으로 교육받을 권리, 학교에 입학할 수 있는 기회는 부여받았지만, 실제 현장에서 학습을 위한 지원이 온전하게 보장받고 있다고 보기에는 미흡하다. 초·중등교육은 우리 「헌법」상의 의무교육에 해당하며, 다문화가정 아동에게도 동일하게 보장되어야 할 기본 권리이다. 따라서 의무교육을 강화하기 위해 「교육기본법」에서 의무교육의 대상을 미등록 아동 및 무국적 아동을 포함한 외국적 아동까지 확대할 필요가 있다. 또한, 관련법 개정을 통해 인종, 국적, 체류 지위 등에 따른 차별 없이 모든 아동이 교육받을 권리를 보장받을 수 있도록 법적 기반을 조성할 필요가 있다(국가인권위원회, 2010).

8. 국제기준과 다문화가정 아동

국제기구들은 다문화가정 아동의 기본적 권리 보호와 인종 및 문화적 차이로 인해 유발되는 차별을 예방하기 위해 유엔헌장과 유엔아동권리협약 등을 통해 협약의 당사국뿐만 아니라 세계 각국이 이를 국내법으로 수용하고 준수할 수 있도록 유도하고 있다. 이러한 국제기준들은 모든 아동의 기본권 보장을 위해 다양한 내용을 규정하고 있는데, 그 기본 원칙은 모든 아동에게 평등한 기회와 대우를 보장하는 것이다.

1) 유엔협약

국제인권법 규범의 가장 기본이라고 할 수 있는 세계인권선언(Universal Declaration of Human Rights) 제17조는 '모든 사람은 어떠한 구별도 없이 모든 권리와 자유를 누릴 자격이 있다'고 규정하며 보편적 인권을 명문화하고 있다. 또한, 경제적, 사회적, 문화적 권리에 관한 국제규약(International Covenant on Economic, Social and Cultural Rights) 제2조 제2항과 시민적, 정치적 권리에 관한 국제규약(International Covenant on Civil and Political Rights) 제2조 제1항에서도 어떠한 차별 없이 동 규약이 인정하는 권리를 존중하고 확보할 것을 규정하고 있다. 이러한 국제협약에 근거하여 우리나라 다문화가정 아동도 자신이 누릴 수 있는 모든 권리를 가지고 있다. 따라서 국제규약의 성실한 이행으로 다문화가정 아동이 우리 사회에서 어떠한 차별도 경험하지 않도록 해야 한다.

2) 유엔아동권리협약

다문화가정 아동의 권리에 대한 국제사회의 기준은 대표적으로 유엔아동권리협약(Convention on the Rights of the Child)이 있다.

총 54개 조항 가운데 다문화가정 아동의 차별받지 않을 권리와 관련된 조항은 제2조 '모든 아동은 어떠한 경우에도 차별받아서는 안 된다'이다. 이와 함께 다문화가정 아동의 생활 전반에서 이들의 권리를 존중하기 위해서는 제9조 '모든 아동은 부모와 헤어지는 일이 있어서는 안 된다. 다만, 부모가 자녀를 해치거나 보살펴 주지 않을 때는 제외한다', 제10조 '아동이 부모가 다른 나라에서 살고 있으며, 아동은 부모에게 돌아가 같은 나라에서 살 권리가 있다', 제26조 '모든 아동의 권리를 보장할 수 있는 사회보장 제도를 만들어 주어야 한다', 제28조 '모든 아동은 교육받을 권리가 있다. 초등교육은 무료로 받아야 하며 능력에 맞게 더 높은 교육도 받을 수 있어야 한다. 또한, 학교 교육은 아동의 인격을 존중하는 방법으로 운영되어야 한다', 제29조 '모든 아동이 교육을 받는 것은 아동의 인격과 재능, 신체적, 심리적, 사회적 능력을 마음껏 개발하기 위해서이다. 또한, 아동은 교육을 통해 인권, 자유 평화의 정신을 배우고 다른 문화를 존중하는 방법, 자연을 사랑하는 방법을 배워야 한다', 제30조 '소수 집단의 아동은 고유한 문화 속에서 자신들만의 문화를 즐기고 자신들의 종교를 믿으며 자신들의 언어를 사용할 권리가 있다'도 보장되어야 한다. 위와 같이 아동권리협약은 다문화가정 아동이 차별받지 않을 권리를 가지고 있음을 분명하게 명시하고 있고, 이를 비준하고 있는 우리나라는 이들이 차별 상황에 직면하지 않도록 제도를 마련해야 한다.

3) 이주 노동자 권리보호 협약

1990년 유엔총회에서 채택되어 2003년 발효된 협약은 이주 노동자와 가족의 인권 보호 및 증진에 초점을 맞춘 포괄적 국제인권조약이다. 이주 노동자 아동의 경우 국적을 취득할 수 없다. 미등록 이주 노동자의 경우 자녀의 교육권 등이 특히 문제가 되어 교육부가 이를 완화하고 있으나 아직도 아동이 안정된 환경에서 교육받을 수 있는 상황을 보장받지 못하고 있다. 이 협약에서 가장 주목할 점은 협약의 적용 대상에 있어 이주 노동자뿐만 아니라 그 가족 구성원도 포함된다는 것이다. 여기서 말하는 가족은 이주 노동자와 혼인한 자 또는 해당 법률에 따라 혼인과 같은 효력을 갖는 관계에 있는 자(사실혼 관계), 피부양 자녀와 해당 법률이나 관계국 간의 양자 또는 다자 협정에서 인정되는 피부양자까지 포함된다(제4조). 이렇게 동 협약의 대상이 되는 사람들은 성, 인종, 피부색, 언어, 종교 또는 신념, 정치적 또는 기타의 의견, 민족적, 종족적 또는 사회적 출신, 국적, 연령, 경제적 지위, 재산, 혼인상의 지위, 출생 또는 다른 신분

등 어떠한 구별 없이 동등하게 적용을 받으며(제1조 제2항), 이러한 권리를 협약의 당사국은 존중하고 확보할 것을 약속해야 한다(제7조). 이는 국제인권법의 기본 원칙인 비차별, 평등 원칙에 근거하여 권리가 보호되고 있음을 보여 준다.

다른 협약과는 달리 이주노동자협약은 가족의 처우에 대한 기본 원칙도 규정하고 있어 이주 노동자 체류 국가의 사회문제를 최소화하기 위해 노력을 기울이고 있다. 이 협약은 제8대 인권협약으로 미등록 이주 노동자와 그 가족들의 기본적 인권을 보호하기 위해 국가가 적절한 조치를 취해야 한다는 것을 명시하고 있다(박미경, 2010). 그러나 우리나라는 이 협약을 비준하지 않아 이들에 대한 권리 침해 상황에서 현실적으로 보호할 수 있는 구제 장치가 없다. 따라서 이주노동자협약 가입을 통해 모든 이주 노동자와 아동의 권리를 보장할 수 있는 정책적 개선 방안이 이루어져야 한다.

어린이를 위한 약속 유엔아동권리협약

유엔아동권리협약(Convention on the Rights of the Child: CRC)은 1989년 11월 20일 유엔이 채택한 어린이 권리조약으로 우리나라를 포함한 전세계 192개국이 이 협약을 지킬 것을 약속했습니다. 건강하게 자랄 권리, 교육받을 권리, 놀 권리 등 어린이가 누려야 할 권리를 모두 담고 있는 유엔아동권리협약은 각 나라에서 어린이 상황을 개선하는 기반이 되고 있습니다. 전문과 54개 조항으로 구성되어 있으며 1조부터 40조까지가 실제적인 아동권리 내용을 담고 있습니다.

1조 아동의 범위
18세가 안 된 우리 모두는 이 협약에 적힌 권리를 가지고 있습니다.

2조 차별 안 하기
우리는 절대 차별받아서는 안 됩니다. 우리와 우리의 부모님이 어떤 사람이건, 어떤 인종이건, 어떤 종교를 믿건, 어떤 언어를 사용하건, 부자건 가난하건, 장애가 있건 없건 모두 동등한 권리를 누려야 합니다.

3조 어린이를 제일 먼저
정부나 사회복지기관, 법원 등 우리와 관련된 일을 하는 모든 기관은 우리에게 무엇이 가장 이익이 되는지 그 점을 제일 먼저 생각해야 합니다.

4조 정부의 할 일
정부는 우리의 권리를 지켜 주기 위해 필요한 모든 일을 해야 합니다.

5조 부모의 지도
우리의 부모님이나 우리를 보호하는 다른 어른들은 우리를 지도할 권리와 책임이 있습니다.

6조 생존과 발달
우리는 타고난 생명을 보호받고 건강하게 자랄 권리가 있습니다.

7조 이름과 국적
우리는 이름과 국적을 가질 권리가 있으며 부모가 누구인지 알고 부모의 보살핌을 받을 권리가 있습니다.

8조 신분 되찾기
우리가 이름과 국적 등을 빼앗긴 경우 정부는 이를 신속하게 다시 찾을 수 있도록 도와주어야 합니다.

9조 부모와의 이별
부모님과 함께 사는 것이 우리에게 나쁜 영향을 미치지 않는 한 우리는 부모님과 함께 살아야 합니다. 어쩔 수 없이 헤어져 살아야 하는 경우 정기적으로 엄마와 아빠를 모두 만날 수 있어야 합니다.

10조 가족과의 재결합
우리가 부모님과 떨어져 다른 나라에 살고 있는 경우 정부는 우리가 다시 부모님과 함께 살거나 계속 만날 수 있도록 입국이나 출국을 쉽게 허가해 주어야 합니다.

11조 내 나라에서 살기
우리를 강제로 외국으로 보내서는 안 됩니다. 그런 경우 정부는 우리가 돌아올 수 있도록 모든 노력을 다해야 합니다.

12조 의견 존중
우리에게 영향을 미치는 문제를 결정할 때 우리는 의견을 말할 권리가 있습니다. 어른들은 우리의 의견에 귀를 기울여야 합니다.

13조 표현의 자유
우리는 말이나 글, 예술을 통해 우리의 생각을 표현할 권리가 있으며 국경을 넘어 모든 정보와 생각을 서로 주고받을 수 있는 권리도 있습니다.

14조 양심과 종교의 자유
우리는 자유롭게 생각하고 우리의 양심에 따라 행동하며 원하는 종교를 가질 수 있어야 합니다.

15조 모임의 자유
우리는 모임을 자유롭게 조직할 수 있어야 하며 우리의 목적을 위해 평화로운 방법으로 모임을 열 수 있어야 합니다.

16조 사생활 보호
우리는 사생활을 간섭받지 않아야 합니다. 우리가 주고받는 전화나 메일 등을 다른 사람이 멋대로 보아서는 안 됩니다.

17조 유익한 정보 얻기
우리는 우리에게 도움이 되는 정보를 얻을 수 있어야 합니다. 정부는 해로운 정보로부터 우리를 보호하는 한편 우리에게 유익한 도서의 제작 등을 장려해야 합니다.

18조 부모의 책임
부모님은 우리에게 무엇이 필요한지 알고 우리를 잘 기를 책임이 있습니다. 정부는 우리의 부모가 우리를 잘 기를 수 있도록 도와주어야 하며 특히 맞벌이 부부의 자녀들이 좋은 시설에서 자랄 수 있도록 해 주어야 합니다.

19조 폭력과 학대
우리의 부모님이나 보호자가 정신적, 신체적으로 우리에게 폭력을 쓰거나 학대하거나 돌보지 않고 방치하는 일이 없도록 정부는 모든 노력을 해야 합니다.

20조 가족 없는 어린이
부모가 없거나 부모와 함께 사는 것이 우리에게 이롭지 않아서 부모와 헤어져 사는 경우 우리는 특별한 보호와 도움을 받아야 합니다.

21조 입양
우리가 입양되어야 할 때, 우리의 입양을 결정하는 것은 믿을 만한 정부기관이어야 하며 부모나 친척 등 우리와 관련된 어른들의 동의를 얻어야 합니다.

22조 난민어린이
전쟁이나 자연재해 등으로 난민이 되었을 때 우리는 특별한 보호와 도움을 받아야 하며 우리가 가족과 헤어졌을 때 우리에게 가족을 찾아 주어야 합니다.

23조 장애아 보호
우리의 몸이나 마음에 장애가 있을 때 우리는 특별한 보호를 받아야 합니다.

24조 영양과 보건
우리는 건강하게 자랄 권리가 있습니다. 충분한 영양을 섭취하고 깨끗한 물을 얻을 수 있어야 하며 병원이나 보건소 등에서 치료받을 수 있어야 합니다.

25조 시설아동 실태 조사
우리를 잘 보호하고 치료하기 위해 정부가 우리를 특정한 시설에서 키우도록 한 경우 정부는 우리가 어떻게 자라고 있는지 정기적으로 조사해야 합니다.

26조 사회보장제도
정부는 우리의 권리를 지켜줄 수 있는 사회보장 제도를 만들어 주어야 합니다.

27조 적절한 생활수준
우리는 제대로 먹고 입고 교육받을 수 있는 생활수준에서 자라야 합니다.

28조 교육
우리는 교육받을 권리가 있습니다. 초등교육을 무료로 받을 수 있어야 하며 능력에 맞게 더 높은 교육도 받을 수 있어야 합니다.

29조 교육의 목적
우리는 교육을 통해 인격과 재능, 정신적 · 신체적 능력을 마음껏 계발하고 인권과 자유, 이해와 평화의 정신을 배울 수 있어야 합니다.

30조 소수민족 어린이
소수민족인 우리는 고유의 문화 속에서 우리의 종교를 믿고 우리의 언어를 사용할 권리가 있습니다.

31조 여가와 놀이
우리는 충분히 쉬고 놀 권리가 있습니다.

32조 어린이 노동
우리는 위험하거나 교육에 방해가 되거나 우리의 몸과 마음에 해가 되는 노동을 해서는 안 됩니다.

33조 해로운 약물
우리는 마약을 만들고 판매하는 행위에 이용되어서는 안 됩니다.

34조 성 착취
우리를 성적으로 학대하거나 성과 관련된 활동에 우리를 이용해서는 안 됩니다.

35조 인신매매와 유괴
정부는 우리가 유괴를 당하거나 물건처럼 사고 팔리지 않도록 모든 노력을 다해야 합니다.

36조 모든 착취로부터의 보호
정부는 우리를 나쁜 방법으로 이용해 우리의 복지를 해치는 어른들의 모든 이기적인 활동으로부터 우리를 보호해야 합니다.

37조 어린이 범죄자 보호
우리에게 사형이나 종신형을 내릴 수 없으며 우리를 고문해서도 안 됩니다. 우리를 체포하거나 가두는 일은 최후의 방법으로 선택해야 합니다. 우리를 어른 범죄자와 함께 지내게 해서도 안 됩니다.

38조 전쟁 속의 어린이
우리는 전쟁지역에서 특별한 보호를 받아야 하며 15세 미만일 때에는 절대 군대에 들어가거나 전투 행위에 참여해서는 안 됩니다.

39조 몸과 마음의 회복
우리가 학대 받거나 버려지거나 고문을 당했거나 전쟁 중에 고통 받은 경우 정부는 우리가 몸과 마음을 회복할 수 있도록 모든 노력을 해야 합니다.

40조 공정한 재판과 대우
범죄혐의를 받은 경우 변호사의 도움을 받아야 하고 신속하고 공정한 재판을 받아야 합니다. 우리에게 증언이나 자백을 강요해서도 안 됩니다. 재판과정에서 사생활을 보호받아야 하며 사법절차의 모든 단계를 거쳐야 합니다.

unicef
유니세프한국위원회

CHAPTER 02
유아 다문화교육

1. 유아 다문화교육의 개념

문화는 각 집단이나 사회, 민족, 인종에 따라 각기 고유한 형태로 나타나는데, 이렇게 각기 독특하면서도 분절된 문화가 하나의 조합을 이룬 상태를 '다문화'라고 할 수 있다. 다문화라는 용어는 문화 간에 생기는 여러 유형의 문제를 조화롭게 극복하고자 하는 의도에서 만들어진 용어이다(장영희, 1997). 다양한 문화가 혼재된 사회가 다문화사회이다. 다문화사회의 구성원에게는 다양한 문화를 이해하고 그 차이를 조율할 줄 알며, 문화적 배경이 다른 타인과 소통하는 능력을 지닌 인간을 필요로 한다. 다문화사회에서 다문화교육은 구성원 간에 발생될 수 있는 개인적 · 사회적 갈등의 요인을 지혜롭게 극복할 수 있는 능력을 갖춘 인간을 육성하는 교육적 접근으로 다문화교육은 다양성을 가치 있는 자원으로 지원하고 확장하려는 교육이다. 다문화에서 핵심적인 논지는 민주적 구성 틀 안에서 통일성과 다양성 사이의 관계다. 통일성은 문화의 다양성 속에서 분명히 존재하는 공통성을 인식하고 그것을 파악함으로써 인간과 그 문명의 본성을 이해하는 것이다. 반면에 다양성이라는 것은 문화를 그 자체 내의 맥락에 맞게 좀 더 정확히 이해하려는 것이며, 인류 문화의 다양성의 인식과 개별문화의 독특성을 이해하는 것이다(김영옥, 2002a).

유아는 만 2세부터 문화의 유사성과 차이점에 대한 유아의 이해가 나타난다(Seefeldt, 2005). 유아는 이미 24개월 전후부터 타인에 대한 유사점과 차이점을 인식하고 인종적 차이를 구분하며 신체 · 언어적 특징에 기초하여 사람을 지각한다. 그러므로 이 시기는 다문화이해교육의 적기라 볼 수 있다. 유아 다문화교육은 각기 다른 인종과 성, 언어, 계층 등을 이해하고 존중하도록 유도하여 유아와 그 가족의 삶을 긍정적으로 변화시킴으로써 다양한 문화의 세계에서 유아들이 공동의 목표를 향해 생활하고 의사소통하는 지식, 태도, 기술을 가질 수 있도록 준비하는 교육이다(김영옥, 2002a). 한편 사회복지적 관점에서의 유아 다문화교육은 다양한 사회적, 문화적 배경을 지닌 유아들에게 평등한 교육의 기회를 가질 수 있도록 하는 교육과정의 변화를 추구하는 노력으로 인종과 문화의 다양성을 인정하고 확장하며, 사회의 편견이나 고정관념에 대처할 수 있는 능력을 길러 주는 교육이다(하숙현, 2000).

2. 다문화교육, 국제이해교육, 세계시민교육

다문화교육은 '한 국가 내'에서 존재하는 다양한 문화적 차이나 갈등에서 오는 어려움을 줄이기 위하여 다양한 문화권을 존중하는 교육을 통해 국가 내에서 더불어 잘 사는 것을 목적으로 한다(김선미, 2000; 장인실, 2006). 세계시민으로 자라나는 세대가 타문화에 대한 더 적극적인 인식과 세계 이해 태도를 가져야 한다는 점을 고려한다면, 다문화교육만으로는 지구촌의 세계 여러 곳에서 일어나는 다양성에 대한 인정과 지구촌 문제 해결에 대한 관심을 증가시키기엔 한계가 있다(McFadden, Merryfield, & Barrun, 1977; 구정화, 2008, 재인용). 이에 비해 국제이해교육은 타 지역의 사람들이나 그들의 문화에 대한 이해의 증진을 목표로 하는 교육(Ukpokodu, 1999)이라고 볼 수 있다. '국가 간'의 경계를 인정한 상태에서 인류 평화를 위해 서로 간의 오해와 갈등을 줄이기 위한 방법으로 '이해'를 중요시한다(교육과학기술부, 2008).

1974년 유네스코는 제18차 총회를 열어 인구, 식량, 자원, 환경, 에너지 등의 전 지구적인 문제에 대한 교육의 대안으로 "국제이해, 협력 및 평화와 인권 및 기본적 자유에 대한 권고"(The Recommendation Concerning Education for International Understanding, Cooperation and Peace and Education Relating to Human Rights and Fundamental Freedom)를 채택하고 이를 국제이해교육의 기본방침으로 제시하였다(UNESCO, 1974). 이 권고문은 특히 전 지구적인 문제를 해결하기 위해서 국가 간의 협력 차원을 넘어서 세계 공동체 의식이 중요함을 강조하고 있다. 이후 민주주의와 시장경제 체제가 전 세계적으로 더욱 보편화되고 사람, 자본, 기술, 상품, 서비스 등의 국가 간 이동이 지속으로 증대됨에 따라 세계의 상호 의존성은 더욱 심화되었고, 세계 여러 나라들은 '국제이해교육'에 큰 관심을 갖게 되었다.

국제이해교육 개념은 시대적 발전에 따라 그 내용이 조금씩 수정되거나 추가되면서 발전되어 왔다. 국제이해교육의 정의를 가장 먼저 구축하고 이 분야의 학자들로부터 가장 많이 인용되고 있는 Hanvey(1976)의 정의는 국제이해교육에서 강조해야 할 세계적인 시각의 5가지 구성요소로서, 시각에 대한 자각, 지구상황에 대한 인식, 문화 간 이해, 세계의 역동체제에 대한 지식, 그리고 인간의 선택에 대한 인식을 강조하고 있다. 이후 세계의 상호 의존성의 증가에 대비하는 국제이해교육이 특히 강조되면서 Alger과 Harf(1986)는 가치, 국제 간 업무, 국제 간 업무의 주체, 절차 및 메커니즘, 그리고 세계문제의 5가지 주제를 중심으로 국제이해교육의 개념을 설명하고 있다. Merryfield(1997)는 이와 같은 정의들을 모두 포괄하는 정의를 내리기도 하였지만, 최근 많은 국제이해교육 전문가들이 합의를 본 정의는 "국제이해교육은 세계 여러 나라가 공통으로 겪는 세계문제나 세계이슈에 대한 학습과 경제, 환경, 문화, 정치 그리고 기술적으로 상호 연결되어 있는 세계체제에 관한 학습이며, 문화 간 이해의 증진을 위한 학습으로, 다른 나라 문화를 이해하고 인정하는 학습뿐 아니라 타인의 관점에서 세상을 바라보며, 다른 나라 사람들도 우리와 똑같은 욕구와 필요를 가지고 있음을 인정하는 세계적 시각에 대한 교육이다"(Tye, 1999).

세계시민교육과 관련하여 여러 가지 용어가 사용되어 왔다. 국제이해교육(Education for International Understanding), 국제교육(International Education), 세계교육(Global Education), 비교교육(Comparative Education), 다문화교육(Multicultural Education), 문화 간 교육(Intercultural Education), 평화교육(Peace Education), 환경교육(Environmental Education), 인권교육(Human Right Education), 발전 또는 개발교육(Development Education) 등이다. 이 용어들 중에서 다문화교육, 국제이해교육, 세계시민교육은 함께 사는 것을 배우는 측면에서 같지만 정의하는 범위에서 차이가 있다. 세계시민교육은 보다 확장된 개념으로 국가 간의 경계를 넘어서서 전 세계인에 대해 공동체적인 시각을 갖고, 세계인으로 함께 살아가는 삶을 살도록 돕는 교육이다(김현덕, 2007). 즉, 세계가 공동체라는 인식과 함께 전 지구적 시각을 가지고, 세계의 안녕과 번영을 위해 다양한 사람들과 함께 협력하는 지식과 기술, 태도를 갖도록 하는 교육이라고 할 수 있다. 유아교육에서 세계시민교육은 유아들이 한국 국민인 동시에 세계시민으로서 지구촌 의식을 갖게 하는 교육이다. 유아들에게 국경을 넘어선 지구촌 사회에서 인류 공동체적 책임감을 갖고 문화적 다양성을 존중하며, 평화적인 갈등 해결과 환경보호, 인권존중 등의 지식과 태도를 형성하며, 실질적으로 실천할 수 있도록 하는 것이다.

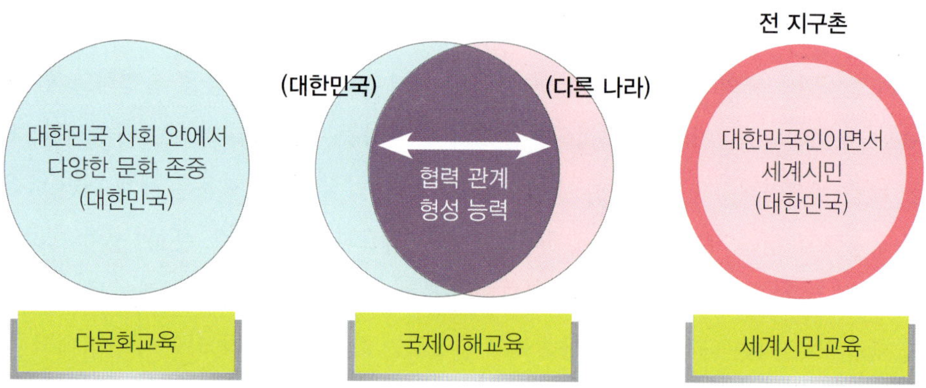

출처 : 교육과학기술부(2008). 종일반 특성화 교육과정 운영을 위한 유아 세계 시민 교육 활동자료.

그림 2-1 다문화교육, 국제이해교육, 세계시민교육의 개념 이해도

3. 반편견교육과 다문화교육

편견은 어느 사회나 있는 것이고, 유아기의 사회화 과정에서 영향력 있게 작용하여 성인이 되어서도 쉽게 바뀌지 않는 속성을 감안할 때, 편견이 내면화되기 이전에 유아가 편견에서 자유로울 수 있도록 돕는 교육이 필요하다. 유아기에 고착된 편견은 이후 정상적이고 원만한 대인관계를 저해하고, 대립과 갈등을 일으키는 중요한 원인이 된다(정길수, 1985). 편견은 공정하지 못하고 한쪽으로 기울어지거나 치우친 생각으로, 어떤 사물에 대한 편애, 싫어함, 두려움을 통해 나타나는 견해나 경향을 의미한다(김영옥, 1998). 또한, 편견은 적절한 지식, 사고, 이성 등이 없는 상태에서 다른 사람이나 상황에 대하여 가지게 되는 태도나 의견 혹은 감정 등으로 다른 사람이나 집단에 대하여 좋고 싫음을 판단하게 만든다(Johns & Derman-Sparks, 1992).

편견 발달 5단계

- **[1단계] 인식의 단계**
  사람 사이의 차이점(difference)에 대해 알아차리기 시작함.
- **[2단계] 정체성을 찾는 단계**
  자신이 인식하기 시작한 차이에 근거하여 사람들을 명명하고 분류하기 시작함. 자신이 인식한 세계에 대한 이해를 돕기 위한 과정임.
- **[3단계] 태도 형성 단계**
  다른 사람이나 그들이 살아가는 방식에 대한 견해를 형성하는 데 기초가 되는 생각이나 느낌 등의 태도를 형성하는 단계임.
- **[4단계] 선호도를 발달시키는 단계**
  공통점이나 차이점에 근거하여 한 개인의 신체적 특성, 삶의 방식을 다른 것에 비해 더 가치를 둔다거나 우위에 두기 시작함.
- **[5단계] 편견이 자리 잡는 단계**
  잘 알지도 못한 상태에서 미리 정해진 적대감, 태도, 견해를 가지게 됨.

출처 : York(1992); 박은혜(1998), 재인용.

많은 성인은 유아가 이러한 편견에 영향을 받지 않고 있다고 생각한다. 그러나 실제로 연구 결과에 의하면 어린이가 매우 어린 시기에 차이점에 대해 주목하고, 분류와 범주에 대한 것을 구성하기 시작하며, 사회적 고정관념과 편견이 아동의 자아개념과 타인에 대한 태도에 영향을 미친다고 한다(이경우 · 이은화 편역, 1999).

Derman-Sparks와 그의 동료들(1989)에 따르면 3~5세 사이의 유아들은 자신의 특성을 일정하게 유지하는 개인의 본질적인 특성을 생각하려고 하고, 4~5세에는 사회적으로 퍼져 있는 기준들에 의해 정해진 적절한 행동에 종속될 뿐만 아니라, 성인들의 간섭 없이도 유아 사이에서 사회적으로 정해진 적절한 행동을 형성한다. 그리고 4세의 유아들은 이미 내면화된 고정관념적인 성 역할과 인종적 편견을 가지고 있으며 장애에 대한 두려움을 가지게 된다고 한다. 그러므로 현재 생활과 미래에 불리한 여러 가지 편견을 없애기 위해서는 반편견교육을 받아야 하며, 반편견교육은 어린 시절부터 받는 것이 효과적이라고 할 수 있다(이광규, 1998).

반편견교육은 종종 다문화교육과 비교하여 언급되는데, Banks와 Banks(1993)는 다문화교육을 다양한 문화, 민족, 성 그리고 사회계층의 아동이 균등한 교육적 기회를 가지고 긍정적인 문화 교류의 태도와 인식, 행동을 발달시키도록 돕는 중요한 목표를 가진 과정으로 나타내고 있다. 그러나 다문화교육은 문화의 다양성을 탐구하는 과정 중에 다른 나라 문화의 배경에 대한 이해 없이 정보학습에 초점이 맞추어질 수 있다(Ramsey, 1982). 그리고 다양성에 대한 활동이 매일의 생활에 통합되는 것이 아니라 단지 일시적으로 교육과정에 첨가될 때 오히려 잘못된 전달과 고정된 생각을 지속시킬 수 있다는 부정적인 측면도 지적받고 있다(Jones & Derman-Sparks, 1992). 이에 반해 Derman-Sparks와 The A. B. C. Task Force(1989)는 반편견교육의 특징을 다음과 같이 제시하였다. 첫째, 신체적 능력, 성(gender) 등에 따른 차이점까지도 포함해 부각시킴으로써 문화적 다양성보다 더 포괄적인 것을 언급한다. 둘째, 유아가 정체성과 태도를 구성할 때 유아의 발달적 과업에 기초를 둔다. 셋째, 유아와의 상호작용 중에 나타나는 고정관념, 편견, 차별적 행동이 다른 사람에게 어떻게 영향을 주는지 직접 알려준다.

반편견교육과 다문화교육은 나와 다른 상대방을 편견 없이 보이는 그대로, 있는 그대로 인정하고 이해할 수 있도록 돕는다는 점에서 유사하다고 할 수 있으나, 반편견교육이 다문화교육에 비해 좀 더 포괄적인 내용을 다룬다고 할 수 있다. 요컨대 반편견교육은 민족, 인종, 성, 장애, 사회계층 등의 내용 속에서 유아의 긍정적인 정체성 확립과 다양성에 대한 존중을 돕고, 편견에서 자유로울 수 있게 하며, 편견적 행동이 어떤 영향을 미치는지 이해할 수 있도록 하는 교육이다.

CHAPTER 03

유아 다문화교육의 필요성과 방향

1. 유아 다문화교육 배경

제2차 세계대전 이후 많은 이민 집단이 사회적 계층 상승이나 다른 기회를 찾아 영국, 프랑스, 독일 등 같은 유럽 국가에 정착하였고 미국, 캐나다, 호주 등에서 소수 민족 및 이민자 인구가 증가하였다(Banks & Banks, 2010). 이때 이민자들이 학교, 사회에서 편견과 차별을 경험하거나 시민권, 사회적 인정을 획득하는 데 어려움을 겪는 문제가 발생하자 이를 해결하기 위해 다문화교육의 필요성이 요청되었고 각국의 맥락, 필요에 따라 그 전개 양상은 다양하게 나타났다. 그중 전형적인 다문화사회라고 할 수 있는 미국에서의 다문화교육은 1960년대 아프리카계 미국인의 시민권 운동의 일환으로 나타났다. 1960년대에 아프리카계 미국인은 공공시설이나 주택, 고용, 교육에서의 차별 철폐를 목표로 미국 역사에서 전례가 없던 시민권 운동을 실시하였고 더 나아가 학교 및 다른 교육기관에 그들의 경험, 역사, 문화, 가치관을 반영하도록 교육과정을 재편할 것을 요구하였다. 또한, 아프리카계 미국인은 학교가 보다 많은 흑인, 유색인종을 교사와 교육행정가로 고용하여 유색인종의 자녀가 사회 내에서 성공적인 역할모델을 가질 수 있도록 요구하는 등 지역사회 및 학교교육에 미국 사회의 인종적 다양성을 반영하기 위한 노력을 하였다(Banks & Banks, 2010).

이러한 요구에 대응하기 위해 학교 및 교육자들은 소수 인종 및 민족 집단의 축제, 명절 등을 교육과정에 포함하고 이에 관한 강좌를 마련하였다. 소수 집단의 사회적 차별 제거 목적의 시민권 운동으로 시작된 다문화교육이 미국 교육 내에서 공식화되고 본격적으로 다루어진 것은 1973년 11월 미국사범대학협회(AACTE)에서 발표한 '미국은 한 가지 모델만 있는 것이 아니다(No One Model American. A Statement on Multicultural Education)'라는 성명을 통해서였다. 이는 다문화교육에 대한 미국 교육자들의 기본적인 시각을 나타내는 것으로 AACTE는 다문화교육을 다음과 같이 정의하였다(장인실, 2003).

"미국 사회는 삶의 현실로서 문화적 다양성을 인정하고 이러한 문화적 다양성이 보존되고 발전되어야 하는 귀중한 자원으로 인식되어야 한다. 다문화교육은 문화적 차이점을 인식하고 이해하는 정도를 넘어야 한다. 이러한 차이를 받아들이고 지지하는 것보다 더 중요한 것은 문화적 차이를 인식하고 문화적으로 평등한 효과적인 교육 프로그램을 제공하는 것이다(AACTE, 1973 : 264; 장인실, 2003, 재인용)."

이 성명은 문화적 다양성에 대한 인정뿐만 아니라 문화적 평등을 위한 교육 프로그램의 중요성을 강조하는 등 미국에서 본격적으로 다문화교육이 다뤄지게 된 계기가 되었다(장인실, 2003). 이후 1980년대부터 Banks를 비롯하여 진보적인 다문화교육 학자들(Carl Grant, Christine Sleeter, Sonia Nieto 등)이 나타나면서 다문화교육에 대한 체계적 연구가 이루어졌고 이론의 틀이 점차 체계화되고 발전하였다(서범석, 2010).

우리나라의 다문화교육은 다른 나라들과는 달리 소수 집단의 자발적인 권익운동이 아니라 주류 집단의 주도로 소수 집단이 직면한 문제를 해결하는 과정에서 발달했다는 특징을 지닌다(박채형, 2012). 우리나라에서 다문화교육이 본격적으로 논의된 시기는 인종적인 다양성을 경험하게 된 2000년대 초반이다. 다문화교육이 비교적 이른 시기에 발전한 다른 나라들과는 다르게 우리나라는 인종적인 다양성을 경험하게 된 시기가 비교적 최근이기 때문이다. 1990년대 초부터 이주 노동자의 유입이 급증하면서 이들의 사회 적응과 인권보호의 필요성이 나타나 시민사회단체 등 민간 차원에서 이주 노동자들이 사업장에서 겪는 학대, 임금 체불 등의 인권침해 문제를 해결하기 위한 활동을 실시하고, 이주 노동자에게 한국어 교육을 실시하였다(고병갑, 2013). 2000년대에 들어오면서 이주 노동자뿐만 아니라 국제결혼을 통한 결혼이민자 및 다문화가정 자녀가 급증하면서 다문화가정 자녀의 교육문제가 심각한 사회문제로 대두되었기 때문에 이에 대한 정책적 대응의 필요성이 점차 강조되었다. 특히 2006년 미국 NFL 슈퍼볼 MVP 수상자인 한국계 혼혈인 하인즈 워드의 한국 방문으로 사회적 관심이 혼혈, 다문화가정 자녀에 향하게 되었고 이는 정부가 이주 노동자, 결혼이민자 및 다문화가정 자녀들이 겪는 편견, 차별, 교육문제에 본격적으로 주목하는 계기가 되었다(이경희, 2011).

2006년 교육인적자원부는 다문화가정 학생의 교육 소외를 방지하고 사회통합 환경을 조성하려는 목적으로 처음으로 '다문화가정 자녀 교육 지원 대책'을 발표하면서 다문화교육이 본격적으로 도입 · 실천되었다(교육인적자원부, 2006). 2007년 개정 유치원 교육과정에서는 다문화교육과 다문화가정에 대한 내용이 강조되었다. 초기 다문화교육과 관련한 우리나라 시선의 대부분은 다문화가정 구성원의 교육 관련 실태에 집중하여 다문화가족을 우리 사회에 적절하게 적응시키려는 문화동화적 관점이 강하였다. 즉, 유아에서 청소년에 이르기까지 다문화가정에서 겪는 교육문제의 어려움과 대처방안에 대한 모색을 주요 내용으로 삼았다. 일반인을 위한 다문화사회 대응과 준비 문제에의 관심이 소홀한 측면이 있었지만, 근래에 들어 일반인을 위한 다문화교육의 필요성이 강조되고 있다.

2. 유아 다문화교육 필요성

유아교육과 다문화교육은 매우 깊은 연관성이 있다. 다문화교육의 목적은 질 좋은 유아교육을 위한 기본적인 조건이 되기 때문이다. 또한, 다른 이유는 유아는 아주 어린 시기에도 자신의 속성에 대해 인식하고 점차 발달함에 따라 자신의 행동과 경험에서 스스로 자아정체감을 형성하기 때문이다(박미경, 2007; 하숙현, 2000).

발달적으로 볼 때, 유아는 이미 24개월 이전에 타인과 구별되는 자아에 대해 인식(self-recognition)하며, 만 2세가 되면 인종적 차이를 구분, 신체적 특징, 의상, 언어, 정치적 성향에 기초해 사람 간의 유사성과 차이점을 지각한다(Seefeldt, 2005). 이 시기에 유아는 다른 사람과 연관 짓거나 분리해서 자아개념을 구성하고, 자율성을 시험해 보며, 의사소통을 하고, 감정이입과 우정을 나누는 경험을 하면서 다른 사람을 이해하기 시작한다. 그러므로 유아 초기는 다문화교육이 시작될 시점으로 제시된다(하숙현, 2000).

4세가 되면 이미 민족 집단과 성에 대한 정체감을 가질 수 있으며, 6세에 이르면 사회계층, 장애 상태, 하위문화의 다양성을 인식할 수 있다. 따라서 영·유아의 자아정체감 형성에 중대한 영향을 미치고 나아가 타인을 탐색하는 과정 가운데 인종, 민족, 성, 사회적 계층에 대한 편견이나 고정관념을 형성하게 되는 영·유아 시기의 다문화교육은 매우 절실하다고 하겠다(하숙현, 2000). 유아는 주위 사람들의 자신에 대한 인정에 자신감을 얻지만, 거부하는 부정적인 행동에는 자신감이 상실되어 스스로 실패한 인간으로 생각할 수 있기 때문이다.

한편, 다문화교육은 우리 민족과 사회에 내재한 문제의 해결을 위해서도 필요(장인실, 2003)하다고 할 수 있다. 첫째, 우리는 오랜 유교적 전통에 의해 남존여비 사상이 팽배한 사회 구조 속에서 단기간에 급격한 경제 발전과 민주화를 이루면서 성 역할에 대한 세대 간 정체성의 혼란, 사회계층 간 갈등, 장애에 대한 편견 등의 문제를 안고 있다. 이런 사회적 현안의 문제를 해결하고 성숙한 민주사회로 발전해 가기 위해 다문화교육이 필요하다. 둘째, 우리 사회와 경제에 기여하는 비중이 점차 높아지는 외국인 노동자의 증가와 외국인 배우자와 결혼한 가정의 증가 그리고 그들의 자녀가 한국 사회의 구성원으로 함께 살아가는 사회 분위기를 조성하기 위해서도 다문화교육이 필요하다. 셋째, 남북통일이라는 민족적 과제를 안고 있는 우리로서는 반세기가 넘는 동안 서로 다른 문화를 형성한 남과 북이 다시 하나의 공동체로 거듭나게 되는 시점에서 원만한 통일의 과정을 진행해 나가기 위해서도 다문화교육의 필요성을 찾을 수 있다.

이 밖에도 세계화의 물결 속에서 민족이나 국가의 개념이 변화되어 간다는 관점(조정남, 2001)에 근거했을 때도 다문화교육의 필요성을 말할 수 있다. 세계화의 물결 속에서 단일 문화, 단일 언어, 단일 가치를 공유하면서 다수가 하나와 같이 일사불란한 동질성을 이룬 통일체로서의 구성원을 중요한 특성으로 하는 '민족국가(Nation State)'라는 개념은 더 이상 유지·존속되기 어려운 상황에 직면하였다. 세계화와 국가 간 교류가 활발해지면서 전통적 '국가'의 개념이 약화되고 있고, 우리 사회가 새로운 세계질서에 적응하여 살아남기 위해서는 단일민족으로서의 공동체 개념의 새로운 정립의 필요성이 대두되고 있으며, 외국인 노동자의 유입 등으로 인한 우리 사회의 다양한 변화는 다문화교육의 필요성을 증가시켰고, 궁극적으로 우리 사회에 팽배한 사회계층 간의 불평등과 같은 사회 내 불평등을 개선하여 모든 구성원이 함께 더불어 살아가는 열린사회를 만들어 가기 위해서도 우리나라에서 다문화교육의 필요성이 제기될 수 있다. 이뿐만 아니라 다양성과 개별화를 지향하는 다문화교육은 획일화된 교육의 질을 향상시키는 데에도 기여할 수 있기 때문이다.

3. 유아 다문화교육 방향

유아 다문화교육의 방향 설정에서 고려할 점을 살피면 다음과 같다. 첫째, 어린 시기부터 다문화를 경험한 사람은 다른 문화를 이해하고 받아들이는 데 있어 그렇지 않은 사람들보다 이해의 폭이 넓다는 점을 유념해야 한다. 둘째, 유아기의 다문화교육은 우리 사회의 구성원으로 살아가기 위하여 꼭 필요하지만 주류 사회에 통합되어 살아가기 위한 방법을 지향하는 다문화교육에 그쳐서는 안 된다. 셋째, 유아의 20년을 내다보고 그들이 개인, 국가 간의 문화적 경계를 넘어 타 인종과 타 문화와 융합하고 새로운 문화를 창조해 나갈 수 있는 능력을 지닌 인간으로 성장할 수 있도록 해야 한다. 즉, 한 사회 내에 존재하는 다양한 문화를 인정하고 구성원 간의 차별 없는 공존을 돕는 교육이 되어야 한다. 넷째, 유아 다문화교육은 유아에게 그들로 하여금 다문화적 환경 속에서 성공적인 개인이 되게끔 적절한 교육 프로그램을 제공함으로써 글로벌 사회의 시민 능력을 쌓을 수 있는 시각을 길러 줄 수 있어야 한다. 마지막으로, 우리

문화에 대해서는 전통문화에 대한 자긍심을 갖도록 해야 하며 타 문화에 대해서는 다른 문화를 올바르게 이해하는 태도를 길러 줌으로써 다양한 문화 위에 가치를 창조할 수 있는 인간으로 성장할 수 있게 설정되어야 한다.

유아 다문화교육 방향은 교육 대상에 따라 구분된다. 국제결혼 가정의 유아, 외국인 노동자 가정의 유아, 중도입국 유아, 새터민 가정의 유아 등의 다문화가정 유아를 대상으로 실시하는 다문화교육은 그들이 한국 사회에서 잘 적응해 나가기 위해 필요한 능력을 배양하는 교육이어야 하고, 비다문화가정의 유아 대상의 다문화교육은 세계시민적인 자세를 지닌 글로벌 인재로 키우기 위한 교육이어야 한다.

다문화가정의 유아의 다문화교육은 형평성, 평등성, 다양성을 주요 요소로 자신들도 비다문화가정의 유아와 똑같이 특별하고 소중한 존재라는 인식, 자신도 다른 사람들과 똑같이 교육받을 수 있다는 인식, 모든 사람은 문화가 다양할 수 있다는 인식을 통해 다문화가정 유아들에게 자아정체성과 자기 존중감이 형성되도록 해야 한다. 그러나 한국 사회에서의 적응을 돕기 위해 실시하기 때문에 자민족 중심의 주류 사회에 사회통합화하고자 한쪽에 치우친 교육이 이루어지거나 한국인화하는 데 필요한 언어, 문화 등에 대한 내용이 주를 이루지 않도록 유의하여야 한다.

비다문화가정의 유아의 다문화교육은 상호 존중감, 상호 의존성을 주요 요소로 하여 주변 환경과 관계 맺는 과정에서 타인에 대해 개방적, 비판적, 반편견적 태도를 지니도록 함으로써 세계시민성이 함양되도록 한다. 즉, 세계 여러 나라의 다양한 문화를 이해하고 존중하며 나아가 글로벌 리더로서의 능력을 키우기 위한 교육이어야 한다.

CHAPTER 04
유아 다문화교육의 목표

1. 유아 다문화교육 목표 설정

1) 유아 다문화교육 목표 설정의 유의점

유아를 대상으로 하는 다문화교육은 정체성의 형성과 협력을 기반으로 타인의 문화나 생활양식에 대한 이해와 수용하는 태도를 익히며 다양한 사회가치를 인정하는 방향에서 목표가 설정되어야 한다. 누리과정의 사회관계 영역 목표에는 '자신을 존중하고 더불어 생활하는 태도를 가진다'를 전제하고, '1) 자신을 이해하고 존중한다, 2) 다른 사람과 사이좋게 지낸다, 3) 우리가 사는 사회와 다양한 문화에 관심을 가진다'의 세부 목표를 제시하고 있다(교육부 고시 제2019-189호, 2019)

유아 다문화교육 프로그램은 유아 자신의 문화적 정체감을 확립하도록 돕고 다른 문화에 대한 이해와 인식을 발전시키도록 하며 문화적인 차이를 표현할 수 있는 기회를 제공하여 공동의 선을 위해 협력하는 태도 함양에 목적을 둔다. 특히 유아 다문화교육은 유아의 발달적 특성을 고려하여 다문화와 평등성을 가치로 두고 인간과 집단과의 관계를 강화시키고 문화 간의 소통을 증진시키는 데 역점을 두는 교육임을 염두에 두고 프로그램의 목표를 설정하여야 한다.

2) 유아 다문화교육 목표

다문화사회의 구성원으로 다른 외모와 문화 및 태도를 이해하고 존중하며 수용함으로써 자신의 정체성과 타인을 존중하는 태도를 습득하도록 돕는 것을 목적으로 유아 다문화교육의 주요 목표를 정체성, 다양성, 반편견, 협력의 4가지로 설정할 수 있다. 유아기는 자신에 대한 정체성을 형성하는 시기이며 타인과의 관계를 탐색하고 습득하는 과정을 통해 다양성을 인식하기 때문이며, 다양성을 인지하는 과정에서 고정관념이나 편견이 생길 수 있으므로 올바른 가치관을 수용하도록 반편견교육과 함께 협력하는 사회기술의 습득이 필요하기 때문이다.

유아 다문화교육의 주요 목표 4가지를 구체적으로 설명하면 다음과 같다.

- 정체성 : 유아 다문화교육을 통해 타인을 존중하고 자신의 정체감을 형성하게 하여 평등을 가치로 세계의 모든 사람들이 함께 더불어 생활하는 태도 함양을 의미한다.
- 다양성 : 현대 사회의 다양한 문화 간에는 유사점과 차이점이 있음을 이해하여 문화의 다양성을 수용하고 자문화와 타문화의 문화적 가치를 존중하는 태도를 함양함을 의미한다.
- 반편견 : 자신과 다른 타인, 가족형태, 인종, 문화에 대한 선입견과 편견 및 고정관념에 대해 비판적 태도를 형성하고 타인의 의견과 감정을 존중할 수 있는 능력을 갖추는 것을 의미한다.
- 협력 : 타인과 함께 살아가며 어려운 일은 서로 돕는 상호 의존성을 통해 긍정적인 관계를 형성할 수 있는 능력을 함양하여 다른 문화와의 갈등에 대처하고 해결하는 기술을 습득하는 것을 의미한다.

이러한 교육목표를 달성하기 위하여 친사회적이고 평등적인 사고의 틀을 갖도록 하는 다문화적 인식과 구성원 간의 문화 공동체로 협력하며 사는 다문화 기본인성을 갖춰야 한다. 기본인성을 함양하기 위해서는 갖추어야 할 지식과 기술 및 태도가 있다. 다문화를 이해하는 지식은 '세계 여러 나라는 고유한 문화가 있다 → 다양한 문화는 존중하고 공존해야 한다 → 세계 여러 나라 사람들의 삶은 서로 관련이 있다 → 문화의 유사점과 차이점을 이해한다 → 세계 여러 나라 사람들은 평화롭게 행복해야 한다' 순으로 갖출 수 있고 다문화를 이해하고 대처하는 기술의 습득은 '세계 여러 나라의 문화적 특성을 알고 다양한 방법으로 탐색한다 → 우리 문화와 타 문화의 관계를 이해하고 공존하는 모습을 찾는다 → 다양한 친구들과 소통할 수 있도록 공감대를 형성한다 → 문화 간에 존재하는 갈등 상황의 해결법을 모색한다'의 순으로 갖출 수 있다.

다문화를 이해하고 대처하는 지식과 기술의 습득과 더불어 다문화를 수용하는 태도는 '다양한 문화의 존재를 인정하고 수용한다 → 행동의 편견과 상황을 공감하고 비판한다 → 지구촌 모든 사람들은 함께 협력하여 공동의 가치를 이루도록 행복하게 살아야 함을 찾는다'의 순서로 갖춰 나갈 수 있어야 한다. 다문화에 대한 지식과 기술, 태도는 소수 집단의 교육뿐만이 아니라 주류 사회의 유아를 위한 다문화이해교육도 병행해야 한다는 인식과 동시에 유아가 다문화사회에 적응하도록 지원하는 사회적 지식과 기술 및 태도를 습득하는 것이 필요하기 때문이다(유재경, 2009).

3) 유아 다문화교육 프로그램 교사의 기대

유아 다문화교육 프로그램을 통해 교사는 유아가 다양한 문화와 다양한 사람에 대한 열린 마음을 가지고, 차이를 긍정적으로 받아들이며 존중하는 태도를 형성해 나가기를 기대한다. 또한, 다른 문화를 접하는 과정에서 유아가 자신의 감정과 생각을 자유롭고 창의적으로 표현하며, 긍정적인 자아개념을 형성해 가는 모습을 보이기를 기대한다.

교사는 다음과 같은 유아의 발달적 변화를 기대할 수 있다.

첫째, 유아는 다양한 문화적 상황을 접하면서 생긴 감정이나 생각을 자신만의 방식으로 표현하며, 자신의 느낌을 긍정적으로 인식하는 태도를 보인다.

둘째, 다양한 문화를 가진 친구들의 신체적·사회적 특성을 인식하고, 그 차이를 자연스럽게 받아들이며 존중하는 언어와 행동을 보인다.

셋째, 문화가 다른 친구들과 상호작용하며 감정과 표현을 존중하는 태도를 기르고,

공동체 내에서 더불어 살아가는 경험을 쌓는다.

넷째, 세계 여러 나라의 문화에 대해 호기심을 갖고 놀이, 예술, 탐색 활동을 통해 자발적으로 관심을 표현하며, 확장된 시각을 키운다.

2. 유아 다문화교육 실천방법

유아 다문화교육의 실천이 다른 나라의 이모저모를 소개하는 관광식 접근과 주입식으로 문화의 부분만을 소개하는 데 그치게 되면 유아들에게 무의미한 지식의 조각을 전달하려는 것에 불과할 뿐 교육적 가치는 없게 된다(곽향림, 2000). 유아를 대상으로 하는 다문화교육의 실천은 어떻게 접근할 것인가에 대하여 많은 연구가들이 다소 차이 있는 방법을 제시하고 있지만, 대체로 유아를 대상으로 하는 다문화이해교육에서는 사회적 환경이나 가치관을 고려하여 다각적으로 접근하며, 교육내용에 따라 접근방법을 다양하게 활용하는 것이 필요하다.

그동안의 연구 결과를 정리하면 유아 다문화교육의 실천방법을 활용과정을 중심으로 추가적 접근, 관계적 접근, 혼합적 접근의 3가지로 분류할 수 있다.

추가적 접근방법은 소수 집단이 주류 사회에 기여하는 점을 강조하는 방법으로 소수 집단의 자긍심이나 정체성 함양을 목적으로 소수 집단에 속한 위인이나 영웅, 명절, 축제, 기념일 등을 교육내용으로 채택할 수 있다. 또한, 소수 집단의 관련된 개념이나 주제, 민족적 요소나 실생활적인 관점을 기존 교육과정에 그대로 부가하는 접근법으로 이는 주류적 관점에서 이루어지는 특징이 있다. 여기에는 기여적 접근(the contributions approach), 특별한 준비에 의한 접근(special provisions education approach), 문학을 통한 방법, 관광자적 접근, 부가적 접근(the ethnic additive approach)과 역사적 소재를 통한 접근, 다문화주의의 부가적 접근, 문화 이해적 접근 등이 있을 수 있다. 이 방법은 이벤트성이 강한 교수법이라 할 수 있다. 그러므로 유아를 위한 다문화이해교육의 다양한 방법 중에 일시적인 교수법으로 쓸 수 있으나 유아 다문화교육 프로그램에서는 한계점이 있다.

관계적 접근방법은 새로운 관점에서 교육과정을 개혁하고 재구성을 요구하거나 비판적 분석을 통해 다양성, 평등성과 관련된 사회적 문제나 쟁점을 교육내용으로 채택하여 일상생활에 적용해 보는 것이다. 기존 교육과정의 다문화 요소를 분석하고 다문화 요소의 범주, 즉 사회가 갖고 있는 가치, 신념, 문화, 갈등 상황 등을 교육요소와 접목하여 서로 관계를 형성하고 교육 대상의 환경을 고려하는 것이다. 이 접근방법에 포함할 수 있는 것은 변화적 접근(the transformation approach), 변화하는 문화에 대한 접근, 포괄적이고 통합적 접근, 이중문화적(bilingualism or biculturalism) 접근, 반차별적 접근(anti-discriminatory approaches) 등을 들 수 있다. 이 접근방법은 유아를 대상으로 할 경우 현장에서 가장 유용하게 활용할 수 있는 통합적 접근과 같은 맥락이다.

혼합적 접근방법은 구성원들의 생각이나 결정된 사항을 융합하여 실천할 수 있는 과정과 내용을 교육과정에 수정하거나 새로운 구성을 강조하는 것으로 사회변화 능력 함양과 민주적 사회 건설을 목표로 한다. 이 접근방법 또한 행동과 실천을 강조하면서 교육과정을 함께 만들어 간다는 의미가 있다. 그러나 유아를 대상으로 할 경우 다문화 교육 내용이나 교육자의 수행 능력을 고려한다면 다소 무리가 있는 방법이다. 이 접근에는 의사결정과 사회적 행동 접근, 다문화적 반편견교육 접근, 조화와 융합적 접근(the mixing and blending approaches), 인권적 접근(human rights approaches), 초국가적 쟁점방법 등을 포함할 수 있다.

이와 같은 다양한 다문화교육 실천방법에서 어느 방법으로 실천할 것인가의 문제는 교육환경과 교육내용에 따라 접근방법을 활용할 수 있는 교사의 인식과 역량이 무엇보다도 중요하다. 최근의 유아교육 실천방법은 교육과정의 접근방법에 따른 분석을 통해 교육과정 내에서 교육내용 간의 통합, 교육활동 간의 통합, 교육환경 간의 통합, 유아 주변의 자원 간의 통합 등의 관계적 접근방법이 중심이 되고 있다.

CHAPTER 05
유아 다문화교육의 내용

1. 유아 다문화교육 대상과 기대효과

유아 다문화교육의 내용은 누구를 대상으로 실행할 것인가에 따라 달라질 수 있음을 앞서 제시한 바 있다. 다문화교육 관련 이론가들은 다문화교육의 대상이 다문화가정의 출신의 소수자뿐만이 아니라 일반 가정 배경의 비다문화 주류 집단인 다수자 및 교사 등 모두가 다문화교육의 주체이자 대상이라고 강조한다.

다문화교육의 대상은 다문화가정 자녀 중심의 교육서비스 제공이라는 소극적 활동을 넘어 사회 전체 구성원을 위한 대안적 교육 모델로서 그 의미와 성격이 새롭게 규정될 필요가 있다(차윤경, 2010). 다문화교육은 다문화가정의 유아에게는 한국의 문화와 언어를 깊이 있게 익혀서 자신이 살아갈 한국 사회를 이해하도록 하고, 유아 자신이나 부모의 문화를 익히게 하고 나아가 자신의 정체성을 알고 자존감을 기를 수 있게 할 것이다. 한편, 비다문화가정의 유아에게는 모든 사람은 인종과 국적에 관계없이 동등한 인격체라는 인식을 깨닫게 하여 다른 문화와 인종에 대한 편견과 고정관념이 없이 더불어 사는 긍정적인 생활 태도를 길러 주고, 자신과 자신의 문화 그리고 타인과 타인의 문화를 존중하고 이해할 수 있게 해 줄 수 있다.

한국교육과정평가원(2008)은 '다문화교육을 위한 교수 · 학습 지원 방안연구'에서 다문화교육의 방향을 다음과 같이 제시하였다.

첫째, 다양한 문화를 이해하고 다양성을 존중하도록 돕는다.

둘째, 문화적 다양성과 차이를 이해하고 다양한 문화적 가치를 인식하고 수용할 수 있도록 한다.

셋째, 타 문화 이해와 열린 태도를 통해 타인을 배려하고 존중하며 새로운 문화를 재창조할 수 있도록 지원한다.

넷째, 개개인이 자국 문화에 대한 정체성을 확립할 수 있도록 도와준다.

다섯째, 다양한 문화적 배경을 가진 사람들과의 관계를 하나의 공동체로 인식하고 민주시민의 자질과 능력을 기른다.

여섯째, 문화적 갈등과 충돌을 평화적으로 해결하고 협력하는 태도를 함양시킨다.

이를 유아 다문화교육에 적용하면, 문화의 다양성, 다문화 인식, 다문화 수용성, 다문화 개방성, 문화 정체성 확립, 협력이 다문화교육의 주요 요소임을 알 수 있다. 결국 다문화교육은 자신과 타인을 존중하는 태도를 갖게 하여 자신과 다른 외모와 문화, 생활방식을 가진 사람을 이해하고 긍정적으로 수용하여 공존할 수 있는 개인의 태도를 기르는 것을 내용으로 담아낼 수 있어야 하며, 학습자를 중심으로 이루어져야 할 것이며, 교육의 내용은 유아를 위한 교육활동 전반에 걸쳐 반영되어야 한다.

2. 유아 다문화교육 내용요소

유아 다문화교육의 내용은 다문화교육 목적을 달성하기 위하여 연간 교육과정의 생활주제와 연계하여 실천할 수 있어야 하며, 유아의 일상생활에 통합된 교육활동을 실시하는 것이 바람직하다(이기숙·이경미·강경아, 2001). 한국교육과정평가원(2008)은 유아 다문화교육에 포함되어야 할 내용으로 자신이 속한 문화와는 다른 문화를 경험할 수 있는 다양한 문화, 자신의 문화를 이해할 수 있는 내용, 국제이해를 위한 주제 등 3가지 요소를 제시하고 있다. 다문화 관련 연구자들은 대체로 문화, 다양성, 정체성 형성, 평등성, 편견, 협력 등과 같은 내용을 공통적으로 제시하고 있다(김영옥, 2002a,

2007a; 양옥승, 1997; 정정희, 2006; 조연순, 1996). 또한, 유치원 교육활동 지도서나 표준보육과정에 나타난 다문화 관련 내용을 분석한 연구들(김숙자 · 김윤이, 2011; 박찬옥 · 이예숙, 2010)은 문화, 다양성, 정체성, 평등, 편견, 협력을 유아 다문화교육의 내용요소로 제시하고 있다.

다문화교육의 내용범주에 관한 실제 내용은 다음과 같이 정리할 수 있다.

〈표 5-1〉 다문화교육의 내용

하위범주	내용의 실제
문화	• 문화 간 유사점과 차이점의 특징 알기 • 각 문화에 대한 이해 및 존중심 기르기 • 문화 간 긍정적 태도 발달시키기
협력	• 다양한 사람들과 상호작용 능력 증진하기 • 다양한 사람들과 협동 능력 증진하기
편견	• 선입견, 편견, 고정관념에 비판적 사고 형성하기 • 문제 상황에 대처 능력 기르기
정체성 형성	• 긍정적 자아개념 기르기 • 자아정체성 및 집단 정체성 형성하기
평등성	• 국가, 민족, 성, 능력, 계층에 대한 긍정적 태도 가지기 • 인간이 평등하다는 가치 형성하기
다양성	• 다양한 개인과 집단의 존재 인정하기 • 다양성을 존중하는 마음 갖기

출처 : 채정란(1999). 다문화교육의 관점에서 본 우리나라와 다른 나라 생활주제 분석.

유아 다문화교육의 내용은 다른 문화에 대한 존중과 수용, 긍정적 자아 개념과 정체성 형성, 문화의 다양성 인정과 수용, 긍정적 태도와 평등적 가치의 실현, 다른 문화에 대한 고정관념과 편견에 대한 대처와 문제 해결 등의 능력 증진을 위한 내용을 중심으로 실행될 수 있어야 한다. 다만, 너무 광범위한 내용이 설정될 경우에는 교육활동이 피상적 교육 또는 관광식 교육활동으로 전개될 우려가 있으므로 유아의 발달에 적합하고 유아의 이해와 태도 형성을 도울 수 있도록 구성해야 한다.

CHAPTER 06
다문화정책과 다문화교육의 동향

1. 우리나라의 다문화정책과 다문화교육

우리나라 다문화정책에 관한 논의는 1991년 '산업연수생제도'의 도입으로 촉발하는 계기가 되었다. 그러나 외국인 근로자는 보호받아야 할 이주민으로만 대상화되었을 뿐 본격적인 다문화교육의 정책적 대응은 소극적 수준이었다(김혜순, 2007, 2010; 오경석 외, 2007). 다문화정책의 본격적인 시행은 국제결혼의 급증에서 시작되었다. 1990년대 초반까지 국제결혼 건수는 매년 약 5,000여건(전체 결혼 중 약 1% 정도)에 불과했으나, 2000년대에 접어들면서 국제결혼 급증이 미미했던 다문화정책을 전환시키는 계기로 작용했다. 2004년부터 2010년까지는 평균적으로 36,000건이 넘는 국제결혼이 이루어졌으며, 전체 결혼 건수 대비 10%를 넘어섰다. 국제결혼의 대부분은 농촌의 노총각이나 도시의 빈민이 외국인 신부를 맞이하는 형태여서 의사소통의 어려움, 낯선 문화와 환경에 대한 부적응이 심각한 사회적 문제로 대두되어 다문화정책에 대한 정부의 고민으로 이어졌다. 이 시기에 다양한 이주민 통합 정책이 '다문화정책'이라는 이름으로 시행되었다.

다문화가족의 수가 증가하고 결혼이민자에 대한 가정폭력 등이 사회적 문제로 대두되자, 2007년 12월 「결혼중개업의 관리에 관한 법률」이 제정되어 국제결혼중개업에 대한 관리 · 감독이 강화되었고, 2008년 3월에는 「다문화가족지원법」이 제정되면서 '여성결혼이민자' 대신 '다문화가족'이라는 용어가 사용되고, 정책의 대상 및 범위도 결혼이민자 위주에서 다문화가족의 안정적인 사회 적응을 위한 각종 제도와 여건이 보다 체계적으로 이루어지게 되었다. 중앙정부의 관심이 다문화가족으로 옮겨지면서, 「외국인정책위원회」의 활동은 미약해지고, 대신 2009년 12월 국무총리실 산하에 「다문화가족정책위원회」가 신설되어 부처 간 유사·중복사업 조정 등 관련 정책을 총괄하고 있다.

여성가족부는 2010년 「정부조직법」 개정에 따라 보건복지가족부의 청소년 및 다문화가족을 포함한 가족 기능을 인수하면서 전반적인 다문화정책에 관한 역할을 담당하게 되었다. 이에 여성가족부는 제1차(2010~2012년), 제2차(2013~2017년), 제3차(2018~2022년) 다문화가족정책 기본계획(안)을 수립하여 다문화가족 지원사업의 기본 방향을 제시하고, 이에 따라 매년 시행계획을 마련하는 등 종합적이고 중·장기적인 다문화가족정책을 추진하고 있다(감사원, 2018).

〈표 6-1〉 다문화가족정책 기본계획 수립 내역

구분	제1차 기본계획 (2010~2012년)	제2차 기본계획 (2013~2017년)	제3차 기본계획 (2018~2022년)	제4차 기본계획 (2023~2027년)
비전	• 열린 다문화사회로 성숙한 세계 국가 구현	• 활기찬 다문화가족, 함께하는 사회	• 참여와 공존의 열린 다문화사회	• 다문화가족과 함께 성장하는 조화로운 사회
목표	• 다문화가족의 삶의 질 향상 및 안정적인 정착 지원 • 다문화가족 자녀에 대한 지원강화 및 글로벌 인재 육성	• 사회발전 동력으로서의 다문화 가족 역량 강화 • 다양성이 존중되는 다문화사회 구현	• 모두가 존중받는 차별 없는 다문화사회 구현 • 다문화가족의 사회·경제적 참여 확대 • 다문화가족 자녀의 건강한 성장 도모	• 다문화 아동·청소년의 동등한 출발선 보장 • 다문화가족의 안정적 생활환경 조성
주요 정책 과제	(5대 영역 61개 세부과제) • 국제결혼중개 관리 및 입국 전 검증 시스템 강화 • 결혼이민자 정착 지원 및 자립 역량 강화 • 다문화에 대한 사회적 이해 제고 • 다문화가족 자녀의 건강한 성장 환경 조성	(6대 영역 86개 세부과제) • 안정적인 가족생활 기반 구축 • 결혼이민자의 사회·경제적 진출 확대 • 다양한 문화가 있는 다문화가족 구현 • 다문화가족에 대한 수용성 제고 • 다문화가족 자녀의 성장과 발달 지원	(5대 영역 70개 소과제) • 다문화가족 장기 정착 지원 • 결혼이민자의 다양한 사회참여 확대 • 다문화가족 자녀의 안정적 성장 지원과 역량 강화 • 상호 존중에 기반한 다문화 수용성 제고	(4대 영역 72개 소과제) • 다문화 아동·청소년 성장단계별 맞춤형 지원 • 결혼이민자 정착주기별 지원 • 상호존중에 기반한 다문화 수용성 제고 • 다문화가족정책 추진 기반 강화

주) 2011년 4월 「다문화가족지원법」 제3조의 2가 신설되면서 기본계획의 시행기간을 5년으로 규정함.
출처 : 감사원(2023). 여성가족부 제출 자료. 재구성.

우리나라의 다문화가족정책의 추진체계는 [그림 6-1]과 같이 다문화가족정책위원회(위원장 : 국무총리)에서 총괄 · 조정하고 관계 중앙부처 및 지방자치단체(다문화가족지원센터)에서 집행하는 구조로 되어 있다.

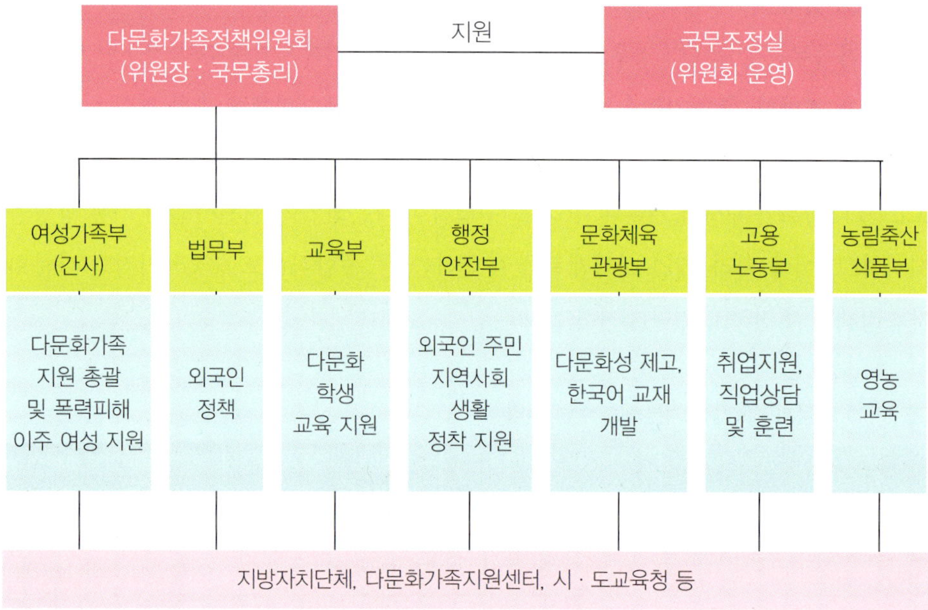

출처 : 감사원(2023).

그림 6-1 다문화가족정책추진체계

다문화가족정책위원회는 「다문화가족지원법」 제3조4의 규정에 따라 다문화가족의 삶의 질 향상과 사회통합에 관한 중요 사항을 심의 · 조정하기 위하여 설치한 국무총리 소속 위원회로, 다문화가족 지원을 위한 기본계획 및 시행계획의 수립 · 시행, 추진실적 점검 및 평가 그리고 각종 다문화가족 지원사업의 조정 · 협력 등에 관한 사항을 심의 · 조정한다.

다문화정책 중 교육과 관련하여서는 마찬가지로 2006년부터 다양한 형태의 다문화교육이 증가하였는데, 이는 다문화사회로의 이행과 함께 교육 분야의 대응 결과라 할 수 있다. 다문화교육은 주로 외국인을 대상으로 하는 교육활동을 통칭하는 것으로 사용되고 있으며, 특히 다문화가정 자녀의 교육문제를 주요 이슈로 다루고 있다. 이에 기점이 된 것은 교육부(구 교육인적자원부)에서 2006년 5월 1일 발표한 「다문화가정자녀교육지원대책」이다. 이 대책은 국제결혼 가정 자녀는 「국적법」 제2조 제1항에 따라 출생과 동시에 대한민국 국민으로 「헌법」 제31조에 의한 교육권을 보장받고, 외국인 근로자 자녀는 「이주 노동자와 그 가족의 권리보호에 관한 국제협약」에 의거 한국 아동과 동일한 교육기본권을 가지며, 불법 체류자라 하더라도 「아동의 권리에 대한 국제 협약」, 「유엔아동권리위원회 권고」 등을 근거로 합법적으로 체류하는 근로자의 자녀와 동등한 권리를 가진다고 하여 정책 대상으로 하였다. 그리고 한국어 능력 부족 및 한국 문화 부적응으로 인해 학습 부진과 사회적 편견에 따른 정체성 혼란을 경험하는 경우가 많은 데 대해 교육 소외 방지 대책을 마련하고 인적자원개발 방안을 모색하는 것을 주요 목적으로 하였다. 다문화가정 지원을 위한 부처 간 협력 체제 구축, 지역사회의 다문화가정 지원 협력체제 구축 지원, 다문화가정 자녀를 위한 '방과 후 학교' 프로그램 개설 지원, 교사 및 또래집단과의 교류 활성화 지원 등을 내용으로 다문화가정 자녀 지원 기능 강화, 다문화가정 자녀 교육을 위한 교사 역량 강화, 교육과정 및 교과서에 다문화교육 요소 반영, '대학생 멘토링' 사업을 다문화가정 자녀에게 확대 등을 정책과제 및 대응 방안으로 제시하였다. 이로 인해 종합적 대책이 마련되기 시작하였다.

〈표 6-2〉 제3차 다문화가족정책과제별 과제와 추진부서

정책과제	중과제	소과제	추진부서
1. 다문화가족 장기 정착 지원	① 결혼이주 여성 인권 강화 (가정폭력 예방 및 대응 체계 구축)	폭력상황에 대한 초기 대응체계 상시 가동	여성가족부, 경찰청
		폭력피해 이주 여성을 위한 전문상담 체계 구축	여성가족부
		폭력피해 이주 여성을 위한 주거지원 확대 및 자립기반 조성	여성가족부
		폭력피해 이주 여성 지원 종사자의 역량 강화	여성가족부

정책과제	중과제	소과제	추진부서
1. 다문화가족 장기 정착 지원	② 국제결혼 피해 예방 지원	국제결혼 피해 예방 프로그램(현지 사전 교육, 국제결혼 안내 프로그램) 운영방식 다양화 및 내용 보완	여성가족부, 법무부
		국제결혼이민관 파견 추진	여성가족부
		국제결혼중개업체 관리 · 감독 강화	여성가족부
		기관 간 협업(다누리 콜센터-소비자원-법률구조공단)을 통한 국제결혼 피해자 지원	여성가족부
	③ 안정된 가족생활 지원	결혼이주 여성의 정서적 안정 및 자립 역량 강화를 위한 사례관리사업 내실화	여성가족부, 보건복지부
		가족관계 증진을 위한 프로그램 다양화 및 상담체계 강화	여성가족부
		한부모가족의 자녀 양육 지원	여성가족부, 기획재정부, 국세청
		다문화 한부모가족의 주거 안정을 위한 제도 개선	국토교통부, 여성가족부
		다문화가족의 생활안전 대응 역량 강화	여성가족부, 소방청, 경찰청
		119 시스템 내 비언어적(문자, 이미지 등) 신고 체계 마련	소방청
	④ 서비스 연계 활성화	신규 입국자 정보 공유 및 다문화가족 지원 서비스 안내 활성화	여성가족부, 법무부, 지자체 협조
		다문화가족의 한국 사회 적응 지원을 위한 정보 제공 기능 강화	여성가족부
2. 결혼이민자 사회 · 경제적 참여 확대	① 자립 역량 강화	결혼이민자의 정서적 안정 및 정착 지원을 위한 멘토링 프로그램 강화	여성가족부
		결혼이민자 자립 역량 강화를 위한 자립지원 패키지 프로그램 확대 추진 및 내실화	여성가족부
		한국어 교육 내실화 및 전문성 강화	여성가족부, 문화체육관광부
		사회통합교육 콘텐츠 내실화 및 접근성 제고	법무부
		학점은행제 및 독학학위제를 통한 고등교육 기회 안내	교육부

정책과제	중과제	소과제	추진부서
2. 결혼이민자 사회·경제적 참여 확대	② 취업, 창업 지원 서비스 내실화	다문화가족지원센터 및 여성새로일하기센터의 취업 기초교육 내실화	여성가족부
		결혼이민자 적합 일자리 발굴·연계 및 직업교육훈련 강화	여성가족부, 고용노동부, 행정안전부, 지방자치단체
		결혼이민자 선호 언어·종목을 중심으로 다국어 자격 검정 실시	여성가족부. 고용노동부
		결혼이주 여성의 안정적인 영농 정착 지원	농림축산식품부, 농촌진흥청
		결혼이민자 강점 분야 창업 및 경영 지원	중소벤처기업부, 여성가족부
		사회적 기업 및 협동조합 취·창업 지원	고용노동부, 중소벤처기업부
	③ 사회참여 기회 확대	결혼이민자의 정책수립 과정 참여 확대	여성가족부, 지방자치단체
		지역사회 자원봉사활동 다양화	여성가족부
		농촌지역 결혼이주 여성 리더십 제고 프로그램 운영	농촌진흥청
		다양한 자조 모임 운영 지원 및 활성화	여성가족부, 문화체육관광부, 법무부
3. 다문화가족 자녀의 안정적 성장과 역량 강화	① 안정적 성장을 위한 환경 조성	다문화가족 자녀 성장 지원 프로그램(다재다능) 확산	여성가족부
		청소년기 자녀 및 부모상담지원 강화	여성가족부, 교육부
		외국어, 예체능 등 다양한 양질의 특기적성교육 프로그램 지원	여성가족부
		자녀 발달주기별 부모교육 및 정보제공 강화	여성가족부, 교육부
		지역사회 청소년 통합 지원체계(CYS-Net)를 통해 위기 다문화 청소년에 대한 맞춤형 서비스 지원	여성가족부
	② 학업 및 글로벌 역량 강화 지원	이중언어 인재 양성 사업 내실화	여성가족부, 교육부
		기초 학습 능력 강화 프로그램 운영 확대	교육부, 여성가족부
		언어, 수·과학 등 특화된 분야의 다문화 학생의 재능 개발을 위한 글로벌브릿지 사업 추진	교육부
		국제 교류 프로그램(청소년 국가 간 교류 및 해외자원봉사단 등) 참여 활성화	여성가족부, 외교부

<table>
<tr><th>정책과제</th><th>중과제</th><th>소과제</th><th>추진부서</th></tr>
<tr><td rowspan="10">3. 다문화가족 자녀의 안정적 성장과 역량 강화</td><td rowspan="4">③ 진로 준비 및 사회 진출 지원</td><td>다문화 청소년의 진로 의식 고취 및 진로 직업 체험 기회 확대</td><td>교육부, 여성가족부</td></tr>
<tr><td>학교에 진로 지도 및 상담 등을 위한 진로활동실 확충 유도</td><td>교육부</td></tr>
<tr><td>차세대 전문 인력 양성 및 청년인턴 활성화</td><td>KOTRA, 외교부</td></tr>
<tr><td>직업교육훈련기관(다문화 청소년 특화 폴리텍 다솜학교) 운영 지원 및 우수 사례 발굴</td><td>고용노동부</td></tr>
<tr><td rowspan="6">④ 중도입국 자녀 맞춤형 지원 확대</td><td>중도입국자녀 대상 한국어 교육 운영의 내실화 및 질적 수준 제고</td><td>교육부, 여성가족부</td></tr>
<tr><td>중도입국 자녀의 조기 적응을 돕는 레인보우스쿨 확대 및 운영 방식 다양화</td><td>여성가족부, 법무부</td></tr>
<tr><td>중도입국자녀의 심리·정서적 안정 지원을 위한 프로그램 운영</td><td>여성가족부</td></tr>
<tr><td>중도입국자녀의 공교육 진입 지원을 위한 학력 심의위원회 운영 활성화</td><td>교육부</td></tr>
<tr><td>학교생활 조기 적응을 위한 다문화 예비학교의 확대 및 내실화</td><td>교육부</td></tr>
<tr><td>학교 밖 중도입국청소년 등 교육기회 사각지대에 놓이기 쉬운 다문화 청소년을 위한 내일이룸 학교 운영 및 훈련과정 확대</td><td>여성가족부</td></tr>
<tr><td rowspan="7">4. 상호 존중에 기반한 사회적 다문화 수용성 제고</td><td rowspan="2">① 인권 및 다양성이 존중되는 사회환경 조성</td><td>차별적 법·제도 이슈 발굴 및 개선</td><td>여성가족부, 지자체</td></tr>
<tr><td>다문화 수용성 조사 및 다문화가족 실태조사를 통해 정책 현황에 대한 주기적인 모니터링 및 환류 추진</td><td>여성가족부</td></tr>
<tr><td rowspan="5">② 다문화 이해교육 활성화</td><td>부처 간 다문화이해교육의 협업체계 강화</td><td>여성가족부, 법무부, 교육부, 문화체육관광부, 농촌진흥청</td></tr>
<tr><td>유아교육 및 공교육 기관의 다문화이해교육 강화</td><td>교육부, 보건복지부, 여성가족부</td></tr>
<tr><td>교원의 다문화 역량 제고 및 학교현장의 다문화 교육 활성화 지원</td><td>교육부</td></tr>
<tr><td>일반 국민 대상 찾아가는 다문화이해교육 활성화</td><td>여성가족부</td></tr>
<tr><td>대민 서비스 제공자에 대한 다문화이해교육 강화</td><td>여성가족부, 행정안전부, 법무부, 국방부, 경찰청, 보건복지부, 지자체</td></tr>
</table>

정책과제	중과제	소과제	추진부서
4. 상호 존중에 기반한 사회적 다문화 수용성 제고	③ 수용성 제고를 위한 미디어 환경 조성	방송통신심의위원회 심의 기능 강화	방송통신위원회(방송통신심의위원회)
		다문화 수용성 제고를 위한 미디어 콘텐츠 개발 및 가이드라인 제공	방송통신위원회, 문화체육관광부
		미디어 모니터링단 운영 및 개선 사례 발굴	여성가족부
		다문화 수용성 제고를 위한 홍보사업 다각화	여성가족부, 문화체육관광부
	④ 지역 환경 조성 및 참여·교류 프로그램 활성화	지역사회 다문화 프로그램 발굴 및 확산	여성가족부, 지방자치단체
		다문화 공존을 위한 사회적 공감대 형성 프로그램 발굴, 운영	여성가족부, 법무부, 문화체육관광부, 농촌진흥청
		문화 시설(도서관, 박물관 등) 내에서 다문화 프로그램 확대	문화체육관광부
5. 협력적 다문화가족 정책 운영을 위한 추진 체계 강화	① 정책 추진 체계 간 협력 강화	위원회 협력 및 기본계획 연계 강화	국무조정실, 여성가족부, 법무부
		지자체 다문화가족정책 추진 역량 강화	여성가족부, 지자체
		지역 다문화교육 지원센터 활성화 및 지역 내 유관 기관과의 연계 강화	교육부, 여성가족부
		주요 결혼 상대국과의 협력 채널 지속 운영	여성가족부
	② 다문화가족 지원체계 내실화	지역별 다문화가족 수요를 반영한 지원체계 운영 추진	여성가족부
		다문화가족지원센터의 서비스 역량 제고	여성가족부

- 결혼이민자 자립 지원 패키지 : 결혼이민자가 미래설계, 세부 계획 수립 등을 통해 자립 역량을 강화할 수 있도록 지원
- 글로벌브릿지사업 : 다문화 학생의 잠재 능력을 개발하고 글로벌 인재로 육성하기 위해 4개 분야에 대한 특별 교육 프로그램
- Rainbow school : 한국어, 특기적성 교육, 문화 체험, 교우관계 개선 등 프로그램을 제공하여 한국 사회 초기 적응 지원
- 무지개 잡아라 : 중도입국 청소년 대상 진로교육 프로그램
- 내일을 잡아라 : 중도입국 청소년 등 대상 직업교육 프로그램
- 다재다능 프로그램 : 다문화가족 자녀의 사회성 및 리더십 개발을 위한 프로그램(부모-자녀 관계 향상, 사회성 발달, 진로 코치 등)
- 다문화 예비학교 : 한국어와 한국 문화 교육 프로그램을 제공하여 중도입국 및 외국인 학생의 공교육 진입과 적응을 지원

출처 : 여성가족부(2018). 제3차 다문화가족정책기본계획(안)(2018~2022)

2. 다른 나라의 다문화정책과 다문화교육

우리보다 먼저 다문화사회가 된 미국, 호주, 프랑스, 독일, 캐나다, 일본 등의 다문화 교육정책 고찰하여 우리나라 다문화교육정책에 시사하는 바를 살필 수 있을 것이다.

1) 미국의 다문화정책과 다문화교육

미국은 인종 구성이 다양한 나라이다. 영국 식민지 시대부터 현대에 이르기까지, 북미 대륙은 전 세계 국가로부터 다양한 인종의 많은 사람들을 받아들여 왔다. 특히 유럽, 아시아 및 남미로부터 수백만의 '자발적'인 이민자들이 북미 대륙에 정착했다. 그들은 다양한 이유로 이주하였고, 계속해서 이주하고 있지만, 그들이 미국으로 이주해 오는 주된 이유는 자신의 나라에 머무는 것보다 더 많은 경제적 기회를 누릴 수 있다고 생각하였기 때문이다(강휘원, 2010). 미국은 미국으로 이주한 사람의 이유가 무엇이든 간에 미국을 자발적으로 선택한 것이라 여기며, 미국 사회와 문화에 대한 적응이나 동화는 자발적이며 당연한 것으로 간주하는 경향이 있었다. 즉, 미국에서는 아무도 동화를 강요하지 않으며, 이민자는 미국에서의 삶, 즉 미국적 삶을 선택하여 미국에 온 것이라 여긴 것이다. 물론 이주자가 공적 영역에서 미국 사회의 법규와 정책을 받아들이면서 미국 사회의 삶에 참여하는 한, 사적인 영역에서 자신의 문화적 관습을 유지하는 것은 허용되었다. 이는 미국의 문화적 다원주의의 기본 태도이다. 이처럼 소수 민족의 문화와 언어는 인정하되 자국의 강력한 주류 사회가 존재한다는 것을 명시하는 다문화 수용 방향이 미국의 다문화사회 통합의 기본 방향이라 할 수 있다(유네스코 아시아 · 태평양 국제이해교육원, 2007).

미국은 사회통합 방안은 없지만, 연방정부 차원에서 이민자의 정착(settlement)을 '이민자들을 받아들이는 지역사회 구성원들의 변화를 포함하는 상호적인 과정'이라고 정의하고 이민자들이 잘 정착할 수 있도록 돕는 것이 국가 및 지역사회의 사명이라고 명시하고 있다(Fix, 2006). 그러나 실제로 미국의 이민자 정착 정책은 연방정부의 개입이 적은 '자유방임형'으로 간주된다. 연방정부는 미국 사회가 원하는 이민자들이라면 처음부터 별다른 도움을 필요로 하지 않는, 즉 '자족한 사람들(self-sufficient)'일 것이라고 가정하고 이민자들이 스스로 미국 사회에 성공적으로 통합될 수 있는 길을 찾도록 장려하면서 경제 · 문화 · 사회 · 정치적 통합에 필요한 제한적인 도움만을 제공하고 있다(Schmidt, 2009).

미국의 다문화교육정책의 방향은 1960년대를 전후로 크게 바뀌었다. 1960년 이전의 주된 경향은 이민자들이 자신의 고유한 문화적 정체성을 포기하고 미국 사회의 주류적 가치관과 정체성을 받아들일 것을 강조하는 '동화주의'라고 할 수 있다. 그러나 현실적으로 동화주의에 기반한 사회는 문화적 다양성이 고루 반영된 새로운 미국 시민 문화가 아니라 기존의 백인 주류 문화에 여타 소수 문화가 녹여지는 행태를 취했기 때문에 사회적으로 인종차별에 대한 갈등과 불만이 고조되었다. 이에 대한 대안으로 1960년대 이후 주류 사회문화의 존재를 인정하면서 동시에 다양한 소수 집단의 문화와 정체성을 존중하는 문화다원주의가 등장하였다(설동훈, 2006). 1964년 민권법(Civil Right Act)이 통과된 후 적극적 차별 수정 정책이 실시되면서 미국 사회에서 다문화정책의 방향은 인종차별 철폐, 소수 인종 권리 보장, 인권이라는 다문화적 관점을 공유할 수 있게 되었다.

공립학교에서의 인종분리교육에 대한 위헌 판결(1954. 5. 17.) 이후 교육계에서는 인종 간 통합교육이 시작되고 인종차별 철폐와 문화적 다양성의 인정 및 존중이 중요한 교육목표로 설정되었다. 오늘날 미국의 다문화교육 목표는 성, 인종, 계급, 민족 등 어떠한 배경과 관계없이 평등한 교육을 받을 권리를 부여하는 것이고, 평등한 성취 경험을 할 수 있으며 다양한 문화를 이해하고, 올바른 관계형성을 하도록 돕는 것이다 (유의정 · 전형진, 2011). 따라서 소수 학생을 위한 적응교육을 포함하여 다문화적 시민성을 육성하는 것을 목표로 하고 있다. 즉, 초기 다문화교육의 목적이 문화적 다원주의에 기반하여 소수 집단 학생에게 동등한 교육 기회를 제공하는 것이었다면, 오늘날에는 모든 학생이 다문화사회에 효과적으로 기능하도록 하는 방향으로 바뀌었다(박성현 · 곽한영, 2009).

미국 다문화교육에서 특이한 점은 이주 학생을 위한 상담교사제도를 적극적으로 활용하고 있는 점이다(성상환 외, 2010). 학교 상담교사는 이주 학생이 학교생활에 잘 적응할 수 있도록 도와주며 학생의 일상생활 전반에 도움을 제공하고 학생의 가정과 연계하여 학부모에게 다양한 서비스를 제공한다. 또한, 학교는 이주 학생에게 '제2언어로서의 영어특별프로그램(ESL)'에 의무적으로 참가하게 하여 영어 구사 능력과 수준에 따른 일반 과목 학습에도 단계별 맞춤 교육이 이루어지고 있다. 이주 학생은 ESL 이수 후에 일반 학급에 편성되며 학업성취도에 따라 월반도 가능하게 하고 있다.

2) 호주의 다문화정책과 다문화교육

호주는 미국, 캐나다, 뉴질랜드 등과 함께 세계에서 가장 대표적인 이민의 나라이다. 전통적 이민 국가들은 이민이 국가 형성과 국가 발전의 근간을 이루고 현재에도 대규모 이민이 이루어지고 있으며, 정주 목적의 이민정책을 주로 하는 특징을 갖는다. 호주가 단일국가를 형성한 1901년부터 현재까지 호주의 이민정책은 엄격한 백호주의(White Australia) 정책이 단계적으로 완화·폐지되는 방향으로 진행되었고, 동시에 호주로 유입되는 이민자의 인종 범주가 확대되는 과정의 일부라고 할 수 있다. 제2차 세계대전 직후까지 철저한 백호주의 정책에 기반해 앵글로켈트(Anglo-Celtic) 인종과 북유럽인만을 받아들였던 호주는 1973년 다문화주의가 용어가 처음 도입되고 휘틀럼(Whitlam) 총리가 1975년 정치적 화두로 다문화주의를 선언하면서 다문화주의 정책은 호주 정부의 공식적인 이민자 사회통합정책으로 자리를 잡게 되었다(이규영·김경미, 2010). 호주에서의 다문화정책이라는 의미는 시대마다 조금씩 변화하여 왔으나, 이민자 문화를 존중하고 인정하여 다양한 문화 속 하나의 호주를 지향하는 호주식 다문화주의 정책을 의미한다. 1990년대 이후의 다문화정책은 기존의 동화주의 정책에서 벗어나 이민자 문화를 존중하고 인정하여 다양한 문화 속 하나의 호주를 지향하는 호주식 다문화주의(Australian multiculturalism) 정책의 정체성을 담고 있다고 할 수 있다(이해영 외, 2010). 다문화정책의 원칙으로 시민적 의무, 문화적 존중, 사회적 공평, 생산적 다양성 등을 제시하면서 문화적 다양화보다는 다양성 속에 사회통합이라는 사회통합의 의미를 더 강조하고 있다(황미혜, 2012).

이처럼 호주의 다문화정책은 선별적이고 철저한 이민통제 속에 호주 정체성 유지를 위한 사회통합의 도구로서 다문화주의를 추구함에 따라 다문화적 갈등에 의한 소요 및 폭동 등이 심심치 않게 드러나고 있어 많은 논란과 비판이 병행되어 나타나고 있다. 2004년 애보리진(Aborigines) 폭동 사건, 2005년 레바논계 이민자 폭동 사건 등에서 나타났듯이 백인 사회와 이민자 사회 간의 집단적 갈등이 내재되어 있음을 엿볼 수 있다(한길수, 2013).

호주의 강력한 백호주의 정책에서 다문화정책의 채택 및 추진 과정에서 나타났던 많은 시행착오, 성과와 문제점 등은 강한 단일민족주의와 이주 경험의 부재로 인해 정책적 대응이 온전하지 못한 우리의 이민 또는 다문화정책의 수립 및 집행에 필요한 시사점을 제공할 수 있을 것이다(임동진, 2018).

호주 어린이들은 어렸을 때부터 문화 간의 편견, 인종주의 및 적대감을 일소하고 소수 문화 공동체와 어우러지는 조화로운 삶을 지향하도록 교육받는다. 이러한 교육에 대한 방침은 교사들에게도 강조되는 사항이다. 그러므로 호주시민들은 자연스럽게 인종, 성, 장애, 문화 간에서 일어나는 갈등과 차별에 대한 인식을 수용하게 되고 존중하고 있다(서종남, 2010).

호주의 다문화교육정책은 연방정부의 차원에서 추진되고 있는 대표적인 다문화정책으로는 'Living in Harmony' 프로그램이 있다. 1999년 이후 388개의 지역사회 프로젝트, 49개의 협력 사업, 9개의 주요 프로그램이 실시되어 온 대규모 프로젝트로 '인종차별은 절대 안 돼!(Racism Noway!)'와 같은 인종차별 철폐 프로그램과 함께 정착 지원 서비스, 언어지원 서비스, 호주시민성 정책, 문화적 다양성 증진 정책 등 4가지 차원에서 성인 이민자 영어교육, 무료 통·번역 서비스 등이 크게 확대되었다. 또한, 연방정부의 정책 변화에 호응하여 각 주정부에서도 다문화교육 관련 법령과 정책 등을 실시하였다. 호주 수도 자치령의 '다문화교육과정 지원법'(1977), 퀸즈랜드주의 '교육과 예술에 있어 다름의 세계 만들기'(2004), 빅토리아 주의 '학교 내에서의 문화적·언어적 다원성 조정을 위한 가이드라인', 뉴사우스웨일즈주의 '문화적 다원성과 공동체 관계 정책 : 학교 정책에서의 다문화적 교육' 등이 이러한 법제 변화의 대표적 사례라고 할 수 있다(이태주, 2007). 초등학교에서는 이민 학생의 모국어 유지와 발달을 돕는 한편 호주 학생의 다른 문화에 대한 이해를 넓힐 목적으로 '영어 이외의 언어교육(Language Other Than English : LOTE)' 프로그램을 실시하고 이를 위한 교사교육도 강화하였다. 호주 정부 해외원조기구(AusAid)에서는 지구촌 교육에 관한 웹사이트를 만들어 학생과 교사를 위한 다양한 교육 자료를 학교 수준별로 제공하고 있다.

매년 3월 21일을 국가적으로 화합의 의미를 가진 '하모니데이(harmony day)' 행사가 열린다. 이는 주로 지역 간의 다문화 커뮤니티와 학교를 통해 소수 민족 공동체들이 한자리에 모여 음식, 공연, 강연 등의 다문화 행사를 열어 다양한 시민들이 응집하는 기회를 제공하고 있다. 조화로운 삶(Living in harmony) 프로젝트의 일부로 실시되고 있는 파트너십 프로그램은 정부 부처와 지역단체, 대학 등이 연계하여 호주적 가치의 함양, 상호 존중과 사회 참여를 지역적, 국가적으로 확산시키는 역할을 하고 있다.

그러나 성공적인 정부 주도형 다문화 국가로 알려진 호주는 2007년 이후 급속한 변화를 겪고 있다. 정부는 호주인으로서 정체성 강화를 주장하며 정부 정책의 방향을 동화주의적 성격으로 변화시켰다. 이민자들에 대하여 영어와 호주 역사 시험을 강화하고 다문화교육 주관부서 이름에서 '다문화'라는 말을 빼고 '시민'이라는 말을 포함시켜 '이민시민부'로 개칭하였다(곽한영, 2010).

3) 프랑스 다문화정책과 다문화교육

유럽의 대표적인 다문화 국가인 프랑스는 이주민에 대한 정책이 지속적으로 변화하고 있으며, 다문화에 대한 통합적인 정책 전략으로는 프랑스인으로 '동화(assimilation)' 시키는 데 초점이 맞추어져 있다. 1973년 석유파동 이전까지 프랑스는 유입 외국인에 대한 특별한 이민통제가 없었다. 오히려 군 병력과 노동력 확보를 위해 외국인의 유입과 정주를 환영하였다. 경기불황이 길어지면서 외국인 입국에 대한 통제가 강화되었고, 외국인에 대한 사회적 반감도 증가하면서 외국인 수용과 이민정책이 정치권의 중요 이슈로 대두되었다. 대체로 프랑스에서 우파정부는 이민자에 대한 강경한 통제정책을 추구하는 경향이 있고, 좌파정부는 상대적으로 이민자 인권을 많이 배려한다. 그러나 프랑스 정당의 노선이 다소 복잡하고, 이슈에 따라서 다른 입장을 보이는 경우가 많아서 대립구조를 단순화하기에는 무리가 있다.

2001년 미국에서 9·11 테러가 발생한 직후 서구 주요국에서는 이슬람교도에 대한 반감이 확산되었는데, 이러한 분위기는 프랑스에도 이어졌다. 그리고 프랑스 사회에 적응하지 못하는 이민자들이 주로 이슬람국가 출신이라는 점에서 이슬람에 대한 반감이 이민자에 대한 반감으로 전이되었다. 이러한 상황에서 2000년대 중반 정권을 잡은 프랑스 우파정권은 유입 이민자를 까다롭게 선별하고, 프랑스 내 이민자에게 공화국 시민이 될 것을 강요하는 방식으로 이민정책을 수정하였다. 이 과정에서 프랑스의 이민자 사회통합 정책은 강압적인 동화주의 방식이라는 평판이 확산되었다.

오늘날 프랑스의 다문화정책 방식은 강력한 통제와 적극적 통합으로 요약된다. 강력한 통제는 2005년 당시 사르코지(Nicolas Sarkozy)가 내무부장관에 취임하면서 강조되었는데, 불법 체류 외국인을 엄격하게 단속하고 추방하는 방식으로 프랑스의 법질서를 유지하고 공화국의 정체성을 강조하는 것이다. 2011년 내무부장관에 취임한 게앙(Claude Guént)도 불법 체류 외국인에 대한 적극적인 추방 계획을 발표하고 사르코지의 강력한 통제 기조를 이어갔다. 2012년 좌파정부가 집권하면서 프랑스의 이민자 통제가 완화될 것이라는 기대도 있었지만, 실제로는 강력한 통제원칙이 유지되었다. 2017년에 집권한 중도우파정권도 통제원칙을 고수하고 있다.

적극적 통합은 2005년 프랑스 사회에 적응하지 못한 이슬람계 이민 2세들이 방리유 사태라 불리는 대규모 소요 사태를 일으킨 것을 계기로, 프랑스 정부에서 적극적인 의지를 가지고 추진하고 있다. 귀화를 원하는 외국인에게는 공화국 시민의 권리와 헌장에 서명할 것을 의무화한 것이 대표적인 예다. 2016년 7월부터는 귀화를 원하는 사람이 아니더라도, 프랑스에 정착하기를 원하는 이민자들에게 의무적으로 사회통합교육을 받도록 강제하는 계약제도(le Contrat d'Intération Réublicaine : CIR)를 도입하여 더욱 적극적으로 이민자 통합을 추진하고 있다. 이민자에게 사회통합교육 이수를 강제하고 약속을 받아내기 위해 계약의 방식을 취한다는 것은 독특한 방식일 뿐만 아니라, 국가가 공권력을 동원하여 이민자에게 프랑스 사회에 통합될 것을 강요하는 행위로 보인다. 프랑스 정부는 이민자의 입국 초기에 프랑스 땅에서 살고자 하는 자는 의무적으로 사회통합 프로그램을 이수해야 함을 강조하고 계약을 맺도록 하였다. 실제로 계약제도 도입 이후 프랑스에서 이민자의 사회통합 프로그램 이수율은 매우 높아졌다.

프랑스의 다문화교육 정책은 학교 교육을 기반으로 공화주의 사상을 민중에게 인식시키려고 하였으며 학교를 민중에 의한, 민중을 위한 '시민사회 만들기'의 장으로 간주하였다(이영란, 2010). 자유와 평등, 민주주의 원리 및 공화주의 가치, 개인의 정체성과 사회의 다양성 등의 주제로 진행된 시민교육 과목의 경우에는 거시적으로 사회의 주체로 성장하는 자신의 시민의식과 민주시민으로의 성장을 도와준다고 하였다. 1990년 이주민을 위한 교육센터(CFFISEM)를 설립하여 취학연령에 있는 모든 학생들에게 교육을 받을 의무를 제공하고, 프랑스어를 배움으로써 프랑스 사회를 신속하게 적응시키고자 하였다. 특히 학교수업의 문화 간 교육은 다문화에 대한 이해와 존중을 인식하게 되며 스스로 가치관과 태도를 형성을 지원하여 이주민 자녀들의 취학에 실질적인 도움을 주고 프랑스에 이주한 타 문화 배경 청소년들로 하여금 프랑스어 및 사회문화에 대해 전반적인 지식 습득을 지원하였다.

4) 독일 다문화정책과 다문화교육

독일은 제2차 세계대전 이후 부족한 노동력을 충당하기 위하여 외국인 노동자를 유입하였다. 유럽의 여러 국가와 고용협약을 통해 적극적인 노동이주정책을 펼쳐 노동력 부족문제를 해결하고자 하였다. 특히, 베를린 장벽 설치 이후 외국인 노동자의 유입은 더욱 증대하였고 1970년대 오일쇼크로 인한 외국 인력의 모집 중단조치가 이루어질 때까지 전체 인구의 10%에 이를 정도로 외국인 노동자 유입은 적극적으로 이루어졌다. 그러나 외국 노동력의 유입이 제한되었음에도 불구하고 영구 정착하는 외국인은 증가하였고, 이와 함께 가족재결합이라는 새로운 형태의 이민이 전개됨에 따라 독일 사회의 통합문제는 정치쟁점화되기 시작하였다. '독일은 이민 국가가 아니다'라는 전통적인 독일 사회의 자의식에서 볼 수 있듯이 초기 외국인 정책은 다문화가 아닌 자문화 중심주의에 기초한 통합의 양상으로 추진되었다. 이러한 초기 외국인 정책은 문화적 다양성을 인정하지 않는 방향으로 흘러갔고, 이러한 정책은 이민자들을 주류 사회와 분리 · 배제시키는 결과를 초래하였다(최종렬 외, 2008).

냉전 종식 이후 구소련 및 동유럽에서의 외국인 노동자와 정치적 난민, 이주자 가족 구성원의 이주, 유럽공동체 국가 시민의 독일로의 이민, 구유고 지역의 전쟁으로 인한 피난민 등 새로운 형태의 외국인 유입이 증가하게 된다(박채복, 2017). 1990년대 초반 '이주국으로서 독일'에 대한 인정과 독일 사회 내부에 급증하는 외국인에 대한 혐오감과 테러현상에 대한 자성의 목소리는 이민자의 통합문제에 대한 정책 전환의 필요성이 제기되었다(최종렬 외, 2008).

2000년 1월 1일 개정된 새로운 독일국적법은 외국인 노동자 및 그 가족에 대한 독일 국적 취득이 용이하게 하였고, 외국인 노동자와 그 가족들은 새로운 법에 따라 법적 보호와 통합의 가능성을 확대하였다. 이러한 배경에는 저출산 및 노동인구의 감소, 노령화 등으로 노동력을 확보하기 위한 이주가 필요하다는 측면에서 이주의 불가피성에 대한 새로운 인식이 확산되어 있었다고 보고 있다(박채복, 2017). 오랜 정치적 논란 끝에 2005년 1월 1일에 새로운 이민법이 발효되어 이주와 관련된 새로운 법적 조치가 마련되었다. 독일의 신 이민법은 이민국이라 인정하지 않던 입장에서, 최근 스스로를 이민국으로 규정하는 패러다임의 전환을 반영한다. 이러한 패러다임 전환의 가장 큰 이유는 독일 인구의 고령화에 따른 노동력 부족으로 경제에 부정적 영향을 미치므로, 이를 극복하기 위해 젊은 노동력을 제공할 수 있는 이민자들의 수용이 요구되었기 때문이다. 저숙련이나 미숙련의 노동력이 아닌 전문인력 위주의 노동력을 수용함으로써 독일 경제가 경쟁력을 가질 수 있도록 하였다(이선주 외, 2010).

기본적으로 이주민의 사회통합을 진척시키기 위하여 '지원과 요구' 원칙에 따라 국가가 이주민들이 독일 사회에 가능한 한 빠른 시간 안에 적응할 수 있도록 언어강좌 등을 제공하고 정착을 지원하는 반면, 이주민은 언어 습득 의무가 요구되고 언어시험을 실시하여 그 결과로 체류허가의 조건이 되게 하였다. 따라서 독일은 이 원칙에 따라 원하는 주민을 선발하고 원하지 않는 이주민을 배제할 수 있는 근거를 갖추게 되었다(강휘원 · 강성철, 2010). 현재 새로운 이민자 사회통합정책은 의무적으로 추진되고 있으며, 정주를 목적으로 새롭게 유입되는 전문적이고 숙련된 노동력을 대상으로 하는 통합과정으로 진행되고 있다. 이미 독일에 거주하고 있는 이민자에 대한 통합의 경우, 독일 국적의 취득의 완화와 이중국적 허용을 통한 독일로의 통합을 목표로 하고 있다(최종렬 외, 2008). 또한, 독일은 사회통합 과정에서 외국인 노동자뿐만 아니라 그 가족에 대한 다차원적 접근을 시도(독일기본법 제6조)하여 내국인과 이주자 사이의 괴리를 줄여나가고 하나의 공동체를 형성하고자 노력하고 있는 것으로 평가되고 있다(박채복, 2017). 하지만 한편으로 독일은 다른 유럽 국가들에 비해 국적법이 여전히 배타적이란 평가도 동시에 받는다. 대표적인 예로는 독일법상의 이중국적을 금지하는 조항이라고 할 수 있는데, 독일에 거주하는 외국인의 70% 이상이 독일시민권을 신청할 수 있는 법적 조건을 갖추고 있음에도 불구하고 이중국적이 허용되지 않아 귀화를 꺼리고 있는 것으로 지적된다(이철용, 2007). 현재 통합정책은 연방내무성이 중심이 되어 연방 차원에서 결정되고, 산하 소속 기관인 연방난민청이 주무부서로 집행을 담당한다. 그러나 실제적인 프로그램 실행과 통합의 노력은 각 주정부와 기초 지방정부들이 적극적으로 담당하고 있다(강휘원 · 강성철, 2010).

그동안 독일은 다문화교육에서 민족정체성 교육과 아울러 이주민의 동화교육을 동시에 실시하여 왔다. 이런 관점에서 이주민 가정 자녀의 성공적인 독일어 습득을 위해 모국어 능력의 중요성을 강조하고, 자녀와 어머니의 소통을 위한 프로그램을 마련하여 이중언어교육을 실시하고 있다. 한편 통일된 이후에 옛 동독에서 온 이주민을 대상으로 사회 적응을 위한 동화교육을 실시하기도 하였다. 이주난민연방청은 이주 초기 청소년을 포함한 이주민에게 적절한 지원을 하며 이주민 가족의 자녀가 독일 사회를 위한 인적 자원이 될 수 있도록 학교교육, 직업교육, 언어교육 등을 시행하고 있다(장현숭 · 황범주, 2007). 학교교육에서는 충분한 독일어 실력을 갖추지 못한 학생을 위해 특별보충수업뿐만 아니라 수업 내에서 세분화된 지원책을 마련하고 있다. 또한, 대부분의 주에서는 외국어 대체시험으로 모국어 시험이 허용되며, 독일어 수업 지원의 정도와 기간은 주마다 차이는 있지만 대개 1~2년간 집중적인 지원이 이루어진다. 다문화교육은 교육 관련 모든 직업의 연수에 중점적으로 과정화되어 있으며 다문화교사양성을 위하여 교사연수 프로그램에 다문화 능력 자격 과정을 개설하고 교수법 및 현장실습 과정을 거치도록 하고 있다.

5) 캐나다 다문화정책과 다문화교육

캐나다는 500만 명 이상의 이민자가 거주하는 이민 국가이며, 200개 이상의 민족으로 구성된 다문화사회이다. 캐나다는 이민자에 대해 상대적으로 개방적이고, 관대하며, 평등적인 정책을 적극적으로 추진하는 나라 중 하나이다. 또한, 테러, 이민자 폭동 등으로 여타 서구 국가에서는 기존의 이민정책과 이민자 통합정책에 대한 근본적인 조정이 이루어지고 있는 가운데, 캐나다는 세계에서 거의 유일하게 대량 이민이 경제 발전 전략의 중심에 위치하고 있다(Reitz, 2005). 1871년 캐나다에는 350만 명의 사람밖에 없었다. 산림을 비롯해 광산, 농작물 등의 자원이 풍족한 국토에는 이를 발전시킬 인력이 턱없이 부족했고 제대로 된 국가 형태를 갖추기 위해 이민유입은 피할 수 없게 되었다. 그리하여 캐나다 정부는 이민 대모집 캠페인을 시작했다. 1871년부터 1971년까지 100년 사이에 국민은 당초 350만 명에서 2,150만 명으로 증가되었지만(Stoffman, 2002), 캐나다의 이민 수급은 주로 유럽계 백인들을 최우선적으로 배려하였으며, 인종과 문화에 대한 편견은 이민 선호 대상국에 대해서도 서열이 매겨져 있었다. 비록 캐나다에서 태어났다고 해도 유색인종은 이방인 취급을 받았으며 백인과 다르다는 의미뿐만 아니라 열등하다는 의미로 통용되었다. 하지만, 제2차 세계대전 이후 신속한 경제 성장으로 인해 노동력 부족이 심각한 문제가 되었고, 캐나다 정부는 그동안의 폐쇄적 이민정책을 개혁하고 대외적으로 인종차별에 대한 우려를 불식시킬 수 있는 다문화주의 정책을 표방하고 전 세계로부터 이민을 받아들였다(Stoffman, 2002).

현재 캐나다 이민정책의 핵심은 민족·인종이나 출신 지역에 관계없이 일정 자격만 갖추면 이민이 가능한 점수제(point system)이다. 1967년 도입된 이 제도를 계기로 캐나다에는 1970년대 이후 대부분 비유럽인, 특히 아시아와 카리브 지역 등 개도국 출신 유색인종(visible minorities)이 이민자로 유입되었다. 이민자 선발 제도와 함께 캐나다 이민 체제의 또 다른 중요한 축은 이민자 정착·통합을 위한 정책과 프로그램이다. 캐나다 정부는 프랑스계 · 영국계 주민의 전통적인 갈등 해소와 다문화 · 다민족화의 현실을 반영하는 정치적인 노력의 일환으로 1971년 다문화주의를 국가정책으로 채택하였고 인종, 민족, 언어, 종교에 관계없이 모든 캐나다인은 법 앞의 평등과 기회의 평등이 보장되며, 그들의 가치관과 존엄성이 인정된다고 받아들이고 동등하게 캐나다 사회에 참여하도록 촉구하였다.

1977년에는 '인권법(Canadian Human Rights Act)'을 제정해 인종, 성별, 연령, 출신 국가, 민족, 피부색, 종교에 근거한 차별을 금지하였고, 1982년에는 '헌법'의 일부로 '인권과 자유 헌장(The Charter of Rights and Freedoms)'을 제정하여 제7장에 다문화주의를 캐나다가 국가로서 지향하는 가치로 선언하였다. 이어서 1985년에는 '다문화법(The Multicultural Act)'을 제정하여 영어와 불어 이외의 언어를 사용하는 공동체의 존재를 인정하고, 모든 국민에게 자신의 문화유산을 유지하고 고양할 수 있는 자유가 인정됨을 법제화하였다. 캐나다는 여타 서구 국가들과 달리 심각한 민족 갈등을 경험하지 않고 안정적인 사회를 유지하고 있으며, 이민자의 사회통합에 상당히 성공적이라고 인식되고 있다. 그러한 성공의 주된 요인으로 정부의 포괄적인 이민자 통합정책과 현장에서 통합 서비스를 전달하는 비정부 행위자들과의 유기적인 연계관계가 지적된다. 즉, 캐나다의 이민자 통합제도의 중요한 특징 중 하나는 정책의 입안과 프로그램의 설정은 연방정부가 중심이 되어 이루어지지만, 그 프로그램을 기반으로 한 이민자 대상 서비스의 전달은 대부분 지역공동체나 시민단체, 비영리단체, 비정부단체 등 제3섹터 주체에 의해 이루어진다는 점이다. 이러한 체제는 효율적 · 포용적이고 이민자에 친근한(immigrant-friendly) 모델로, 이민자 통합이 성공적으로 이루어지고 있는 배경 요인으로 높이 평가되기도 한다(이유진, 2009).

캐나다 이민자 다문화 통합정책의 목표는 이민자의 사회 · 문화 · 경제 · 정치적 통합을 촉진하여 그들이 단시일 내에 적응하고 정착하여 자기실현을 통해 캐나다에 기여하고, 궁극적으로 시민권을 취득하여 캐나다 사회의 모든 영역에서 적극적으로 참여할 수 있는 완전한 시민의 일원이 되도록 하는 것이다. 따라서 연방정부는 이민자의 원활한 사회통합을 위한 노력이 공동체 사회 자본에의 중요한 투자라는 인식하에 막대한 예산을 투입하여 다양한 이민자 통합 프로그램을 운영하고 있다. 연방정부의 다문화 프로그램은 기본적으로 이민자 정착 및 적응 프로그램(Immigrant Settlement and Adaptation Program : ISAP), 신규 이민자 언어교육(Language Instruction for Newcomers to Canada : LINC), 호스트 프로그램(HOST Program)을 주축으로 구성되어 있다. 이 프로그램들은 신규 이민자의 의사소통 능력을 신장하고, 그들이 정부, 단체 등이 제공하는 각종 서비스에 접근할 수 있도록 지원하며, 사회적 네트워크의 구축을 지원하는 등 다양한 방법을 통해 이민자 각자가 교육, 취업, 소득 등에 있어서 자신의 목표를 달성할 수 있도록 지원하는 것이 기본 목표이다(이유진, 2009).

캐나다 다문화교육 체계는 이주 학생들의 특별한 수요에 부합하도록 되어 있는데, 예를 들어 언어에 어려움이 있는 학생은 질 높은 제2언어 교육을 통해 영어 또는 불어를 마스터할 수 있다. 주 정부는 교사에게 특별 교육을 시키고, 학생별 지도 및 자금 지원을 하고 있다. 모든 학생은 국가의 이중문화 교육정책에 수혜를 입고 있다. 공립학교는 다양성이 공존하는 사회에서 어떻게 살아야 할 것인가를 가르치고, 이주 학생들은 그들의 민족적, 인종적 유산인 언어와 문화를 배운다. 또한, 사립학교 교과과정에 외국어 교육을 넣을 것인지 결정한 다음, 모든 학생에게 언어와 문화에 관해 교육하고 있다. 몇몇 주정부는 '다양성 교사' 채용정책을 시도하고 있다. 이처럼 캐나다는 교육 영역을 사회통합을 주요한 부분으로 여기고 정책을 실현하고 있다(김지윤, 2012).

6) 일본 다문화정책과 다문화교육

일본은 우리나라와 마찬가지로 단일민족이라는 명분하에서 민족 개념을 강조하였다. 1990년 이전까지 외국인의 유입과 관련한 정책이 출입국관리처에서 시행한 법제 외에는 어떠한 관련 법규가 없었다. 하지만, 점점 국가 간 세계화의 흐름 속에서 일본은 다문화정책에 대한 기초를 다지며 다문화사회의 진입을 시도하였다. 1990년 이후 일본은 공식적으로 이민자를 허용하기 시작했으며 다문화사회, 다문화주의가 중요하게 인식하였다. 이에 따라 1990년대부터 2000년대를 거쳐 일본 내 외국인의 수는 지속적으로 증가하였다.

일본의 외국인 등록자 수는 2006년 전체 인구의 1.63%를 차지하고 있다. 주요 증가 요인으로는 일본 이민자의 후손에서 찾을 수 있다. 브라질, 페루 등 중남미 국적을 가지고 있는 일본 이민 후손은 1989년 말부터 3년에 걸쳐 대폭 증가한 뒤 꾸준히 증가세를 유지하여 왔다(김이선 · 황정미 · 이진영, 2007). 부모를 따라 귀국한 귀국자녀와 태평양 전쟁 후 중국에 잔류했다가 1982년부터 영구 귀국하기 시작한 중국 잔류 일본인과 그 가족(한영혜, 2006), 일본인과 결혼하거나 귀화를 통해 국적을 취득한 이들로 문화 다양성을 증가시키고 있다.

2006년 일본 정부는 처음으로 '정부의 정책 용어로서의 다문화 공생의 탄생'을 알렸다. 정부(총무성)는 일본에 있어서 지역사회의 국제화가 세 번째 국면, 즉 다문화 공생 국면에 접어들었다는 인식하에 연구회를 설치 · 추진 방안을 논의하기 시작하였다. 기존 지역사회의 국제화는 국제교류 또는 국제협력이라는 방향성을 가지고 진행되었지만, 이제는 '내향적 국제화(内なる国際化)'에서 발전한 형태인 '다문화 공생'을 추구해야 한다는 인식을 바탕으로 한 것이었다. 그리고 이 연구회가 2006년 발표한 '다문화 공생 추진에 관한 연구회 보고서'에 따르면 진정한 지역사회의 국제화를 위해서는 일본에 정주하는 외국인을 '관리'의 대상이 아니라 "생활자이자 지역주민이라는 인식하에 지역사회 구성원으로서 함께 살아갈 수 있는 조건 정비"가 필요하다고 주장하였다. 지역사회의 국제화는 어디까지나 외국인 주민과 실제 자주 접하는 지방정부 주도하에 진행되어야 한다는 것이다. 일본의 지방자치단체들은 다문화 공생 지원 사업을 위해 외국인을 국제 교류원으로 채용하고 공무원을 대상으로 외국의 문화나 사회구조에 대한 지식을 교육하거나 해당 업무 분야와 관련해 외국인들이 겪는 문제에 대해 워크숍을 개최한다(조연옥, 2008).

일본에서의 다문화교육정책은 언어를 기반으로 한 교육을 기본으로 하고 있다. 언어를 필두로 하며, 국제관계에 필요한 새로운 시민성의 육성을 위해 국제이해교육을 실시하고 있다. 국제이해교육은 일본시민에게 국제 사회에서 활동할 수 있는 역량을 키워 주는 것으로 유학생 파견 및 해외연수를 실시하기도 한다. 그동안 일본은 교육 측면에서 배타적 동화교육에 치우쳐 왔으나, 최근 브라질 등 귀국자녀교육 프로그램에서 다문화교육을 실시하고 있다(최충옥, 2012). 외국인 거주자에 대한 일본어 교육은 다문화 공생 실현을 위한 출발점으로 인식하고 있다. 외국인 거주자에게 일본어 교육을 강화함으로써 일본인과의 커뮤니케이션 및 일본 사회, 문화 등 전반적인 국가시스템에 대한 지식과 이해를 도모할 수 있다고 보고 있다. 외국인 거주자의 언어 장벽을 무마하기 위해서 학교에서는 방과 후에 일본어 및 외국어 교실을 열어 언어교육을 지원하고, 다문화 교사를 채용하여 다문화가정 학생을 일대일로 대면하여 일본 사회에 적응하도록 지원하고 있다.

또한, 외국인 교사 채용으로 제2의 외국어 능력을 향상시키는 데 초점을 맞추고 있다. 내국인의 외국어 교육 외에 외국인 거주자에 대한 자국어 교육도 마찬가지로 여러 정책을 집행하고 있다. 지방자지단체도 지역 내 외국인 거주자에게 주민들과 의사소통을 지원하여 지역사회 적응력을 높이는 정책을 실시하고 있다. 이뿐만 아니라 지방자치단체는 외국인 거주자의 생활 적응 과정에서의 애로사항을 수시로 점검하고 상담을 통해 그들의 문제점을 예방하는 역할을 수행한다. 행정서비스를 제공할 때도 다양한 언어로 된 문서와 홍보물을 제공하여 보다 많은 외국인 거주자의 관심과 참여를 유도하고 있다. 또한, 지역사회에 다문화 공생에 대한 홍보를 강화하여 지역의 기업이나 사회단체들의 참여를 유도하고, 이들 간에 외국인 거주자 지원을 위한 사회 네트워크를 형성하기도 한다(한국지방자치단체국제화재단, 2008).

3. 반다문화주의

1) 반다문화주의의 배경

외국인 노동자나 이민자가 증가함에 따라 자국민과 이방인 간의 사회적 통합을 고민해야 하는 국가들이 점점 늘어나고 있다. 다양한 문화적 요소의 유입과 충돌로 인하여 19세기 민족주의 시대 이후 굳건히 신봉해 온 민족국가 단위의 국제사회의 기능은 점차 쇠퇴하고 있으며, 다문화사회의 도래로 인하여 국가는 새로운 정체성을 수립

해야 할 상황에 직면한 것이다. 따라서 한 사회 또는 국가 내에서 다양한 문화적 차이를 가진 집단들이 각자의 차이를 인정하고, 상호 조화와 공존을 모색하려는 노력은 소위 민족과 국가라는 개념의 근대적 획일성에서 벗어나 '다문화주의(Multiculturalism)'라는 인식의 틀 안에서 이루어지는 경향을 보이고 있다(곽준혁, 2007; 김욱동, 1998; 이용일, 2007; Northrup, 2005). 그럼에도 불구하고 최근 유럽 다문화사회를 조망할 때 두드러지는 특징은 국가 내에서 벌어지는 인종적·종교적 갈등과 문화충돌의 현상이다. 특히, 2005년 10월 프랑스 파리 외곽에서 발생하여 200개 도시로 번졌던 인종 소요사태는 프랑스의 전통적인 똘레랑스 정신을 무색하게 하며 세계인의 경각심을 고취시켰다. 9·11사건과 무슬림 테러조직의 위협은 유럽인들에게 유럽 내 무슬림 이민자들을 잠재적인 테러범으로 보고, 무슬림에 대한 감시와 통제를 강화시키는 요소로도 작용하고 있다. 자국 거주 외국인에 대한 다문화정책과 통합정책을 병용하고 있는 영국, 프랑스, 독일은 국내적으로 무슬림 이민자들과의 문화충돌을 경험하고 있으며, 이는 인종적·종교적 갈등과 편견을 넘어서 테러와 소요사태까지 야기하고 있다.

스웨덴 역시 오랜 기간 전쟁 난민과 정치적 난민을 대규모로 수용해 왔고, 가족 재결합 이민에 대해서도 일관되게 관대한 수용정책을 취해 왔으며, 교육과 취업에서 이주민을 차별하는 것을 규제하는 법과 정책도 잘 정비되어 관대한 이민정책, 포용적인 이주민 통합정책의 대표적인 사례로 주목받아 왔다(신정완, 2014). 2013년 5월 스웨덴의 수도 스톡홀름(Stockholm) 근교 휴스비(Husby)에서 이민자 폭동·방화 사건이 발생한 이후 스웨덴은 과거와 달리 반(反)이주민 정서가 사회적으로 위험한 수위에 도달하였다. 스웨덴 의회의 우익정당인 민주당은 무책임한 이민정책이 폭동의 원인이라고 주장하며 이민자 수를 줄이는 것만이 유일한 해결책이라고 하였다. 그러나 이러한 현상과는 달리 스웨덴은 공식 제도와 정책 차원에서는 이주민에 대해 우호적이고 관대한 사회로 평가받고 있다. 그동안 유럽의 각국은 다문화주의 정책으로 여러 인종과 문화와 종교 등의 갈등을 해소하려 했으나, 2011년 이후의 폭동과 테러 사건 이후 다문화정책의 실패와 함께 근본적인 문제에 대한 의문이 제기되었다.

반다문화주의 이론가들의 공통점을 살펴보면 다문화주의가 국가의 공식적인 정책이 됨으로써 어떠한 비판도 인종차별정책으로 비난받게 되어 이들은 3가지 측면에서 다문화주의는 해롭다고 말한다.

첫째, 다문화주의는 사람에게 해롭다는 주장이다. 각 다문화 집단의 도덕 기준은 다른 다문화 집단의 도덕 기준과 비교할 때 상대적으로 가치를 가지지만, 그 집단 안에서는 절대적인 가치를 가지기 때문이다. 같은 이유로 개인주의와 순응성을 동시에 가질 수 있다. 즉, 다문화 개인은 다른 문화 집단에 속한 개인과의 관계에서는 독립적인 개인이지만 같은 다문화 문화 집단의 관행에는 순응하기 때문에 해롭다는 것이다. 둘째, 다문화주의는 그 사회의 문화에 악영향을 준다는 논리다. 이민자들이 가지고 온 다양한 문화는 시간을 초월하여 냉동되어 파편적으로 유지되어 결국 문화를 전시 대상이나 문화축제와 음식박람회거리로 전락시켜 버리기 때문에 해롭다는 것이다. 셋째, 다문화주의는 사회의 결속력을 약화시켜 사회 발전을 저해한다. 그 근거로 과거에 잘못한 것들에만 집착하는 병든 역사의식, 공동체 중심의 성실, 단순한 공존, 문화 장벽 등으로 사회집단의 결속력을 약화시키는 요소가 되기 때문에 해롭다는 주장이다.

2) 다문화사회의 가능성

반다문화주의자들의 시각은 이주자들은 다문화사회에서 새로운 사회의 관행을 받아들이려 하지 않고 이주 이전 사회의 문화 관행을 지속하려는 경향이 있으며, 아무리 사소한 문화 관행이라도 변하지 않고 그대로 유지하려는 근원적 존재로 본다. 그러나 이주자들이 자신이 가져온 문화를 조금도 변경하지 않고 유지시킨다는 것은 불가능한 가정일 뿐이다. 이러한 폐쇄적 존재론이 가능하다고 보는 견해는 '문화를 균질의 암석'으로 보는 단순한 문화 이해가 바탕에 존재하기 때문이다. 이러한 주장은 문화 속에 존재하는 다양성과 차이를 인정하지 않는 태도이다.

다양과 공존과 존중 그리고 제3민족주의의 부상과 같은 사회적 배경에서 다문화주의는 오늘날의 가치와 상충되지 않고 정책적인 추진이 가능할 것인가? 하는 의문이 생길 수 있다. 그러나 바로 직전의 세기까지만 해도 오늘날 우리의 인식과 태도와는 전혀 달랐던 역사적 경험에 유의할 필요가 있다. 나치즘은 아리아인(게르만족), 유대인, 슬라브인 등을 비롯한 민족 사이에서 환원 불가능한 차이가 있다고 주장하였지만, 마틴 루터 킹(Martin Luther King Jr.)과 그의 지지자들은 인간성의 본질적 동질성의 입장에서 인간에게 피부색을 제외하고 그 어떤 것도 흑인과 백인을 이분할 수 없다고 하였다.

오늘날은 인종이든, 종교이든, 그 어떤 단체이든 자신들이 속한 단체의 차이점을 당당하게 주장할 수 있는 시대이다. 여성성, 소수자의 권리, 성소수자의 권리 등은 사회 정책의 관심어로 등장하고 있다. 인간의 본성과 근원에 다가가고 있는 그대로 수용할 수 있어야 공동체 삶의 유지에 가장 기초적인 노력이라는 주장이 설득력을 지니고 있다. 서로의 다름과 차이를 거부하기보다는 인정하고 수용할 수 있는 태도는 오늘날의 사회적 배경을 인식하는 첫걸음이며 현실 인식의 핵심이다. 다문화 시대에 다름과 차이의 인식 정도의 방법론은 이제 우리 사회의 한가운데 있음을 부인할 수 없다.

어떤 사회가 다인종, 다문화사회가 되었다는 것은 통계적 · 경제적 개념의 어휘는 아니다. 다문화에 대한 인식은 일련의 도전이며 새로운 정책적 변화의 필요성을 요구하는 것이다. 물론 사회 자체 내에서 해결해야 할 수많은 문제점이 산적해 있기도 하다. 하지만 경제적 이유나 다른 목적의 수행을 위해서든 우리 사회에는 새로 이주한 이들을 위한 충분한 제도적 장치가 필요하다. 우리 사회 역시 이주 소수자들을 위한 풍부한 정책적 담론과 시설을 갖추어 가야 할 것이다.

4. 다른 나라의 유아교육 개요

1) 일본의 유아교육

일본 유치원은 39주 이상 수업을 한다. 유치원의 1일 교육시간은 4시간을 표준으로 하고, 현행 유치원 교육 요령은 건강, 인간관계, 환경, 언어, 표현의 5가지 영역으로 교육내용을 구분하고 있다. 유치원 교육과정을 운영할 때 강조하는 기본 개념은 각 유아에게 개별화되고 통합적인 지도를 놀이상황에서 제공하는 것이다.

2006년부터 보육 및 교육 기능 수행기관으로 기존의 보육소, 유치원 외에 '인정어린이원'이라는 제3의 시설이 등장했다. 이는 2000년대부터 갑자기 진행된 유·보 일원화 논의와 연관이 있다. 내각 권고기관인 '지방분권개혁추진위'와 총리 자문기관인 '총합규제개혁회의'에서 지방분권화 및 규제 완화의 일환으로 유·보 일원화의 필요성을 제기했던 것이다. 이들 기관은 특히 재정 부담 및 비용 절약을 강조하고 구체적인 방안으로 보육소와 유치원의 설치 주체, 시설 및 설비 기준, 입소 요건을 통일할 것을 요구했다. 이 주장에 대해 문부과학성과 후생노동성은 유치원은 의무교육 전 단계로서 교육 기능을 담당하고 보육소는 복지 기능을 담당하는 등 그 기능과 목적이 다르기 때문에 단순히 일원화하기에 어려움이 있다는 이유로 강하게 반대했다. 결국, 타협의 산물로 '인정어린이원'을 통해 향후 일원화를 추진해 나간다는 합의가 도출됐다.

〈표 6-3〉 일본의 유아교육·보육기관과 행정체계

기관 유형	유치원	보육소	신인정어린이원
시설 성격	학교	아동복지시설	학교 + 아동복지시설
대상 아동	만 3세~만 5세	만 0세~만 5세	만 0세~만 5세
이용 구분	반일제	종일제	종일제(1, 2, 3호 인정)
운영 시간	4시간	11시간	11시간
담당 부처	문부과학성	후생노동성	내각부

출처 : 박은혜·장민영(2014). 통합보육 요소별로 살펴본 8개국의 유아교육과 보육 통합 현황 비교.

2) 영국의 유아교육

영국의 교육체제는 5세에 초등교육이 시작한다. 이는 세계 어느 나라 교육보다 일찍 기초교육이 출발함을 말해 준다. 6년 과정의 초등교육은 5세에서 7세와 7세에서 11세까지의 2단계 과정으로 유아교육, 즉 취학 전 유아교육과 아동교육을 조화·통합시키고 있다. 그리고 11세부터 16세까지의 중등교육 단계와 16세부터 18세까지 대학교 및 고등교육 단계로의 진입을 위한 과도적 중간 단계를 적절히 제도화함으로써 중등교육과 고등교육의 분리에서 야기되는 청소년 문제를 제도권이 수용하여 국력의 소모와 인력관리의 효율성을 증진시키고 있다. 의무교육은 중등교육이 끝나면서 고등교육으로 진입 준비를 갖추는 16세로 함으로써 진로 선택의 합리성과 계속성, 자율성을 보장해 주고 있다.

영국의 유아교육 혹은 취학 전 교육은 5세 미만의 유아교육이 중요하다는 인식의 확산과 더불어 빈민계층의 자녀에게 문화적 혜택을 부여하고 신체적·정서적 발달을 돕기 위한 복지이념에서 계속적으로 발전하였다. 현재 영국의 유아교육기관은 2~3세 유아의 유아원과 3~5세 유아의 유아반 또는 준비학급으로서 우리나라의 초등학교 병설유치원과 같이 초등학교에 부설된 가학급제도와 유사하게 운영된다. 영국의 유치원은 공립과 사립이 있으나, 의무교육은 아니며 단지 공립 유아교육기관은 무상이고 자원하여 취원하도록 하고 있다.

영국은 5세부터 16세까지 의무교육을 하고 있다. 공립 유치원이 잘 발달되어 있어 의무교육 기간이 아니더라도 무료로 아이들이 유치원을 다닐 수가 있다. 영국의 교육은 중앙정부보다는 지방행정 당국이 권한을 더 많이 가지고 있다. 그러다 보니 교사의 힘도 그만큼 세다. 아이들을 어떻게 가르칠 것인지 정하고 프로그램을 계획하는 것은 교사의 몫이고 교육기관은 그러한 교사의 뜻을 존중해 준다.

3) 독일의 유아교육

독일 유아교육의 핵심은 아이는 모든 감각을 동원해 자신의 주위를 탐구하는 능력과 호기심, 자발적인 경험 수집, 자립적인 문제 해결, 새로운 능력의 발달, 끊임없는 앎의 습득과 더불어 성공하며 성장하는 것과 같이 실수하며 성장하는 모습을 그린 유아의 인간상을 추구하고 있다. 유아는 이미 능력을 가지고 있는 존재이며 교사는 가르치는 것이 아니라 아이의 능력에 의식적인 자극, 촉진, 지원을 주어 아이의 능동적인 발달에 최적의 기회를 제공하는 존재로 본다.

독일의 유아교육은 철저한 놀이중심으로 이루어지며 3R(읽기, 쓰기, 산수)은 초등학교에서 해도 충분하다고 생각하기 때문에 유치원에서는 인성교육, 일상생활교육, 또래관계형성 등의 사회성 교육을 강조하고 있다.

'아이들의 세계관을 넓혀 주며 여러 문화를 이해하는 교육'을 목적으로, 교사는 아이들의 '자발적 학습'을 위해 지구본을 비롯한 여러 나라 국기며, 세계 나라의 어린이들의 사진과 삶의 모습을 보여 주는 사진 등을 제공할 수 있다. 자발적 학습을 위한 충분한 자유시간을 가진 후에 아이들은 교사와 함께 모여 앉아 어느 나라가 어느 국기의 모양을 가지고 있는지 등의 이야기 중심이 아니라, '다양함'의 의미와 왜 지구에 그렇게 다르게 생긴 사람들이 사는지 등 서로의 질문에 대해 자유롭고 신뢰감 있는 분위기에서 자신의 생각을 표현하며, 다른 친구들의 의견을 듣고 인정하는 것을 배우는 것 자체에 더 큰 의미를 둔다.

유치원 일과는 부모의 일상생활과 직접적으로 관련시키고 있다. 어머니들이 시간제로 일하는 경우가 많아 보통 오전반(8~12시), 오후반(13~17시), 종일반(6시 30분~17시)으로 나뉜다. 최근에는 종일반이 늘어나는 추세이다.

4) 스웨덴의 유아교육

스웨덴의 유치원은 의무교육이 아닌 선택교육이지만 보통 만 1세~만 1세 6개월이 되면 유치원에 보낸다. 유치원은 전인교육을 목표로 교육활동이 이루어진다. 어린이집과 유치원으로 나뉘지 않고 일원화된 교육과정을 가지고 있다. 만 1~5세까지는 유치원에서 교육받으며 만 6세에는 학교에 속한 0학년이 되어 초등학교에서 교육을 받는다. 유치원의 반 편성은 유치원마다 다르다. 연령별 1세, 2세, 3세 등으로 세분화하여 구성하기도 하고, 1~2세, 2~5세로 포괄적으로 구성하기도 한다. 대체로 포괄적 구성이 일반적이다. 특히 2~5세를 같은 반으로 구성하는 이유는 아이는 서로 다른 나이 때와 함께 있을 때 배울 수 있는 것이 더 많다고 보았기 때문이다.

교육과정의 특징은 과목을 따로 정해 놓지 않으며 주제만을 정해 놓고 의사소통을 통해 다방면으로 학습할 수 있게 한다는 점에서 독일식 '자발적 학습'과 유사점이 있다. 또한, 하루에 2회의 야외에서 활동을 실천하는 특징이 있다.

국가의 교육비 지원은 출생 순위에 따라 차등지급하고 있는 점에서 출생장려정책과 연계되어 있다(출생 순위에 따라 첫째는 최대 3%, 둘째 2%, 셋째 1%, 넷째는 무료로 이용). 부모가 학업, 육아휴직, 구직 중인 경우 일일 3시간(주당 15시간), 부모가 맞벌이인 경우 노동시간 동안 아이를 유치원에 맡길 수 있다. 만 3세가 되는 가을학기부터 공립유치원에 1일 3시간 등원은 무료이지만 더 길게 맡길 경우 비용을 지불해야 한다.

5) 핀란드의 유아교육

핀란드는 모든 교육이 유치원에서 시작된다고 보고 유아교육을 중시한다. '평등한 교육'을 가장 중요한 목표로 삼고 있는 만큼, 교육정책의 방향도 동등한 기회 제공에 맞추어 무상교육을 실시하고 있다. 또한, 핀란드의 유아교육은 보호와 교육을 함께 제공함으로써 유아의 발달을 도모하고 아동의 사회적 효능감을 향상시키는 것을 목표로 한다.

인지교육보다는 인성교육에 더 무게를 두고 있다. 어린 자녀들이 유치원에 들어가면 제일 먼저 배우는 것은 '소리를 지르지 말라', '내 물건이라도 남의 손에 있는 것은 빼앗지 말라', '담을 넘지 말라'를 가장 먼저 배운다고 한다. 또한, 아이들이 두 살이 되면 옷 입는 것부터 밥 먹는 것까지 스스로 하는 법을 익히고 공동체에서 함께 배려하고 살아나가는 사회성과 같은 기본 덕성을 배운다.

핀란드 유치원의 교육활동에서 가장 특징적인 것은 아이들이 충분히 움직일 수 있을 정도로 공간이 넓고 야외활동이 많은 점과 놀이중심 활동을 통해한 놀이에 기초한 사회성을 키워 주는 교육을 실행하는 점이다. 특히 오전과 오후 2회 진행하는 야외활동은 비가 오거나 영하 10도의 날씨에도 개의치 않고 아이들이 야외놀이를 진행한다. 험난한 날씨에도 불구하고 놀이를 함으로써 상상력을 키우고 다양한 날씨를 통해 놀이를 통해 습득할 수 있는 경험을 쌓아 나갈 수 있다고 보기 때문이다. 어떠한 상황에서든 교사는 유아가 할 수 있을 때까지 옆에서 기다려 준다. 유아가 행동을 하다가 도움을 청하면 그제야 '같이 해 볼까?' 하며 유아가 생각하고 행동할 수 있도록 옆에서 지도해 주며 스스로 해내는 법을 배우고 책임감을 부여받는다.

현재 핀란드에서는 학령기 이전 교육의 패러다임이 'daycare(돌봄)'에서 'educare(교육+돌봄)'로 전환되는 과정을 겪고 있다. 유아교육과 돌봄은 체계적이고 목표 기반의 돌봄, 교육, 지도를 아우르는 개념이며 이에 대한 교육학적 접근이 주목받고 있다.

6) 뉴질랜드의 유아교육

다양한 유아교육기관이 운영되고 있으며, 각 기관의 프로그램 구조화 정도는 프로그램마다 다르나, 대부분 발달적(developmental)이고 놀이(play)를 통해 배우며 활동을 자유롭게 선택할 수 있어야 한다는 철학에 기초를 두고 있다. 또한, 모든 교육기관은 부모의 역할을 강조하며 적극적인 부모참여를 권장하고 있다.

유치원은 3세부터 5세까지의 아동들을 대상으로 오전수업 혹은 오후수업으로 운영된다. 일반적으로 3~3.5세 아동들은 일주일에 3회씩 오후에 수업을 받으며, 3.5~5세 아동들은 매일(일주일에 5회) 오전에 수업을 받는다. 일부 시골지역에서는 이동형 유치원이 운영되기도 한다. 만 2세가 되면 사전 등록을 해야 한다. 또한, 유치원에 사전 방문이 가능하여 활동에 참여할 수 있는데, 이는 유아와 부모가 원에 쉽게 적응하도록 돕기 위함이다. 교사 3명이 45명을 담당하고 있으나, 부모의 참여가 적극적으로 이루어짐으로써 운영이나 교육면에서 매우 효과적이다.

1940년대에 시작된 놀이센터(Play center)는 학부모들이 관리 및 장학 책임을 맡으면서 공동으로 운영하고 있는 유아교육기관으로, 출생에서 취학 연령 사이의 아동을 위한 취학 전 프로그램을 반나절 과정으로 운영한다. 놀이센터는 전국적인 조직체와 연결되어 있는 지방 혹은 지역 수준에 있는 학부모 관리위원회를 통해서 관리되고 있다. 교사양성과 부모교육이 전국 놀이센터기구에 의해서 개발된다.

'언어둥지(language nests)'라는 뜻을 가진 '코항아레오(kohanga reo)'는 수업시간제(오전 시간과 오후 시간) 혹은 종일제로 운영되는 개인, 법인 단체와 같은 비영리기관 혹은 고객을 위한 탁아소나 학교, 공장에 다니는 사람을 위한 탁아소와 같이 기업체나 조직체의 주요 목적을 달성하기 위한 부속기관으로 운영되는 사립기관이다. 적극적인 부모참여를 통한 공동운영에 기초한다.

통신학교는 유아교육 요소를 포함하고 있는 국가로부터 재정지원을 받는 원격교육 기관이다. 고립된 지역에 살거나, 질병 혹은 장애 때문에 유아교육센터에 다닐 수 없는 3~5세 아동이 통신학교에 등록할 수 있다. 통신학교의 유아교육 담당교사들은 가정에 기초한 유아교육 프로그램들을 계획하기 위해서 학부모들과 밀접하게 공동으로 일한다.

태평양섬 유아센터는 태평양섬 문화의 가치와 언어에 기초한 프로그램들을 제공한다. 이 센터들은 사모아, 쿡제도의 마오리, 니우에, 통가, 토클라우, 투발루, 피지의 국적을 가진 유아들을 대상으로 한다. 또한, 일주일에 한두 차례 모임을 갖는 비형식적인 가정놀이 집단에서부터 헌장을 갖고 설립인가를 받은 종일제 센터에 이르기까지 다양하다.

CHAPTER 07
유아 다문화교육과 교사

1. 다문화교육에서 교사

1) 교사의 다문화적 태도와 영향

교육에 있어서 교사 변인의 중요성을 강조하는 말로 '교육의 질은 교사의 질을 능가할 수 없다'라는 말을 자주 인용한다. 다시 말하면, 교사가 어떤 명제적 지식과 방법적 지식을 갖추고 있으며, 교수·학습이 시작되는 순간부터 종결되는 시점까지 교수·학습의 전개과정은 교사가 학습자에 대하여 어떠한 인식과 태도 및 역할을 가지느냐에 따라 교육의 방향과 실천 여부 및 교육의 성공과 실패에 영향을 준다는 뜻이다. 다문화교육에 있어서도 교사는 다문화교육을 위한 환경을 구성, 제공하고 그를 위한 구체적 활동들을 제공해야 하기 때문에 다문화교육에 대한 교사의 지식, 기술, 태도는 매우 중요하다고 할 수 있다(노석봉, 2010, 재인용).

교사의 모든 태도는 학습의 시작 순간부터 1차적인 중요성을 가지며, 교사는 모든 프로그램의 성공과 실패의 핵심적인 책임을 진다. 영·유아들은 끊임없이 교사의 행동을 눈으로 보고, 평가하고, 교사의 행동에 따라 각각의 반응을 나타내며, 다른 영·유아들에 대한 교사의 태도에 대해서 자신들이 인지하고 지각한 대로 행동한다. 현재 우리나라 영·유아교육 현장에서는 인종과 민족 등 다양한 문화적 배경의 영·유아들이 점차 증가하고 있지만, 교사들이 실제로 교실의 다문화 상황을 다루어야 할 때 필요한 태도나 기술은 아직 갖추지 못하고 있음이 지적되고 있다(한석실, 2007).

문화적 다양성에 대한 교사의 지식, 태도, 신념 등은 소수 민족 학생들의 학업성취와 높은 상관관계를 가지고 있다. 미국의 경우 일반적으로 교사들은 유색인종 학생들, 특히 흑인과 남미계 학생들에게 낮은 학업성취를 기대하고 문제행동을 일으킬 가능성이 클 것으로 예상하며, 교사들의 이러한 예상과 기대는 소수 집단 학생들의 자긍심과 학업성취에 부정적 영향을 미친다. 이에 반해, 교사의 긍정적인 기대감은 소수 민족 학생들의 학업성취 향상에 도움을 준다(Bennett, 2007).

교사들은 기대 수준이 높은 영·유아와는 상호작용을 빈번하게 하고, 긍정적인 피드백을 제공하며, 더 지적인 활동에 대한 참여를 독려하는 경향이 있다. 반면에 기대 수준이 낮은 영·유아와는 상호작용 및 피드백의 빈도가 낮을 뿐만 아니라, 발언권이나 수업활동에 대한 참여기회를 제한하는 경향이 있다는 것이다. 따라서 교사들에겐 소수 집단 영·유아에 대하여 바르게 인식하고 편견을 갖지 않는 태도가 필요하다.

2) 다문화교육의 교수전략

교사가 좋은 교수를 위해서는 교육에 대한 열망과 영·유아의 요구를 만족시킬 방법을 모색하고 관심을 가질 때 나타난다. 다문화교육의 교수에서 모든 영·유아들이 반응하기 위해 '발달'과 '다양성'의 2가지 관점이 병합되어야 한다. 좋은 교수를 실천하기 위해서 교사는 영·유아가 활동하고 표현하는 내용을 지속적으로 관찰·평가할 수 있어야 하며, 시설의 환경과 지역 사회에서 나타나고 있는 여러 가지 상황에 대해 인식할 수 있어야 하고, 영·유아로부터 수집된 정보를 변형시킬 수 있는 좋은 기술을 지니고 있어야 한다(Melandez & Beck, 2000).

교사가 영·유아들의 문화적 특징을 반영하여 활동 수준 향상에 도움이 되는 지도 전략을 선택하는 것이 매우 중요하다. 다문화교육을 실시하는 교사는 다양한 민족 집단의 영·유아들에게 문화적으로 적합한 교수방법(culturally relevant teaching)을 활용해야 한다. 그러한 교수방법은 다문화가정 영·유아들의 활동 참여도를 높이고 증진시킬 수 있다(Banks, 2004; 모경환 외, 2007, 재인용). 예컨대 필리핀, 한국, 베트남, 중국계 미국인 학생들은 유럽계 미국인 학생보다 시각학습 방법을 선호한다는 연구 결과가 나왔는데, 이런 학생에게는 그래프, 사진, 개념지도, 차트 등을 활용하면 효과적이다(Pang, 2005). 또한, 유아들의 언어 활용 방식으로 인한 어려움을 교사들이 학습장애로 쉽게 단정 지을 수 있는데, 다문화교육을 실시할 때 교사는 교실에서 자신의 의견을 학문적인 방식으로 표현하는 데 어려움을 겪거나 교사의 지시 및 전달에 대한 반응이 느린 유아들에 대하여 문화적인 관점에서 잘 살펴보아야 한다. 교사가 유아의 문화적 행동양식을 오해할 경우 유아의 지적 잠재력이나 인지 능력, 학업성취, 언어 능력을 과소평가할 수 있음을 주의하여 알맞은 교수전략을 선택하여야 한다.

3) 다문화적 교실 환경조성

교사는 가르치는 것뿐만 아니라 교수·학습에 적합한 교실 환경을 조성하는 중요한 역할을 수행한다. 다양한 특성을 가진 유아들이 독립적인 개인으로서 존중받는 가운데 동등한 학습기회를 제공받을 수 있기 위해서는 교실의 교육 환경과 문화 자체가 다문화적이어야 한다.

Banks(2008)는 다문화적인 교육기관(학교)이 갖추어야 할 특성을 다음과 같이 8가지로 정리하였다.

첫째, 교사와 교직원은 모든 아이에게 높은 기대 수준을 지니며 그들에게 긍정적인 태도를 지녀야 한다. 또한, 아이들을 긍정적이고 배려하는 방법으로 대해야 한다. 교사와 교직원은 종종 소수 언어권 아이, 저소득층 아이, 유색인종 아이들의 학업 능력에 대해 낮은 기대치를 갖고 있는 것으로 알려져 있다. 그러나 변화된 다문화 학교의 교사와 교직원은 모든 아이가 높은 학업성취를 이룰 수 있다고 기대하며, 모든 아이가 배울 수 있다는 믿음을 지닌다.

둘째, 공식적 교육과정은 다양한 문화·민족·양성 집단의 경험, 문화, 관점을 반영해야 한다. 대부분의 학교에서 채택하는 교육과정은 주로 주류집단의 관점에서 개념, 사건, 상황을 제시한다. 그러나 다문화교육은 아이들이 다양한 인종·민족·언어·사회계층 집단의 관점에서 사건, 개념, 쟁점, 문제를 바라볼 수 있도록 교육과정을 변화시킨다.

셋째, 교사가 사용하는 수업 양식은 아이들의 학습 특성, 문화적 특징, 동기에 부합해야 한다. 저소득층, 언어적 소수자, 다문화가정 아이는 학교에서 가장 빈번하게 사용하는 수업 방식과는 맞지 않는 학습 습관, 문화적 특성, 동기 등을 지니는 것으로 나타났다. 이들 중 대부분의 아이들은 교칙과 학업성취 결과가 명료하게 제시되고 기대치가 분명할 때 최고의 학습 효과를 보인다.

넷째, 교사 및 교직원은 아이들의 제1언어 및 방언을 존중해야 한다. 다문화가정 아이는 학교에서 가르치는 표준어와는 다른 모국어나 방언을 사용하는 상태로 학교에 온다. 비록 모든 아이가 일반 사회에서 성공적으로 활동하기 위해서는 표준어를 배워야 하지만, 학교는 이 아이들의 제1언어와 다양한 언어를 존중해 주어야 하다.

다섯째, 학교에서 사용하는 수업교재는 다양한 문화적, 민족적, 인종적 관점으로부터 온 사건과 상황, 개념을 반영해야 한다. 교과서와 그 외의 수업 교재에는 많은 편견이 발견된다. 이러한 교재는 종종 유색인종, 언어적 소수자, 여성, 저소득층 사람들의 경험을 주변부로 밀어내고 주류 사회의 구성원 문화에 치중하기도 한다. 그러나 다문화 학교에서는 수업 교재가 개선되어서 다양한 민족적, 문화적 관점에서 사건을 묘사하고 교사와 아이 역시 모든 수업 교재의 문화적 편견과 가정을 확인하고 그것에 이의를 제기하도록 배운다.

여섯째, 학교에서 사용하는 시험과 평가의 절차는 아이들의 문화적 다양성을 잘 반영하고, 따라서 영재반 학급에도 유색인종 아이들의 적정한 비율로 배정해야 한다. 개혁적인 다문화 학교에서는 다양한 문화·민족·언어 집단에서 온 아이들이 문화적으로 공정한 평가를 받을 수 있도록 하는 평가 기법이 사용된다.

일곱째, 학교 문화와 잠재적 교육과정은 문화적, 민족적 다양성을 반영해야 한다. 잠재적 교육과정이란 교사가 명시적으로 가르치지는 않으나 모든 아이가 학습하게 되는 교육과정으로 정의된다.

여덟째, 상담자들은 다양한 인종·민족·언어 집단에서 온 아이들에게 높은 기대 수준을 지니고, 아이들이 긍정적인 직업 목표를 정하고 달성할 수 있도록 도와야 한다. 문화적 다양성에 민감한 상담자는 아이들이 자신의 한계를 초월하고, 꿈을 갖고, 그 꿈을 실현할 수 있도록 돕는다.

교사들이 문화 다양성 및 소수 집단 유아에 대해 갖는 태도와 이러한 태도가 반영된 교실의 분위기는 소수 집단 아이들의 학업성취도, 자아존중감 형성, 다수 집단 유아가 소수 집단 유아를 인식하는 방식에 영향을 미칠 수 있다. 따라서 교사는 자신의 교실에서 문화적으로 다양성이 인정되고 존중되는 교육환경을 조성해야 한다.

2. 교사의 다문화 인식과 태도

성인들은 다른 인종이나 민족 구성원에 대해 그들의 피부색과 출신 국가의 경제력 등을 기준으로 이중 잣대를 행사한다고 알려져 있다. 즉, 백인이거나 선진국 출신에게는 우호적이면서 흑인이나 후진국 출신에게는 차별적인 행태를 보인다는 것이다(박윤경, 2006). 이에 비춰 볼 때, 교사들 역시 다양한 인종 및 민족 구성원을 차별적으로 인식할 가능성이 있다. 만일 그렇다면, 교사들의 차별적인 인식은 특정 집단 구성원을 동등한 사회 구성원으로 인정하고 공정하게 대하는 것을 방해할 수 있다.

교실에서 인종, 민족 등 다양한 문화 집단에 대한 교사의 차별적인 인식과 태도는 다문화가정 자녀뿐만 아니라 일반 아이들의 생각과 행동에도 큰 영향을 미칠 수 있다. 어린 아이들의 인종적 태도는 성인의 인종적 태도를 반영하며, 특히 아동의 삶에서 의미 있는 성인인 부모와 교사 등이 속한 문화, 그들의 견해 및 태도에 쉽게 영향을 받는 경향이 있다(박윤경, 2007). 교사들이 문화 다양성 및 자신과 다른 문화 집단을 이해하는 능력을 기르는 것이 매우 중요하다. 다문화교육에서 다양성의 가치에 대한 추상적인 시도보다 훨씬 중요한 것은 교사가 자신과 타인에 대한 감정, 지식 그리고 태도에 대해 스스로 점검하는 태도가 필요하다. 이는 영·유아들과 그들의 부모를 대할 때 교사의 행동 결정 요인이 되기 때문이다(Seefeldt, 2005).

다문화교육 활동을 위하여 교사는 다른 인종이나 민족, 국가에 대한 지식이 풍부해야 하고, 다문화교육에 대한 확고한 신념을 지니고 있어야 하며 교사 자신이 다문화적인 사람이 되어야 한다(Nieto, 1992). 교사가 다문화적인 사람이 되기 위해서는 첫째, 다원론적인 것에 대하여 학습하고 다양한 사람들과의 상호작용 속으로 그것을 어떻게 반영시킬 것인가에 대한 방법적인 부분에 관한 지식을 가져야 한다. 둘째, 스스로 편견을 갖고 있으며, 때로는 그것이 내부 깊숙이 자리 잡고 있다는 것을 인정함으로써 자신이 가진 편견에 대한 정직한 평가를 내릴 수 있어야 한다. 셋째, 한 가지 방법보다는 더 많은 방법을 이용해 진실에 접근해 갈 수 있도록 수많은 관점을 통해 진실을 바라볼 수 있는 능력을 학습해야 한다.

교사는 영·유아가 다문화적 관점에서 수용할 수 있도록 긍정적인 역할 모델이 되어야 하며, 영·유아가 다양성에 대해 학습할 수 있도록 개방적이어야 한다. 영·유아의 가정환경이나 출생 배경과 관계없이 모든 영·유아에게 긍정적인 태도를 지녀야 하며 교사교육에도 적극적으로 임해야 한다. 교사교육에 참여하여 지식을 전달받고 현장에서 적용하고 반성해 봄으로써 교사 자신이 갖고 있던 다문화교육에 대한 생각을 재정립할 수 있다. 교사 자신은 다른 나라와 다른 문화에 대해 영·유아에게 가르치기 전에 스스로 다음의 질문을 해 보아야 한다(Koeppel & Mulrooney, 1992; 정선희, 1997, 재인용).

- 나는 다른 나라에 관한 최근 정보와 책을 즐겨 읽는가?
- 나는 다른 나라의 사진이나 그림에 관심이 있는가?
- 나는 다른 나라의 고유한 풍습이나 전통을 어느 정도 알고 있는가?
- 나는 유아들이 세계시민으로 자라나야 한다고 생각하는가?
- 나는 계속적으로 유아들이 협동하고 의견을 나누도록 고무하는가?
- 나는 다양성과 차이를 이해할 수 있는 따듯하고 수용적인 분위기를 만들고 있는가?
- 나는 유아들이 다양한 문화나 차이에 대해 질문하고 사고하도록 격려하는가?

3. 다문화교육에서 교사 역할

영·유아는 교사로부터 서로의 다름을 이해하고 인정·수용하는 태도와 자세를 배우기도 하지만, 편견이나 고정관념 등 부정적 영향을 받을 수 있다. 교사는 준비되지 않은 자신의 행동이나 태도가 영·유아들의 사고방식 확립에 큰 영향을 미친다는 것을 자각하고 자신의 생각을 강요하지 않고 중립적인 자세에서 스스로에 대해 지속적으로 고민하고 생각하는 기회를 가져야 한다.

다문화교육에서 교사의 역할을 탐구자, 학습자로 언급한 Kendall(1996)은 사회의 중요성에 대한 활동을 교사가 전개할 때 새로운 관점을 제시하여 호기심이 영·유아에게서 일어나도록 하려는 교사의 역할을 다음의 5가지로 요약하였다.

첫째, 교사는 영·유아를 위한 모델로서 모든 사람을 존중하고 배려해야 함이 보여야 한다.

둘째, 교사는 영·유아가 자신의 가치를 발달시킬 수 있도록 경험을 제공해야 한다.

셋째, 영·유아가 탐색, 제안, 질문을 하고 의문점에 대해 해결점을 찾도록 노력하고, 적극적인 학습자가 될 수 있도록 교사는 격려해야 한다.

넷째, 교사는 영·유아의 학습에 적극적으로 참여해야 한다.

다섯째, 교사는 의식적·무의식적으로 영·유아에게 자신의 가치와 태도를 전달해야 한다.

1) 다문화교육을 위한 교사

다문화교육은 다양한 사회문화적 배경을 갖고 있는 아동에게 평등한 교육적 경험과 성취 기회를 제공하기 위해 교육과정뿐만 아니라 아동이 속한 시설의 환경을 지속적으로 개혁함으로써 아동으로 하여금 서로의 다양성을 인정하고 이해하도록 돕는 것이며 궁극적으로 다양한 사회문화적 배경을 갖고 있는 모든 아동이 스스로 긍정적인 자아정체감을 형성하도록 돕는 것이다.

'NAEYC'가 제시한 다문화교육을 위해 교사가 고려해야 할 사항들을 살펴보면, 교사는 모든 아동이 인지적, 언어적, 정서적으로 그들 가정의 언어와 문화에 연결되어 있다는 것을 인식해야 하며, 이와 더불어 아동이 다양한 방법을 통해 그들이 가지고 있는 지식과 재능을 보여줄 수 있음을 인정해야 한다고 말한다. 즉, 어떤 언어나 문화적 배경을 가지고 있더라도 아동은 자신의 능력을 표현하기 위한 그들 자신만의 방식이 있음을 인식하고 아동에게 그러한 잠재적 지식, 재능, 기술을 표출할 수 있는 기회를 제공해야 한다는 것이다. 또한, 교사는 아동의 부모나 가족들로 하여금 능동적으로 아동의 학습 프로그램이나 환경에 참여하도록 도와야 한다고 제안한다. 다양한 부모 참여의 기회를 통해 부모들과 협력적 관계를 형성하여 아동의 가정이 가지고 있는 문화적 가치나 규범을 이해하고 존중하는 것이 중요하다고 언급하였다. 마지막으로, 이러한 다양한 사회문화적 배경을 가진 아동을 이해하고 교육하기 위해 교사교육의 중요성을 강조한다. 즉, 교사는 교사교육을 통해 자신의 문화적 배경을 이해해야 하며 그러한 인식을 통해 교사의 문화적 배경이 어떻게 아동을 가르치고 상호작용하는 데 영향을 미치는지 알아야 하고, 다른 문화적 배경을 갖고 있는 아동과의 관계에서 발생할 수 있는 갈등을 극복할 수 있는 교육기회를 가져야 한다고 제안한다.

따라서 교사의 책임과 역할은 더 이상 전통적으로 요구되었던 아동의 발달과 학습에 대한 전문적 지식과 기술에 국한되지 않고, 아동이 가지고 있는 다양한 사회문화적 배경을 이해하고 그러한 다양한 배경을 고려하여 교육할 수 있는 지식과 역량을 갖추는 것이 필요하다.

2) 교사의 문화적 신념과 다문화교육

앞에서 언급했듯이 아동이 교실에 가지고 오는 사회문화적인 태도, 신념, 그리고 경험이 교사가 가지고 있는 그것들과 일치하지 않는 경우가 대부분이며, 이러한 교사와 아동 사이에 있는 사회문화적 배경의 차이는 아동에게 적합한 교육환경을 제공하는 데 걸림돌이 되곤 한다. 특히 미국의 경우, 아동의 사회문화적 배경은 점점 더 다양화되어 가는 반면에, 교사의 사회문화적 배경은 중류층 백인 여성이 대부분을 이루고 있는 실정이어서 이러한 차이는 교사교육의 중요한 이슈 중 하나로 계속적인 논의가 진행되고 있다. 우리나라의 경우도 이와 다를 바가 없다.

영·유아 다문화교육을 담당하는 대부분의 교사는 이전까지 자라오면서 다른 사회문화에 대해 매우 제한된 지식과 경험을 가졌고 이러한 제한된 지식과 경험 통해 형성된 태도나 신념은 교사와는 다른 사회문화적 환경에서 자라온 아동의 발달이나 학습에 대해 부정적이거나 왜곡된 시각을 갖게 할 수도 있다(Gilbert, 1995; Su, 1997; Valli, 1995). 교사가 가질 수 있는 위험한 시각 중 하나가 문화적 결핍 시각(cultural deficit perspective)이다(Pang, 2005). 이러한 시각이나 신념을 갖고 있는 교사의 경우, 아동이 갖고 있는 다른 사회문화적 배경을 자신의 배경보다 열등하게 생각한다. 예를 들면, 흑인 아동이 낮은 학습 성취도를 보일 경우, 그 원인이 아동의 가정이나 그 아동이 처한 문화에 있다고 판단한다. 또한, 어떤 교사들은 아동이 지니고 있는 다른 언어나 문화는 교육에 도움을 주지 못한다고 비난하기도 한다. 이러한 시각을 가진 교사는 마치 아동이 겪는 발달이나 학습의 문제가 교사 자신의 책임이기보다는 아동의 열악한 사회문화적 배경 때문이라고 왜곡된 판단과 비판을 하게 된다.

아동이 갖고 있는 문화의 다양성을 인정하지 않고 그들 문화가 갖고 있는 가치를 이해하지 못하는 교사의 왜곡된 시각은 결국 아동으로 하여금 학습에 대한 내적 동기를 잃게 하고 학업 수행 능력도 저하시키는 결과를 가져오게 된다(Dean, 1989). 교사의 제한된 경험에서 오는 왜곡된 시각과 신념을 변화시키기 위해서는 교사 자신이 갖고 있는 사회문화적 배경을 인식하는 것이 무엇보다 중요하다. 즉, 자신이 어떤 신념이나 가치관을 갖고 있는지, 어떠한 삶의 경험들이 자신에 대한 시각과 다른 사람에 대한 시각을 형성하는 데 영향을 미쳐 왔는지 돌아보아야 하며, 교사 자신이 다른 사회문화에 대해 어떤 편견이나 선입견을 갖고 있는지 인식해야 한다(Tamura, 1996).

3) 교사 다문화교육의 효과

미국의 경우 다문화교육을 위한 예비교사교육의 중요성을 인식하고 교사교육 프로그램을 통하여 예비교사가 다문화에 대해 가지고 있던 기존의 신념과 태도를 자각하여 유아의 다양한 문화를 올바르게 이해하도록 돕는 다양한 교육적 접근을 모색하였다. 그러나 예비교사의 신념이나 태도의 변화를 위한 교사 다문화교육 프로그램의 노력에도 불구하고 예비교사의 인식변화에 대한 교사교육 프로그램의 효과에 대하여 상반된 연구 결과를 제시한 바 있다.

예비교사교육 프로그램에서 다문화교육에 관한 수업을 제공하는 경우, 대체로 예비교사가 사회문화적인 문제에 대해 의식을 새롭게 하는 데 긍정적인 영향을 미친다고 하였으나, 이와 관련한 다른 연구에서는 이러한 수업은 예비교사로 하여금 오히려 사회문화적 다양성에 대하여 반감을 갖게 하는 경우도 있다고 보고하였다. 예를 들면, 예비교사와 문화적 배경이 다른 아동을 한 학기 동안 개인 지도하는 경험을 통해서 예비교사는 그동안 저소득층 부모에 대해 갖고 있었던 편견을 돌아보게 되었다(Lazar, 1998)고 분석하였지만, 실습을 포함한 다문화교육 수업은 예비교사들이 갖고 있었던 편협한 신념이나 태도를 더욱 강화하는 역할을 한다(Haberman & Post, 1992; Reed, 1993)고 분석하였다. 도심 빈민지역에서 실습을 경험한 대부분의 백인 예비교사들은 실습경험을 통해 자신이 기존에 가지고 있던 왜곡된 인식의 틀로 해석하고 실습에서 만난 아이들을 부정적으로 묘사했다(Haberman & Post, 1992).

교사교육 프로그램의 역할에 대한 기존 연구의 상반된 결과를 놓고 볼 때, 예비교사들이 자신과 다른 문화적 배경을 가진 아동이나 가족들에 대한 잘못된 인식이나 태도, 신념을 예비교사교육의 경험을 통해 바꾼다는 것은 쉽지 않은 일임을 알 수 있다. 예비교사가 갖는 다른 문화에 대한 제한적인 태도나 신념은 단시간에 생긴 것이 아니라 예비교사가 겪어 온 개인적 삶의 경험과 가족생활 안에서의 경험, 초·중·고등학교 생활에서의 경험이 서로 어우러져 오랫동안 형성된 매우 복잡하고 견고한 내적 체계라고 할 수 있다(Kagan, 1992; Richardson, 1996). 따라서 예비교사의 태도나 신념을 변화시키기 위한 교사교육 프로그램으로의 노력은 어느 정도 한계가 있음을 알 수 있다.

그럼에도 불구하고 예비교사는 학교수업에서 배우는 정규 지식을 통해 자신의 신념을 계속 발전시켜 나간다. 즉, 교사교육 프로그램을 통해 경험하는 새로운 지식이나 경험이 기존 신념을 송두리째 바꾸지는 못하더라도 자신이 가지고 있던 태도나 신념을 다시 점검하고 제한적이었던 신념체계를 확장하는 데 직·간접적인 영향을 미칠 수 있다(Richardson, 1996). 교육을 통해 예비교사가 배우는 교수전략, 언어 형태, 의사소통 방식 등의 지식과 기술은 서로 다른 사회문화적 배경에서 발생하는 예비교사와 아동 사이의 문화적 단절(cultural discontinuity)을 좁혀, 다양성을 더 깊이 인식하고 아동의 문화에 적합한 교수를 제공할 수 있는 다문화적 역량(cultural competencies)을 갖추게 되는 것이다(Ambe, 2006).

4. 교사의 다문화 교수 접근과 지식기반

교사는 다양한 문화와 관점을 고려한 교육과정과 교수자료를 개발하며, 다양한 문화를 고려한 교수자료를 사용함으로써 아동의 문화적 배경에 대한 존중감을 표현해야 한다. 또한, 교수전략이나 학업에 대한 평가 전략도 아동의 다양한 문화를 고려하여 계획하고 적용해 나가며, 무엇보다 아동과 아동의 가족에 대해 높은 기대감을 갖고 아동의 잠재력을 끌어내야 한다. 다양화되어 가는 교실이 요구하는 이러한 교사의 자질을 갖추기 위해서는 예비교사를 양성하는 교사교육 프로그램의 교육과정도 예비교사로 하여금 필요한 지식과 기술을 갖출 수 있도록 하여야 한다(Ambe, 2006).

다양한 사회문화적 배경을 갖고 있는 아동을 교육하기 위해 교사가 선택할 수 있는 다문화교육에 대한 교수 접근방법은 다음과 같이 5가지로 나뉜다(Sleeter & Grant, 2008).

- 문화적으로 다른 아동에 대한 교수 접근(teaching the exceptional and the culturally different)
- 인간관계 접근(human relations)
- 단일집단 연구 접근(single-group studies)
- 다문화적 교육 접근(multicultural education)
- 다문화사회정의교육 접근(education that is multicultural and social reconstructionist)

각각의 접근은 다문화교육을 위한 서로 다른 교육목적과 교육과정을 가지고 있어서 교사가 다문화교육을 수행하기 위해 고려해야 할 다양한 측면의 지식적 기반을 제시한다. 이를 통해 예비교사가 다문화교육을 위해 교사교육 프로그램을 통해 형성해야 할 지식과 기술을 살펴볼 수 있다. 5가지의 접근법은 기존의 주류 사회를 인정하는 '보수적 접근법(문화적으로 다른 아동에 대한 교수 접근, 인간관계 접근)'과 주류 사회의 근본적인 변화와 재구조화를 목표로 하는 '비판적 접근법(단일집단연구 접근, 다문화적 교육 접근, 다문화사회정의교육 접근)'으로 구분될 수 있다(구정화 외, 2009).

1) 문화적으로 다른 아동을 위한 교수 접근

다문화교육을 위한 '문화적으로 다른 아동을 위한 교수' 접근의 목적은 교육의 대상을 이주민이나 빈민층 또는 장애아동으로 하며, 그들이 주류 사회의 문화에서 기능하기 위해 요구되는 인지적 기술, 개념, 정보, 언어나 가치를 갖출 수 있도록 하는 데 있다. 이러한 접근은 근본적으로 한 사회의 시민이 알아야 할 기준이 되는 지식과 가치, 기술이 있음을 전제로 하여 아동이 갖고 있는 다양성을 개선되어야 할 결함으로 보기보다는 그들이 갖고 있는 다양성의 장점들을 바탕으로 주류 사회에서 요구하는 지식과 기술을 효과적으로 가르치는 데 있다.

이 접근에 따르면 다양한 문화적 배경을 가진 아동에게 사회가 요구하는 교육과정을 가르치기 위해서는 아동의 경험과 흥미를 교육과정과 연결할 수 있는 교사의 능력이 요구된다. 아동은 학습내용이 자신에게 유용하거나 흥미롭다고 여기지 않으면 학습에 열심히 참여하지 않는 경우가 종종 있으며, 어떤 새로운 개념을 배울 때 자신의 경험과 친숙한 예를 필요로 하곤 한다. Moll(1992)은 교사들로 하여금 아동의 지역사회와 가정이 갖고 있는 지식과 자원을 활용하여 아동의 부모와 함께 교육과정을 형성하도록 함으로써 학교에서 가르치는 지식과 기술이 아동의 삶과 분리되지 않도록 하였다. 따라서 교사는 아동의 삶에 적합한 교육과정을 개발하기 위해서 '가르치고자 하는 교육적 개념은 무엇인가?'와 '그 개념을 가르치기 위해 아동이 가지고 있는 경험이나 사례는 무엇인가?'의 2가지 질문을 염두에 두어야 한다. 교사는 이런 질문을 통해 학업적인 성취에 대한 기대를 잃지 않으면서 아동에게 친숙한 맥락에서 사회가 요구하는 지식과 기술을 가르쳐 아동의 지식 확장을 도울 수 있다.

2) 인간관계 접근

다문화교육을 위한 인간관계 접근은 개인이나 그룹 간의 긍정적인 관계와 감정을 증진시키고 서로에 대한 편견을 줄이는 데 목적을 두고 있다. 사람들이 서로 다른 문화적 배경에서 긍정적인 상호작용을 갖기 위해서는, 먼저 인간의 공통된 인간성을 이해해야 하며 동시에 개인이 갖고 있는 다양성에 대한 이해와 존중이 필요하다. 이 접근에서는 다양한 사회문화적 배경에서 발생되는 개인이나 집단 간의 편견 문제와 적대감의 문제를 어떻게 해결하고 긍정적인 관계를 형성할 수 있는지에 대하여 주목한다. 이 접근은 아동에게 다른 문화 배경을 갖고 있는 아동과 의사소통하고 서로의 문화를 받아들이면서 서로에 대한 편견을 버리고, 다른 아동에 대해서 뿐만 아니라 자신과 자신의 문화적 배경에 대해서도 긍정적인 감정을 갖게 할 수 있다.

인간관계 접근의 교수에서 교사는 인종, 민족, 성별, 계층에 따른 정확한 정보를 알고 있어야 한다. 교사가 잘못된 정보를 제공할 경우 아동은 다른 사회문화에 대한 편견을 가지게 되는 위험이 있기 때문이다. 또한, 교사는 교실에서 사용하는 교수자료에 대해서도 어떤 특정 문화의 사람에게 편견이나 오해를 불러일으킬 만한 것이 없도록 선택할 수 있는 문화적 민감성을 가지고 있어야 한다. 특별히 교사로서 '여행자적 교육과정(tourist curriculum)'에 대해 경계해야 한다. 왜냐하면, 단순히 어떤 문화의 명절이나 음식, 전통의상, 전래동화 등 외형적 문화유산에만 초점을 맞춘 다문화교육과정은 결국 다른 문화의 사람들이 겪는 삶의 문제나 경험에 관심을 두지 않게 할 수 있기 때문이다(Derman-Sparks, 1989).

3) 단일집단 연구 접근

단일집단 연구 접근의 근본적인 목적은 주류집단의 변화와 사회계층 간에 발생하는 불평등의 문제를 줄이고 약자집단의 사회적 신분을 끌어올려서 이들이 좀 더 많은 사회적 권력과 경제, 문화적 자원을 갖도록 하는 데 있다. 소수 집단의 아동이 자신의 역사나 문화에 대한 자신감을 회복하고 삶의 목적과 방향을 확립하여 자아정체감을 회복시키기 위한 접근법이다. 소외되어 온 인종과 소수 집단의 역사에 대한 정확한 연구가 필요하며, 그들의 경제, 정치, 문화적 요구의 충족이 필요하다.

미국의 경우 이 접근은 그동안 백인, 중산층, 남성 중심으로 편중되었던 교육과정을 탈피하고 균형을 맞추기 위한 노력으로 실시하였다. 단일집단 연구 접근의 교육과정은 대체로 어느 특정 집단에 대한 역사를 다룬다. 예를 들어 교사는 아시안계 미국인의 이민 역사나 흑인의 노예 역사를 다루는 교육과정을 계획할 수 있다. 또한, 한 집단의 영웅적 인물과 그들의 예술적 업적이나 학문적 업적에 대해 알아볼 수 있고, 그 집단이 가진 전통적인 삶의 방식이나 가치관을 살펴볼 수도 있다.

따라서 교사는 소수 약자 집단에 대한 역사나 문화적 유산, 업적 등에 대한 풍부한 지식과 교수자료를 갖추고 있어야 한다. 또한, 이러한 소수 약자 집단에 대한 다문화 교육을 사회교육뿐만 아니라 수학, 과학, 언어, 미술, 음악교육 등의 모든 교육과정 안에서 통합할 수 있어야 한다.

4) 다문화적 교육 접근

다문화적 교육 접근은 문화적 다양성의 장점과 가치, 인간적 권리, 사회정의와 기회의 균등, 권력의 평등한 분배를 중시하며 증진시키는 데 그 목적을 두고 있다. 이 접근에서 주로 사용되는 은유적 표현 중 하나가 '샐러드 그릇(salad bowl)' 개념이다. 즉, 각각의 문화가 갖고 있는 다양성을 유지하고 그 다양성을 존중하면서 자신이 갖고 있는 문화적 자아정체감을 잃지 않고 사회의 모든 분야에 능동적으로 참여할 수 있는 권리가 사회 구성원 누구에게나 있음을 의미한다. 균등한 교육의 기회 또한 이 접근을 설명하는 중요한 개념 중 하나이다. 다문화적 교육 접근에서 말하는 균등한 교육의 기회란 법적인 차원을 넘어서 학교를 비롯한 사회 기관 안에서 인종이나 성별, 계층, 장애의 유무에 상관없이 모든 사람의 사회문화적 배경을 고려하고 있는가를 의미한다.

교사는 아동의 다양한 사회문화적 배경을 고려하고 다양한 집단의 시각과 경험 그리고 그 집단이 사회에 공헌한 바를 이해하고 있어야 하며, 그러한 내용을 교육과정에 접목할 수 있어야 한다. 예를 들어, 수업에서 동시에 관해 가르칠 때 소수 약자 집단이 쓴 시를 선택함으로써 아동으로 하여금 각각의 집단이 갖고 있는 서로 다른 시적 관점이나 형태를 배울 수 있도록 도울 수 있다. 교사는 교육자료나 교실 전시자료를 선택할 때에도 다양한 사회문화적 배경을 고려하여 그러한 자료들이 특정 집단에 대해 편견이나 왜곡된 내용이나 이미지를 담고 있지 않은지를 분석할 수 있어야 한다. 또한, 교사는 어떤 역사적 사건을 다루더라도 그 사건을 하나의 시각에서만 이해하도록 하는 것이 아니라 그 사건을 바라보는 다양한 시각을 아동에게 제공할 수 있어야 한다.

5) 다문화사회정의교육 접근

이 접근법은 다문화교육에 대한 다른 접근보다 직접적으로 인종, 계층, 성별, 장애에 기초한 억압의 문제와 사회의 구조적 불평등 문제를 다룬다. 즉, 기존 사회는 평등하고 정의로운가에 관한 의문에서 출발하여 미래 사회를 재구성하여 다양한 집단의 이익을 위해 일할 수 있는 사회참여 기술을 가르치는 데 중점을 둔다. 교사는 교육을 통해 아동이 사회현상에 대해 의문을 갖고 불평등하고 비인간적인 사회 현실을 직시할 수 있도록 가르쳐야 하며, 더 나은 인간적인 사회를 위해 미래를 계획하고 실천할 수 있는 사회변혁의 주체로 성장할 수 있도록 도와야 한다(Freire, 1985).

교사는 사회적 이슈에 대해 토의하거나 다른 이들과 집단적으로 일할 기회를 제공하여 아동이 민주주의를 경험할 수 있는 교육기회를 개발할 수 있어야 한다. 또한, 아동에게 자신의 삶을 분석할 기회를 제공하여 그들로 하여금 사회 안에 있는 불공평의 문제를 자각하도록 하며, 그러한 문제에 대해 건설적인 해결방안을 찾을 수 있도록 도울 수 있어야 한다.

〈표 7-1〉 다문화교육의 5가지 접근법

접근법		주요 내용
보수적 접근	문화적으로 다른 아동을 위한 교수 접근	• 문화적 소수 집단의 학생들이 주류 사회의 제도 및 문화 내에서 기능하는 데 필요한 학문적 기술, 개념, 가치 등을 습득하도록 할 뿐 아니라 이들의 문화·인지 양식, 학습양식에 적합하도록 기존의 수업방식을 변화시키기도 함. • 이 접근법을 지지하는 교육자들은 결핍 지향적 입장과 차이 지향적 입장으로 나뉨.
	인간관계 접근	• 특정 문화에 대한 편견과 고정관념을 감소시키고, 관용과 일체감을 증진시키며, 교우관계 및 학생 개개인의 문화정체성을 발달시키고자 함. • 협동학습, 역할놀이 등이 수업에서 활용되며, 봉사활동 등과 같이 사회 내의 긍정적이고 조화로운 감정을 형성하는 데 기여하는 활동들도 포함됨.
비판적 접근	단일집단 연구 접근	• 소수 집단 학생에게 이들이 속한 집단의 문화적, 역사적 사실을 가르칠 뿐 아니라, 이들 집단의 사회적 지위를 개선하는 데 필요한 지식과 신념을 기르기 위한 강좌들을 제공함. • 소수 문화의 편입, 동화보다는 주류 사회의 변화를 강조함.
	다문화적 교육 접근	• 교육과정을 포함한 모든 학교 활동에 기회의 균등 및 다원주의의 관점을 반영하기 위한 정책적, 실제적 접근임. • 교육과정 및 교과서가 다양한 문화를 반영하도록 재조직하거나 학교 급식을 포함한 모든 학교 활동에 문화적 다양성이 포함되도록 하는 등 학교교육의 총체적인 변혁을 추구함.
	다문화사회 정의교육 접근	• 모든 학생을 대상으로 사회정의 실현을 위한 행동기술을 가르치는 교육. • 기존 사회가 평등하고 정의로운가에 관한 의문에서 출발하며, 학생들을 새로운 사회 건설의 주체로 인식하여 사회참여 기술을 가르치는 데 중점을 둠.

출처 : 최진영 외(2014). 다문화교육 접근법에 따른 다문화교육 정책 및 실행 분석.

5. 다문화교육과 교사의 인성

1) 교사의 다문화 인식과 다문화교육 태도

기존의 다문화교육은 주로 인종이나 문화체험을 다루는 것이었다. 우리 사회에서 다루어야 할 주제는 좀 더 넓은 의미의 것으로 인종, 문화뿐만 아니라 성, 종교, 가족 구성, 장애, 민족 등을 아우르는 것이어야 한다(Derman-Sparks, 1989). 따라서 다문화교육은 인종, 문화, 언어, 사회계층, 젠더 및 장애 등 한 사회의 다양한 영역과 연관된 문제들을 모두 포함하는 매우 포괄적인 교육이라 할 수 있다.

다문화 인식(multi-cultural awareness)이란 자신이 속한 문화뿐 아니라 타 문화에 대한 학습이 가치 있고 필요하다는 의식이고, 다름이 가치 있다는 신념을 의미하며 내가 지닌 편견을 인식하고 시정하려는 노력 및 차이로부터 야기되는 사회적 불평등에 대한 자각과 불평등 문제를 해결하고자 하는 의지 등을 의미한다(Pope & Reynolds, 1997; 권하정 · 이기용, 2015, 재인용).

유아교사에게 요구되는 다문화 인식은, 첫째 한 사회 속에서 존재하는 다양한 문화에 대해 이해하는 것이며, 둘째 다문화에 대해 서로 존중하고 수용하며 개방하는 것이다(권하정 · 이기용, 2015). 다문화를 어떻게 인식하느냐에 따라 개인 및 집단을 이해하는 능력에 대해 차이가 나타나고, 그 집단에 속한 사람들을 대하는 태도 역시 다르게 나타난다(원준희, 2014). 다문화 인식이 높다는 것은 다양한 문화를 존중하고 개방적이며 수용할 수 있는 능력이 높은 것으로, 문화적 배경과 다양성의 수용 능력이 높으면 타 문화에 대한 학습 의지가 높은 것을 의미한다(남경희, 2012). 다문화 인식이 높으면 나와 다른 다양한 문화를 존중 · 인정할 수 있다.

교사가 다양한 문화적 상황에 직면했을 때 나타나는 교사의 반응 양상이 교사의 다문화교육 태도이다. 다시 말하면, 교사가 교육현장에서 다양한 문화적 특성이 있는 유아들과 효과적으로 의사소통하고 적합한 교육 내용, 방법, 자료 등을 준비할 수 있으며 적절하게 대응할 수 있는 인지 · 행동 · 정서적 측면의 총체적 준비상태를 교사의 다문화 태도라고 정의할 수 있다(이규림, 2011).

다양한 문화적 배경을 가진 유아들이 있는 교실 환경에서 교사가 가져야 하는 태도

첫째, 다른 사람에게서 보이는 차이점 인정하기
둘째, 교사가 유아의 모델이 되어 주기
셋째, 정형화된 사고 피하기
넷째, 학급 내에서 다양성을 발견하고 인정하기
다섯째, 유아들에게 존재하는 차이 인정하기

출처 : Boutte & Mccormick(1992); 김한송(2015), 재인용.

다문화교육에 임하는 교사의 태도

첫째, 자아성찰과 자기인식
둘째, 존중과 수용적 태도
셋째, 자신감과 적극적인 태도
넷째, 서로 간의 긍정적인 관계형성의 유지

출처 : 최현정(2011).

다문화시대에 유아교사가 갖추어야 하는 태도

첫째, 유아의 개별적 특성에 대한 관심과 배려가 필요하다.
둘째, 모든 유아는 유능하다고 믿는다.
셋째, 유아를 위해 기꺼이 변하려는 마음가짐이 요구된다.
넷째, 매사 도덕적으로 행동하며 전문성을 갖춘다.
다섯째, 유아의 요구를 만족시킬 수 있는 방법에 대한 여러 가지 지식을 갖춘다.
여섯째, 유아에 대한 책임을 알고 봉사적이며 헌신적인 의지를 보인다.

출처 : Melandwz & Back(2009); 박미경(2012), 재인용.

2) 다문화교육 교사가 갖추어야 할 인성요소

유아교사는 자신의 문화와 타인의 문화를 존중하고, 타인의 문화를 배려하며 문화적 차이를 포용하고, 타인과 협력하여 다문화 갈등을 해결하기 위하여 노력할 수 있어야 하며, 이를 위해 다문화교육 교사가 갖추어야 할 핵심적인 인성요소는 '존중, 배려, 협력'으로 설정할 수 있다(이은영 · 우민정, 2013).

첫째, 존중은 다양한 문화를 지닌 개인과 집단이 공존하는 다문화사회를 살아가는데 기본적으로 요구되는 인성이다. 존중은 문화적 상대주의 태도 형성과 관련된 내용으로 교사는 우선 자신이 속한 집단의 문화를 존중하는 것에서부터 출발하여 자기 문화에 대한 자긍심을 갖고 문화 정체성을 가져야 한다. 문화가 개인과 집단에 미치는 영향력을 이해하고 다름에 대한 관점을 수직적 관점이 아닌 수평적 관점에서 이해하도록 지도할 수 있어야 한다. 존중의 실천 내용은 자신의 문화를 존중하고 자긍심 가지기, 타인의 문화를 이해하고 존중하기, 문화적 다양성 수용하기 등이 있다.

둘째, 배려는 다문화사회에서 공존적인 삶의 기초 인성으로 다른 사람의 관점에서 생각하고 이해하며 타인과 긍정적인 관계를 맺는 기초 요소이다. 그러므로 유아교사는 다른 사람과 다른 집단의 문화를 배려하며 문화적 차이를 긍정적으로 수용하는 태도를 가져야 한다. 그뿐만 아니라 그동안 다른 사람이나 집단에 대하여 지녀 온 자신의 문화적 편견과 고정관념을 올바로 인식하여 제거하는 노력을 해야 한다. 배려 인성 요소의 실천은 타인의 문화에 관심 가지기, 타인의 문화적 관점에서 생각하고 행동하기, 다양한 문화적 차이 포용하기를 통해 함양할 수 있다.

셋째, 협력은 집단 내 문화와 집단 간 문화의 공존과 조화를 이루기 위해 필요한 인성요소이다. 다양한 문화적 가치가 존재하고 수용되어야 하는 다문화사회에서는 사회적 갈등이 발생되기 마련이다. 교사는 이러한 사회적 갈등의 가능성을 수용할 수 있어야 한다. 즉, 갈등의 발생 자체에 대하여 초점을 두는 것이 아니라 갈등을 원만히 해결하여 하나의 공동체 안에서 공존적인 삶을 살기 위한 공동체 의식과 적극적으로 협력하는 인식을 갖고 실천하는 태도가 필요한 것이다. 협력의 태도는 문화적 차이로 인한 갈등의 존재를 인정하기, 다문화사회 시민으로서의 공동체 의식 가지기, 다문화 갈등을 해결하기 위해 노력하기를 통해 증진될 수 있을 것이다.

3) 교사가 생각하는 바람직한 유아 다문화교육 교사상

우리나라는 경제력의 확대와 더불어 결혼 이민자와 외국인 노동자의 급속한 증가가 다문화사회로 이행되었다. 한 민족의 순혈주의나 전통적 규범이라는 전통적인 패러다임은 다원성과 세계시민이라는 새로운 패러다임으로 대체되고 있다. 민족국가에서 다문화사회로의 이행은 사회의 복잡화를 수반한다. 복잡화라는 시대 변화에 따라 다문화사회에서의 바람직한 교사상도 달라질 수밖에 없다. 다문화사회에서의 바람직한 교사상은 문화적 요소에 대한 이해가 전제된 교사상이라 볼 수 있다. 이런 점을 고려하여 4가지로 간략화하여 본다.

첫째, 교사들은 한국어 학습을 지원하는 교사를 다문화사회의 바람직한 교사로 생각하고 있다. 예를 들어 국제결혼 가정 2세는 말을 배우는 가장 중요한 시기인 유아기에 한국말이 서투른 외국인 어머니 슬하에서 성장하기 때문에 언어발달이 늦어지고 의사소통의 어려움을 겪게 된다. 이러한 언어 능력 부족은 곧바로 학습 부진으로 이어진다(조영달, 2006). 따라서 교사는 다문화 자녀의 학습 부진의 문제를 극복하기 위해서도 다문화 자녀의 한국어 학습을 지원해 줄 수 있어야 한다.

둘째, 모든 아이에게 지속적인 관심과 애정을 가진 인간적인 교사가 필요하다. 아이들은 무엇보다 지속적인 관심과 애정을 필요로 한다. 이런 맥락에서 바람직한 교사상은 단순히 가르치는 일만 수행하는 기능인이 아니라 아동을 공감하고 이해하는 역량을 갖춘 예술인이어야 한다.

셋째, 아동 상호 간의 다문화 이해를 촉진하는 조력자이자 타협자로서의 교사가 필요하다. 문화적 차이에서 오는 마찰이나 이견으로 인한 갈등이 발생할 때 이를 타협하고 조정하는 중재자 역할을 수행하는 교사가 필요하다. 상황에 따라서는 갈등을 웃음으로 대처할 수 있는 교사도 필요하다.

넷째, 문화적 갈등 해소를 위해 다양한 문화 체험 프로그램을 운영하는 교사가 필요하다. 다문화에 대한 편견을 없애기 위해 세계 여러 나라의 전통놀이, 음식, 풍습, 예절, 의복, 언어 등을 접하게 해 줄 필요도 있다. 그러나 이벤트성 다문화 활동만이 아니라 더 나아가 다문화교육을 각 교과의 내용과 연계시켜 진행하는 것도 필요하다.

이현지와 김재춘(2012)은 조사 연구를 통해 예비유아교사들이 바라는 다문화사회에 필요한 바람직한 교사상을 다음과 같이 제시하였다.

〈표 7-2〉 다문화교육의 바람직한 교사상

교사상	세부 사례
세계시민으로서 다문화를 이해하고 다문화교육에 필요한 다양한 역량을 갖춘 교사	• 정보화 능력, 시대 흐름에 대처하는 교사 • 단일민족에서 개방적 사고의 교사 • 전통 · 규범문화를 벗어나는 교사 • 제2외국어를 할 수 있는 교사
편견과 차별이 없는 교육을 하는 교사	• 인종차별하지 않는 교사 • 편견 없는 교사 • 차별하지 않고 열린 마음으로 받아주는 교사
모든 아이에게 지속적인 관심과 애정을 가진 인간적 교사	• 지속적 관심을 가지는 교사 • 칭찬해 주는 교사 • 역차별이 생기지 않도록 힘쓰는 교사
문화적 갈등 해소를 위한 다양한 문화 체험 프로그램을 운영하는 교사	• 유치원에 다양한 문화 환경 개설에 힘쓰는 교사 • 교사의 다양한 문화 체험 프로그램을 수업하는 교사 • 다문화가정의 부모를 1일 교사로 초빙
다문화 학생에게 부족한 것을 파악 · 이해해서 발달에 맞게 눈높이 교육을 하는 교사	• 다문화 학생의 부족한 것을 파악하는 교사 • 발달에 맞춰 눈높이 수업을 하는 교사 • 학생의 발달단계를 고려하여 개념, 내용, 활동 등을 적절히 적용하는 교사
부모와 소통과 상담을 잘하는 교사	• 다문화가정이 부모상담을 하는 교사 • 다문화 부모와 일반 가정 부모와의 교육 및 양육 상담의 매개체 역할을 하는 교사 • 다문화 관련 소외와 집단 따돌림에 대한 예방책과 대안을 제시
한국어 학습을 지원하는 교사	• 도서관, 박물관 체험을 통한 한국어 교육을 하는 교사 • 방과 후 수업을 하는 교사 • 2가지 언어를 모두 사용할 수 있도록 지원하는 '다중언어정책' • 일반 학생과 다문화 학생의 1:1 멘토링 수업을 진행하는 교사
학생 상호 간의 다문화를 이해하고 조력하며 타협하는 교사	• 학생 상호 간의 문화를 이해하고 조력자 및 통솔자 역할을 하는 교사 • 학생 간의 문제에 타협자, 중재자 역할을 하는 교사
다문화 학생이 소중한 존재라는 정체성을 갖게 하고 정서적 안정감을 주는 교사	• 자아정체감을 심어 주는 교사 • 사회적, 심리적 갈등에서 안정감을 주는 교사 • 한국인이라는 자부심과 자신감을 주는 교사

출처 : 이현지 · 김재춘(2012). 예비유아교사들이 생각하는 다문화교육의 바람직한 교사.

CHAPTER 08
다문화가정 부모상담

1. 부모상담의 개념과 필요성

1) 상담의 개념

상담은 변화를 위해 시작된다. 가정에서 부모의 긍정적인 변화는 아동의 긍정적인 변화도 쉽게 이끌어 낼 수 있다. 다문화가정 부모상담은 같은 사회에서 일반 가정보다는 더 특수한 문제를 겪을 수밖에 없기에 상담활동이 수월하지 않을 수 있다. 상담(counseling)은 라틴어의 'consulere'를 어원으로 하여 '문의하다, 충고하다, 권고하다, 고려하다, 반성하다, 숙고하다, 자문하다, 조언을 구하다' 등의 의미가 있다. 그러므로 상담은 내담자의 개인, 교육, 직업과 관련된 문제를 개별적으로 돕고, 이와 관련된 모든 것들에 대해 자료를 조사하고 분석하여 해결책을 찾아가는 활동이다.

상담자는 내담자와 서로 마음 깊숙이 담긴 생각들을 털어놓을 수 있는 친밀하고 원만한 관계를 형성해야 한다. 상담의 과정은 내담자가 상담을 통해 자아에 대한 구조를 이완시켜 과거에는 받아들일 수 없었던 것들에 대하여 서서히 받아들이고 그것들을 새롭게 구성되는 자아 속에 통합해 가는 과정이다. 내담자는 상담을 통해 스스로 해결하기 어려운 자신의 문제에 대해 스스로 해결할 수 있는 개인적 면담, 전문가의 도움, 학교나 지역사회 인사들의 도움을 받을 수 있고, 합리적이고 현명한 선택을 할 수 있으며, 타인과의 관계, 주위 환경 등을 개선시키는 과정을 경험함으로써 내담자 자신에게 맞는 발달체계를 갖추도록 도움을 받을 수 있다.

그러므로 상담은 도움을 필요로 하는 사람에게 전문적인 지식과 자질을 갖춘 상담자가 내담자의 상황 또는 환경에 대한 이해를 통해 내담자의 비합리적인 사고를 합리적인 사고로 바꾸어 합리적인 의사결정을 내릴 수 있도록 돕는 활동이다.

2) 부모상담의 목표와 필요성

일반적으로 상담심리학에서 상담은 주로 내담자의 성장과 삶의 질 향상을 위해 상담자가 조력과 도움을 주는 활동이지만, 유아교육에서의 부모상담은 교사와 부모가 제3자이자 매개체인 아동의 발달과 삶의 질 향상이라는 공통의 목표를 위해 서로 의견과 정보를 나누고 상호 간에 기능적인 역할을 수행하는 활동이라는 차이가 있다. 자녀를 위해 부모가 상담의 주축이 되어 진행되기 때문에 부모상담의 목표는 자녀의 문제행동 감소 및 적응능력 향상에 있지만, 그 과정에서의 목표는 자녀의 변화를 위한 부모 스스로의 변화가 전제된다. 부모는 상담을 통해 자녀에 대한 이해뿐만 아니라 부모 자신에 대한 이해를 넓혀야 하며, 자신의 변화가 자녀를 변화시키는 큰 원동력임을 인지할 때 효과적인 결과를 거둘 수 있다.

부모상담은 부모는 상담자에게 자녀의 정보제공자이며 상담자의 보조치료자라는 측면과 부모에게 성찰의 기회를 줌으로써 자녀의 변화에 긍정적 영향을 줄 수 있다는 측면에서 부모상담은 필요한 활동이다. 부모상담의 필요성을 다음과 같이 정리할 수 있다.

첫째, 부모는 자녀의 정보를 상담자에게 제공하는 역할을 한다.

아동상담을 지원하는 데 가장 효과적인 방법은 상담자와 부모 사이의 정보 교환이다. 부모상담 과정에서 상담자와 내담자 간의 신뢰 있는 관계형성은 후속상담과 치료의 진행, 궁극적인 상담 목표 달성을 위해 필수적이며 부모와의 신뢰 있는 관계형성은 효율적인 부모상담과 아동상담을 할 수 있는 기반을 제공해 준다. 상담자에게 자녀에 관한 가장 정확하고 풍부한 정보를 제공할 수 있는 사람은 부모이다. 부모는 자녀에 대한 다양한 정보 제공을 통하여 자녀의 문제행동을 개선할 수 있는 방안을 상담자와 함께 계획할 수 있게 된다. 상담자는 부모의 이러한 노력에 뒷받침할 수 있게 부모와의 관계형성이라는 연결고리를 만들기 위해 노력해야 하며, 이를 통해 아동에 대한 유용한 정보와 단서를 확보해야 한다.

둘째, 부모는 보조치료자 역할을 할 수 있다.

아동과 상담실 내에서 믿음과 신뢰를 쌓는 것은 상담자의 역할이다. 하지만 아동과 상담실 밖에서도 상담실과 같은 믿음과 신뢰가 유지되기에는 어려움이 있다. 부모는 상담실 안에서의 활동이 상담실 밖으로 연장되게 하는 역할을 할 수 있다. 아동이 상담실 안과 밖이 연결되는 환경 속에서 상담을 받고 그것이 유지될 때 아동의 변화에 긍정적인 영향을 미치게 된다.

셋째, 부모 자신의 문제 해결을 위해서다.

부모는 자녀의 문제를 상담하기 이전에 자신의 문제가 무엇인지를 스스로 돌아볼 수 있어야 한다. 부모가 자신의 성장 배경은 어떠했으며, 현재 자신의 문제가 무엇인지 밝히고 알아내어야 자녀를 마음으로 이해하는 데 도움이 될 수 있다. 즉, 부모는 상담을 통해 자신이 겪는 심리적 어려움에 대해 상담자로부터 공감과 지지를 받고 심리적인 안정감과 편안함, 자신의 감정을 조절할 수 있는 힘과 새로운 통찰을 얻을 수 있게 되며, 자기 개념을 개선시킬 수 있다. 이를 통해 부모는 자녀를 대하는 태도가 변하게 되어 자녀의 문제 증상 완화에도 긍정적인 영향을 주며, 아동이 안정되고 편안하게 성장하는 데 도움을 줄 수 있게 된다. 따라서 자녀를 양육하는 데 있어 부모 스스로 새로운 것을 배우고 시도하며 변화해야 한다는 신념과 태도로 진행된 상담활동이 되어야 자녀의 긍정적인 성장을 지원할 수 있게 된다.

3) 부모상담 과정의 내용

부모는 부모상담을 통해 자녀가 가정, 학교, 사회에서 경험하는 문제를 해결하기 위해 적합한 지도방법, 양육방법, 소통방법 등에 대해 도움을 받을 수 있다. 부모 스스로에 대한 이해와 수용방법, 자녀에 대한 이해와 수용방법, 자녀와 원활한 의사소통을 유도하는 법, 자녀와의 관계 강화기법, 긍정적 대화기법 및 태도 발달, 양육 능력 강화법 등에 대해 도움받을 수 있다. 부모와의 상담과정 속에서 다루어져야 하는 내용은 다음의 3가지로 구분할 수 있다.

첫째, 상담의 필요성과 목표를 이해하고 부모는 상담자와 자녀의 정보를 공유한다.

부모가 알고 있는 자녀의 성장·발달에 관한 지식, 현재 가정 안에서의 갈등에 관한 정보를 상담을 통해 상담자와 공유하여, 아동의 생육사와 발달사, 가족력 등이 아동의 문제 해결에 대한 원인을 탐색할 수 있고 아동의 입장에 대하여 이해할 수 있게 된다.

둘째, 필요한 부모교육을 포함한다.

자녀의 문제행동에 대한 해결을 위한 따른 접근방법은 조금씩 차이가 있다. 그러므로 상담자는 아동이 가진 어려움에 따라 부모가 접근할 수 있는 방법을 체계적으로 계획하여 부모를 교육시켜야 한다.

셋째, 치료적 작업을 포함한다.

부모가 자녀에게 치료자로서 참여해야 할 필요성이 있을 때, 상담자는 부모에게 치료기법을 제시하여야 한다. 대표적으로 부모-자녀 놀이치료 기법의 활용을 제공할 수 있다. 아동의 1차 환경체계인 부모 개인의 문제 또는 부부관계의 어려움이 끊임없이 아동에게 문제의 원인을 제공하게 될 때는 문제를 유지시키는 그 원인을 제거하기 위하여 다른 차원에서 부모의 성인상담 또는 부부상담을 활용하여야 한다.

4) 부모상담의 유의점

상담의 가장 큰 특징은 내담자가 호소하는 문제를 상담자가 직접 해결해 주는 과정이 아니라 내담자로 하여금 자기 문제를 스스로 성찰하고 해결하도록 지원하고 돕는 과정인 것이다. 상담자가 문제에 직접 개입하여 조정·해결하는 것이 아니라 내담자로 하여금 자신의 문제를 스스로 해결하는 방법을 터득하도록 하는 과정이어야 한다. 만일 상담자가 문제에 직접 개입하여 해결하여 준다면 그 사람은 문제가 있을 때마다 상담자를 찾아와야 하고 상담자는 그때마다 해결해 주는 악순환을 거듭하게 된다. 상담자의 직접 개입은 내담자를 도와주는 것이 아니라 내담자가 의존적인 사람으로 전락하게 한다.

굶주린 사람이 밥을 요구하면 밥이 아닌 쌀과 찬을 구할 수 있는 방법을 스스로 찾게 하는 것이며, 다리를 다친 사람에게 전과 같이 다리를 사용할 수 있게 제공하는 것이 조력이 아니라, 다리는 전과 같지 않지만 현재의 상태나 상황을 인정하고 수용하여 스스로 생활에 적응할 수 있는 지혜와 용기를 갖게 하는 것이 상담의 역할이라는 점을 유의하여야 한다.

2. 부모상담의 유형

전통적인 상담방식은 상담자와 내담자가 직접 만나 개별적으로 이루어지는 것이 일반적이었으나, 각종 통신매체가 발달하고 그 이용방법이 대중화됨에 따라 상담방식도 다양화되어 한 명의 상담자가 동시에 여러 명의 내담자를 상대로 하는 집단상담, 전화 또는 인터넷을 활용한 상담 등으로 진행될 수 있다. 부모상담은 개별상담, 집단상담과 같은 형식적 상담과 전화 상담, 인터넷을 이용한 상담, 가정방문 상담과 같은 비형식적 상담으로 구분된다.

1) 개별상담

한 명의 상담자와 한 명의 내담자가 대면해서 진행하는 개인상담이다. 개인상담은 상담자가 내담자의 문제를 직접적이고 깊이 있게 이해하여 도울 수 있다는 장점이 있다. 또한, 각각의 내담자의 요구에 따라 치료 및 성장과 발달을 촉진할 수 있어서 부모와 가장 적극적인 의사소통이 가능한 상담 유형이다. 부모는 개별상담을 통해 자신의 자녀가 가정 밖에서 보이는 행동에 대해 객관적 자료와 구체적 정보를 얻을 수 있기에 다른 상담에 비해 부모의 참여도가 높으며, 교사 역시 필요하다고 생각되는 상담방법이다.

개별상담에서 비밀상담은 필수적으로 요구된다. 교사는 부모와 개별상담 기간 동안 주고받은 아동에 대한 정보와 상담 내용에 대해 비밀보장을 엄수하여야 부모와의 신뢰감을 형성할 수 있게 된다. 교사는 다양한 배경을 가진 아동과 부모와의 상담에서 자신의 기존 배경지식에 의존하여 상담하게 되므로, 전문성을 갖추지 못할 경우 올바른 해결방안의 제시나 효율적인 문제 해결 방법의 제시가 어려워 문제 해결을 위한 부모와의 협력적 관계형성에 장애가 발생할 수 있다. 그러므로 교사는 전문성을 갖출 수 있는 상담 연수, 상담 프로그램 운영에 적극적으로 참여하여야 한다.

2) 집단상담

2명 이상의 구성원으로 구성된 모임에서 여러 문제를 구성원들의 경험을 통해 해결하려는 상담의 한 형태이다. 집단은 개인을 도울 수 있는 훌륭한 자원이다. 특히 개인의 감정 세계를 탐색하고, 다른 사람들과의 관계를 새로운 각도에서 점검하고 교정할 수 있는 좋은 도구이자 현장이다. 개인은 집단에의 참여를 통해 자신의 감정적 장애를 제거하고, 자신과 자신의 느낌에 대해 보다 깊이 자각하게 되며, 다른 사람들 그리고 자신을 둘러싼 세계에 대해 보다 예민한 감각과 통찰력을 키울 수 있다. 이처럼 집단상담은 내담자로 하여금 자신의 문제를 다른 사람의 시각으로 볼 수 있게 함으로써 다른 사람의 문제와 공통점, 차이점을 이해하게 할 수 있으며 내담자 간에 지지체계를 형성하여 서로 도움을 주고받을 수 있는 기회를 제공한다.

유아교육기관에서는 정기적으로 실시하는 부모교육 시간이나 특별 프로그램 운영, 동일한 관심사와 어려움이 같은 부모들의 모임 등을 통해 대화방식 및 훈육방식 등을 배우고 유사한 특성과 문제를 가진 자녀를 둔 부모 모임을 통해 정서적 지지를 받을 수 있다. 그러나 집단에서 불안정감을 느끼거나 개인적 문제가 심각한 경우, 집단에 너무 큰 기대를 하거나 부적절한 지도를 받을 경우에는 적합한 유형은 아니다.

3) 전화 상담

상담자와 내담자가 매개체인 전화를 통해 개별적인 도움 관계를 형성함으로써 내담자의 문제를 해결하고 나아가 바람직한 방향으로 문제를 해결할 수 있도록 도와주는 상담이다. 내담자와의 직접 대면하지 않기에 방문상담이 어렵거나 만나서 직접 이야기하는 것을 쑥스러워하거나 부담스러워하는 내담자에게 적합한 상담방법으로, 시공간에 구애받지 않고 서로 편리한 시간과 날짜에 의사소통할 수 있다는 장점이 있다.

전화 상담은 정기적 상담 형태가 아니므로, 교사는 아동이 아프거나 결석 · 지각을 하는 경우나 부모의 행사 참석 여부 등을 전달할 때 활용할 수 있으며, 특정 시기가 아니더라도 아동의 습관이나 문제행동에 대해 편하게 대화하고자 할 때도 사용할 수 있다. 그러나 전화 상담이 교사의 근무시간 내에 진행되게 되면 다른 아동의 지도에 장애가 되므로 주로 근무시간 외에서 이루어지게 되어 교사의 개인적인 시간을 할애해야 한다는 단점이 있다.

4) 인터넷을 이용한 상담

정보화 사회가 되면서 상담이 오프라인(off-line)으로만 진행되던 상담이 PC나 모바일 등 인터넷을 매개로한 상담이 형성되었다. 인터넷을 이용한 상담은 지역이나 거리의 제한 없이 언제 어디서든 편리하게 궁금한 내용을 상담할 수 있는 시공간의 자유로운 편리성, 내담자가 도움이 필요할 때 기다림이 없이 바로 상담자에게 문의할 수 있고 실시간으로 원하는 내용에 대해 바로 답변을 받을 수 있는 신속성의 특징이 있다.

인터넷을 이용한 상담은 보통 해당 사이트의 1:1 게시판이나 Q&A, e-mail, 실시간 채팅 등을 통해 진행되며, 상담 내용을 다른 사람이 참고할 수 있도록 공개하거나 공개하지 않을 수 있다. 이처럼 시공간의 제약이 없고 자신의 이야기를 잘 털어놓지 못하는 사람이 쉽게 온라인(on-line)으로 상담할 수 있다는 장점이 있으나, 해킹이나 관리소홀 등으로 상담 내용, 연락처 등 개인정보가 유출될 수 있는 위험이 있음에 유의해야 한다.

5) 가정방문 상담

가정방문 상담은 상담센터나 기관을 직접 방문할 수 없는 내담자를 대상으로 진행하는 상담이다. 상담 대상자는 심각한 어려움을 겪고 있어 도움이 필요한 취약계층 가정은 물론 상담자가 직접 방문이 필요하다고 판단되는 일반 가정을 대상으로 실시한다. 가정방문 상담에서 상담자는 상담실과 같은 상담 환경을 갖출 수 없기에 주어진 상황에 맞는 상담자의 적절한 대처전략이 요구된다. 상담자는 방문 상담에 앞서 원활한 상담 진행을 위해 내담자 가족의 협조를 받아 내담자가 상담자를 불신하거나 대인기피증, 우울, 불안 등의 심리적 불안정을 보일 경우 등의 특수 상황에 미리 대비할 수 있어야 한다.

상담 일시는 상호 조정하여 결정하며, 방문 상담은 19시 이내 종료를 원칙으로 운영하는 것이 바람직하다. 상담 기간은 최초 상담일로부터 2개월 내로 운영한다. 상담은 전화 상담 2회, 방문 상담 6회(1회당 90분 내외)로 총 8회 진행하고 가정방문 상담 종료 후 향후 상담센터로 내담자의 자발적 방문을 유도하여 상담 사후 지원을 하는 것이 적절하다.

3. 부모상담의 효과와 한계

영·유아의 삶과 교육에 있어서 교사와 부모가 공동의 목표를 실천하는 활동이 부모상담이다.

교사와 부모는 서로 영·유아에 관한 정보를 교환함으로써 의미 있는 만남이 이루어지게 되면 영·유아는 튼튼한 기반 위에서 자라게 된다(류왕효, 2008). 부모는 교사와의 상담에 참여함으로써 영·유아의 발달 상황을 체크할 수 있어 일관성 있는 교육을 실시할 수 있다. 특히 여러 아이들 속에서 자녀의 개인적인 측면을 알게 된다는 것은 문제점이 있을 시 행동 수정의 기회가 될 수 있어 바람직한 교육을 실현할 수 있는 기반이 될 수 있고, 교육기관의 프로그램이나 교육목적에 대한 궁금증을 풀어 줄 기회를 갖게 되며, 부모가 교육기관의 활동에 적극적으로 참여하게 하는 점을 들 수 있다.

부모상담은 개별적인 접촉으로 이루어지기 때문에 교사는 각 부모의 요구에 민감하게 반응할 수 있으며, 상호 친밀감 및 신뢰성을 증진시킬 수 있다(우민정 외, 2008). 부모는 교사를 통해 자녀에 대한 객관적인 면을 알게 되고 교사에게 아이의 가정생활에 대한 모습을 알림으로써 가정과의 연계성 있는 교육의 실현을 이룰 기회가 된다.

부모상담은 이와 같은 효과에도 불구하고 많은 한계점도 갖고 있다. 실제로 부모상담은 연 1~2회 실시되는 경우가 많으며, 영·유아마다 비슷한 방법으로 전개되어 획일화되고 일회적이어서 부모의 다양한 요구를 충족시키기에는 아직 많이 부족한 상태다(황현주, 2003). 또한, 맞벌이하는 부모에게는 시간을 내기 어려운 부분도 있고, 교사 역시 전문적인 상담자가 아니므로 다양한 배경을 가진 부모들과의 상담에 어려움을 겪는 경우도 생기게 된다. 교사가 부모와의 상담을 진행한다고 할지라도 교사들이 영·유아의 보육과정에서 겪는 어려움을 부모에게 솔직하게 전달하는 것은 어려운 일이며, 때로는 부모에게 듣기 좋은 내용만 전하여 깊이 있는 상담이 이루어지지 않는 경우도 의외로 많다. 대부분의 부모상담은 단기간의 일회성 프로그램인 관계로 상담이 끝난 후 제대로 추후 관리가 이루이지지 않는다. 실제로 부모상담을 마친 부모 중 일부는 일정 기간이 경과한 후 자신의 문제가 근본적으로 해소되지 않았으며 여전히 예전과 같이 자녀에게 투사되고 있음을 호소하는 것으로 알려져 있다(정방자, 1995; 최경희, 2011; Corey, 1986).

4. 다문화 상담

1) 다문화 상담의 개념

다문화 상담(multicultural counseling)이란 상담자와 내담자가 문화적인 배경이나 가치관, 생활양식 등에 있어서 다른 상담관계를 말한다. 『상담학 사전』에서는 다문화 상담을 문화, 종교, 이념, 가치관, 윤리 등의 다양한 차이가 존재하는 상담자와 내담자가 서로 조력적인 관계를 형성하여 보다 효과적인 상담이 이루어지도록 하는 심리치료 접근방법(김춘경 외, 2016)으로 정의하고 있다. 다문화 상담은 다문화 배경 내담자를 조력하는 역할이자 과정(Sue & Sue, 2008)이며, 상담의 효과를 증진시키기 위해 상담자와 내담자가 문화적인 배경, 가치관, 생활양식에 대한 차이를 인식하고, 상담의 이론과 적용기법에 있어서 문화적 유연성에 따른 특성을 적용하는 상담이다(한재희, 2016).

문화를 협의의 개념인 국가나 민족, 종족의 테두리로 이해할 때의 '다문화 상담'이란 상담자와 내담자 간의 국가, 민족, 종족 배경이 다르다는 것을 전제한다.

2) 다문화 상담자와 문화적 역량

상담자와 내담자 모두는 자신의 내면에 일생 동안 배워 온 일정한 형태의 생각이나 감정, 행동이나 태도, 가치관 등을 내장하고 있다. 상담자와 내담자는 이러한 일정한 형태의 내면적 틀을 가지고 서로에 대해 이해하며 태도나 행동을 해석한다. 이러한 내면적 틀을 네덜란드의 문화인류학자인 호프스테드(Hofstede)는 정신의 소프트웨어 또는 정신 프로그램이라고 하였으며, 이는 곧 각 개인에게 있어서의 문화를 의미한다고 하였다(보건복지부, 2008, 재인용).

상담자가 문화적으로 다른 그룹에 대한 분명한 이해 없이 상담을 수행할 때, 상담은 문화가 다른 내담자나 문화적 차이로 갈등을 겪는 사람에게 자칫 부정적인 영향을 줄 수 있는 비윤리적 활동이 될 수도 있다. 따라서 다문화적 차원의 상담은 문화적 역동성을 이해하며 진행되어야 하고, 내담자에 대한 문화적 차원의 배경, 가치관, 가족제도 및 체계와 역사를 알지 못하면 상담의 효과가 없을 수 있다는 사실 등을 염두에 둘 필요가 있다(보건복지부, 2008, 재인용).

다문화 배경의 내담자들은 다른 문화권의 사람들과 원만히 상호작용하고 타 문화를 수용하고 이해하는 다문화 상담자의 문화적 역량을 기대하고 있다(양옥경 · 김연수 · 이방현, 2007). 문화적 역량이란 이주민과 접촉하는 종사자들이 갖추어야 할 역량으로, 다문화적 서비스 환경에서 서로 다른 문화, 언어, 계층, 인종, 민족, 종교에 대한 존중을 바탕으로 다양한 문화적 배경을 가진 내담자의 문화적 차이에 효과적으로 반응하는 능력이다(Sue, 2006). 문화적 역량은 문화적 인식, 지식, 기술의 3가지 구성으로 구분할 수 있다(Weaver, 2005). 문화적 인식이란 자신의 가치와 신념이 문화의 소산임을 인식하고, 그것이 다른 문화권에 속하는 개인과의 관계에 어떻게 영향을 미치는지에 대해서 민감하게 인식하는 것을 말한다. 문화적 지식은 내담자의 역사, 전통, 가치체계, 세계관 등을 심층적으로 이해하는 것이다. 상담자는 이러한 지식을 토대로 자신과 다른 문화적 배경을 가진 사람들을 내담자의 문화적 맥락에서 이해할 수 있다. 문화적 기술은 기존의 이론, 원칙이 다문화 집단에 적용될 때 갖는 장점과 한계를 이해하고, 효과적인 상담을 위해서 유연하고 적절한 개입방법을 선택할 수 있는 능력을 말한다(김연희, 2007).

Sue와 Sue(2008)는 이상적인 문화적 역량을 갖춘 상담자의 3가지 특징은 다음과 같다고 하였다. 첫째, 문화적 기술을 가진 상담자는 자신의 가치, 편견, 예상 개념, 개인적 한계, 인간행동에 대한 추정 등의 인식과정에 적극적으로 참여하는 사람이다. 둘째, 문화적 기술이 있는 상담자는 부정적인 판단 없이 문화적으로 다른 내담자에 대해 세계적 관점으로 이해하려고 적극적으로 노력하는 사람이다. 셋째, 문화적 기술을 가진 상담자는 자신과 다른 문화의 고객과 작업할 때 적절하고, 관련성 있고, 민감한 중재 전략과 기술을 적극적으로 개발하고 실행하는 사람이다.

이처럼 다문화 상담자들은 상담자로서의 전문성과 더불어 문화적 인식과 지식을 가지고 있어야 하며, 문화적 기술로 지역사회 기관을 잘 파악하고 유연하게 활용함으로써 다문화 배경의 내담자에게 통합적인 상담을 지원할 수 있다.

3) 다문화 상담의 방법

다문화 상담은 일반상담과 비교하여 완전히 새로운 영역의 기술을 요구하지는 않는다. 기존의 일반상담에서 쓰이는 경청, 재진술, 반복, 직면, 공감 등의 기술을 그대로 사용하는 동시에, 문화적 다름에서 오는 어려움을 기존의 기술을 기반으로 상황에 따라 변형시킬 수 있는 능력이 요구된다. 예를 들면, 문화적 차이로 감정표현을 절제하는 내담자의 경우 자신의 감정을 표현하는 것에 부담감을 느낄 수 있다. 따라서 상담자는 이러한 내담자에게는 감정표현의 중요성을 설명하며 내담자와 공감대를 이끌어 낼 수 있는 능력이 요구된다. 상담자는 감정표현이 익숙하지 않은 내담자의 마음을 이해할 수 있어야 하고, 정서적 개입으로 인해 효과가 미흡하면 다른 전략으로 상담할 수 있는 유연성이 필요하다.

상담자도 사람이기 때문에 본인만의 가치관과 생활양식을 가질 수밖에 없음을 인지해야 한다. 자신의 편견, 차별적인 관습, 선입관 등을 알아야 하며, 이를 통제하고 절제할 수 있도록 노력해야 한다. 더 나아가 내담자에게 일어날 수 있는 편견, 이색적인 반응, 선입관 등에 대해 당황하지 않는 침착성을 갖는 기술 등을 훈련해야 한다.

모든 문화는 근본적으로 동등하다는 것을 가정하지만, 사회의 불균형에서 오는 문제들, 이를테면 성차별주의, 엘리트의식, 인종주의 등으로 인해 부정부패한 사회가 존재할 수도 있음을 인정해야 한다. 상담자는 이러한 사회적 불균형이 내담자에게 미치는 심리적 영향에 대해 감수할 수 있는 예민함을 가져야 한다. 상처받은 내담자를 이해하고 공감해 주고 필요에 따라서 내담자의 권리를 대변하는 기술을 개발하고 훈련해야 한다.

다문화 상담 시 내담자는 여러 가지 형태의 언어적 또는 비언어적 반응을 보일 수 있다. 상담자는 내담자가 표현하고자 하는 의미를 정확하게 이해하고 받아 줄 수 있어야 한다. 내담자는 자신의 문제점이 무엇인지 파악할 수 없는 경우가 대부분이다. 특히, 다문화 배경을 가진 내담자는 본인의 문화적 배경에 대해 매우 익숙해져 있기 때문에 자신의 문화로부터 문제가 있을 수 있다는 것을 인지하기 어렵다. 이러한 경우, 상담자는 적극적이고 우호적인 자세로 내담자의 문제점이 타인을 향한 편견이나 인종주의에서 시작된 것은 아닌지 판단하도록 도와주어야 할 것이다.

다문화 상담은 다양한 문화권에서 생활했거나 전문적인 상담 지식을 갖추었다고 해서 아무나 할 수 있는 일은 아니다. 다문화 상담을 하기 위해서는 오랜 시간에 걸친 공부와 노력이 필요함을 알아야 한다. 다문화 상담은 기본적으로 문화적 차이를 인지하는 것으로부터 시작하기 때문에 최소한 다른 두 문화권에 대한 기본적인 지식을 이해해야 한다.

다문화가정 학부모상담을 위한 기본자세

- 다문화가정 학부모의 실태를 파악한다.
- 문화 차이로 인한 문제와 개인적인 문제를 구분한다.
- 다문화가정 상담자의 일반적인 자세를 갖추도록 한다.
- 다문화가정 상담 효과를 높이기 위해 노력한다.
- 다문화가정 학부모의 고충과 개인적 특징을 이해한다.

4) 다문화 상담 사례

(1) 재진술하기

재진술하기는 적극적 들어 주기의 유형이다. 재진술하기는 '재진술'이라는 어휘에서 나타나는 뜻 그대로 내담자의 발화 내용을 상담자가 판단하여 말하는 것이 아니라, 단지 내담자의 발화에서 요점을 간추려 재진술해 주는 방식을 의미한다. 즉, '○○라는 거구나, ○○라는 뜻이겠구나, ○○네, ○○○겠네'와 같은 표현방법으로 내담자의 발언에 대하여 개인적 의견이나 주장을 곁들이지 않고 재진술 형태의 공감방법이다. 내담자는 자신이 한 말에 대하여 객관적인 입장에서 다시 생각해 볼 기회를 가질 수 있고 자신의 이야기가 존중받고 있음을 느낄 수 있어 상담자에게 마음을 여는 공감대화의 시작이라고 할 수 있다.

재진술하기의 예(결혼이주 여성)

내담자 우리 아이가 학교를 가지 않아요. 이유가 뭔지 말 못 해요. 불안해서 담임 선생님한테 상담해요. 선생님 별로 도움 못 줘요.
사춘기 같아요. 겨우 학교를 가요. 나도 말 안 해 줘요.
초등학교 때는 안 그랬어요. 아이들 우리 집에 오면 요리 많이 해 주었어요.

상담자 아드님이 학교 가기를 힘들어하면서도 다니긴 하는데, 도와주고 싶어도 초등학교 때와 달리, 그 속을 알 수 없어서 답답하신가 봐요.

(2) 공감적 이해

공감(empathy)은 타인의 입장을 이해하여 동일한 기분을 경험하거나, 상대방에게 자신의 입장을 적절히 전달하여 이해할 수 있도록 하는 능력이다(국립특수교육원, 2009). 즉, 공감적 이해(empathic understanding)는 다른 사람이 겪는 경험을 자신이 겪게 되었을 때 생겨나는 것으로 상대방의 마음이나 감정을 느끼는 그대로 아는 것이다. 공감적 이해는 상담자가 내담자의 감정을 이해하고, 상담자 자신의 감정을 조절하여 내담자의 관점에서 정서를 공유하고 역할을 수행해 보려는 노력이다.

상담자의 공감적 이해 능력에는 2가지 기초적인 요소가 있는데, 첫 번째는 상담자가 내담자의 말 속에 있는 중요한 감정, 태도, 신념, 가치 기준을 포착하는 것이며, 두 번째는 상담자가 내담자의 외적인 측면뿐만 아니라 내적인 측면까지 이해하고 알게 되었다는 것을 내담자에게 알려 주는 것으로 전달과 소통, 즉 커뮤니케이션의 차원이다(Rogers, 1951). 공감적 이해는 상담자가 내담자의 현상학적인 경험을 똑같이 경험하며, 이러한 이해가 내담자에게 전달되는 것이다(배정규, 1995).

공감적 이해의 예(결혼이주 여성)

상담자	(최근 문제를 일으킨 수민이 어머니에게 전화를 건다.) 여보세요. 수민이네 집인가요? 안녕하세요. 저는 수민이 담임입니다.
어머니	예….
상담자	수민이 일로 인해 많이 속상하셨죠. 그 일과 관련해서 몇 가지 정리할 일이 있어서요.
어머니	(침묵) ….
상담자	좀 힘드시더라도 일간 원으로 나오실 수 있겠습니까?
어머니	… 못 가요.
상담자	어떤 사정이라도 있으신지요. 함께 만나서 정리하면 더 좋을 거 같은데요. 수민이가 좀 더 좋아지는 방향으로 의논도 하고 싶고요.

어머니 그냥 마음대로 하세요. 나는 상관없어요.
상담자 수민이 어머니, 속이 많이 상하신가 봐요. 어머님이 수민이 걱정을 많이 하시는 건 제가 아는데요, 꼭 나오셨으면 좋겠고…. 혹시 안 되시면 아버님이라도 나오시면 어떨까요?
어머니 (울먹거리며) 남편이 집에 안 들어와요. 나 혼자서 너무 힘들어요.
상담자 그러셨군요. 정말 힘드시겠어요. 하지만 지금까지 어머님이 잘 이겨내셨어요. 지금도 겉으로는 포기한 것처럼 말씀하시지만, 그 마음 변하지 않으신 거 잘 알아요.
어머니 제가 몇 시까지 가면 되나요?

(3) 무조건적 존중

무조건적 존중은 어떠한 가치나 조건을 결합시키지 않고 대상을 있는 그대로 수용하고 받아들이는 태도를 뜻한다. 이것은 그 대상에게 긍정적인 감정뿐 아니라 부정적인 감정을 가지고 있을 때에도 그 대상을 존중할 수 있다는 뜻이기도 하다. 상담 장면의 경우, 상담자가 내담자의 행동 모두를 인정하거나 좋아하지 않더라도 상담자는 내담자를 조건화하지 않은 채 그를 가치 있는 존재로 생각할 수 있는 것이다(Mearns & Thorne, 2007, 2012). 무조건적인 긍정적 존중을 경험한 내담자는, 자신의 조건 때문이 아니라 자기(self)인 것 자체로 존중받는 경험을 함으로써 스스로를 수용할 수 있는 시작점을 마련할 수 있다. 자기수용이 가능한 내담자는 자신이 가진 잠재력에 대해 비판 없이 탐색하고 인식하며 자신의 능력을 발휘해 나감으로써, '충분히 기능하는 사람'으로 성장할 수 있다.

상담자는 내담자가 어떤 모습이나 문제를 지니고, 어떤 잘못이나 과오를 범하였건 상관없이, 무조건적으로 내담자를 하나의 소중한 인격체로 수용하고 인정하며, 존중하는 마음과 자세, 태도로 내담자를 그 나름의 독특한 가치를 지닌 한 인간으로 존중하는 것이다. 즉, 상담자는 내담자의 감정, 사고, 행동을 평가하거나 판단하지 않은 상태에서 내담자의 감정, 사고, 행동을 있는 그대로 받아들이는 것이다.

무조건적 존중의 예(다문화가정 아동)

내담자 동생이 과자를 좋아합니다. 그런데 어머니는 돈을 모으시느라 장난감도 과자도 안 사 줍니다. 저 친구가 돈을 많이 가지고 다니는 것을 봤댔습니다. 그래서…, 이제 저는 어카면 좋습니까? 선생님, 잘못했습니다.

상담자 그렇구나! 좀 더 일찍 솔직하게 말해 주었으면 좋았을 텐데…. 많이 힘들다는 거 이제 이해하겠어. 훔치는 건 나쁜 일인 게 분명하고, 앞으로는 그러지 않기를 바라. 하지만, 선생님이 그 일로 너를 무시하거나 너에 대해 실망하지는 않을게. 넌 여전히 귀중한 존재야.

CHAPTER 09
다문화가정 부모교육

1. 다문화가정의 어려움

1) 다문화가정 부모의 어려움

다문화가정의 외국인 어머니는 '결혼'과 '이주'라는 생활상의 변화를 동시에 겪으며 개인적으로 큰 갈등과 혼란, 그로 인한 여러 가지 스트레스를 경험하고 있다. 이들이 우리 사회에서 공통적으로 겪고 있는 어려움과 적응상의 문제는 한국어 의사소통의 어려움, 사고방식과 문화 차이로 인한 남편 및 시부모와의 갈등, 자녀 양육의 어려움, 가정폭력, 경제적 빈곤 등으로 조사되었으며, 2021년 전국다문화가족 실태조사 연구 결과에서는 힘든 점 없음이 37.9%, 외로움 19.6% 순으로 조사되었다(여성가족부, 2021). 이 밖에도 부부갈등, 가정폭력과 성적학대, 국적 취득의 어려움과 체류상의 문제, 문화적 차이로 인한 정체성 갈등, 국제결혼에 대한 사회적 편견과 몰이해 그리고 우리 사회 적응하는 과정에서 경험하는 심리적 고통, 사회적 격리, 차별대우 등을 들 수 있다.

〈표 9-1〉 결혼이민자 · 귀화자의 한국 생활에서의 어려움 (단위 : 가구, %)

구분	2012년 실태조사 연구	2015년 실태조사 연구	2018년 실태조사 분석	2021년 실태조사 연구
전체 다문화가구(추정)	266,547	278,036	306,955	346,017
힘든 점 없음	15.8	25.7	29.9	37.9
외로움	14.1	18.5	24.1	19.6
가족 간의 갈등	3.0	8.0	8.0	-
자녀 양육 및 교육	7.0	22.2	19	-
은행, 법원 등 기관 이용	2.1	6.7	6.2	-
경제적 어려움	19.8	29.9	26.2	21
언어문제	21.1	27.1	22.3	22.9
생활방식, 관습 등 문화 차이	6.5	19.6	18.8	-
편견과 차별	7.0	15	9.2	2.1
친구 사귀기	-	-	7.1	-
음식	2.0	-	-	-
기후 차이	0.6	-	-	-
기타	0.8	1	1.1	1

출처 : 여성가족부(2021). 2021 전국다문화가족 실태조사.

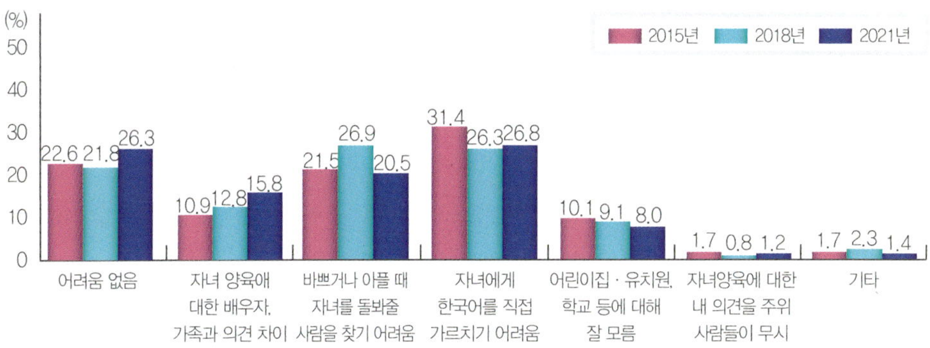

출처 : 여성가족부(2021). 2021 전국다문화가족 실태조사.

그림 9-1 결혼이민자 · 귀화자의 만 5세 이하 자녀의 부모로서 가장 어려움 점

(1) 의사소통의 어려움

의사소통은 가정에서 자녀에게 정서적 자신감이나 안정감을 주기도 하며 사회에서 서로 정보교환과 이해를 가능하게 하는 등 매우 중요한 역할을 하고 있다(강석광, 2007). 부모로서 아이를 늘 잘 양육하고자 하는 마음을 갖고 있는데, 언어적 사용의 갈등이라는 것은 양육스트레스를 유발하는 원인이라고 볼 수 있다. 한국어 소통 수준이 낮은 집단이 양육스트레스를 많이 받는다(홍은미, 2014). 서툰 한국어로 양육을 하거나 자신의 모국어 사용이 아동의 언어발달을 저해할까 두려워서 아동과의 대화 빈도가 줄어들며 육아의 한계는 물론 심각한 스트레스를 느끼게 된다(김성희, 2012).

한국어 의사소통의 어려움은 부부간, 가족 간에 갈등의 요인이 되고 법률상식에도 취약하게 되어 불이익을 받기도 한다. 다문화가정에서 태어난 아동들은 우리말 교육을 충분히 받을 수 없게 되어 사회관계가 축소될 수 있다. 한국어에 의한 소통은 사회적응의 1차적 요소이기 때문이다. 각 시·군·구에는 언어, 문화, 예절 등을 가르쳐 주는 무료·유료 기관이 있지만, 거주지와의 원거리에 위치한 교육기관이 대부분이다. 그뿐만 아니라 몇 년 동안 생활하면 자연스럽게 습득할 수 있으리라는 가족 등의 오해로 의사소통의 어려움 해소가 수월하지 않은 실정이다. 가족 구성원은 상호 간의 언어를 서로 습득하여 소통하는 노력이 필요하며, 생활에 필요한 내용들은 이중언어 사용도 고려할 수 있을 것이다.

(2) 자녀 양육의 어려움

다문화가정은 대체로 양육 환경이 취약하여 자녀 양육과 교육에 어려움을 겪고 있다. 영·유아기 자녀를 둔 다문화가정 어머니는 주위의 도움이 지원되지 않은 상황에서 자녀를 양육하고 있다. 이로 인해 정기적으로 접종해야 하는 예방접종을 제때에 하지 못해 자녀가 쉽게 전염병에 노출되기도 하고(김지현, 2009) 자녀에게 올바른 식사 제공이 이루어지지 않아 영양결핍 등 자녀의 건강과 발달에 심각한 문제를 야기할 수 있다. 다문화가정의 어머니는 결혼 전 양육경험이나 양육에 관한 교육을 받은 적이 거의 없고, 의사소통이 편안한 친족과 멀리 떨어져 있으며 연락이 어려워 도움을 받기 힘들기 때문에 그들은 어머니로서 필요한 기본 지식을 제대로 습득하지 못하고 있다(신경희, 2008).

만 6세 이하 미취학 자녀의 유치원, 보육시설 이용률은 일반 가정(56.8%)의 절반에 불과(27.3%)하다(보건복지부, 2005). 다문화가정의 미취학 자녀 양육의 주된 방식은 결혼이주 여성 본인과 배우자 또는 기타 가족이 양육하는 경우가 44.0%로 가장 높았으며, 유치원과 보육시설의 이용률은 17.2%로 낮았고 낮 시간대 돌보는 사람 없이 아이 혼자 지내는 비율도 7.2%라고 밝히고 있다(여성가족부, 2007). 이처럼 다문화가정의 어머니는 한국 사회에 적응하고 자녀를 양육하는 과정에서 여러 어려움에 동시에 직면하고 있다.

(3) 문화 적응의 어려움

기후, 음식, 관혼상제, 의사소통의 규칙 등 풍습과 문화적 차이로 인한 혼란과 어려움은 다문화가정의 생활 전반에 나타난다. 가부장적인 남성 위주의 한국 문화사회에 적응하는 과정에서 여성결혼이민자는 한국 여성보다 전통적인 성역할에 대한 일방적인 적응만을 요구받음에 따라 그들이 우울, 불안, 정체성 혼란 등 정신건강의 심리적 문제를 가질 가능성이 훨씬 크다(이지현 외, 2012; 유승희 · 김욱진, 2018). 심리적 요인에 미치는 영향뿐만 아니라 문화 적응 스트레스가 높을수록 심리적 안녕감이 낮고 한국 사회에 적응하지 못하며, 더 나아가 정서적, 사회적 지지에 대한 만족 등에도 부정적인 영향을 끼친다(지은진 외, 2012). 문화 적응 스트레스가 높을수록 사회 부적응 정도가 높으며(이미승 · 김갑숙, 2008), 모국 문화와 이주 문화 모두를 수용하는 통합 유형이 문화 적응 스트레스를 가장 적게 경험하는 반면 모국 문화는 수용하되 이주 문화 수용은 거부하는 분리 유형은 문화 적응 스트레스를 가장 많이 경험하는 것으로 나타났다(김희경, 2010).

2018년 전국다문화가족 실태조사 연구(여성가족부, 2019)에 의하면 부부간의 문화적 차이를 느낀 적이 있는지의 조사에서 44.7%가 부부간 문화적 차이를 느낀 적이 전혀 없다고 응답하였으며, 가끔 느꼈다 45.8%, 자주 느꼈다 7.8%, 매우 자주 느꼈다 1.7%

로 55.3%가 문화적 차이를 느낀 적이 있는 것으로 나타났다. 이는 2015년 조사결과(58.3%)보다 3%p 감소한 것이다. 한편, 이러한 경향은 결혼이민자·귀화자와의 응답 경향과도 비슷한 것으로 부부간 문화적 차이에 대해서는 결혼이민자·귀화자와 배우자가 느끼는 정도가 유사하다는 것을 알 수 있다.

성별로 보면, 여성(66.7%)이 남성(40.3%)보다 문화적 차이를 느낀 적이 없다고 응답한 비중이 더 높아 남성이 여성보다 부부간 문화적 차이를 더 많이 느끼는 것을 알 수 있다. 배우자의 출신과 성별로 살펴보면, 한국출신 배우자가 외국출신 배우자보다 부부간 문화적 차이를 느낀 적이 더 많은데, 특히 한국출신 남편(61.9%)이 한국출신 아내(54.9%)보다 부부간 문화적 차이를 느낀 적이 더 많고 외국출신 남편(9.6%)과 외국출신 아내(9.7%)는 10쌍 중 1쌍만이 부부간 문화적 차이를 느낀 적이 있다고 응답하였다.

정부 차원에서 평등한 가족관계 유지를 위한 가족상담, 부부교육, 부모교육, 가족생활교육이 지원되고 있음에도 불구하고 다문화가정 내에서 가족 구성원 간에 느끼는 문화적 차이는 누적되어 가족 내 갈등이 될 수 있으므로, 서로의 다른 문화에 대해 이해하고 존중하는 태도가 요구된다고 할 수 있다. 결혼이민자·귀화자 등이 경험한 문화적 차이 유형을 살펴보면 [그림 9-2]와 같다.

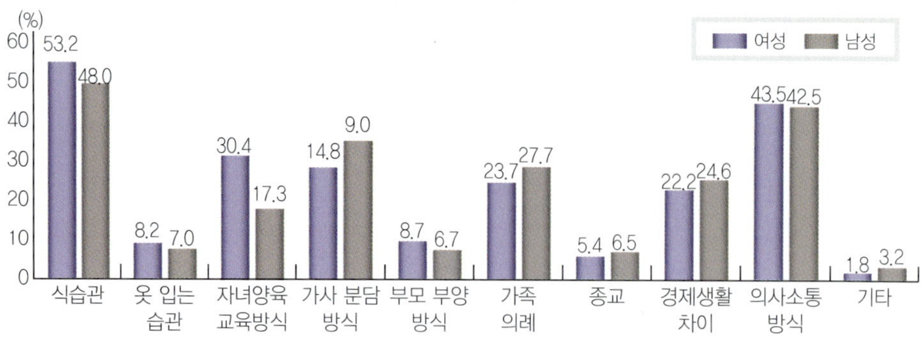

출처 : 여성가족부(2021). 2021 전국다문화가족 실태조사.

그림 9-2 결혼이민자·귀화자 등이 경험한 문화적 차이 유형(복수 응답)

2) 다문화가정 자녀의 어려움

다문화가정의 자녀들은 부모의 언어, 문화, 교육방식, 문화 차이 등으로 인해 가정과 또래집단, 학교 등에서 여러 어려움을 경험하고 있다. 교육과학기술부(2006)에서 실시한 연구에 따르면 다문화가정 자녀들이 가지는 공통적인 문제점은 학습 부진과 편견과 차별로 인한 학교 부적응으로 파악할 수 있다. 다문화가정의 자녀들이 겪고 있는 어려움 중에서 두드러진 사항을 살펴본다.

(1) 언어 소통에서 오는 어려움

다문화가정 자녀의 경우 어머니의 모국어 사용이 금기시되는 분위기에서 자라는 경우가 많아 한국어와 어머니의 모국어 모두가 미숙한 경우가 많다(교육과학기술부, 2008). 다문화가정 유아는 한국어가 미숙한 어머니와 함께 생활함에 따라 언어발달이 지체되어 또래와의 의사소통에 제한을 가지고 있으며, 학습 이해도가 낮은 것으로 나타났다(김안나, 2008; 송요현, 2009). 이러한 학습 부진은 인해 학교수업에 지나치게 소극적이 되거나 과잉행동과 같은 정서장애를 겪게 될 수도 있다(왕한석 외, 2006). 유아에게 있어서 언어는 지적 · 사회적 · 정서적 발달과도 깊은 관련을 맺게 된다. 그런데 다문화가정의 자녀는 서로 다른 문화권의 영향을 받는 특성으로 인해 부모 간 언어가 다르고, 특히 어머니의 한국어 습득이 되어 있지 않을 경우 유아가 한국어 습득에 어려움을 겪게 되고 상호작용에도 제한을 주어 언어습득이 지체될 가능성이 크다. 아울러 이중문화가 혼재된 상태에서 자녀교육이 이루어지면 다문화가정의 자녀는 정서 불안정이나 문화적 가치관의 혼란을 겪을 가능성도 있다(오성배, 2007).

(2) 또래집단에서의 어려움

또래집단은 유아들에게 매우 중요한 사회화 매개가 된다. 유아는 또래와의 상호작용을 통하여 타인의 문제에 관심을 가지고 타인을 이해하게 되면, 신체적 · 인지적 · 사회적 기술을 발달시킬 수 있는 중요한 맥락을 경험하게 된다(마송희, 1992). 또래와의 충분한 상호작용 경험을 갖지 않은 유아는 사회적 능력이 부족하여 환경에 잘 적응하지 못한다(원명선, 2006). 긍정적 또래관계형성은 시설 적응에 도움을 줄 뿐 아니라 초등학교, 중 · 고등학교에서의 높은 학업성취와도 관련이 있다(Ladd, Kochenderfer, & Coleman, 1996). 또래와의 긍정적인 상호작용은 학습활동에 있어서 적극적이고 참여적이며 높은 수준의 학습 의욕과 관련이 있다고 할 수 있으며, 부정적인 또래관계의 형성은 학업성취 등에 부정적인 영향을 준다(Ladd & Burgess, 2001). 대체로 다문화가정의 자녀들은 자연스럽게 대화하는 것을 두려워하고, 외모 때문에 놀림 받을까 봐 걱정하며, 어머니가 한국 사람이 아니라는 것만으로도 위축감을 가져 또래에게 소극적인 상호작용을 하게 된다(서현 · 이승은, 2007).

(3) 학교생활에서의 어려움

보건복지부(2005)에 의하면 학교에서 다문화가정 자녀는 또래집단으로부터 집단 따돌림을 당할 가능성이 일반 가정 자녀보다 더 크다고 한다. 다문화가정의 자녀 10명 중 2명 정도가 집단 따돌림을 경험한 것으로 조사되기도 하였다(조영달, 2006). 정서적으로 민감한 학생이 편견과 차별을 견디지 못하고 상급학교로 진학하면서 학교를 중퇴하거나 포기하는 사례가 늘어나 사회문제가 될 우려가 크다(김현희, 2007). 다문화가정의 자녀에게 강화된 사회적 지지를 제공하고, 그들의 가정은 일반 가정과는 다른 환경을 지니고 있으므로 다문화가정을 돕는 긍정적 개입이 필요하다(안은미, 2007).

2. 다문화가정 부모교육

1) 다문화가정 부모교육의 필요성

부모는 아동이 세상에 태어나 최초로 맺는 인간관계이며, 부모가 제공하는 환경은 아동 발달 전반에 영향을 미친다. 부모를 중심으로 형성되는 아동기의 경험은 인간의 기본적인 인격 형성에 많은 영향을 미치며, 이후의 성장 · 발달에도 중요하다는 연구 결과들은 부모역할의 중요성을 강조하고 있다. 부모의 역할은 자녀의 발달뿐만 아니라 부모 자신의 발달에도 중요하다(김지현 외, 2015). 부모는 자녀의 강력한 모델로서 자녀의 성격형성과 대인관계의 질을 결정할 뿐만 아니라 사회에 요구되는 행동규범, 가치, 도덕성을 획득하는 사회화 과정에 영향을 미친다(박주희 · 정진경, 2007). 부모의 역할이란 자녀 양육과 관련되어 있는 부모로서 기대되는 태도이다. 이 태도는 부모로서 갖게 되는 지식, 행동, 기술 등으로 인해 표출되며, 이러한 부모역할을 부모와 자녀 간의 관계 안에서 부모역할이 형성되어 간다.

다문화가정의 외국인 어머니의 경우 문화적 차이로 자녀에 대한 적절한 양육 및 교육법을 모르거나 가족과의 양육방식의 차이, 지지체계의 부족으로 자녀 양육을 도와 줄 사람이 부족하며, 학습지도와 관련한 어려움과 경제적 어려움으로 인한 사교육비와 양육비의 부담 등으로 양육에 대한 스트레스와 부담감을 느끼고 있다(송미경 외, 2007). 다문화가정 결혼이민자 어머니들은 한국 사회에서 성장하지 않았고 한국 교육에 대한 경험도 부족하기 때문에, 우리 사회와 학교에서 요구하거나 필요로 하는 부모역할을 이해하고 적절히 그 역할을 수행하는 것에 어려움이 따를 것임을 예측할 수 있다(서덕희 · 오성배, 2012; 박찬옥 · 이은경, 2011).

다문화가정의 외국인 어머니의 경우 첫 자녀 출산 시기가 일반 가정 어머니보다 나이가 어리며, 이로 인하여 양육스트레스가 높다(김미숙, 2009; 김춘화, 2009; 민은홍, 2008; 전상미, 2006; 한경선, 2008). 또한, 한국 생활 기간이 짧을수록, 자녀 연령이 만 3세인 경우가 만 4세 이상인 경우보다 양육스트레스 강도가 높다. 어머니의 양육스트레스는 자녀의 행동문제와 발달에 직접적인 영향을 미치며 자녀에 대해 강압적이고 거부적인 양육행동으로 나타나고 있다(신숙재, 1997; 안지영, 2001).

부모가 자녀 양육에 대한 지식이 많을수록 양육 효능감을 증진시키고 양육스트레스는 감소된다. 다문화가정에서 외국인 어머니가 부모역할을 더 효율적으로 할 수 있도록 자녀 양육에 대한 교육적 개입이 필요하다. 영 · 유아교육기관은 다문화가정이 경험하는 공통적인 어려움을 다문화가정 부모의 입장, 자녀의 입장에서 파악하여 부모교육을 통해 긍정적인 해결 방안을 지원할 수 있다.

교사는 다문화가정 부모 면담과 상담을 통해 자녀의 발달 수준에 대한 정보를 충분히 제공하고 자녀와의 의사소통방법과 구체적인 부모역할을 제시하는 등 자녀의 올바른 양육을 지원할 수 있다. 또한, 모든 학부모들과 함께 어울리는 부모 모임이나 부모교육 프로그램을 제공하여 정서적 유대감의 증가를 지원하고 자녀를 양육하는 공동체로서 서로의 문화를 수용하고 인정하는 자세를 갖출 수 있도록 지원할 수 있다.

2) 다문화가정 부모교육 목표

자녀 양육에서 다문화가정 부모는 일반 가정의 부모보다 일반적인 양육행동 외에 다문화가정의 특수성을 고려해서 자녀 양육에 반영해야 하는 어려움을 가질 수 있다. 다문화가정의 부모는 대체로 자녀의 성장과정에서 우리 사회에서 적응하지 못하거나 차별을 받을 수 있다는 불안감이 있다. 그러나 다문화가정의 자녀들은 아버지와 어머니 나라 문화 모두를 긍정적으로 경험함으로써 문화 수용성을 키우고 융통성과 편견 없는 사고를 할 수 있다는 장점을 가진다. 교사는 다문화가정의 자녀들에게 문화적 차이는 '다름'일 뿐 '틀림'이 아니라는 생각을 갖게 하여야 한다.

다문화가정의 부모교육 목표는 다음과 같다. 먼저, 부모가 자녀의 올바른 정체성 형성을 지원할 수 있도록 한다. 다문화가정의 자녀는 일상생활에서 이중문화를 동시에 경험하며 생활하기에 자녀 스스로 개별적·사회적 정체성을 어떻게 형성해 나가야 할지 혼란스러워할 수 있기 때문이다. 다음으로, 자녀가 이중문화인으로서의 정체성 간의 균형을 잡을 수 있도록 부모를 지도하고 지원한다. 세 번째로, 부모 스스로 문화적 균형감을 갖고 실제 생활에서 실천하며 그들의 자녀에게 보여 줌으로써 지도한다. 마지막으로, 다문화가정의 자녀는 지역사회로부터 배타적인 태도나 편견을 경험할 수 있으므로 주변 사람들과 협력관계를 형성하고 상호 존중과 배려의 태도, 방법을 교육한다.

3) 다문화가정 부모교육의 내용

부모교육의 교육내용은 부모교육 목표를 구현할 수 있어야 하고, 기존 지식과 새로운 지식을 모두 포함해야 하며, 부모의 지적 능력을 키워 주는 동시에 부모의 태도와 인식도 변화시킬 수 있어야 하며, 가능하면 다양한 주제를 포괄적으로 포함해야 한다(고정곤 외, 2008). 다문화가정 부모교육은 일반 부모교육의 개념에서 크게 벗어나지 않는다. 다만, 다문화가정의 특수성을 반영하여 다문화가정 자녀의 성장과 발달에 대한 부모의 이해와 지식을 증진시킴으로써 부모로서의 역량을 키우고 이를 토대로 부모 스스로 효과적인 자녀 양육방법과 기술을 개발하여 자녀에게 실천하고 적응하도록 지원해 주는 내용이어야 한다. 구체적인 내용은 다문화가정 부모의 요구와 시기 등을 고려하여 반영하는 것이 중요하다.

다문화가정의 부모교육의 내용

- 부모역할
- 효과적인 자녀 지도방법
- 가족관계와 가족발달의 역동성
- 욕구를 지닌 가족에 대한 지식과 지원
- 부모-자녀 관계
- 전 생애에 걸친 인간발달의 과정과 발달과업
- 다양한 사회문화적 배경과 특성
- 평생학습

출처 : Jacobson & Hirschy(2000); 정현숙(2007), 재인용.

이 밖에도 다문화가정 부모교육 프로그램의 내용은 어린이집과 유치원에서는 자녀의 성장·발달 단계에 맞추어 연령별 자녀 양육 관련 정보를 체계적으로 제공(고은미 외, 2008)하며, 부모-자녀 관계에 대한 내용, 의사 전달방법 등 자녀와의 의사소통에 중점을 둔 프로그램이 필요하다(송미경 외, 2008). 초등학교 입학 이전에 준비하고 습득해야 할 기본적인 학습 능력, 교육제도와 정보의 제공이 필요하며(정혜영, 2010; 이순형 외, 2009), 학교 공부 준비물, 숙제 지도방법(전경숙, 2010)과 경제적인 어려움으로 학습지도 지원 요구방법(권미경, 2007), 교육제도, 학습지도, 학교생활에 관한 내용(송미경 외, 2008) 등을 다문화가정 부모교육 프로그램의 내용으로 선정할 수 있다.

4) 다문화가정 부모교육 주제와 내용

❶ 자녀에 대한 긍정적 태도 형성

자녀를 보는 시각과 자녀의 행동 원인에 대한 믿음은 부모가 자녀를 대하는 방식과 자녀의 행동에 대한 부모의 반응방식에 영향을 미친다. 따라서 다문화가정 내에서 부모가 자녀에 대한 긍정적인 태도와 가치를 갖게 하고 자녀의 행동에 대한 올바른 판단을 하도록 한다.

❷ 부모역할 수행에 필요한 여러 가지 지식 제공

부모의 역할 수행에 필요한 '부모-자녀 관계에 대한 지식, 발달 상황이나 기질, 아동발달, 자녀의 특성에 따른 적절한 양육방식, 부모의 양육행동' 등에 대한 지식을 제공한다. 더불어 다문화가정 내에서 성격·심리적 특성, 스트레스 등의 '부모 요인'과 성, 기질, 출생 순위, 연령 등의 '자녀 요인', 배우자와의 관계, 직업적 상황, 심리적 지지체계 등의 '상황 요인'들을 함께 고려한 지식 제공도 필요하다.

❸ 자녀와의 상호작용 기술과 양육기술 훈련

일반 가정과 마찬가지로 부모와 자녀 관계는 다양한 감정이 강하게 경험될 수 있는 관계이고 그러한 감정이 경험되지만, 적절하게 표현되기는 어려운 관계이다. 그러므로 어린이집이나 유치원의 다문화가정 부모교육을 통해 부모와 자녀가 서로에 대한 감정을 적절히 표현할 수 있는 의사소통기법이나 감정표현 기술을 터득할 수 있다.

❹ 부모의 자기 통찰 및 이해

부모가 스스로 자신을 이해 및 통찰을 하고 있느냐는 자녀의 양육 태도와 자녀 발달에 미치는 영향이 크다. 그러므로 부모가 자신의 모습을 객관적인 시각으로 바라보고 이해할 수 있도록 훈련하여야 한다. 부모교육을 통해 다문화가정에서 부모 자신의 문제가 자녀와의 관계나 부모역할을 수행하는 데 미치는 영향을 인지하고 있는지, 부모 스스로 다문화의 특수성에 대한 이해와 이를 어떻게 받아들이고 있는지를 정확히 인식할 수 있게 하는 것이 필요하다.

5) 다문화가정(외국인 포함) 부모의 의사소통기법

다문화가정 부모들이 경험하는 자녀와의 의사소통 어려움에 대한 보고들을 근거로 다음과 같이 의사소통기법을 정리해 제시한다. 교사는 다문화가정의 부모님들이 자녀와 의사소통의 어려움을 가진다고 판단되는 경우 이를 활용해 지도할 수 있다.

❶ 잘 들어 주기

잘 들어 주기는 내용보다 태도에 대한 부분이다. 다문화가정의 부모님들이 자녀의 말을 온전히 다 이해하지 못한다고 하더라도 자녀의 말을 잘 들어 주는 것은 필요하다. 자녀가 말하는 것에 대해 '하지 마' 혹은 '나쁜 아이야'와 같은 단답식으로 반응해 주기보다는 '그렇구나', '힘들었구나', '주사 맞는 게 무서워서 그러는구나' 등으로 반응해 주는 것이다.

❷ 수용하기(자녀의 부정적인 감정을 수용하는 대화법)

수용하기는 자녀가 자신의 감정을 표현할 때 그에 대해 판단하거나 쉽사리 혼내지 않고 있는 그대로 자녀의 감정을 수용하고 허용할 때 사용할 수 있는 유용한 대화법이다. 자녀의 이야기에 대해 자녀의 감정을 간단한 소리나 단어로 인정해 주는 것('으음', '응', '저런', '그렇구나')도 도움이 된다고 알려 준다.

❸ 훈육 대화법(자녀의 적절하지 못한 행동에 대해 제한을 할 때 사용할 수 있는 대화법)

훈육 대화법은 자녀의 그릇된 행동을 제한하는 방법으로 일정한 순서를 가지고 훈육하는 방식을 말한다. 자녀가 실수나 잘못을 했다고 해서 큰 소리로 이야기하거나 '나빠', '안 돼'라고 말하는 경우 자녀가 부모와 이야기하는 것조차 어려워할 수 있음을 전달하는 것이 중요하다.

❹ 격려하기(자녀에게 긍정적인 칭찬을 하는 대화법)

격려나 칭찬은 영·유아기 자녀에게 무척 중요한 양육방법임을 알려 준다. 언어적으로, 비언어적으로 격려하고 칭찬하는 방법을 알려 주고 다문화가정 어머니가 자녀를 격려하거나 칭찬하는 모습을 본 경우 어머니의 양육방식을 교사가 인정하고 격려해 주는 것이 바람직하다.

CHAPTER 10
유아교육과정과 다문화교육

1. 개정 누리과정과 유아 다문화교육

우리나라는 저출생이 고착화되어 가고 교육 · 보육비의 부담은 저출생을 더욱 심화시키는 요인으로 지적되는 가운데 교육부 소관의 유치원과 보건복지부소관의 어린이집 관리체제를 유지하면서 교육과 보육 내용을 하나로 통합한 국가 수준의 교육과정의 필요성이 대두되었다(교육과학기술부 · 보건복지부, 2013).

이러한 배경하에 정부는 2011년 5세 누리과정을 발표하여 만 5세 유아에 대한 무상교육 · 보육을 실현하게 되었고 2013년에는 만 3세와 만 4세까지 누리과정을 확대한다는 계획을 발표함으로써 3~5세 연령별 누리과정이 수립되었다. '3~5세 연령별 누리과정'은 유치원과 어린이집으로 이원화되어 있는 교육 · 보육과정을 통합하여 유아기 단계에서 교육의 질을 제고하고, 생애 초기의 공정한 출발선을 보장하는 데 의의가 있으며, 특히 유아기부터 타인을 배려하고 존중하며 공감하는 역량을 기르기 위한 인성교육을 대폭 강화하고자 하여 다문화교육의 기저를 마련하였다(교육과학기술부 · 보건복지부, 2013).

사회라는 공동체 안에서 건강하고 행복한 구성원으로 살아가기 위해서는 유아기부터 바른 인성을 가져야 하는데, 타인 및 공동체와 바람직한 관계를 맺기 위한 올바른 인성은 자신의 일을 스스로 하고 다른 사람을 배려하는 것이다. 사람을 존중한다는 것은 자신 및 타인을 존중하고 서로 간의 관계를 소중히 하는 것으로 서로에 대해 보고 듣고 느끼고 이해하는 것에서부터 서로를 인정하고 수용하고 배려하고 협력하는 것까지 포함하는 다문화교육을 의미한다(교육과학기술부 · 보건복지부, 2013). 따라서 유아기부터 타인을 배려하고 존중하며 협력하는 실천 위주의 다문화교육을 통해 사람과 자연을 존중하고 사랑하는 세계관을 길러 줄 필요가 있다.

누리과정은 '유아가 놀이를 통해 심심의 건강과 조화로운 발달을 이루고 바른 인성과 민주시민의 기초를 형성하는 데 있다'는 목적으로 이러한 목적을 달성하기 위해 아래의 5가지 목표를 설정하고 있다. 누리과정의 구성의 중점과 목표를 살펴보면 〈표 10-1〉과 같다.

〈표 10-1〉 누리과정 구성의 중점과 목표

구성의 중점
• 3~5세 모든 유아에게 적용할 수 있도록 구성 • 추구하는 인간상 구현을 위한 지식, 기능, 태도 및 가치를 반영하여 구성 • 신체운동 · 건강, 의사소통, 사회관계, 예술경험, 자연탐구의 5개 영역을 중심을 구성 • 3~5세 유아가 경험해야 할 내용으로 구성 • 0~2세 보육과정 및 초등학교 교육과정과의 연계성을 고려하여 구성
목 표
가. 자신의 소중함을 알고, 건강하고 안전한 생활 습관을 기른다. 나. 자신의 일을 스스로 해결하는 기초능력을 기른다. 다. 호기심과 탐구심을 가지고 상상력과 창의력을 기른다. 라. 일상에서 아름다움을 느끼고 문화적 감수성을 기른다. 마. 사람과 자연을 존중하고 배려하며 소통하는 태도를 기른다.

출처 : 교육부 · 육아정책연구소(2019). 2019 개정 누리과정 유치원 관리자 연수 자료집.

편성과 운영의 기준에는 '마. 성, 신체적 특성, 장애, 종교, 가족 및 문화적 배경으로 인한 차별이 없도록 운영한다'고 명시하고 있으며, 교수 · 학습 방법은 '놀이에 자유롭게 참여하고 즐기도록 지원함과 교사는 놀이를 통해 유아의 배움을 지원해야 함'을 강조하고 있다(교육부 · 보건복지부 · 육아정책연구소, 2019).

사회라는 공동체 안에서 건강하고 행복한 구성원으로 살아가기 위해서는 유아기부터 바른 기본생활습관과 인성을 가져함을 언급하고 있다. 또한, 급속히 변화하고 다원화되어 가는 우리 사회의 구성원으로 잘 적응하기 위해서는 새로운 환경이나 문제에 당면했을 때 스스로 노력하여 해결하고자 하는 태도가 요구됨을 인식하고 있으며, 다양한 가족 유형과 문화, 국제화 등 다원화된 사회에서 미래 민주시민의 기초를 형성하도록 다른 사람과 화목하게 지내며 나와 다른 사람과의 차이를 존중하는 내용을 강조하는 유아 다문화교육의 방향을 제시하였다.

유아 다문화교육 프로그램은 다양한 인종과 다양한 문화 집단에 속해 있는 서로 다른 사람들의 상호 이해와 평등관계를 중시할 수 있는 교육이 되어야 한다. 이를 통하여 유아가 서로 다른 다양한 집단의 문화에 대하여 '다름'의 가치가 존중될 수 있는 태도를 갖게 하여야 한다.

누리과정 목표에서 '마. 사람과 자연을 존중하고 배려하며 소통하는 태도를 기른다'는 'Ⅲ. 사회관계' 영역의 목표가 된다. 사회관계 영역에서의 해설에서 유아 다문화교육 프로그램이 지향해야 할 목표를 포괄적으로 제시하고 있다.

유아 다문화교육 프로그램은 '자신과 타인에 대한 존중과 배려, 협력, 질서 등 타인과 더불어 살아가기 위해 필요한 기초 예절과 소양을 기르는 목표'에 이를 수 있도록 프로그램으로 구성하여 다양한 활동을 통해 유아가 원만한 대인관계 속에서 건강한 자아를 지닌 유아로 성장할 수 있는 인성교육을 목표로 하여야 한다. 이러한 목표를 실천하기 위해서 유아 다문화교육 프로그램은 다음의 내용을 중심으로 활동할 수 있어야 한다.

누리과정 총론의 목표와 사회관계 영역을 근거로 유아 다문화교육 프로그램의 활동 목표를 설정할 수 있을 것이다. 본서에서는 누리과정에 기초한 유아 다문화교육 프로그램의 활동 목표를 다음과 같이 설정하고 이를 기준으로 유아 다문화교육 프로그램의 실제를 작성하였다.

누리과정에 기초한 유아 다문화교육 프로그램의 목표

- 다문화교육을 통해 얻어진 경험은 유아 자신의 생각과 느낌을 자유롭고 창의적으로 표현하는 긍정적인 자아개념을 증진한다.
- 다른 문화를 지닌 유아의 신체적, 사회적, 문화적 차이를 알고 문화가 다른 유아를 존중하는 태도를 증진한다.
- 다른 문화를 유아의 감정과 표현을 존중하는 가운데 다른 문화에 대해 자신의 생각과 느낌을 자유롭고 창의적으로 표현하는 친사회적 태도를 기른다.
- 다른 나라의 문화에 대한 관심과 흥미를 갖게 하고, 유아의 호기심과 궁금증을 다양한 놀이 활동을 통해 해소시키며 더불어 생활하는 태도를 갖는다.
- 유아의 다문화에 대한 경험과 지식이 대·소집단 활동, 자유놀이 등을 통해 자유롭게 확장한다.

2. 개정 누리과정 영역에 기초한 다문화교육

1) 신체운동·건강 영역에서의 다문화교육

신체운동·건강 영역은 유아는 몸을 움직여 놀이하는 것을 좋아하며, 자신의 몸을 건강하고 안전하게 지키고자 하는 힘을 가지고 있다. 신체운동·건강 영역은 유아가 자신의 몸에 관심을 가지고 신체활동에 즐겁게 참여하며, 건강하고 안전한 생활을 해 나가는 다양한 경험과 관련된 내용이다. 교사는 유아가 몸을 충분히 움직이는 경험을 통해 신체활동의 즐거움을 느끼고 기초 체력을 키우도록 돕는다. 교사는 유아가 일상에서 건강하고 안전한 생활을 실천할 수 있도록 지원할 수 있다(교육부·보건복지부, 2019).

〈표 10-2〉 신체운동 · 건강 내용체계 및 다문화교육 내용

<table>
<tr><th>내용범주</th><th>내용</th><th>다문화교육 내용</th></tr>
<tr><td rowspan="3">신체활동 즐기기</td><td rowspan="3">• 신체를 인식하고 움직인다.
• 신체 움직임을 조절한다.
• 기초적인 이동 운동, 제자리 운동, 도구를 이용한 운동을 한다.
• 실내외 신체활동에 자발적으로 참여한다.</td><td>• 나의 몸 인식
• 다양한 신체 능력 차이의 이해</td></tr>
<tr><td>• 여러 나라의 스포츠 알아보기
• 세계 여러 나라의 놀이도구 알아보기</td></tr>
<tr><td>• 여러 나라의 놀이 활동 경험</td></tr>
<tr><td>건강하게 생활하기</td><td>• 지신의 몸과 주변을 깨끗이 한다.
• 몸에 좋은 음식에 관심을 가지고 바른 태도로 즐겁게 먹는다.
• 하루 일과에서 적당한 휴식을 취한다.
• 질병을 예방하는 방법을 알고 실천한다.</td><td>• 청결한 생활에 대한 이해
• 여러 나라의 식사 예절 알아보기
• 몸을 건강하게 하는 다양한 방법 알기</td></tr>
<tr><td>안전하게 생활하기</td><td>• 일상에서 안전하게 놀이하고 생활한다.
• TV, 컴퓨터, 스마트폰 등을 바르게 사용한다.
• 교통안전 규칙을 지킨다.
• 안전사고, 화재, 재난, 학대, 유괴 등에 대처하는 방법을 경험한다.</td><td>• 우리나라와 다른 나라의 보행규칙 이해
• 위험한 상황에 대처하는 방법
• 환경오염과 재난의 발생원인 알아보기</td></tr>
</table>

출처 : 교육부 · 보건복지부(2019). 2019 개정 누리과정 해설서.

2) 의사소통 영역에서의 다문화교육

의사소통 영역은 언어의 기본 형태인 구어와 문어를 활용하여 나와 다른 사람의 느낌이나 생각, 경험을 상황과 상대방에 알맞게 소통할 수 있는 능력을 기르는 영역이다. 또한, 말과 글의 관계를 알고 읽기와 쓰기에 흥미를 가져 언어 사용을 즐기도록 하는 영역이다.

유아는 주변 사람들과 소통하며 관계를 맺는 능동적인 의사소통자이다. 유아는 다른 사람의 말을 주의 깊게 듣고 자신의 생각과 느낌을 다양한 방법으로 표현하며 소통하는 것을 즐기고, 책과 이야기에 관심을 갖는다. 의사소통 영역은 유아가 다른 사람과 소통하며, 일상에서 만나는 글자나 상징에 관심을 가지고 책과 이야기를 즐기는 경험과 관련된 내용이다. 교사는 유아가 자신의 느낌과 생각을 적절하게 말하는 경험을 통해 바른 언어생활을 할 수 있도록 돕는다. 또한, 유아가 아름다운 우리말이 담긴 책

과 이야기에 흥미를 가지고 언어가 주는 재미와 상상을 충분히 즐길 수 있도록 지원할 수 있다(교육부 · 보건복지부, 2019).

〈표 10-3〉 의사소통 내용체계 및 다문화교육 내용

내용범주	내용	다문화교육 내용
듣기와 말하기	• 말이나 이야기를 관심 있게 듣는다. • 자신의 경험, 느낌, 생각을 말한다. • 상황에 적절한 단어를 사용하여 말한다. • 상대방이 하는 이야기를 듣고 관련해서 말한다. • 바른 태도로 듣고 말한다. • 고운 말을 사용한다.	• 여러 나라의 전래동화 듣기 • 여러 나라 친구들의 생활모습 들어 보기 • 여러 나라의 인사말 말하기 • 나라 소개하기
읽기와 쓰기에 관심 가지기	• 말과 글의 관계에 관심을 가진다. • 주변의 상징, 글자 등의 읽기에 관심을 가진다. • 자신의 생각을 글자와 비슷한 형태로 표현한다.	• 여러 나라의 동화를 듣고 내용 이야기하기 • 자신의 생각과 느낌을 자유롭게 표현한기 • 세계 여러 나라를 상징하는 것 말해보기 • 세계 여러 나라 글자 써 보기
책과 이야기 즐기기	• 책에 관심을 가지고 상상하기를 즐긴다. • 동화, 동시에서 말의 재미를 느낀다. • 말놀이와 이야기 짓기를 즐긴다.	• 세계 여러 나라의 그림 책 읽기 • 동화를 듣고 뒷이야기 꾸미기

출처 : 교육부 · 보건복지부(2019). 2019 개정 누리과정 해설서.

3) 사회관계 영역에서의 다문화교육

유아는 자신을 소중히 여기고 주변 사람과 관계를 맺어 나가며 다른 사람을 배려하고 존중한다. 유아는 자신이 살고 있는 사회와 세상에 대해 알고 싶어 한다.

사회관계 영역은 유아가 자기 자신과 다양한 삶의 모습을 이해하고, 다른 사람과 더불어 살아가기 위해 필요한 의미 있는 경험과 관련된 내용이다. 교사는 유아가 자신을 소중하고 가치 있는 사람으로 여기며 다른 사람과 더불어 살아가는 방법을 익히도록 돕는다. 또한, 유아가 자신이 속한 사회와 주변 세계에 대해 관심을 가지고 적응해 나갈 수 있도록 지원할 수 있다(교육부 · 보건복지부, 2019).

〈표 10-4〉 사회관계 내용체계 및 다문화교육 내용

내용범주	내용	다문화교육 내용
나를 알고 존중하기	• 나를 알고 소중히 여긴다. • 나의 감정을 알고 상황에 맞게 표현한다. • 내가 할 수 있는 것을 스스로 한다.	• 소중한 나 • 나의 생일을 즐겁게 여기기
더불어 생활하기	• 가족의 의미를 알고 화목하게 지낸다. • 친구와 서로 도우며 사이좋게 지낸다. • 친구와의 갈등을 긍정적인 방법으로 해결한다. • 서로 다른 감정, 생각, 행동을 존중한다. • 친구와 어른께 예의 바르게 행동한다. • 약속과 규칙의 필요성을 알고 지킨다.	• 타인의 감정에 대한 이해 • 나의 감정을 바르게 이해하고 표현하기
		• 다양한 가족서로 구성원 • 가족은 서로 사랑하는 공동체
		• 여러 나라의 예절에 대한 이해 • 세계 여러 나라의 문화유산 • 서로 다르지만 존중하는 방법 이해 • 서로 도움을 주고받는 생활
사회에 관심 가지기	• 내가 살고 있는 곳에 대해 궁금한 것을 알아본다. • 우리나라에 대해 자부심을 가진다. • 다양한 문화에 관심을 가진다.	• 세계 여러 나라의 아름다운 자연 • 나라마다 사용하는 화폐 • 우리나라의 전통 문화 이해 • 세계의 다양한 생활에 대한 이해 • 다양한 얼굴과 생김새에 대한 이해

출처 : 교육부 · 보건복지부(2019). 2019 개정 누리과정 해설서.

4) 예술경험 영역에서의 다문화교육

유아는 일상에서 아름다움과 경이감을 느끼고 즐기며 표현하는 풍부한 감성을 가진 존재이다. 예술경험 영역은 유아가 자연, 생활, 예술에서 아름다움을 찾아보고 느끼며, 다채롭고 창의적인 방법으로 자신의 경험, 생각, 느낌을 표현해 보고, 다양한 예술 표현을 존중하는 경험과 관련된 내용이다. 교사는 유아가 아름다움을 느끼고 즐기며 창의적으로 표현하는 과정을 통해 풍부한 감수성을 기르도록 돕는다. 또한, 유아가 다양한 예술 감상을 통해 상상력을 키우고 예술 표현이 가지고 있는 고유의 가치를 존중하도록 지원할 수 있다(교육부 · 보건복지부, 2019).

〈표 10-5〉 예술경험 내용체계 및 다문화교육 내용

내용범주	내용	다문화교육 내용
아름다움 찾아보기	• 자연과 생활에서 아름다움을 느끼고 즐긴다. • 예술적 요소에 관심을 갖고 찾아본다.	• 세계 아름다운 자연에 대해 알아보기 • 세계 전통의상의 아름다움 찾아보기 • 세계 전통춤의 움직임 탐색하기
창의적으로 표현하기	• 노래를 즐겨 부른다. • 신체, 사물, 악기로 간단한 소리와 리듬을 만들어 본다. • 신체나 도구를 활용하여 움직임과 춤으로 자유롭게 표현한다. • 다양한 미술 재료와 도구로 자신의 생각과 느낌을 표현한다. • 극놀이로 경험이나 이야기를 표현한다.	• 여러 나라 음악 들어 보고 표현하기 • 세계 여러 나라의 춤 경험하기 • 여러 나라의 극놀이 즐기기 • 명화 보고 따라 그리기 • 여러 나라 상징물 그리기 • 나라별 국가 불러 보기
예술 감상하기	• 다양한 예술을 감상하며 상상하기를 즐긴다. • 서로 다른 예술 표현을 존중한다. • 우리나라 전통 예술에 관심을 갖고 친숙해진다.	• 세계 미술관 경험하기 • 세계의 명화 감상하고 표현하기 • 우리나라 민속예술에 대한 이해

출처 : 교육부 · 보건복지부(2019). 2019 개정 누리과정 해설서.

5) 자연탐구 영역에서의 다문화교육

유아는 호기심이 넘치는 과학자다. 궁금한 것에 대해 답을 찾기 위해 적극적으로 탐색하고 탐구하며 이를 즐긴다. 자연탐구 영역은 유아가 물질, 사물, 자연현상, 동식물 등의 특성과 변화를 수학적, 과학적으로 탐구하는 다양한 경험과 관련된 내용이다. 교사는 유아가 호기심을 가지고 주도적으로 탐구하는 과정을 즐기며, 스스로 궁금증을 해결해 가도록 돕는다. 또한, 유아가 주변의 동식물, 생명, 자연환경에 관심을 가지며 생명을 소중히 여기고 사람과 자연이 더불어 살아가는 방법을 실천하도록 지원할 수 있다(교육부 · 보건복지부, 2019).

〈표 10-6〉 자연탐구 내용체계 및 다문화교육 내용

내용	하위내용	다문화교육 내용
탐구과정 즐기기	• 주변 세계와 자연에 대해 지속적으로 호기심을 가진다. • 궁금한 것을 탐구하는 과정에 즐겁게 참여한다. • 탐구과정에서 서로 다른 생각에 관심을 가진다.	• 세계 문화유산 살펴보기 • 세계 기후 변화에 대한 이해 • 여러 사람들과 다양한 탐구방법
생활 속에서 탐구하기	• 물체의 특성과 변화를 여러 가지 방법으로 탐색한다. • 물체를 세어 수량을 알아본다. • 물체의 위치와 방향, 모양을 알고 구별한다. • 일상에서 길이, 무게 등의 속성을 비교한다. • 주변에서 반복되는 규칙을 찾는다. • 일상에서 모은 자료를 기준에 따라 분류한다. • 도구와 기계에 대해 관심을 가진다.	• 세계의 국가 수 세어 보기 • 세계지도에 나타난 다양한 국가 모습 • 각 나라의 크기 재보기 • 각 나라의 시간이 다름을 이해 • 각 나라에 대한 도표 그리기 • 다양한 도구 사용하기
자연과 더불어 살기	• 주변의 동식물에 관심을 가진다. • 생명과 자연환경을 소중히 여긴다. • 날씨와 계절의 변화를 생활과 관련짓는다.	• 친숙한 물체에 대한 탐색과 변화과정 • 지구의 다양한 생명체에 대한 이해 • 세계의 자연과 사회현상 • 다양한 생활도구에 대한 이해

출처 : 교육부 · 보건복지부(2019). 2019 개정 누리과정 해설서.

3. 개정 표준보육과정과 영유아 다문화교육

교육부가 제시한 2024 개정 표준보육과정(이하 개정 표준보육과정)은 어린이집의 0~5세 영유아를 위한 국가 수준의 보육과정이며, 0~1세 보육과정, 2세 보육과정, 3~5세 보육과정(누리과정)으로 구성한다(교육부, 2024).

가. 국가 수준의 공통성과 지역, 기관 및 개인 수준의 다양성을 동시에 추구한다.
나. 영유아의 전인적 발달과 행복을 추구한다.
다. 영유아 중심과 놀이 중심을 추구한다.

라. 영유아의 자율성과 창의성 신장을 추구한다.
마. 영유아, 교사, 원장, 부모 및 지역사회가 함께 실현해 가는 것을 추구한다.

총론은 추구하는 인간상과 목적과 목표, 구성의 중점, 편성과 운영, 교수·학습방법, 평가로 이루어져 있으며, 보육과정 각론은 연령별로 신체운동·건강, 의사소통, 사회관계, 예술경험, 자연탐구로 구성되어 있다.

개정 표준보육과정은 영유아의 전인적인 발달과 우리 문화에 적합한 내용을 일관성 있고 연계적으로 실천하며 궁극적으로 사회에서 추구하는 인간상을 구현하고 질적 수준을 높이는 데 중점을 둔다.

개정 표준보육과정에서는 추구하는 인간상을 다음과 같이 제시하고 있다.

개정 표준보육과정이 추구하는 인간상

- 건강한 사람
- 자주적인 사람
- 창의적인 사람
- 감성이 풍부한 사람
- 더불어 사는 사람

출처 : 교육부(2024). 2024 개정 표준보육과정.

개정 표준보육과정에서 추구하는 인간상은 변화하는 세계의 흐름을 반영하고 있다. 즉 다양성을 인정하고 우리 문화를 사랑하는 사람으로 길러 다양성을 추구하는 세계에 적합한 인재로 육성하고자 하였다. 발달 특성상 영유아는 2세부터 문화의 유사성과 차이점에 대한 이해가 나타나기 시작하며 인종적 차이를 구분, 신체적 특징, 의상, 언어, 정치적 성향에 기초해 사람 간의 유사성과 차이점을 지각할 수 있어 2세부터 다양한 문화에 대한 이해와 수용의 태도를 갖도록 하여야 한다.

개정 표준보육과정이 추구하는 인간상과 영유아의 발달적 특징을 고려하여 개정 표준보육과정에 기초한 유아 다문화교육 프로그램의 목표를 설정할 수 있다.

개정 표준보육과정에 기초한 유아 다문화교육 프로그램의 목표

- 자신의 신체에 대해 긍정적으로 인식하고 우리나라 전통놀이와 세계 여러 나라 놀이를 경험해 봄으로써 기본 운동능력을 기른다.
- 자신을 존중하고 타인의 감정과 태도를 이해하고 존중하며 다양한 문화의 다름과 차이를 인정하며 더불어 생활하는 태도를 가진다.
- 기초적인 언어능력을 기르고 세계 여러 나라에는 각각 고유한 언어가 있음을 인식하고 상황에 적절한 언어생활 태도와 습관을 가진다.
- 주변 환경과 세계 여러 나라에 호기심을 가지고 탐구하는 능력과 태도를 기른다.
- 우리나라와 다른 나라의 자연과 예술작품의 아름다움에 관심을 가지고 창의적으로 표현한다.

출처 : 교육부(2024). 2024 개정 표준보육과정.

4. 개정 표준보육과정 영역에 기초한 다문화교육

개정 표준보육과정의 각 영역별 내용체계에 기초한 유아 다문화교육 프로그램의 내용요소를 연계하여 살펴보면 다음과 같다.

1) 신체운동 · 건강 영역에서의 다문화교육

신체운동 · 건강 영역에서는 실내외에서 신체활동을 즐기고 건강하고 안전한 일상생활을 경험한다(0~2세), 실내외에서 신체활동을 즐기고 건강하고 안전한 생활을 한다(3~5세).

신체운동 · 건강 영역의 내용 범주는 '신체활동 즐기기', '건강하게 생활하기', '안전하게 생활하기'로 이루어져 있다(교육부, 2024).

〈표 10-7〉 신체운동 · 건강의 연령별 내용과 다문화교육 내용

범주 / 내용	개정 표준보육과정 내용			다문화교육 내용
	0~1세	2세	3~5세	
신체활동 즐기기	• 다양한 감각을 경험한다. • 신체와 주변을 탐색한다. • 대소근육을 조절한다. • 기본 운동을 시도한다. • 실내외 신체활동을 즐긴다.	• 다양한 감각을 경험한다. • 신체를 인식하고 움직인다. • 대소근육을 조절한다. • 기본 운동을 즐긴다. • 실내외 신체활동을 즐긴다.	• 신체를 인식하고 움직인다. • 신체 움직임을 조절한다. • 기초적인 이동 운동, 제자리 운동, 도구를 이용한 운동을 한다. • 실내외 신체활동에 자발적으로 참여한다.	• 세계 여러 나라의 운동기구 • 다양한 친구와 신체활동하기
건강하게 생활하기	• 도움을 받아 몸을 깨끗이 한다. • 음식에 관심을 가진다. • 하루 일과를 편안하게 경험한다. • 건강한 배변 습관을 갖는다.	• 자신의 몸과 주변을 깨끗이 해 본다. • 음식을 즐겁게 먹는다. • 하루 일과를 즐겁게 경험한다. • 건강한 배변 습관을 갖는다.	• 자신의 몸과 주변을 깨끗이 한다. • 몸에 좋은 음식에 관심을 가지고 바른 태도로 즐겁게 먹는다. • 하루 일과에서 적당한 휴식을 취한다. • 질병을 예방하는 방법을 알고 실천한다.	• 세계 여러 나라 사람들의 식사예절 • 세계 여러 나라 사람들의 음식 • 세계 여러 나라 사람들의 의상 • 상황에 따른 예절 알기
안전하게 생활하기	• 안전한 상황에서 놀이하고 생활한다. • 안전한 상황에서 교통수단을 이용해 본다. • 위험하다는 말에 주의한다.	• 안전하게 놀이하고 생활 한다. • 안전한 상황에서 교통수단을 이용해 본다. • 위험한 상황에 대처하는 방법을 경험한다.	• 일상에서 안전하게 놀이하고 생활한다. • TV, 컴퓨터, 스마트폰 등을 바르게 사용한다. • 교통안전 규칙을 지킨다. • 안전사고, 화재, 재난, 학대, 유괴 등에 대처하는 방법을 경험한다.	• 여러 놀이기구의 안전규칙 알기 • 세계 여러 나라의 교통규칙 • 안전한 놀이와 생활

출처 : 교육부(2024). 2024 개정 표준보육과정 고시문.

2) 의사소통 영역에서의 다문화교육

의사소통 영역에서는 의사소통 능력을 기른다(0~2세), 일상생활에 필요한 의사소통 능력과 상상력을 기른다(3~5세).

의사소통 영역의 내용 범주는 '듣기와 말하기', '읽기와 쓰기에 관심 가지기', '책과 이야기 즐기기'로 이루어져 있다.

〈표 10-8〉 의사소통의 연령별 내용과 다문화교육 내용

범주 / 내용	개정 표준보육과정 내용			다문화교육 내용
	0~1세	2세	3~5세	
듣기와 말하기	• 표정, 몸짓, 말과 주변의 소리에 주의를 기울인다. • 상대방의 이야기를 들으면서 말소리를 낸다. • 표정, 몸짓, 말소리로 의사를 표현한다.	• 표정, 몸짓, 말에 주의를 기울여 듣는다. • 상대방의 이야기를 듣고 말한다. • 자신의 요구와 느낌을 말한다.	• 말이나 이야기를 관심 있게 듣는다. • 자신의 경험, 느낌, 생각을 말한다. • 상황에 적절한 단어를 사용하여 말한다. • 상대방이 하는 이야기를 듣고 관련해서 말한다. • 바른 태도로 듣고 말한다. • 고운 말을 사용한다.	• 여러 나라의 동화 듣기 • 다른 친구의 이야기 듣기 • 나라 이름 따라 말하기 • 가 보고 싶은 나라 지도에서 짚어 보기 • 여러 나라의 인사말 하기
읽기와 쓰기에 관심 가지기	• 주변의 그림과 상징에 관심을 가진다. • 끼적이기에 관심을 가진다.	• 주변의 그림과 상징에 관심을 가진다. • 끼적이며 표현하기를 즐긴다.	• 말과 글의 관계에 관심을 가진다. • 주변의 상징, 글자 등의 읽기에 관심을 가진다. • 자신의 생각을 글자와 비슷한 형태로 표현한다.	• 세계 여러 나라 국기 이름과 모양 보기 • 세계 명작동화 읽기 • 지도 그림 위에 끼적이기
책과 이야기 즐기기	• 책에 관심을 가진다. • 말놀이와 이야기에 재미를 느낀다.	• 책에 관심을 가지고 상상한다. • 말놀이와 이야기에 재미를 느낀다.	• 책에 관심을 가지고 상상하기를 즐긴다. • 동화, 동시에서 말의 재미를 느낀다. • 말놀이와 이야기 짓기를 즐긴다.	• 여러 나라의 동화 속 주인공 되어 보기

출처 : 교육부(2024). 2024 개정 표준보육과정 고시문.

3) 사회관계 영역에서의 다문화교육

사회관계 영역에서는 나를 알아가며 더불어 생활하는 경험을 한다(0~2세), 자신을 존중하고 더불어 생활하는 태도를 가진다(3~5세).

사회관계 영역의 내용 범주는 '나를 알고 존중하기', '더불어 생활하기', '사회에 관심 가지기'가 있다.

〈표 10-9〉 사회관계의 연령별 내용과 다문화교육 내용

범주 내용	개정 표준보육과정 내용			다문화교육 내용
	0~1세	2세	3~5세	
나를 알고 존중하기	• 나의 고유함을 알아간다. • 나의 욕구와 감정을 표현한다. • 나에게 친숙한 것을 안다.	• 나의 고유함을 알아간다. • 나의 욕구와 감정을 표현한다. • 내가 좋아하는 것을 해 본다.	• 나를 알고 소중히 여긴다. • 나의 감정을 알고 상황에 맞게 표현한다. • 내가 할 수 있는 것을 스스로 한다.	• 나의 감정 존중하기 • 특별한 나
더불어 생활하기	• 안정적인 애착을 형성한다. • 또래에게 관심을 가진다. • 다른 사람의 감정과 행동에 관심을 가진다. • 반에서 편안하게 지낸다.	• 가족에게 관심을 가진다. • 또래와 함께 놀이한다. • 다른 사람의 감정과 행동에 관심을 가진다. • 지켜야 할 약속이 있음을 안다.	• 가족의 의미를 알고 화목하게 지낸다. • 친구와 서로 도우며 사이좋게 지낸다. • 친구와의 갈등을 긍정적인 방법으로 해결한다. • 서로 다른 감정, 생각, 행동을 존중한다. • 친구와 어른께 예의 바르게 행동한다. • 약속과 규칙의 필요성을 알고 지킨다.	• 다양한 가족구성원에 대한 이해 • 다양한 가족의 문화에 대한 이해 • 나의 소중함과 함께 타인이 소중함 알기 • 공동체 안에서 함께하며 평등함 이해
사회에 관심 가지기			• 내가 살고 있는 곳에 대해 궁금한 것을 알아본다. • 우리나라에 대해 자부심을 가진다. • 다양한 문화에 관심을 가진다.	

출처 : 교육부(2024). 2024 개정 표준보육과정 고시문.

4) 예술경험 영역에서의 다문화교육

예술경험 영역은 아름다움을 느끼고 즐긴다(0~2세), 아름다움과 예술에 관심을 가지고 창의적 표현을 즐긴다(3~5세).

예술경험 영역의 내용 범주는 '아름다움 찾아보기', '창의적으로 표현하기', '예술 감상하기'가 있다.

〈표 10-10〉 예술경험의 연령별 내용과 다문화교육 내용

범주 / 내용	개정 표준보육과정 내용			다문화교육 내용
	0~1세	2세	3~5세	
아름다움 찾아보기	• 자연과 생활에서 아름다움을 느낀다. • 예술에서 아름다움을 느낀다.	• 자연과 생활에서 아름다움을 느낀다. • 예술에서 아름다움을 느낀다.	• 자연과 생활에서 아름다움을 느끼고 즐긴다. • 예술적 요소에 관심을 갖고 찾아본다.	• 여러 나라의 대표적인 음악과 미술적 요소를 알아보기 • 세계 자연에서 아름다움의 요소 찾아보기
창의적으로 표현하기	• 소리와 리듬, 노래로 표현한다. • 움직임으로 표현한다. • 다양한 미술 재료를 경험한다. • 모방하기를 즐긴다.	• 익숙한 노래와 리듬을 표현한다. • 움직임과 춤으로 표현한다. • 다양한 미술 재료와 도구로 표현한다. • 상상놀이를 한다.	• 노래를 즐겨 부른다. • 신체, 사물, 악기로 간단한 소리와 리듬을 만들어 본다. • 신체나 도구를 활용하여 움직임과 춤으로 자유롭게 표현한다. • 다양한 미술 재료와 도구로 자신의 생각과 느낌을 표현한다. • 극놀이로 경험이나 이야기를 표현한다.	• 여러 나라의 음악과 민속춤 경험하기 • 다양한 재료와 방법으로 표현하기 • 세계의 다양한 음악을 신체와 악기로 표현하기
예술 감상하기			• 다양한 예술을 감상하며 상상하기를 즐긴다. • 서로 다른 예술 표현을 존중한다. • 우리나라 전통 예술에 관심을 갖고 친숙해진다.	

출처 : 교육부(2024). 2024 개정 표준보육과정 고시문.

5) 자연탐구 영역에서의 다문화교육

자연탐구 영역은 주변 환경과 자연을 탐색하는 과정을 즐긴다(0~2세), 탐구하는 과정을 즐기고, 자연과 더불어 살아가는 태도를 가진다(3~5세).

자연탐구 영역의 내용 범주는 '탐구과정 즐기기', '생활 속에서 탐구하기', '자연과 더불어 살기'가 있다.

〈표 10-11〉 자연탐구의 연령별 내용과 다문화교육 내용

범주 / 내용	개정 표준보육과정 내용			다문화교육 내용
	0~1세	2세	3~5세	
탐구과정 즐기기	• 주변 환경과 자연에 대해 호기심을 가진다. • 사물과 자연 탐색하기를 즐긴다.	• 주변 환경과 자연에 대해 호기심을 가진다. • 사물과 자연 탐색하기를 즐긴다.	• 주변 세계와 자연에 대해 지속적으로 호기심을 가진다. • 궁금한 것을 탐구하는 과정에 즐겁게 참여한다. • 탐구과정에서 서로 다른 생각에 관심을 가진다.	• 기후에 따른 생활모습 알아보기 • 세계 자연현상에 관심 가지기
생활 속에서 탐구하기	• 친숙한 물체를 감각으로 탐색한다. • 일상에서 수에 관심을 가진다. • 공간과 모양을 탐색한다. • 규칙성을 경험한다.	• 친숙한 물체를 감각으로 탐색한다. • 일상에서 수에 관심을 가진다. • 공간과 모양을 탐색한다. • 규칙성에 관심을 가진다. • 사물을 같고 다름에 따라 구분한다. • 생활 도구에 관심을 가진다.	• 물체의 특성과 변화를 여러가지 방법으로 탐색한다. • 물체를 세어 수량을 알아본다. • 물체의 위치와 방향, 모양을 알고 구별한다. • 일상에서 길이, 무게 등의 속성을 비교한다. • 주변에서 반복되는 규칙을 찾는다. • 일상에서 모은 자료를 기준에 따라 분류한다. • 도구와 기계에 대해 관심을 가진다.	• 여러 나라 건축물에서 도형 찾아보기 • 주변 국가 세어보기 • 세계지도를 활용하여 나라의 크기 살펴보기 • 여러 나라 사람들의 생활도구 알아보기
자연과 더불어 살기	• 주변의 동식물에 관심을 가진다. • 날씨의 변화를 느낀다.	• 주변의 동식물에 관심을 가진다. • 날씨와 계절의 변화를 느낀다.	• 주변의 동식물에 관심을 가진다. • 생명과 자연환경을 소중히 여긴다. • 날씨와 계절의 변화를 생활과 관련짓는다.	• 지구환경의 중요성 이해하기 • 여러 나라 동물들의 모습 알아보기

출처 : 교육부(2024). 2024 개정 표준보육과정 고시문.

CHAPTER 11
유아 다문화교육 프로그램의 이해

1. 유아 다문화교육 프로그램 기본방향

다문화교육의 이상은 인간에 대한 편견과 차별의 제거, 다양성과 차이에 대한 이해와 수용, 이질적인 문화 및 사회집단의 평화적 공존을 실현하는 데 있다. 개정 누리과정에 의한 일과 활동 속에서 유아들이 구체적인 다문화 경험과 활동이 가능한 한 통합적인 유아 다문화교육 프로그램을 구안하여야 한다. 즉, 유아 다문화교육 실행에서 지적되어 온 관광교육과정이 되지 않도록 내용을 구성하여야 하며, 유아의 일상적 보육활동 속에 연계될 수 있도록 구안되어야 한다. 즉, 연령별 개정 누리과정에 제시된 생활주제에 맞는 다문화교육 내용요소를 함께 포함되게 하여 교육과정 속에 다문화교육이 통합될 수 있도록 구성하여야 한다. 이렇게 될 때 1회적 특별교육을 탈피할 수 있으며 유아는 스스로의 모든 일과에서 일상생활, 놀이, 활동을 통하여 내면화된 다문화교육을 성취할 수 있게 된다.

2. 유아 다문화교육 프로그램 실천방향

일상적 보육과정 속에 유아 다문화교육이 통합되기 위해서 고려할 점은 다음과 같다.

첫째 통합적 유아 다문화교육 프로그램은 연령별 개정 누리과정의 생활주제에서 다문화교육의 내용요소를 찾아 실행할 수 있게 구안되어야 한다. 유아 다문화교육 프로그램은 일반 가정의 유아가 다문화를 이해하고 경험하는 것에 초점을 두고 구안되어야 한다.

둘째, 유아 다문화교육의 내용은 연령별 개정 누리과정의 생활주제를 분석하여 다문화교육 주제를 설정하여야 한다. 이를 위해서는 연령별 누리과정의 주별 소주제에서 유아 다문화교육 관련 내용요소를 추출하여 실행할 수 있게 함으로써 유아가 일과 활동 중에 다문화교육이 통합적으로 실행될 수 있어야 하며, 다문화교육은 일과에서 일상생활, 놀이, 활동 등의 모든 활동 영역에서 관련 활동을 실천할 수 있도록 한다.

셋째, 연령별 누리과정 속에서 인종의 다양성, 민족의 다양성, 문화의 다양성, 개인의 다양성 등의 유아 다문화교육 내용요소가 포함되도록 하여 유아가 다양한 사회를 이해하고 협력할 수 있는 교육내용으로 통합하여 구성하여야 한다. 예를 들어 5세 누리과정의 6월 생활주제 '우리 동네'를 소주제로 세분화하여 각각의 소주제를 수업계획에 구체화된 활동으로 누리과정의 내용체계와 다문화교육 내용을 통합되도록 구성할 수 있어야 한다.

넷째, 유아가 흥미와 경험을 통하여 다른 문화에 관한 지식과 태도를 습득할 수 있게 교육하여 다양한 문화에 대하여 보고 듣고 이해하기, 경험하기, 익숙해지기, 통합하기, 실천하기가 가능하여야 하며, 시청각 자료를 활용할 수 있는 방법으로 구성하여야 한다. 즉, 다른 나라의 문화를 유아가 구체적으로 경험할 수 있도록 다문화에 대한 지식과 이해를 높일 수 있는 실물이나 사진, 그림, 정보자료, 생활소품, 예술품 등 구체적인 자료를 제시하고 현장 견학 등의 구체적 체험교육이 추가되도록 한다.

다섯째, 유아에게 친숙한 활동이 되도록 각각의 활동에 적합한 구성이 필요하다. 즉, 유아의 대·소집단활동에는 이야기 나누기, 미술, 게임, 동화, 요리, 음악, 견학, 실외, 신체표현 등 다양한 활동이 되도록 하고 실내놀이 시간에는 역할, 쌓기, 수·조작, 과학, 음률, 언어, 조형 영역 등의 다양한 활동유형으로 구성하여 유아가 습득한 다문화 지식과 태도를 놀이를 통해 확장되도록 구성한다.

여섯째, 유아 다문화교육에서의 대상 문화는 유아가 생활 주변에서 쉽게 경험할 수 있는 아시아 국가(중국, 일본, 베트남, 필리핀, 태국, 몽골 등)의 문화를 중심으로 하며 점차 다른 문화에로 확장하는 것이 적절하다. 다만, 대상 문화의 선정은 각 보육시설의 지역 환경을 고려하여 선정하는 것이 바람직하다. 5세 누리과정에서의 적용 예를 들면, 우리나라 동네 모습과 다른 나라의 동네 모습을 비교하여 문화의 다양성을 이해하기, 날씨로 인하여 달라지는 다른 나라의 식생활, 다른 나라의 레저문화, 다른 나라의 관광지, 다른 나라의 과거와 현재, 미래의 교통과 교통수단 등을 누리과정 활동과 연결시킬 수 있다.

일곱째, 교육·보육시설의 환경 구성을 생활주제와 관련된 다문화교육 내용요소를 반영하여 구성함으로써 유아가 다문화 내용과 친숙하게 느낄 수 있도록 시설의 분위기를 조성할 수 있는 것이 바람직하다. 이때 다문화 보육환경 구성에는 각 연령에 적합한 다양한 문화를 이해할 수 있는 환경이 되도록 구성한다.

3. 유아 다문화교육 프로그램 교육방법

1) 유아 다문화교육 프로그램 실행의 기본 체계

〈표 11-1〉 유아 다문화교육 프로그램의 기본 체계

<table>
<tr><td rowspan="2">목적과 목표</td><td colspan="3">• 인간에 대한 존중과 평의 가치관을 바탕으로 문화적 다양성에 대한 이해와 수용적 태도를 기르고, 친사회적 능력을 증진할 뿐만 아니라 긍정적인 자아정체성과 공동체 의식을 통해 창의적인 민주 시민을 양성한다.</td></tr>
<tr><td colspan="3">• 다문화 경험을 통해 다른 유아와의 관계 속에서 긍정적인 자아개념을 증진한다.
• 다문화가정 유아와 일반 가정 유아 간의 친사회적 태도를 증진한다.
• 다문화에 대한 호기심과 궁금증을 놀이를 통해 해소한다.
• 우리 문화와 다른 나라의 문화를 알아가며 우리 문화에 대한 이해를 높이고 다문화에 대한 수용적 태도를 갖는다.</td></tr>
<tr><td rowspan="2">교육 내용</td><td>주제</td><td colspan="2">다문화 활동명(생김새는 달라도 마음은 같아요)</td></tr>
<tr><td>개정 누리과정 관련 요소</td><td colspan="2">• 신체운동 · 건강 • 의사소통 • 사회관계
• 예술경험 • 자연탐구</td></tr>
<tr><td rowspan="6">교육 방법</td><td>교수 · 학습 원리</td><td colspan="2">• 유아 주도 놀이 중심의 원리 • 생활 주제와 연계한 통합적 접근
• 문화 다양성에 대한 개방성과 존중 • 5개 영역 간 통합적 접근
• 지속적 경험의 순환적 제공 • 직접 경험과 감각 중심의 활동</td></tr>
<tr><td>교수 · 학습 단계</td><td colspan="2">• 관심 가지기 • 탐색하기 • 놀이로 확장하기
• 의미나누기</td></tr>
<tr><td rowspan="2">교수전략</td><td>교사의 역할</td><td>• 다문화교육을 이해하는 역할 • 통합 적용의 역할
• 다양한 경험과 환경 제공 역할 • 적극적인 상호작용의 역할</td></tr>
<tr><td>교사의 발문 전략</td><td>• 상황 파악을 위한 발문
• 다양한 해결 방안을 위한 발문
• 친구의 의견에 관심을 갖게 하는 발문
• 제시된 방안의 적용 가능성에 대한 발문
• 적용 결과의 평가를 위한 발문</td></tr>
<tr><td>환경 구성</td><td colspan="2">• 주제와 관련된 다문화교육 내용요소를 반영한 언어, 수 · 조작, 조형, 쌓기, 역할, 음률, 과학 등 유아의 흥미에 따라 놀이가 이루어질 수 있는 환경 구성
• 여러 나라 사람들을 통한 인적 환경 구성</td></tr>
<tr><td>지도계획 및 교수자료</td><td colspan="2">• 연간 놀이지원 계획 • 월간 놀이지원 계획
• 주간 놀이실행 계획 • 다문화놀이 계획안
• 그림자료, 실물자료, 예술자료, 사진자료, 게시자료, 활동자료</td></tr>
<tr><td>평가</td><td colspan="3">• 유아의 활동 참여 관찰
• 활동과 놀이를 통한 유아의 편견, 자아개념, 다문화 수용성 행동 평가</td></tr>
</table>

출처 : 박재옥 · 홍길회(2020). 유아 다문화교육.

2) 교육방법

유아 다문화교육 프로그램 구성은 설계하고 분석하며 평가하면서 개선해 나가야 한다. 그중에서도 수업의 설계는 전체 프로그램의 성패를 결정하는 중요한 절차이다. 수업설계를 할 때 첫 번째로 고려해야 할 점은 아이의 흥미를 유발이다. 수업설계를 할 때 고려하는 많은 변인이 있을 수 있다. 변인의 하나로 교수자, 학습자, 교수·학습의 전략, 환경의 구성, 평가이다. 교수자의 능력이나 특성뿐만 아니라 학습자의 능력과 흥미, 적성도 고려해야 한다. 또 하나의 변인으로 고려할 수 있는 것은 프로그램에 따라 교육의 효과의 차이가 날 것이라는 점과 유아의 발달 단계에서의 적합성, 활동 전개를 위한 교재·교구의 준비성, 활동 전개의 수월성 등을 고려해야 한다.

(1) 교수·학습 원리

누리과정은 유아교육의 원리를 놀이중심, 생활중심, 통합, 활동 간 균형, 개별화, 흥미·몰입 중심, 상호작용의 원리가 적용되어야 한다고 제시하였다(교육과학기술부·보건복지부, 2012a). 2007 개정 유치원 교육과정도 놀이중심, 균형 있는 교육활동, 다양한 상호작용, 긍정적이고 수용적인 언어 태도, 창의적 사고, 개별 유아에 대한 지속적인 관심, 직접적이고 구체적인 경험, 흥미 영역의 재구성의 원리를 제시하면서 통합적으로 운영될 것을 강조하였다(교육과학기술부, 2008c).

누리과정에서 제시한 교수·학습의 원리에 근거하여 유아 다문화교육 프로그램의 교수·학습의 원리를 놀이중심, 생활경험 중심, 통합의 원리를 선택하고 개별 유아의 수준과 요구에 따른 활동과 또래·교사와의 활동을 본 통합적 유아 다문화교육 프로그램에 반영하여 개별화와 집단 역동성이 적용된 프로그램이 되도록 하여야 한다.

(2) 교수·학습의 단계

유아 다문화교육 프로그램의 교수·학습 과정은 유아가 다문화와 관련한 지식의 이해 습득과 다양한 다문화 경험을 통해 다문화 수용성을 증진시키기 위한 일련의 과정을 경험하는 것으로 구성하는 것이 바람직하다. 유아 다문화교육 프로그램의 교수·

학습의 방법은 듣고 이해하기, 경험하기, 익숙해지기, 통합하기, 실천하기의 5단계를 순차적인 체계로 진행하도록 한다.

보고 듣고 이해하기 단계에서는 유아가 인식해야 할 다문화 내용을 다문화 관련 자료를 통하여 듣고 이해하고, 경험하기 단계에서 유아들은 다양한 방안을 제안 또는 제시하고 다양한 활동을 통해 경험하도록 한다. 익숙해지기 단계는 유아들이 경험한 것을 반복 활동을 통해 확장시켜 줌으로써 다문화와 다문화 상황에 익숙해지도록 할 수 있는 효과가 있다. 다문화교육 프로그램을 통해 익숙해진 활동은 유아 스스로 다른 활동이나 다른 영역과의 통합 과정을 거쳐 실생활에서 실천이 가능한 단계가 되도록 교수·학습 단계를 진행할 수 있어야 한다.

(3) 교수·학습의 전략

유아 다문화교육의 교수전략은 교사의 역할과 교사의 발문 전략으로 나누어 살펴볼 수 있다. 교육에서 교사는 모든 교육적 성과에 중요한 영향을 미치는 요소이다. 더구나 모든 면에서 미숙한 유아에게 있어 유아교사의 역량은 유아교육의 효과에 가장 큰 영향을 미친다. 마찬가지로 유아 다문화교육에서 다문화 지도교사의 태도나 관념은 유아들에게 미치는 영향은 절대적이므로 관련 선행 연구들도 지도교사의 역할이 중요함에 일치된 견해를 제시하고 있다. 다문화교육에 있어서 다양성의 가치에 대한 추상적인 시도보다 더 중요한 것은 교사가 자신과 타인에 대한 감정, 지식, 태도에 대해 점검하는 것이며, 교사의 다문화 태도가 유아 다문화교육의 핵심 요소이다.

유아 다문화교육의 실천에서 교육내용을 소수 민족이나 전통 문화에 초점을 두고 있는 실정이다. 이는 교수화되지 않은 다문화교육 이론과 실제, 교사 자신의 문화적 다양성에 대한 지식 및 경험의 부족, 교사 자신이 가지고 있는 편견 및 고정관념 등 다문화적 역량 때문이다.

지도교사의 부족한 다문화 역량에도 유아 다문화교육이 멈추거나 늦출 수 없는 현실적 과제라는 점은 유아교육현장의 딜레마 상황이다.

다문화 교수·학습에 있어서 교사의 발문 전략은 다문화에 대한 이해와 인식체계 형성에 중요한 영향을 미친다. 교사는 누리과정과 표준보육과정에 기초한 유아 다문화교육 프로그램을 기획하여 유아의 일과 활동(대·소집단활동, 자유놀이)을 계획적으로 실행하여 유아와의 적극적인 상호작용이 이루어지도록 한다. 즉, 유아 교사는 유아에게 다문화에 대한 적극적인 의문과 관심을 가질 수 있는 주제를 제시하고, 이야기 나누기와 탐구활동을 통해 다른 나라에 대한 유아의 궁금증을 유도해 낸 후 유아와 함께 궁금증을 해결할 수 있어야 한다. 유아가 다문화에 대한 관심과 궁금증을 갖게 하기 위해서 교사는 '다른 나라와 우리나라는 어떤 점이 다를까요, 다른 나라와 우리나라의 어떤 점이 같을까요, 다른 나라의 어떤 점이 마음에 드나요, 다른 나라의 무엇을 경험해 보고 싶은가요, 다른 나라의 이것을 먹어 보면 어떤 맛이 날 것 같나요, 다른 나라의 친구를 만나면 어떤 이야기를 나누고 무엇을 하고 싶은가요' 등과 같은 상황에 적절한 질문을 통해 유아의 관심과 의문을 유도해 낼 수 있을 것이다. 교사는 유아의 질문에 적합한 유아 스스로의 탐구 시간을 부여한 후, 교사는 다시 '무엇을 알게 되었나요, 어떤 생각이 들었나요, 왜 그렇게 생각 했나요' 등의 상호작용을 통해 유아의 생각의 전환, 태도의 변화 등을 유도하거나 강화시키는 발문 전략이 필요하다.

유아 다문화교육 프로그램에 의한 활동을 효과적인 진행을 위해서는 유아 대 유아, 유아 대 교사 간의 상호작용이 원활하게 되도록 대·소집단활동과 자유놀이 계획의 충분한 검토과정도 필요할 것이다.

(4) 환경의 구성

유아 다문화교육 환경은 유아 교육의 효과적 실행을 위한 근본 조건이며, 유아가 프로그램의 실행에 앞서 처음 접하게 되는 교수자료이자 결과물이라 할 수 있다. 유아 다문화교육의 환경 구성은 각 영역 및 교재·교구의 환경, 지도교사 환경으로 구분된다. 각각의 놀이 영역별 환경 구성을 참고로 생각해 보면 다음과 같이 구성할 수 있을 것이다.

언어 놀이에는 다른 나라의 문자를 접할 수 있도록 벽면에 단어를 전시해 주어 우리나라의 글자와 다르지만 다른 나라도 나름의 언어가 있음을 알게 해 줄 수 있다.

그림 11-1 언어 놀이의 다문화교육 환경

자연탐구 놀이에는 다른 나라와 관련된 퍼즐이나 다양한 교구를 이용해 다른 나라의 문화를 접할 수 있고, 세계 여러 나라에서 유래한 규칙이 있는 게임을 경험하게 할 수 있다.

출처 : 구글이미지.

그림 11-2 자연탐구 놀이의 다문화교육 환경

신체·운동 놀이에는 다양한 구성과 만들기를 위해 구성 시 참고할 수 있는 다양한 사진자료, 그림자료를 게시하여 주고, 유아들 스스로 만든 구성물을 일정 시간 전시하여 다른 유아들도 친구의 작품을 감상하도록 할 수 있다.

그림 11-3 신체 · 운동 놀이의 다문화교육 환경

사회관계 놀이에는 다른 나라의 전통의상 및 생활에 맞는 소품, 다른 나라 시장이나 동네의 모습 등의 소품이나 사진자료 등을 게시하거나 제공하여 다른 나라의 생활상을 느끼게 할 수 있을 것이다.

출처 : 구글이미지.

그림 11-4 사회관계 놀이의 다문화교육 환경

자연탐구 놀이에는 눈금자, 거울, 자석, 돋보기, 프리즘 등의 측정도구, 바퀴와 부속품 등과 생물 관련 자료인 꽃, 야채, 나뭇잎, 열매, 씨앗, 나뭇가지, 동물 등 여러 나라의 다양한 동물 관련 자료 등 놀이주제와 유아의 흥미를 고려한 자료와 실물자료를 충분히 비치한다.

그림 11-5 자연탐구 놀이의 다문화교육 환경

예술경험 놀이에는 유아가 스스로 탐색하고 자유롭게 표현할 수 있도록 다른 나라의 악기도 다양하게 준비해 주어 소리를 들어 보고 악기를 연주해 볼 수 있게 한다.

다른 나라의 음악을 감상할 수 있도록 악기 사진이나 연주 사진, 그림이 있는 노래 가사, 그림악보, 음악포스터 등 넓은 공간과 안정된 분위기를 조성해 준다.

그림 11-6 예술경험 놀이의 다문화교육 환경

예술경험 놀이에는 다양한 재질과 색깔의 종이류와 그리기, 만들기, 오리기 도구와 잡지책, 밀가루 점토, 재활용품 등 유아들이 자유롭게 선택하여 사용할 수 있도록 충분하게 준비해 준다. 또한, 다양한 나라의 미술품이나 예술품을 감상할 수 있도록 전시해 준다.

그림 11-7 예술경험 놀이의 다문화교육 환경

아울러 교실에는 세계지도를 게시하거나 다른 나라의 사람들과 다양한 생활 모습을 게시하여 유아들이 자연스럽게 접할 수 있는 적절한 다문화교육 환경을 구성할 수 있다. 교실 내의 적절한 다문화적 환경 구성은 유아 스스로가 자료를 통해 다양한 확장 활동을 참고하거나 지원하는 자료가 될 수 있는 효과가 있을 것이다.

4. 유아 다문화교육 평가

유아 다문화교육의 평가는 유아의 활동 평가와 다문화교육 프로그램 평가로 구분하여 실시한다. 유아의 활동 평가는 유아 다문화교육 프로그램 활동이 진행되는 전 과정에서 유아가 보이는 전반적인 반응을 관찰하여 회기별로 목표하는 교수·학습과정의 진행, 유아의 흥미와 참여도, 유아의 발달 수준에의 적합성, 유아 활동에 대한 피드백의 적절성 등의 내용을 평가하여 활동 진행과정에서 수정하거나 보완해야 할 부분에 대하여 반성과 협의할 사항을 파악하여 다음 교수계획에 반영한다. 이와 같은 평가는 유아 다문화교육 활동과정을 검토하고 반성하며 개선점을 파악하여 적용할 수 있다.

유아 다문화교육 프로그램의 실시과정에서 회기가 거듭될수록 유아는 다양한 나라와 민족, 문화가 존재함을 아는 단계에서 여러 민족과 다양한 문화를 살피거나 경험할 수 있게 된다. 인종, 민족, 문화, 개인의 다양성 중심의 유아 다문화교육 프로그램은 유아에게 '나와 다름'에 대한 이해 그리고 이를 통한 새로운 것에 대한 낯설음의 극복, 창의적 성향에 대한 자극, 다양함을 이상하게 여기지 않는 유연한 태도를 가질 수 있게 된다. 유아 다문화교육 평가과정은 〈표 11-2〉와 같이 구체화하여 진행할 수 있다.

〈표 11-2〉 유아 다문화교육의 평가과정

<table>
<tr><th>영역</th><th colspan="2">평가내용</th><th>평가방법</th></tr>
<tr><td rowspan="3">유아 평가</td><td>진단</td><td>• 다른 나라의 문화를 접한 경험이 있는가?
• 다문화가 무엇인지 이해하고 있는가?
• 다문화가정의 친구를 만나 본 경험이 있는가?
• 다문화 환경 구성에 어떻게 반응하는가?</td><td rowspan="3">유아의 언어적, 비언어적 평가 / 유아 작품 및 활동지 분석</td></tr>
<tr><td>형성</td><td>• 유아가 다른 나라의 구체적인 명칭과 함께 국기, 수도, 문화적 배경, 화폐, 언어 사용, 음식, 생활방식, 방송, 건축물, 의상, 관광지 등을 살펴보며 이해하는가?
• 우리나라 속에 위치한 다양한 다른 나라 체험(견학, 실물자료)을 통해 다른 나라를 이해하는가?
• 극놀이를 통해 다른 나라의 모습을 표현하는가?
• 수, 언어, 과학의 기초지식과 다문화를 연결하여 이해를 시도하는가?
• 언어적 상상 활동과 다문화적 미술활동을 통해 창의성을 발현하는가?
• 게임과 신체표현활동을 통해 자신의 생각을 표현하는가?
• 우리나라와 다른 문화를 충분히 이해하고 다른 나라를 소개하는 활동으로 확장하는가?
• 분류, 비교, 그룹화를 통한 수 개념을 이해하는가?</td></tr>
<tr><td></td><td>• 유아가 활동의 목표를 잘 이해하는가?
• 유아가 세계지도 속 우리나라와 가까운 다른 나라의 개념을 이해하는가?
• 유아는 나와 다른 것에 대해 거부감을 갖지 않고 다름을 인정하고 흥미를 갖는가?
• 우리나라와 다른 나라의 같은 점과 다른 점을 비교하며 다양함을 이상하게 여기지 않고 인정하는 유연한 태도를 지니는가?
• 프로그램 활동계획이 유아에게 적합한가?</td></tr>
<tr><td colspan="2">프로그램 평가</td><td>• 프로그램 활동계획이 유아에게 적합한가?
• 활동 시간과 자료 등이 수업에 적절한가?
• 실제 수업에서 목표가 잘 달성되었는가?
• 프로그램 내용이 유아의 발달에 적합한 형태로 구성되었는가?
• 교수방법 및 교사의 역할이 현장적용에 적절하였는가?
• 프로그램의 목표, 내용, 방법, 평가 등이 실제 수업에 잘 반영되었는가?</td><td>체크리스트 사용</td></tr>
</table>

출처 : 박재옥(2013). 통합적 다문화교육 프로그램의 개발과 유아의 다문화 수용성 및 창의적 놀이행동.

PART 02

유아 다문화교육 프로그램 실제

CHAPTER 12

유아 다문화교육 프로그램 계획수립

1. 다문화교육 프로그램 놀이지원 계획 및 지도안 작성

유아·놀이 중심 다문화교육 프로그램은 0~2세 개정 표준보육과정과 개정 누리과정에 기초하여 영유아의 놀이를 배움의 과정으로 이해하고 영유아가 주도하는 놀이를 지원해야 한다.

특히 2019 개정 누리과정은 '유아 중심, 놀이 중심'이라는 기본 방향을 바탕으로, 모든 유아가 행복한 삶의 기초를 형성하도록 돕는 것을 목표로 하고 있다. 다문화교육은 이러한 철학과 맞닿아 있으며, 모든 유아가 서로의 차이를 존중하고 다양성을 자연스럽게 받아들이는 능력을 기르기 위한 중요한 영역이다.

1) 5세 연간 놀이지원 계획 예시

현장에서 유아가 통합적으로 경험해야 할 신체운동·건강, 의사소통, 사회관계, 예술경험, 자연탐구 5개 영역과 연계하여 연간 다문화 놀이지원 계획을 구안하였다. 연간 다문화 놀이지원 계획은 계절별 놀이주제에서 다문화 놀이주제를 선정하고 놀이별 환경지원계획과 다문화 지도요소를 설정하였다.

〈표 12-1〉 5세 다문화교육 연간 놀이지원 계획 예시

(다문화 요소 : ●문화이해 ▲다양성 ■협력 ♥평등 ★편견 ♠정체성)

계절	예상놀이	다문화 예상놀이주제	놀이 환경 지원	개정 누리과정 주요 관련 요소	다문화 요소
봄	• 늘푸른솔반이 좋아요 • 우리 반에서 이렇게 놀았어요 • 우리 유치원이 좋아요	사이좋은 우리들	손거울, 다양한 국가, 성, 인종의 사진자료	의사소통, 사회관계, 자연탐구	♥●▲
		시끌벅적 도일시장에 가요	도일시장 사진자료	신체운동·건강, 의사소통, 사회관계	●▲■★
	• 따뜻한 봄이 왔어요 • 나무를 심었어요 • 이 꽃이 좋아요 • 봄에 즐기는 놀이 (프로젝트)	뽀득 뽀득 새싹들	다양한 씨앗, 화분, 씨앗 심기 순서 화보자료, 흙, 모종삽, 물조리개	신체운동·건강, 사회관계, 자연탐구	■●▲
		향기 가득 책갈피	다양한 꽃잎, 미술도구, 종이, 지끈	예술경험, 사회관계, 자연탐구	▲■
	• 오늘은 내가 주인공 • 부모님, 선생님 감사합니다 • 가족이 있어서 행복해요	사랑하는 우리 가족	나의 가족 사진	신체운동·건강, 의사소통, 사회관계	♥●▲
		우리 결혼해요	가족 사진, 다양한 형태의 가족 사진자료, 꽃 모형, 풍선	예술경험, 의사소통, 사회관계	♥●▲★
여름	• 우리나라 대통령이야기 • 동네 사람들을 만났어요 • 우리 동네가 궁금해요 • 도일시장에 갔어요 (프로젝트)	하늘에서 본 우리 동네	컴퓨터, 네이버 지도 사이트	신체운동·건강, 자연탐구, 사회관계	●
		신나는 축제	세계 여러 나라 축제 그림자료, 스페인 '토마토 축제' 그림자료 벽면 게시	예술경험, 의사소통, 사회관계	●▲■
	• 여름 햇님이 뜨거워요 • 물놀이와 휴식을 해요 • 물놀이가 재미있어요	더운 여름 우리들이야기	다양한 나라의 7월 날씨 그림자료, 부채, 선풍기, 아이스크림 모형, 죽부인	예술경험, 의사소통, 사회관계	●▲
		물고기 잡으러 가자!	물고기 사진자료, 낚싯대, 물고기 모형, 바구니, 바닷가 배경 사진 벽면 게시	신체운동·건강, 자연탐구, 사회관계	▲■
	• 자동차로 놀이해요 • 우리나라의 두번째 생일이에요 • 도로에 차가 많아요 • 자동차가 도와줘요	여행을 떠나요	세계 여러 나라 국기, 비구조적 놀잇감, 미술 도구, 세계 대표 건축물 배경 사진 벽면 게시	예술경험, 의사소통, 사회관계	●▲
		자동차가 사라진다면?	세계 여러 나라의 탈 것 그림자료	의사소통, 예술경험, 사회관계	●▲

계절	예상놀이	다문화 예상놀이주제	놀이 환경 지원	개정 누리과정 주요 관련 요소	다문화 요소
가을	• 우리나라가 자랑스러워요 • 세종대왕님, 고마워요 • 우리나라 말이 참 예뻐요 (프로젝트)	나만의 멋진 건축물	세계 여러 나라 건축물, 우리나라 문화제 그림 자료, 클레이, 사인펜	예술경험, 의사소통, 사회관계	●▲
		뉴스를 전해드려요	마이크, 텔레비전 모형	예술경험, 의사소통, 사회관계	●▲■
	• 우리나라 시작과 한글날 • 우리 반에도 가을이 왔어요 • 색깔과 낙엽놀이 • 가을밤, 달님에게 인사해요	알록달록 나무 세상	세계 여러 나라의 나무 사진자료, 가로수길 화보, 단풍잎 모형	신체운동 · 건강, 자연탐구, 사회관계	●▲
		맛있는 쌀밥	세계 여러 나라의 주식 사진자료, 추수사진자료, 벼 모형, 농기구 모형	신체운동 · 건강, 자연탐구, 사회관계	▲■
	• 우주에 가고 싶어요 • 해, 달, 별 이야기 • 우주선을 타고 떠나요! (프로젝트)	우주를 탐험해요	우주 화보자료 게시, 비구조적 놀잇감, 미술도구, 색채도구	예술경험, 의사소통, 사회관계	▲■
		환경릴레이	집게, 쓰레기봉투, 색채도구, 종이	신체운동 · 건강, 자연탐구, 사회관계	♥▲■
겨울	• 친구와 눈놀이를 해요 • 따뜻한 마음을 나눠요 • 즐거운 크리스마스 • 복 많이 받으세요!	펑펑 눈이 와요!	겨울 화보 벽면 게시, 장갑, 목도리	신체운동 · 건강, 자연탐구, 사회관계	●▲
		메~리 크리스마스	크리스마스 다양한 가족들의 모습 사진자료, 크리스마스 트리 그림 벽면 게시	자연탐구, 의사소통, 사회관계	●▲
	• 새해가 왔어요 • 지니봇으로 놀이해요 • 우리집에도 로봇이 있어요 • 내가 만든 로봇이에요 (프로젝트)	삐리 삐리 로봇	최초의 로봇 사진자료	예술경험, 자연탐구, 사회관계	▲■
		나는 별명가	세계 여러 발명가 사진자료, 비구조적 놀잇감, 미술도구	예술경험, 의사소통, 사회관계	●▲
	• 초등학교가 궁금해요 • 나는 곧 1학년이에요 • 설날놀이가 재미있어요 • 졸업하지만 기억할게요 (프로젝트)	학교 가는 길	다양한 블록, 우리 동네 모습 사진 벽면 게시	예술경험, 의사소통, 사회관계	●▲■
		명화 속 주인공이 되어봐요	브뢰헬의 '아이들 놀이' 명화자료	예술경험, 의사소통, 사회관계	●▲♥

* 유아가 놀이의 중심이 되는 놀이 중심 활동이 진행됩니다. 놀이과정에서 유아의 관심과 흥미도에 따라 다소 변경될 수 있습니다.

2) 5세 월간 놀이지원 계획 예시

월간 놀이지원 계획은 전체적인 방향과 목표를 설정한 연간 다문화 놀이지원 계획의 흐름을 따라 유아의 흥미와 놀이 흐름에 맞춰 구체적으로 실행하는 단계이다. 유아의 놀이 흐름 속에 자연스럽게 다문화를 녹여내는 방향으로 유연하게 운영한다.

〈표 12-2〉 5세 다문화교육 월간 놀이지원 계획 예시

- 이번 달 예상 관심과 놀이

<table>
<tr><td>반 훈</td><td colspan="2">존중하며 배려하는 어린이</td><td>놀이기간</td><td>2025년 3월 1일 ~ 3월 29일</td></tr>
<tr><td>예상놀이의 기대</td><td colspan="4">• 새로운 우리 반에 관심을 가지고, 교실에서 즐길 수 있는 다양한 활동을 탐색하며 즐겁게 생활한다.
• 함께 생활하는 우리 반 친구들과 사이좋게 지내며, 협동하는 놀이에 즐겁게 참여한다.
• 우리 반의 규칙적인 하루 일과를 경험하고 함께 생활할 때 필요한 약속과 규칙을 이해하고 실천해 본다.</td></tr>
<tr><td rowspan="5">실내놀이</td><td colspan="2">늘푸른솔반이 좋아요</td><td colspan="2">사이좋은 친구들</td></tr>
<tr><td colspan="2">우리 반 선생님
우리 반을 블록으로 만들어요
확대경으로 교실 둘러보기
우리 반과 인사 나누기</td><td colspan="2">블록으로 ‘친구’ 만들기
친구 이름 글자 써보기
내 친구를 관찰해요
(다문화) 사이좋은 우리들</td></tr>
<tr><td colspan="4">우리가 만드는 유치원</td></tr>
<tr><td colspan="2">우리 반에서 이렇게 놀았어요</td><td colspan="2">우리 유치원이 좋아요</td></tr>
<tr><td colspan="2">원에서의 하루
우리가 함께 만든 약속
모두 제 말만 해요
우리 유치원 원가</td><td colspan="2">우리 반 도우미 놀이
함께하는 우리원
얼굴 찌푸리지 말아요
내 얼굴 그리기</td></tr>
<tr><td rowspan="2">바깥놀이</td><td>즐거운 바깥놀이</td><td>바깥놀이를 안전하게 해요</td><td>바깥놀이 규칙을 정해요</td><td>대문놀이를 해요</td></tr>
<tr><td>평균대를 걸어요</td><td>짝짓기 게임을 해요</td><td>상자에 공 던져 넣기</td><td>정리상자에 놀잇감 놓고 돌아오기</td></tr>
<tr><td>대체활동</td><td>- 감염병 및 약물의 오용, 남용 예방 등 보건위생관리: 감염병 예방을 위한 위생실천(코로나19 예방수칙)
- 교통안전: 안전하게 다녀요</td><td>- 실종 유괴의 예방 및 방지: 우리 동네 안전 지킴이</td><td>- 재난대비: 전기 콘센트를 안전하게 사용해요
- 성폭력 및 아동학대예방: 내 몸의 소중함
- 소방대피훈련 : 조리실에서 불이 났어요</td><td>- 소방안전: 코와 입을 막아요</td></tr>
</table>

행사 및 지역사회 연계	입학식 유치원 적응기간	유치원 적응기간	신체계측 · 소방대피 훈련 · 도일시장	(다문화) 시끌벅적 도일시장에 가요
특색활동	성장 줄넘기			
특성화 활동	책 읽기(세힘) / 창의 미술 / 창의 과학 / 기어 블록 / 지니코딩 / 한글 수(두더러링)			
특별활동	영어(매일) / 원어민 영어 / 줄넘기 / 체육			

* 유아가 놀이의 중심이 되는 놀이 중심 활동이 진행됩니다. 놀이과정에서 유아의 흥미도에 따라 다소 달라질 수 있음을 알려드립니다.

3) 5세 주간 놀이실행 계획 예시

주간 놀이실행 기록은 유아의 흥미와 놀이의 흐름을 중심으로 유연하게 구성된다. 영유아의 비언어적·언어적 의사표현을 존중하여 영유아의 흥미에 따라 융통성 있게 일과를 운영하며 놀이를 지원해야 한다. 또한 유아들의 놀이 흐름, 상호작용, 표현 등을 기록으로 남겨 다음 주 놀이계획 수립에 활용한다.

〈표 12-3〉 5세 다문화교육 주간 놀이실행 계획 예시

놀이주제		우리 유치원이 좋아요					
놀이의 기대		• 함께 생활할 때 필요한 약속과 규칙을 이해하고 실천해 본다.					
기본생활습관		• 동네 어른들께 인사를 드려요.					
놀이기간		2025년 3월 24일 ~ 3월 29일					
활동요일		월	화	수	목	금	토
일과		계획 및 실행					
일상생활	07:30~09:00 등원 및 통합보육 (교실 환기)	• 등원 및 맞이하기 (인사 – 선생님께 "안녕하세요"라고 인사해요) – 선생님과 부모님께 바르게 인사한 후 체온을 측정함. – 자신의 사물함에 소지품을 정리하고 손을 깨끗이 할 수 있도록 도움.					
	09:00~09:30 오전 간식 15:00~15:30 오후 간식 (교실 환기)	• 오전 간식 & 오후 간식 (건강 · 영양 – 음식을 먹기 전에 손을 깨끗하게 씻어요) – 바르게 손 씻는 것을 도와주며 개인위생에 관심을 갖고 손을 씻을 수 있도록 상호작용함. – 오전 간식으로 나온 두유를 먹기 싫다고 하는 유아들도 있어 의사를 존중해 줌. ○○이가 언어 영역에 있는 '채소마을 콩대장'이라는 책을 보여주며 두유를 먹지 않겠다고 하는 유아와 함께 읽기를 원하여 읽어보며 콩이 들어있는 두유에는 우리 몸에 필요한 영양소가 풍부하게 들어있다는 것에 대해 이야기를 나누어봄. 두유를 먹지 않던 몇몇 유아들은 조금씩 따라 준 두유를 먹어보며 관심을 가짐.					

<table>
<tr><td>일상생활</td><td>12:00~13:00
점심 식사
(교실 환기)</td><td colspan="3">• 점심 식사 (건강 · 영양 – 음식을 골고루 먹어요)
– 음식을 골고루 먹어볼 수 있도록 질감, 맛 등에 대해 상호작용을 함. ○○이는 "골고루 먹지 않으면 아플 수도 있고 콜라, 초콜릿처럼 좋아하는 것만 먹으면 뚱뚱해져."라고 표현하며 당이 들어간 음식을 적게 섭취해야 한다는 것에 대해 잘 알고 있었음. 점심 식사 시 평소 국이나 채소를 먹지 않던 △△가 "선생님 저도 오늘은 조금 먹었어요."라고 말을 하며 골고루 먹는 것을 실천하려고 노력하는 모습이 보임.</td></tr>
<tr><td rowspan="2">놀이</td><td rowspan="2">09:30~10:50
오전
실내놀이
(교실 환기)</td><td rowspan="2">놀이
실행
및
지원</td><td>월</td><td>오늘은 우리 유치원 마당에도 물고기가 있었으면 좋겠다는 아이들의 이야기에 원장님께서 물고기를 사오셔서 유치원 마당에 모여 함께 연못을 만들고 물고기를 풀어주었음. 유아들은 원장님께서 사오신 물고기에 관심을 보이며 ○○이가 "새로운 물고기는 어떤 물고기일까?"라고 하자 옆에 있던 ○○에게 물어보자 "금붕어? 어떤 색일까?"라고 이야기함. 유아들은 연못을 만들고 물고기를 풀어주는 활동에 적극적으로 참여함. 물고기를 풀어주고 나서 물고기에게 밥을 주기도 함. ○○이는 "물고기가 정말 큰돌 아래로 숨을까?" 하며 돌아래를 한참 쳐다보기도 하고, ○○이는 "내가 주는 밥은 아직 안먹고있어!" 하며 자신의 밥만 바라보기도 했음. 물고기 풀어주기 활동 후 교실에서는 연못 만들기로 놀이가 연계 확장되는 것을 볼 수 있었음. 유아들은 큰 돌, 작은 돌은 벽돌 블록으로 표현하고 물고기는 레고 블록으로 만들어 "우리 반에도 연못이 생겼어요!" 하며 좋아함. 교사는 유아의 호기심을 존중하며 탐색을 유도하는 질문과 다양한 재료를 제공하여 놀이가 자연스럽게 확장될 수 있도록 지원하였고, 유아들은 실제 경험을 바탕으로 상상력을 발휘하며 구성과 협력을 통해 자연과의 상호작용을 깊이 있게 경험하는 모습을 보여줌.</td></tr>
<tr><td>화</td><td>먼저 등원한 ○○이와 ○○가 연못 만들기를 시작하니 몇몇 유아들도 관심을 갖고 "같이놀자"라며 참여함. ○○이는 큰 벽돌 블록을 옮겨 연못을 구성하고 ○○는 "내가 작은 돌을 가져올게!"라며 사이사이 작은 벽돌 블록을 넣어 빈자리를 채움. 그리고 레고 블록으로 물고기를 만들어 연못을 만들고 밥 주는 놀이가 이어짐. 교사는 다양한 블록 재료를 유아들이 스스로 선택할 수 있도록 공간을 유연하게 구성하고 필요한 재료를 가까운 곳에 배치해 지원함. 이 모습을 지켜보던 ○○이는 십자블록으로 물고기를 만들어 놀이에 참여하기도 함. 늦게 등원한 ○○이가 "우리 연못에 물고기가 없었어!"라고 이야기하자 ○○는 "물고기가 겨울잠을 다시 자나?"라며 창문 밖 연못을 바라봄. 유아들의 흥미에 따라 교사는 바깥놀이 시간을 유연하게 조정하여 연못으로 이동하였고, 유아들은 실제 물고기를 관찰하며 실내놀이와 바깥활동을 유기적으로 연결하는 경험을 가짐.
3월 적응기간동안 잘 적응하고 있는 유아들의 모습에 앞으로는 하루 일과에 더 관심을 갖고 우리 반의 다양한 활동에 참여하여 흥미를 가질 수 있도록 도우미 활동을 지원할 계획으로 유아들에게 이야기하자 제비뽑기로 도우미를 정했으면 좋겠다고 이야기하여 교사는 유아의 의견을 반영하여 도우미 막대 만들기 활동으로 이어질 수 있도록 지원함. 아이스크림 막대에 자신의 이름을 적고 꾸며줌.</td></tr>
</table>

놀이	09:30~10:50 오전 실내놀이 (교실 환기)	놀이 실행 및 지원	수	오늘은 어제 만든 도우미 막대에 ○○이가 "오늘부터 이걸로 뭐 할 거예요?"라고 물어보자 ○○이는 "우리가 선생님을 계속 도와주는 거예요?" 하며 관심을 갖으며 선생님의 역할을 함께한다는 것에 즐거워함. 유아들의 의견을 반영하여 하루 일과 중 도우미 막대를 이용하여 특성화 활동을 할 때 친구의 이름을 보고 블록박스를 찾아주는 친구, 급·간식 도우미 친구 등 다양한 참여를 도움. 또한 도우미 막대를 이용하여 막대를 뽑아 술래를 정하거나 막대를 뽑아 춤추는 친구를 정하는 등 놀이도구로 확장됨. 놀이 중 ○○이가 "선생님, 저도 도우미 막대 뽑고 싶은데 ○○만 계속해요."라고 이야기하며 또래 간 갈등 상황이 있었으나, ○○이가 "도우미 막대를 하나 더 만들어주면 안 돼요?"라고 제안하며 친구의 감정을 고려하고 문제를 해결하고자 하는 모습이 나타남. 이에 교사는 유아들의 자발적인 해결 방안을 존중하고, 내일 색깔 막대를 더 준비하여 모두가 공평하게 사용할 수 있도록 지원하기로 하였음.
			목	오늘은 색깔 막대를 더 지원해 주니 유아들이 도우미 막대를 추가로 만들어 사용하는 놀이가 활발히 이루어졌음. ○○는 "선생님, 저도 연필꽂이가 필요해요."라며 도우미 막대를 꽂아둘 통이 필요함을 인식하고 이야기하였고, 이에 교사는 "우리 교실에 어떤 통이 있을까? 함께 찾아볼까?"라고 제안하며 유아의 요구를 존중하고 해결을 위한 자발적인 탐색을 유도하였음. ○○는 ○○에게 "아, 어떤 통으로 하지? 통 필요한데…." 하고 고민을 나누었고, ○○는 다양한 비구조적 재료들을 살펴보며 "이거 어때?" 하고 ○○를 불러 요구르트 병을 건네주는 등 자연스럽게 또래 간 협력과 상호작용이 이루어졌음. 유아들은 요구르트 병이나 요플레 통 등을 이용해 각자의 도우미 막대 통을 만들었으며, 교사는 유아들이 자신만의 재료를 자유롭게 선택하고 꾸밀 수 있도록 다양한 재료를 정리하여 지원해 줌.
			금	오늘은 역할놀이를 하던 유아들 사이에 서로 경찰 역할을 하겠다며 다툼이 있었는데, ○○이가 "이름 막대 뽑아! 뽑힌 사람이 해!"라고 말하며 해결 방안을 제안하였고, 어제 만든 도우미 막대를 이용하여 역할놀이 중 순서를 정하는 방식으로 자연스럽게 이어지는 모습을 볼 수 있었음. 교사는 유아가 스스로 규칙을 만들고 갈등 상황을 해결하는 과정을 존중하며, "좋은 생각이네! 친구들이 모두 동의하면 그렇게 해보자."라고 말하며 유아의 자율적 문제 해결을 지지하고 놀이의 흐름을 방해하지 않도록 민감하게 반응함. 이어 ○○이는 "어? 날짜판이 안 바뀌었는데? 도우미 막대 하나 더 뽑아야겠다."라고 하며 날짜판을 바꿀 친구를 자발적으로 정하였고, ○○이는 "여기 누가 색연필 정리 안 했어! 아무도 없다고 하면 도우미가 필요할 것 같은데."라고 말하며 정리 도우미의 필요성을 인식하고 역할을 제안함. 이처럼 유아들은 이름 막대를 활용하여 날짜판 도우미, 정리 도우미, 오늘의 날씨 도우미 등 다양한 역할을 자율적으로 구성하고 실천하는 모습이 나타났으며, 교사는 유아들이 도우미 역할을 기억하고 실천할 수 있도록 도우미판을 눈에 잘 보이는 자리에 정리해 주고, 필요 시 역할 내용을 다시 떠올릴 수 있도록 간단한 언어적 안내를 제공함. 역할 분담을 통해 유아들은 교실생활의 일부분을 스스로 운영하는 경험을 하며, "선생님 우리가 하니까 너무 재미있어요.", "저도 또 도우미 하고 싶어요." 등 즐거움을 표현하고 책임감을 갖고 활동에 참여하는 모습이 관찰되었음.

<table>
<tr><td rowspan="5">놀이</td><td rowspan="2">09:30~10:50
오전
실내놀이
(교실 환기)</td><td rowspan="2">놀이
실행
및
지원</td><td>금</td><td colspan="5">교사는 유아의 이러한 긍정적인 경험을 지속적으로 강화하기 위해 다음 날 역할을 교대로 할 수 있도록 계획을 공유하고, 각자의 도우미 경험이 교실 운영에 기여하고 있음을 함께 이야기 나누며 유아의 자율성과 공동체 의식을 북돋아 주었음.</td></tr>
<tr><td>토</td><td colspan="5">토요 등원 유아 없음.</td></tr>
<tr><td rowspan="3">10:50~12:00
바깥놀이
(대체활동)</td><td colspan="2">월</td><td>화</td><td>수</td><td>목</td><td>금</td><td>토</td></tr>
<tr><td colspan="2">원장님과 함께 유치원 연못에 물고기 풀어주기</td><td>물고기야 안녕?</td><td>보물찾기</td><td>친구와 자리 바꾸기</td><td>[지역사회 연계] 시끌벅적 도일시장에 가요</td><td>토요 등원 유아 없음</td></tr>
<tr><td colspan="7">사유 : 미세 먼지가 있어 마스크를 착용하고 바깥놀이를 진행함.</td></tr>
<tr><td></td><td>13:00~13:20
활동 및
실내놀이</td><td colspan="7">• (안전교육) 소방안전 : 코와 입을 막아요
– 유아들과 불이 났을 때 어떻게 해야 하는지에 대해 상호작용해 봄. ○○는 “불이 나면 119에 신고해야 해요.”라고 했고 ○○는 “우리는 밖으로 나가야 하는 거야.”라고 소방대피훈련을 했던 경험을 떠올리며 이야기함. 그러자 ○○이가 자리에서 일어나 “불이야!” 하고 외치며 놀이매트로 뛰어가 “이렇게 하는 거잖아요.”라고 이야기함.
– 사이렌 소리가 들리면 놀이하던 것을 멈추고 교사를 따라 “불이야”라고 외치며 코와 입을 막고 허리를 숙여 교사와 안전하게 대피하는 것을 이야기하며 코와 입은 왜 막아야 하는지 상호작용함.

• (기본생활습관) 동네 어른들께 인사를 드려요
– 바깥놀이 및 도일시장 다녀오기, 산책할 때 만나는 어른들께 바르게 인사할 수 있도록 도움.

• 도일시장에 다녀왔어요 (다문화 요소 – 다양성 · 문화 · 편견 · 협력)
– 시장을 둘러보다 우리 동네 중국간식 매점을 발견함. ○○이는 “여기 가봤어? 우리 엄마 나라가 중국이야.”라고 이야기하며 가게를 보며 이야기함. 몇몇 유아들이 가보았다고 이야기하자 ○○이는 중국어로 써있는 간판, 글씨를 보며 “이게 바로 중국어야”라며 자신의 경험을 친구들에게 이야기함.</td></tr>
<tr><td colspan="2" rowspan="4">13:20~15:00
15:30~15:50
특별활동 및
대체활동</td><td colspan="7">• 오전 실내놀이 확장
– 오전에 놀이하였던 경험을 떠올리며 놀이가 연결되어 진행될 수 있도록 지원함.</td></tr>
<tr><td colspan="2">영어</td><td colspan="2">책 읽기</td><td>체육</td><td colspan="2">줄넘기</td></tr>
<tr><td colspan="2">14:00~14:30(월, 화)
14:30~15:00(수)
13:55~14:15(목)
13:00~13:30(금)</td><td colspan="2">13:20~13:40(목)</td><td>12:30~13:00(금)</td><td colspan="2">12:30~13:00(월)</td></tr>
<tr><td colspan="7">• 이번 주 대체활동 내용: 공룡 그리기/내가 만든 상상 동물 그리기/고양이 접기/기린 접기
• 특별활동 참여 여부를 스스로 결정할 수 있도록 하여 유아의 자기결정권을 기르고, 놀이 선택에 대한 주체성을 존중함.</td></tr>
</table>

15:50~ 16:00 기본보육 귀가 및 연장보육 준비	• 자신의 소지품을 함께 정리해 본다. – 기본보육 하면서 개별적으로 귀가 및 연장반으로 이동한다.
16:00~19:30 연장보육 및 귀가	• 유아반 연장 전담 교사일지를 참고한다.
배움을 위한 자료제공	물고기와 연못, 도우미 막대, 비구조적 놀잇감, 색채도구
놀이를 위한 공간구성	연못 구성을 위해 충분한 놀이 영역 확보
주간운영평가	원장님께서 가져오신 물고기에 관심을 갖고 궁금해할 때는 바깥놀이 시간을 조정하는 것에 대해 의논하며 실내놀이와 바깥놀이 시간을 융통성 있게 운영하였음. 유아의 건강상태 확인 및 점검, 교실 위생과 소독에 힘쓰며 건강하고 안전한 생활을 할 수 있도록 노력하였고 수시로 자연스럽게 위생교육이 이루어짐. 바깥놀이 시간에는 물고기가 궁금해 연못 앞까지 가까이 쭈그려 앉거나 친구를 뒤에서 잡는 행동을 해서 연못에서는 한 걸음 떨어지기, 옆 친구를 잡지 않기 등의 안전교육을 실시하였음. 또한 미끄럼틀은 거꾸로 올라가지 않기, 마당의 탈 것은 한 방향으로만 돌기와 놀이 중 숨이 찰 때는 잠시 쉬기 등의 놀이 안전교육이 이루어짐. 교사는 유아들이 옷을 많이 입어 덥거나 얇게 입어 추위를 느끼지는 않는지 주의 깊게 살펴보며 안전하고 즐거운 바깥놀이가 될 수 있도록 지원함. 유아들이 어린이집과 친구에 대해 즐겁게 경험하며 배울 수 있도록 풍부한 비구조적 놀이 자료를 제공하고 음원을 들려주었음. 놀이과정에서 봄이 되어 달라진 자연의 모습을 발견하거나 날씨가 점점 더워지고 있음을 느끼며 덥다고 표현하는 모습을 많이 발견하였음. 4월에는 유아들과 봄꽃으로 즐겁게 놀이하면서 봄의 날씨를 느끼고 꽃의 아름다움을 느끼며 자연의 소중함도 함께 경험하고 배우기를 기대함.

• 보육과정 평가는 매주 금요일에 실시하며 다음 보육계획에 반영합니다.

4) 5세 다문화 놀이이야기 예시

교사는 놀이와 놀이 환경 지원이 영유아의 배움을 지원하는 중요한 교육적 자원임을 이해하며 풍부하고 매력적인 놀이 환경을 지원해 주어야 한다.

새로운 다문화 놀이주제에 관심을 갖을 수 있는 환경을 지원해 주되, 모든 영유아들이 지원해 준 자료에 흥미를 갖고 놀이를 해야 한다는 부담을 내려놓고 영유아의 놀이 특성과 상황에 따라 유동적으로 변화할 수 있으며, 유아 주도의 자연스러운 흐름을 존중하는 것이 핵심이다.

〈표 12-4〉 5세 다문화 놀이이야기 예시

<table>
<tr><td>예상놀이</td><td colspan="4">우리 유치원이 좋아요</td></tr>
<tr><td>다문화 놀이주제</td><td>시끌벅적 도일시장에 가요</td><td>대상 연령</td><td colspan="2">5세</td></tr>
<tr><td>활동기간</td><td>3월 4주</td><td>다문화 요소</td><td colspan="2">다양성, 문화, 협력, 편견</td></tr>
<tr><td>교사의 기대</td><td colspan="4">• 다문화를 존중하고 다양성을 긍정하는 자세를 지닌다.
• 다양한 문화를 존중하며 서로 어울려 살아간다.
• 나와 다른 모습의 친구나 이웃을 이해하고 서로 협력한다.
• 편견을 극복하고 더 다양한 세상을 경험한다.</td></tr>
<tr><td>개정 누리과정 관련 요소</td><td colspan="4">• 신체운동 · 건강 〉 신체활동 즐기기 〉 실내 · 외 신체활동에 자발적으로 참여한다.
• 의사소통 〉 읽기와 쓰기에 관심 가지기 〉 주변의 상징, 글자 등의 읽기에 관심을 가진다.
• 사회관계 〉 사회에 관심 가지기 〉 다양한 문화에 관심을 가진다.
• 사회관계 〉 더불어 생활하기 〉 서로 다른 감정, 생각, 행동을 존중한다.</td></tr>
<tr><td rowspan="5">자료첨부</td><td colspan="4">우리 동네에 있는 여러 나라의 가게들</td></tr>
<tr><td colspan="2">
</td><td colspan="2">
</td></tr>
<tr><td colspan="2">
</td><td colspan="2">
</td></tr>
<tr><td colspan="2">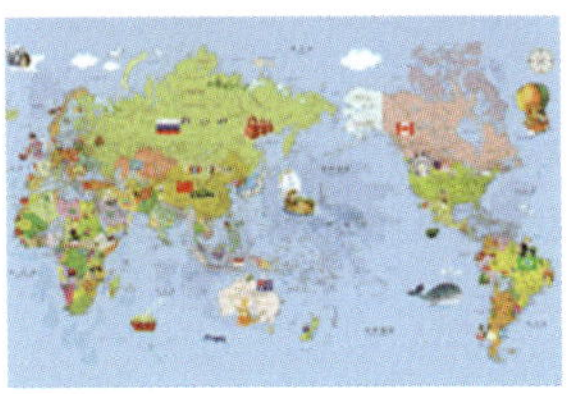</td><td colspan="2"></td></tr>
<tr><td colspan="4">출처: 네이버</td></tr>
<tr><td>놀이의 시작</td><td colspan="4">- 우리 동네에 5일장이 열려 도일시장에 가는길 유아들은 “너 새로 생긴 아이스크림 가게에 가 봤어?”, “빵집도 새로 생겼잖아.” 하며 내가 알고 있는 우리 동네 가게에 대해 이야기를 나누었다. 시장을 둘러보는 길 “저기 있다 아이스크림 가게!” 하며 우리 동네 다양한 가게 찾기 놀이가 시작되었다.</td></tr>
</table>

<table>
<tr><td>놀이의 흐름
및 확장</td><td>
</td></tr>
<tr><td>고민과
지원</td><td>- 중국어 간판을 보고 뭐라고 써있는지 궁금해했지만 교사가 잘 알지 못해서 함께 찾아보기로 했다. 중국어를 사진 찍어와 찾아보는 과정에서 유아들은 “난 중국어는 너무 어려워.” 하며 자신이 알고 있는 것 이외의 것은 부정적인 감정을 가지고 편견을 갖는 유아들이 많이 있다는 것을 느꼈다. 교사는 우리 반 중국 다문화가정 어머님께 부탁드려 초청하는 시간을 만들어 놀이를 지원하였다.
- 교실에 비치된 컵쌓기 놀잇감으로 컵을 쌓는 놀이를 하다가 다른 친구의 제안으로 만리장성보다 더 길게 쌓아 늘푸른성벽을 만들기로 했다. “컵 다 썼는데? 컵이 너무 조금이야!” 하며 아쉬워하는 유아들이 있어 비구조적 놀잇감을 지원하여 자유롭게 구성놀이를 할 수 있도록 지원하였다.
- 이번 놀이를 통해 우리 반 유아들도 개별 유아의 독특한 특성과 가치를 존중받으면서 고유의 정체성을 잃지 않고 친구들과 조화롭게 지낼 수 있도록 교사가 유아들의 개별적 차이를 수용하고 이해하며 학급에서 조화롭게 생활할 수 있도록 지원이 필요하겠다고 느껴 교사연수를 통해 다문화교육에 대한 교사역량 강화가 필요하겠다.</td></tr>
</table>

[평가] 놀이를 통한 배움	바깥놀이 시간 도일시장을 둘러보며 다양한 가게들을 보며 여러 나라의 음식과 다양한 종류의 가게를 경험해 보았다. 유아들은 새로 생긴 가게 이름을 이야기하거나 내가 가보았던 음식점을 떠올리며 "저번에 엄마랑 여기 베트남 음식점에 갔었는데, 나는 쌀국수가 비빔국수보다 더 맛있었어. 하나도 안매워."라고 이야기하며 다양성을 경험할 수 있었다. 중국 간식 가게 앞에 써있는 중국어를 보고 어떤 말인지 궁금해하여 교사가 잘 모르지만 함께 찾아보자고 제안하자 "중국어는 너무 어려워." 하며 내가 모르는 것은 어렵다고 편견을 갖는 유아가 있었다. 이때 "우리 엄마는 중국에서 태어났다고 했어. 중국어 잘해."라고 이야기하는 친구와 "난 한국말이 더 어려워."라고 말하는 외국인 친구의 이야기를 듣고 편견을 극복해 보고 배움이 나타나는 것을 볼 수 있었다. 또한 다문화 가정의 재능기부 활동을 통해 유아들은 "○○이네 엄마는 중국어를 정말 잘해.", "아줌마는 중국에서 태어나서 한국말보다 중국말이 더 쉬웠대."라고 이야기하며 이번 놀이를 통해 편견을 극복하는 유아들의 모습을 보며 교사의 역할에 대해 생각해 볼 수 있었다. 한편에서는 컵쌓기 놀이로 탑을 만든 후 "이거 만리장성 같지 않아?" 하며 중국의 만리장성 쌓기 놀이가 시작되었다. "중국 만리장성보다 더 길게 만들어 보는 건 어때?" 하며 늘푸른성벽을 쌓는 과정에서 다 함께 협력해 보는 경험이 되었다.
유의사항	- 놀이의 흐름을 관찰하며 유아의 개별적 수준을 고려하여 지원을 하도록 한다. - 다양한 놀이 속에서 창의적인 사고가 증진될 수 있도록 관찰하고 지원하도록 한다.

다문화 놀이지원 계획 시 TIP

1. '문화를 배우는 것'이 아니라 '문화로 놀기'
 - 다문화 활동은 영유아들이 새로운 문화적 요소를 놀이 재료로 삼아 자유롭게 탐색하고 표현할 수 있는 기회이다. 정보를 가르치는 방식보다, 그 문화의 요소를 가지고 직접 놀이하도록 구성하는 게 중요하다.

2. 유아가 주도하는 놀이 환경 구성
 - 다양한 문화를 표현할 수 있는 소품과 자료(의상, 식기, 사진, 인형 등)를 놀이공간에 미리 배치하여 아이들이 스스로 관심을 가지고 선택할 수 있도록 지원한다.
 - 교사는 아이의 놀이 흐름을 관찰하며 가볍게 문화적 설명이나 확장을 도와주는 조력자가 되어야 한다.

3. 놀이확장을 위한 놀이지원
 - 한 가지 활동으로 끝나지 않고 아이가 더 넓게 놀이를 확장할 수 있도록 놀이를 지원한다.

4. 아이의 놀이와 반응을 관찰하고 기록하기
 - 다문화 관련 놀이는 결과물보다 아이의 상호작용과 표현과정을 중요시하고 자유롭게 흘러가게 두되, 관찰을 통해 아이의 시선과 생각을 기록해야 한다.
 - 어떤 문화에 흥미를 보이는지, 놀이 중 어떤 표현을 하는지 세심하게 관찰하면서, 아이 개개인의 다문화 감수성과 놀이 흐름을 이해한다. 실행한 놀이기록은 다음 놀이계획에 반영할 수 있다.

5. '다름'을 있는 그대로 즐기며 편견 없이 다양성을 표현하도록 주의
- 친구의 이름, 생김새, 말투, 가족 형태 등을 놀이를 통해 자연스럽게 소개하고 받아들이는 분위기를 만들어 주어야 한다.
- 어떤 문화든 긍정적이고 흥미로운 시각으로 접근하며, 아이들이 스스로 다양성을 탐색하고 느끼도록 지원한다.

6. 부모와의 연계 활용하기
- 다문화 가정이나 관련 경험이 있는 가족을 초대하거나 자료를 공유하면 놀이의 생동감과 실제성이 높아질 수 있기 때문에 부모 참여활동, 영상자료 공유, 전통 음식 나눔 등으로 연계할 수 있다.

2. 연령별 연간 놀이지원 계획, 월간 놀이지원 계획, 주간 놀이실행 계획, 다문화놀이계획안 작성

1) 0세 다문화교육 놀이지원 사례

(1) 연간 놀이지원 계획

〈표 12-5〉 0세 다문화교육 연간 놀이지원 계획

(다문화 요소 : ●문화이해 ▲다양성 ■협력 ♥평등 ★편견 ♠정체성)

계절	예상놀이	다문화 예상놀이주제	놀이 환경 지원	개정 표준보육과정 주요 관련 요소	다문화 요소
봄	• 낯설어요	우리 어린이집 우리 선생님	우리 어린이집 선생님 사진, 다양한 선생님 사진	사회관계, 의사소통	▲
	• 선생님과 만나요	여러 가지 인사	세계 여러 인사 동요, 인사 책	사회관계, 의사소통, 자연탐구	▲
	• 느끼며 놀아요 1	냠냠 맛있게 먹어요	여러 나라 음식 사진	사회관계, 의사소통, 자연탐구	▲
여름	• 느끼며 놀아요 2	나뭇잎 모양이 달라요	다양한 모양의 나뭇잎, 앞마당에서 주운 나뭇잎	사회관계, 의사소통, 자연탐구	▲
	• 움직여요 1	서로 달라 특별해요	거울, 세계 여러 나라 사람들 사진자료	사회관계, 의사소통	▲
	• 움직여요 2 • 물놀이	뜨거운 햇빛을 가려주는 모자	세계 여러 나라의 전통 모자 사진(인도-터번, 서부-카우보이, 베트남-논 등), 신문지 모자 만들기 재료	사회관계, 의사소통	▲

계절	예상놀이	다문화 예상놀이주제	놀이 환경 지원	개정 표준보육과정 주요 관련 요소	다문화 요소
가을	• 놀잇감으로 놀아요 1	산으로 나들이 가요	세계 여러 나라 산	사회관계, 의사소통, 자연탐구	▲
	• 놀잇감으로 놀아요 2	냠냠 맛있는 음식	세계 여러 나라 음식 사진, 피라미드 교구	사회관계, 의사소통, 자연탐구	▲
	• 신나는 놀이를 해요 1	곡식이 뭘까?	여러 가지 곡식(콩, 옥수수, 쌀, 팥, 수수 등), 사람 그림 모자이크 종이	사회관계, 의사소통, 자연탐구	▲
겨울	• 신나는 놀이를 해요 2	쿨쿨 겨울잠을 자요	겨울잠 자는 동물 사진, 동물 주사위	사회관계, 의사소통, 자연탐구	▲
	• 좋아해요 1	새해에 먹는 음식이 뭐가 있을까?	새해 여러 나라 새해 모습, 해돋이 사진	사회관계, 의사소통, 자연탐구	▲
	• 좋아해요 2	사랑하는 내 친구	여러 나라 어린이 사진	사회관계, 의사소통	▲

(2) 월간 놀이지원 계획

〈표 12-6〉 0세 다문화교육 월간 놀이지원 계획

- 이번 달 예상 관심과 놀이

<table>
<tr><td>반 훈</td><td colspan="2">행복과 사랑이 넘치는 어린이</td><td>놀이기간</td><td>2025년 3월 3일 ~ 3월 29일</td></tr>
<tr><td>예상놀이의 기대</td><td colspan="4">- 부모와 함께 어린이집에 등원하여 교실을 탐색하며 새로운 공간에 관심을 갖는다.
- 교사와 함께 일과를 경험하며 신뢰감을 형성하고 어린이집 일과에 익숙해진다.</td></tr>
<tr><td>실내놀이</td><td colspan="4">부모님과 함께 교실을 탐색해요
영차영차 엄마에게 걸어가요
어린이집 사진에 끼적여요
낯설어요
친구와 선생님 얼굴을 보아요
선생님 손을 잡고 걸어 보아요
우리 어린이집 우리 선생님 (다문화)</td></tr>
<tr><td>기본생활</td><td>부모님과 인사해요</td><td>부모님과 내 신발장을 찾아요</td><td>부모님과 선생님께 인사해요</td><td>부모님과 기분좋게 헤어져요</td></tr>
<tr><td>특색활동</td><td colspan="4">♥</td></tr>
<tr><td>바깥놀이</td><td>선생님과 마당을 둘러보아요</td><td>선생님과 마당을 둘러보아요</td><td>어린이집 놀이시설을 둘러보아요</td><td>어린이집 놀이시설을 둘러보아요</td></tr>
<tr><td>대체활동</td><td>터널 매트를 지나가요</td><td>터널 매트를 지나가요</td><td>계단 매트를 오르내려요</td><td>계단 매트를 오르내려요</td></tr>
</table>

안전교육	[교통안전] 빵빵 자동차	[실종 유괴의 예방·방지] 선생님 손을 잡고 나가요	[생활안전] 놀잇감을 던지지 않아요	[재난대비 안전] 코와 입을 막아요 [화재] 조리실의 가스 누출로 인한 화재 발생 시
행사 및 지역사회 연계	입학식(신입 적응 프로그램)			

* 영아가 놀이의 중심이 되는 놀이 중심 활동이 진행됩니다. 놀이과정에서 영아의 흥미도에 따라 다소 달라질 수 있음을 알려드립니다.

(3) 주간 놀이실행 계획

〈표 12-7〉 0세 다문화교육 주간 놀이실행 계획

놀이주제		낯설어요				
놀이의 기대		• 교사와 일과를 경험하며 신뢰감을 형성하여 어린이집 일과에 익숙해진다.				
기본생활습관		• 부모님과 인사해요				
놀이기간		2025년 3월 24일 ~ 3월 29일				
활동요일		월	화	수	목	금
일과		계획 및 실행				
일상생활	07:30~09:00 등원 및 통합보육 (교실 환기)	• 등원 및 맞이하기 (인사 – 선생님께 "안녕하세요"라고 인사해요) - 등원하는 영아와 눈을 맞추고 "안녕하세요?"라고 인사함. 영아가 교사의 눈을 보고 방긋 웃으며 안아달라고 팔을 벌림. 교사가 영아를 반갑게 안아 기분 좋게 등원함. - 등원하는 영아 반갑게 맞이하기, 친구와 선생님과 인사를 나눈다. - 영아의 기분과 건강 상태를 확인한다. - 스스로 소지품을 정리할 수 있도록 돕는다. - 통합보육실에서 자유롭게 놀이한다.				
	09:00~09:30 오전 간식 15:00~15:30 오후 간식 (교실 환기)	• 오전 간식 & 오후 간식 (건강·영양 – 음식을 먹기 전에 손을 깨끗하게 씻어요) - 물로 손을 닦고 거품을 손에 묻힌다. "보글보글 거품이 우리 손을 깨끗하게 해주네!", "우와 좋은 향도 나네. ○○도 맡아볼까요?" ○○가 손의 향을 맡는 흉내를 낸다. 손을 헹구고 깨끗한 손을 본다. "깨끗한 손으로 냠냠 점심 맛있게 먹을까요? 깨끗한 손으로 먹어서 더 건강해지겠네." 음식을 먹기 전에 손을 깨끗이 씻기로 약속을 했다.				
	11:50~12:30 점심 식사 & 양치질 (교실 환기)	• 점심 식사 (건강·영양 – 음식을 골고루 먹어요) - 어린이집에서 준비한 다양한 음식을 경험한다. - 휴지를 뜯어 스스로 입을 닦아본다. - 처음 맛보는 음식의 맛과 색 향 등을 탐색하며 먹는다. 교사가 먹는 모습을 따라 골고루 맛을 보았으며 다양한 음식을 경험하였다. (양치질) - 자신의 차례에 스스로 양치질을 시도해 본 후 교사의 도움을 받아 마무리한다. - 세수하고 로션을 바른다. - 양치질을 깨끗이 한 후 깨끗한 치아를 보며 기분 좋은 느낌을 이야기했다.				

<table>
<tr><td rowspan="2">일상생활</td><td>13:00~15:00
낮잠
(교실환기)</td><td colspan="3">• (낮잠 준비 및 낮잠, 낮잠 정리) 음악을 들으며 편안하게 자요
- 편안한 분위기에서 잘 수 있도록 한다(조명, 채광, 소음 조절).
- 영아를 토닥여 주며 개별 수면 습관을 고려하여 편안하게 잠들 수 있도록 돕는다.
- 낮잠 자는 동안 편안하게 잘 수 있도록 친구들과 인사한다.
- 낮잠 후 음악을 들으며 기분 좋게 일어날 수 있도록 한다.</td></tr>
<tr><td>기저귀 갈이</td><td colspan="3">• 개별 영아에 맞게 수시로 진행
- 교사는 손을 씻고 매트 소독 후 진행한다.
- 영아들과 눈을 맞추고 기저귀 갈이 후 기분 좋음을 이야기한다.
- 다리 마사지 등으로 영아의 신체 발달을 자극한다.
- 기분 좋게 기저귀 갈이 후 매트를 소독하고 교사는 손을 닦는다.</td></tr>
<tr><td rowspan="5">놀이</td><td rowspan="5">09:30 ~ 11:00
12:30 ~ 13:00
15:30 ~ 16:00
실내놀이
(교실 환기)</td><td rowspan="5">놀이실행</td><td colspan="2">• (안전교육) 소방안전 : 코와 입을 막아요
- 영아가 '불이야!' 책을 보고 있어서 교사가 "불이야!"라고 소리를 지르며 코와 입을 막고 허리를 숙이고 걸어가는 모습을 보임. 영아가 두 눈을 동그랗게 뜨고 교사의 행동을 유심히 바라봄. 교사가 코와 입을 막으며 대피하는 모습을 모델링함.</td></tr>
<tr><td colspan="2">• (기본생활습관) 부모님과 인사해요.
- 부모님께 안겨서 등원함. 교사가 손을 내밀었더니 영아가 교사에게 안겼음. 교사와 함께 부모님께 인사하며 헤어지는 과정을 경험함. 울음을 터트리는 경우가 있었지만 울면서 교사에게 안기며 인사하기도 함.</td></tr>
<tr><td colspan="2">• 우리 어린이집 우리 선생님 (다문화 요소 - 다양성)
- 여러 나라 선생님 사진자료와 우리 어린이집에 계시는 선생님 사진을 보고 이름을 알아보았음. 체육 선생님, 줄넘기 선생님, 원어민 선생님 등과 인사를 나누며 다양한 선생님을 만나보았음. 매일 보는 선생님 외 다양한 선생님들이 있음을 경험함.</td></tr>
<tr><td>월</td><td>지난주 놀이한 롤휴지에 관심을 보이고 굴리며 놀이를 시도함. 손가락을 사용하여 롤휴지를 잡고 앞으로 밀어 굴리기를 시도하기도 하고 롤휴지를 바닥에 놓고 손바닥을 이용해서 굴리기도 했음. 교사가 롤휴지를 영아 앞으로 굴러가게 했더니 소리치며 박수치는 모습이 보임. 영아 앞에 굴러간 휴지를 쌓았더니 손을 사용하여 무너뜨림. 교사가 반복해서 쌓았더니 영아도 교사가 쌓은 휴지 위에 올려놓을 수 있었음.</td></tr>
<tr><td>화</td><td>놀잇감 롤휴지 사이에 마감하지 않은 휴지를 놓았더니 휴지가 굴러가며 풀렸음. 영아가 풀린 휴지를 따라 가 휴지 끝을 들어올리자 휴지가 더 길게 풀리며 굴러감. ○○이가 풀린 휴지를 손으로 잡고 뜯기도 하고 손가락을 사용해서 찢기도 했음. ○○가 다가와 ○○이가 잡고 있은 휴지 끝을 잡아 뜯었음. 교사가 긴 휴지를 손가락으로 쭉 찢었음. 영아가 반복해서 찢고 뜯기를 반복함. 교사가 옆에서 그릇에 담고 쏟기 놀이를 했더니 영아가 관심을 보이고 그릇을 가져가서 담았음.</td></tr>
</table>

<table>
<tr><td rowspan="7">놀이</td><td rowspan="4">09:30 ~ 11:00
12:30 ~ 13:00
15:30 ~ 16:00
실내놀이
(교실 환기)</td><td rowspan="4">놀이실행</td><td>수</td><td colspan="5">기저귀 지퍼백을 꺼내 흔들고 만지며 놀이함. 지퍼백에 수정토와 물을 넣은 놀잇감을 만지고 수정토가 커지는 과정을 탐색함. 교사가 수정토를 톡톡톡 두드리자 영아들도 톡톡 두드림. 커진 수정토 지퍼백 길을 처음에는 손으로만 만지고 두드려 보더니 손바닥으로 길을 만져보다가 기어서 길을 지나감. 걷기가 가능한 영아도 발로 탐색하다가 걸어보았음. 교사가 손가락으로 수정토를 굴리는 모습을 보고 영아도 따라 수정토를 만짐. 수정토를 세게 만져 깨지기도 함.
바닥에 떨어진 비닐을 손으로 만지고 비비는 등 탐색하고 소리를 들음. 바람을 넣어 공처럼 통통 튕기는 놀이도 하고 손바닥으로 치면서 촉감을 느껴보았음. 교사가 스티커를 떼어 비닐공에 붙였더니 영아도 스티커 떼기를 시도함. 스티커를 부착하고 떼기를 반복하면서 스티커놀이도 함.</td></tr>
<tr><td>목</td><td colspan="5">비닐 재질에 관심을 보여서 긴 뽁뽁이를 제공하여 놀이함. 긴 뽁뽁이를 바닥에 부착해 주었더니 손가락으로 톡톡 소리를 내고 눌러보는 등 소근육을 사용해서 놀이하더니 여러 번 탐색 후 손바닥을 대고 기어서 위로 올라감. 긴 뽁뽁이 위에 앉아서 움직이며 탐색하기도 함. 걸어다닐 수 있는 영아는 두발로 균형을 잡고 걷기도 함. 앉아서 놀이하면서도 균형을 잡을 수 있었음. 교사의 손을 잡고 서보기도 하고 위로 점프하는 등 대근육을 활용해 놀이함.</td></tr>
<tr><td>금</td><td colspan="5">긴 뽁뽁이와 둥근 뽁뽁이를 함께 제공하여 놀이함. 둥근 뽁뽁이를 손가락으로 톡톡 터트리며 소리를 듣고 터트리는 촉감도 느낌. 둥근 뽁뽁이를 바닥에 부착했더니 앉아서 놀기도 하고 걸어다니고 기어다님. 영아가 공을 뽁뽁이 길에 굴리는 모습을 보고 교사가 공으로 톡톡 터트렸더니 영아도 공을 굴려서 터트리며 놀이함.</td></tr>
<tr><td>토</td><td colspan="5">토요 등원 유아 없음.</td></tr>
<tr><td rowspan="3">11:00~11:50
바깥놀이
(대체활동)</td><td colspan="3">월</td><td>화</td><td>수</td><td>목</td><td>금</td></tr>
<tr><td colspan="3">어린이집 마당 둘러보기
돗자리에 앉아서 놀잇감으로 놀이하기</td><td></td><td>마당에 핀 꽃봉우리를 관찰하고 여러 색의 꽃을 보며 봄 느껴보기</td><td>유모차를 타거나 걸을 수 있는 친구는 걸어서 연못 관찰하기</td><td></td></tr>
<tr><td colspan="7">사유 : (화, 금) 초미세 먼지 나쁨으로 오르기 매트놀이를 함.</td></tr>
<tr><td colspan="2">16:00~19:30
기본보육 귀가 및 연장보육</td><td colspan="7">• 자신의 소지품을 함께 정리해 본다.
• 영아반 연장 전담 교사일지를 참고한다.</td></tr>
</table>

주간놀이평가 및 지원	비고
원장님께서 겨울 동안 얼었던 연못을 정리하고 물고기가 살기 좋은 환경으로 꾸며주심. 영유아들이 함께 물고기를 연못에 넣어주고 먹이도 주며 함께 잘 키워보기로 함. 자연의 신비로움과 아름다움을 느낄 수 있었음. 지난주 경험한 놀이를 영아 스스로 시도할 수 있었음. 롤휴지를 스스로 쌓아보려 시도하고 굴릴 수 있었음. 교사가 놀이하는 모습을 보고 따라 해보기도 하고 교사와 함께 놀이를 하려고 하는 모습을 볼 수 있었음. 대소근육을 사용하여 롤휴지를 굴리고 쌓기가 가능해지고 점점 섬세하게 놀이하는 모습도 보임. 마감하지 않은 휴지를 놀잇감으로 제공하여 놀이하는 모습을 관찰해야겠음. 롤휴지를 마감한 휴지 사이에 두고 관심을 보이는지 관찰함. 의도하지 않게 롤휴지가 굴러가며 풀리는 모양을 보고 영아가 의도적으로 휴지를 굴려 풀며 놀이를 시도함. 풀린 휴지를 잡고 뜯기도 하고 손가락을 사용하여 찢을 수도 있었음. 소근육을 이용한 놀이가 가능했음. 지퍼백 비닐 등의 재질에 관심을 보이고 이를 이용해 놀이하는 모습이 보임. 지퍼백에 다양한 놀잇감을 넣고 놀이할 수 있도록 제공해 주어야겠음. 지퍼백에 다양한 놀잇감을 넣을 수 있도록 빈 지퍼백도 제공하고 여러 놀잇감을 넣어서 제공함. 빈 지퍼백에 놀잇감을 넣고 쏟기를 반복하는 모습이 보임. 수정토를 넣은 지퍼백에 관심이 많아서 수정토 지퍼백 길을 만들어 놀이공간을 구성했더니 처음에는 낯설어하는 모습이 보였으나 여러 번 만지며 익숙해지더니 교사의 도움 없이 기어가기도 하고 걸어다니는 모습도 볼 수 있었음. 비닐 재질의 긴 뽁뽁이와 둥근 뽁뽁이로 놀이할 수 있도록 환경을 제공해 주어야겠음. 긴 뽁뽁이를 먼저 제공하여 놀이할 수 있도록 제공하고 둥근 뽁뽁이를 제공하였음. 긴 뽁뽁이는 처음에 낯설어하며 조심스럽게 탐색하는 모습이 보였음. 긴 뽁뽁이에는 공기가 많이 들어있어서 균형 잡기가 어려웠음. 처음엔 넘어지는 경우가 있었으나 여러 번 반복한 후 영아 스스로 균형을 잡고 걸을 수 있었음. 걷지 못하는 영아는 교사의 도움을 받아 서서 점프놀이를 해보았음. 대소근육 놀이를 촉진하는 놀이가 진행되었음. 둥근 뽁뽁이는 거부감 없이 손가락을 사용하여 톡톡 터트려보려고 시도하는 모습이 보임. 영아 혼자 터트리기는 어려워 교사와 함께 터트리며 놀이함. 뽁뽁이 길 걷기, 기어다니기에 흥미를 보여 뽁뽁이 길 아래에 물감을 넣어서 물감의 변화도 탐색해야겠음.	• 원장님과 함께 어린이집 연못에 물고기 풀어주기 • 대청소 및 놀잇감 소독 • 금요일 이불 세탁

배움을 위한 자료제공	지퍼백에 다양한 놀잇감을 넣고 놀이할 수 있도록 제공하고 다양한 비닐 재질의 놀잇감을 지원함.
놀이를 위한 공간구성	휴지놀이를 할 수 있는 공간을 구성하여 놀이에 불편함이 없도록 함.
주간운영평가	3월 마지막 주에 들어 일과를 인식하고 다음 놀이에 대한 기대감도 가질 수 있었음. 바깥놀이 가자고 하는 교사의 말을 이해하고 문을 열어달라고 하거나 양말을 신겨달라고 발을 들어올리는 영아가 있었음. 담임과 안정적 애착을 형성하고 담임과의 소통이 조금씩 이뤄졌음. 감기로 인해 콧물을 흘리는 영아가 있어서 컨디션 조절에 어려움이 있었으나 개별 영아의 건강상태를 반영하여 일과를 진행하였음. 영아들의 호기심과 관심이 있는 놀이를 찾아 지원하려고 노력하였고 영아들의 비언어적 표현에 민감하게 반응하려고 노력함. 언어 표현을 하지 못하는 영아이기에 물 마시기, 기저귀 갈이, 졸리는 경우 등 일상생활에 불편함이 없도록 민감하게 살펴보았음.

* 보육과정 평가는 매주 금요일에 실시하며 다음 보육계획에 반영합니다.

(4) 다문화 놀이이야기

〈표 12-8〉 0세 다문화 놀이이야기

<table>
<tr><td>예상놀이</td><td colspan="3">낯설어요</td></tr>
<tr><td>다문화 놀이주제</td><td>우리 어린이집 우리 선생님</td><td>대상 연령</td><td>0세</td></tr>
<tr><td>활동기간</td><td>3월 4주</td><td>다문화 요소</td><td>다양성</td></tr>
<tr><td>교사의 기대</td><td colspan="3">• 다문화를 실생활에서 접한다.
• 다양한 사람이 있음을 안다.</td></tr>
<tr><td>개정 표준보육과정 관련 요소</td><td colspan="3">• 사회관계 〉 나를 알고 존중하기〉 나의 고유함을 알아간다.
• 사회관계 〉 더불어 생활하기 〉 다른 사람의 감정과 행동에 관심을 가진다.
• 의사소통 〉 읽기와 쓰기에 관심 가지기 〉 주변의 그림과 상징에 관심을 가진다.</td></tr>
<tr><td>놀이 환경 지원</td><td colspan="3">우리 어린이집 선생님 사진, 다양한 선생님 사진</td></tr>
<tr><td rowspan="5">자료첨부</td><td colspan="3">여러 나라의 선생님 모습</td></tr>
<tr><td colspan="2"></td><td></td></tr>
<tr><td colspan="2"></td><td></td></tr>
<tr><td colspan="2"></td><td></td></tr>
<tr><td colspan="3">출처: 구글</td></tr>
</table>

<table>
<tr><td>놀이의 시작</td><td>- 원어민 선생님이 유아반으로 수업 이동하는 과정에서 맑은이슬반 친구들과 인사함. 영아들이 담임선생님 외 다른 선생님이 있음을 인식하게 되었음.</td></tr>
<tr><td>놀이의 흐름 및 확장</td><td>

</td></tr>
<tr><td>고민과 지원</td><td>- 여러 나라 사람에 대한 경험을 하는 것으로 놀이를 시작하였음. 0세 영아들이어서 많은 지식, 문화를 알려주고 이야기하기보다는 영아들 눈으로 담고 여러 나라 다양한 사람이 있음을 인식하는 정도로 환경을 지원하였음.
- 영아가 관심이 없는 경우 교사가 직접 사진을 보고 이야기하며 교사가 관심을 표현하며 영아의 관심을 끌도록 지원하였음.
- ○○, □□, △△이가 마주보며 얼굴을 탐색하고 서로 다름을 경험하도록 지원함.</td></tr>
<tr><td>[평가]
놀이를 통한 배움</td><td>교실을 지나가는 원어민 교사 선생님과 인사하며 놀이가 시작되어 다양한 선생님을 찾아보고 다른 선생님이 있음을 경험해 보았음. 다른 선생님들과 인사하는 경험을 하며 낯선 선생님에게 관심을 보이고 여러 번 만난 이후 거부감이 많이 줄었음.</td></tr>
<tr><td>유의사항</td><td>- 일과 중 다양한 선생님을 볼 수 있도록 환경을 구성함.
- 놀이 중 문화적 오해나 고정관념이 생기지 않도록 주의하며 놀이함.</td></tr>
</table>

0세 반응적 상호작용 지원 시 TIP

맑은이슬반 다문화교육 속 반응적 상호작용 예시

상황 : 바깥놀이 시 원어민 선생님, 튼튼 선생님을 만나 상호작용하는 상황

> 바깥놀이 시간에 원어민 선생님께서 ○○에게 관심을 보이자,
> ○○이가 거부감 없이 안기며 선생님을 바라보고 있다.

원어민T : "○○야! 우리 ○○ 한번 안아봐도 될까요?"

담임교사 : "우와~ 영어 선생님께서 우리 ○○이 안아주신다고 하네. ○○이 영어 선생님께 가볼까요?" ○○이가 손을 뻗어 영어 선생님께 안기며 간다.

원어민T : "어머나~ 우리 ○○이가 영어 선생님한테 왔네~ 선생님이 안아줘야지."라고 말하며 안는다.

영아 : "어! 어!"라고 말하며 웃는다.

담임교사 : "영어 선생님이 안아주니까 우리 ○○이가 기분이 좋구나!"

영아 : ○○이가 담임교사에게 팔을 뻗어 내밀어 "엄마! 엄마!"라고 한다.

담임교사 : "○○이가 선생님한테 오고싶구나! 선생님이 안아줄게요."라고 말하며 ○○이를 안는다. "우리 어린이집에 영어 선생님이 있네. ○○아! 우리 어린이집에 또 누가 있는지 찾아볼까?"

담임교사 : 유모차 밀고 지나가는 튼튼 선생님이 보이자, "어! ○○아! ○○이랑 ○○이가 탄 유모차를 튼튼 선생님이 밀어주시네~. 미끄럼틀 쪽에 연두새싹 2반 선생님이 ○○이 언니랑 걷고 있구나!"

(5) 월간 놀이지원 계획

〈표 12-9〉 0세 다문화교육 월간 놀이지원 계획

반훈	행복과 사랑이 넘치는 어린이		놀이기간	2025년 3월 31일 ~ 4월 3일	
예상놀이의 기대	• 교사와 반갑게 인사하고 교사와 관련된 놀이를 경험한다. • 교사와 함께 놀이하며 즐거움을 느낀다. • 교사와 놀이하며 다양한 표현을 시도한다.				
실내놀이	선생님, 친구, 다양한 이름을 들어요 선생님과 악기놀이해요 내가 가꾸고 싶은 텃밭 만들기 '식목일' **선생님과 만나요** 선생님과 눈을 맞추며 말해요 여러가지 인사 (다문화) 선생님과 두부로 탐색해요				
기본생활	선생님을 보면 인사해요	선생님의 도움을 받아 젖병을 잡아요	선생님과 눈 마주치며 우유를 먹어요	우유를 먹고 나서 트림을 해요	내 자리를 알 수 있어요
특색활동	두부놀이 / 다리와 발				
바깥놀이	선생님 손잡고 밖으로 나가요	선생님과 어린이집 놀이터에 가요	강아지풀 찾아 간질간질	나무와 인사해요	봄꽃 찾아 바구니에 담아요
대체활동	선생님과 발자국 따라 걸어요	선생님과 발로 전화해요	선생님과 붕붕카를 타요	소리 나는 공을 굴려요	나비처럼 훨훨 날아요
안전교육	[성폭력·아동학대 예방] 기저귀를 갈 때 좋은 느낌	[감염병 및 약물의 오용·남용 예방 등 보건위생 관리] 맛있는 냄새! 먹으면 안돼요	[재난대비 안전] 모래바람이 불어요	[미세 먼지] 황사 발생 시 안전 행동 (미세 먼지 농도가 높을 때 포함) 소방대피훈련	[생활안전] 앗! 조심 쿵!
행사 및 지역사회 연계	4일 식목일 씨앗 심기 / 8일 인천대공원 / 16일 소방대피훈련 / 17일 환경캠페인 / 21~25일 1학기 상담				

* 영아가 놀이의 중심이 되는 놀이 중심 활동이 진행됩니다. 놀이과정에서 영아의 흥미도에 따라 다소 달라질 수 있음을 알려드립니다.

(6) 주간 놀이실행 계획

〈표 12-10〉 0세 다문화교육 주간 놀이실행 계획

<table>
<tr><td colspan="2">놀이주제</td><td colspan="6">선생님과 만나요</td></tr>
<tr><td colspan="2">놀이의 기대</td><td colspan="6">• 봄과 관련된 모습에 관심을 가지고 놀이하며 탐색한다.</td></tr>
<tr><td colspan="2">기본생활습관</td><td colspan="6">• 내 자리를 알 수 있어요.</td></tr>
<tr><td colspan="2">놀이기간</td><td colspan="6">2025년 4월 28일 ~ 5월 3일</td></tr>
<tr><td colspan="2">활동요일</td><td>월</td><td>화</td><td>수</td><td>목</td><td>금</td><td>토</td></tr>
<tr><td colspan="2">일과</td><td colspan="6">계획 및 실행</td></tr>
<tr><td rowspan="4">일상생활</td><td>07:30~09:00
등원 및
통합보육
(교실 환기)</td><td colspan="6">• 등원 및 맞이하기
- 영아의 이름을 부르고 밝게 웃으며 맞이하고, 부모님과 인사하며 헤어진다.
- 등원 후 친구와 선생님과 인사를 나눈다.
- 영아의 기분과 건강상태를 확인한다.
- 스스로 소지품을 정리할 수 있도록 돕는다.
- 통합보육실에서 자유롭게 놀이한다.</td></tr>
<tr><td>09:00~09:30
오전 간식
15:00~15:30
오후 간식
(교실 환기)</td><td colspan="6">• 오전 간식 & 오후 간식
(손 씻기)
- 비누로 거품을 내서 씻도록 하고 물로 씻을 때 비누가 남지 않도록 도와서 마무리한다.
- 수건, 페이퍼타올을 이용하여 물기를 제거한다.
- 계단 발판을 밟고 올라가 손을 씻을 수 있도록 한다.
(간식 먹기)
- 등원한 순서대로 소독한 책상에서 자유롭게 앉아서 간식을 먹는다.
- 맛, 식감, 향, 색 등을 이야기 나누며 먹는다.
- 간식을 먹은 후 자리를 정리, 환기한다.</td></tr>
<tr><td>11:00~12:30
점심 식사
(교실 환기)</td><td colspan="6">• 점심 식사 (건강·영양 - 떨어진 음식 주워먹지 않아요)
- 어린이집에서 준비한 다양한 음식을 경험한다.
- 휴지를 뜯어 스스로 입을 닦아본다.
* 반찬이 떨어지는 경우 주워 먹지 않고 휴지로 닦아서 버린다. 숟가락 포크가 떨어지는 경우 세척 후 먹기로 한다.
(양치질)
- 자신의 차례에 스스로 양치질을 시도해 본 후 교사의 도움을 받아 마무리한다.
- 세수하고 로션을 바른다.
* 교사의 도움을 받아 양치질을 하고 입을 헹구고 뱉기를 시도한다.</td></tr>
<tr><td>13:00~15:00
낮잠
(교실환기)</td><td colspan="6">• (낮잠 준비 및 낮잠, 낮잠 정리) 음악을 들으며 편안하게 자요
- 편안한 분위기에서 잘 수 있도록 한다(조명, 채광, 소음 조절).
- 영아를 토닥여 주며 개별 수면 습관을 고려하여 편안하게 잠들 수 있도록 돕는다.
- 낮잠을 자는 동안 편안하게 잘 수 있도록 친구들과 인사한다.
- 낮잠 후 음악을 들으며 기분 좋게 일어날 수 있도록 한다.
* 교사가 토닥이자 잠이 들었으며, 영아들이 자기 자리를 알고 찾아 누울 수 있도록 한다.</td></tr>
</table>

<table>
<tr><td>일상생활</td><td>기저귀 갈이</td><td colspan="2">• 개별 영아에 맞게 수시로 진행
- 교사는 손을 씻고 매트를 소독한 후 진행한다.
- 영아들과 눈을 맞추고 기저귀 갈이 후 기분 좋음을 이야기한다.
- 다리 마사지 등으로 영아의 신체 발달을 자극한다.
- 기분 좋게 기저귀 갈이 후 매트를 소독하고 교사는 손을 닦는다.
* 기저귀 갈이대를 알고 편안하게 기저귀 갈이를 하도록 한다.</td></tr>
<tr><td rowspan="4">놀이</td><td rowspan="4">09:30~11:00
12:30~13:00
15:30~16:00
실내놀이
(교실 환기)</td><td rowspan="4">놀이실행</td><td>• (안전교육) 생활안전 : 앗! 조심 쿵!
- 놀이 중 천천히 걷고 바닥에 있는 놀잇감을 정리하며 놀이함. 바닥에 있는 놀잇감을 잡으려고 하거나 앉으려고 할 때도 부딪치는 경우가 있어 안전하게 놀이하자고 반복해서 이야기하며 놀이함.</td></tr>
<tr><td>• (기본생활습관) 내 자리를 알 수 있어요.
- 사물함과 신발장을 영아의 사진으로 구분해 놓고 사진을 보고 자신의 자리가 있음을 인지함. 일과 중 영아가 자신의 사진을 찾아서 내 신발을 꺼낼 수 있도록 격려함. 영아에 따라 다른 친구의 사진에 관심을 보이기도 했지만, 자기 자리도 알고 자기 신발을 꺼낼 수도 있었음. 사진으로 친구들을 구분하고 손가락으로 가리키며 표현할 수 있었음.</td></tr>
<tr><td>• 여러 가지 인사 (다양성)
- 영아들이 인사 동요의 익숙한 리듬과 반복되는 가사에 반응하며 소리, 몸짓으로 흥미를 표현함. ○○는 여러 나라 인사말 동요가 들리자 자연스럽게 손을 흔들거나, 교사의 동작을 따라 손을 들어 여러 나라 인사 표현을 할 수 있었음. 다른 선생님들이 교실에 오는 경우 선생님을 따라 인사 는 모습을 볼 수 있었음. 인사하는 사람들의 사진을 보고 사진 속 인물의 손 동작을 바라보며 흥미롭게 관찰하거나 손으로 사진을 가리키고 만져보려는 반응을 보임. 벽면에 게시해 둔 여러 나라 인사 모습 그림을 보며 교사가 "이건 어떤 나라 인사일까?"라고 말하며 인사말을 다양하게 들려주자 영아들이 얼굴을 바라보거나 입 모양을 따라 하듯이 움직이기도 함. 특히 반복적인 손 흔들기, 머리 숙이기 등의 동작은 영아가 모방하기 쉬운 동작으로 자연스럽게 따라하는 모습이 보임. ○○는 교사, 친구들에게 먼저 손을 흔들거나 고개를 숙여 인사하는 등 간단한 사회적 상호작용을 시도할 수 있었음. 이번 놀이를 통해 사람과 사람 사이의 관계 맺기를 경험하고 다양한 표현 방식의 인사를 시각적으로 인식하며 사회성의 기초를 형성할 수 있었음. 반복적인 인사 표현을 통해 여러 인사를 경험하고 타인과의 상호작용이 즐겁고 긍정적인 경험임을 인식하는 기회가 되었음.</td></tr>
<tr><td>월 | 바닥에 펼쳐진 봄꽃 사진에 관심을 보이고 살펴봄. 교사가 크레용과 끼적이기 도구를 가져와 끼적이기를 시도하였더니 ○○, △△이가 관심을 보이고 교사의 끼적이기 도구를 가져가서 시도함. ○○가 진달래 사진 위에 노란 크레파스로 선을 그리자 △△이가 꽃잎 모양을 손으로 톡톡 두드리며 반응함. 교사가 "이건 무슨 꽃일까?"라고 질문하자 영아들이 교사의 입을 보고 있음. 교사가 "진달래꽃"이라고 말하자 영아가 꽃 사진 위에 자유롭게 끼적이기를 하며 자연스럽게 놀이함.</td></tr>
</table>

<table>
<tr><td rowspan="7">놀이</td><td rowspan="5">09:30~11:00
12:30~13:00
15:30~16:00
실내놀이
(교실 환기)</td><td rowspan="5" colspan="2">놀이 실행</td><td>화</td><td colspan="5">○○이가 벽에 부착되어 있는 나비를 떼어 만짐. 교사가 "○○아, 나비가 꽃을 찾아 날아가네." 나비 사진을 보고 날아가는 흉내를 냄. 교사가 꽃 그림 사이를 천천히 움직이자 영아들이 교사를 보고 다른 나비 그림을 찾아와서 교사를 따라 함. ○○이는 나비를 따라 기어가며 손을 뻗었고 △△이는 나비를 잡으려고 시도하는 모습이 보임. 나비 사진을 영아 옆에 가까이 하자 영아가 손을 뻗어 잡아보려고 시도하고 얼굴에 가져가며 놀이하기도 함.</td></tr>
<tr><td>수</td><td colspan="5">교실에 잔잔하게 비발디 '봄' 음악을 재생하여 영아들의 반응을 보았음. 교사가 익숙한 목소리로 흥얼거리며 봄의 선율을 느낌. 교사가 리본 막대를 흔들자 영아들이 관심을 보이고 영아들도 리본을 흔들며 흥미를 보임. ○○는 리본 막대를 위로 높이 흔들며 음악이 바뀔 때 조금 다른 동작을 하기도 하고 △△이는 리본 막대의 리본 끝을 당기며 관심을 보임. 교사가 음악에 맞춰 "흔들흔들~ 리본이 날아요~"라고 이야기하며 리듬을 읽어주자 영아들도 동작을 따라 하거나 자신의 방식으로 리본을 표현함.</td></tr>
<tr><td>목</td><td colspan="5">꽃잎을 만져보고, 쥐었다 펼쳤다 하며 감각놀이를 함. ○○는 꽃잎을 손바닥에 올려보고 흔들었고, △△이는 바닥에 꽃잎을 놓고 손으로 쓸어보는 놀이를 하며 반복적으로 움직임. 교사가 영아의 경험을 언어로 연결시키며 놀이할 수 있도록 함. ○○이가 꽃잎을 얼굴에 대어보며 웃음으로 반응하는 모습이 보임.</td></tr>
<tr><td>금</td><td colspan="5">작은 나들이 가방, 모자, 물병 등을 준비함. ○○가 가방을 메려고 시도하는 모습이 보여 "우리 봄나들이 가볼까?"라고 말하며 ○○를 도와주었음. ○○가 가방을 어깨에 메거나 손에 들고 교실을 탐색함. ○○가 가방 속 소품을 꺼내 모자를 써보려 시도하고 △△이는 물병 모양 놀잇감을 친구에게 주기도 함. 교사는 "△△이가 ○○이에게 물병을 주는 구나~", "○○이는 가방을 메고 모자도 썼네~" 영아의 몸짓 표정 소리 등을 읽어줌. 영아들도 교사의 손을 잡고 교실을 둘러보며 나들이 흉내를 냄.</td></tr>
<tr><td>토</td><td colspan="5">토요 등원 유아 없음.</td></tr>
<tr><td rowspan="2">11:00~11:50
바깥놀이
(대체활동)</td><td colspan="2">월</td><td colspan="2">화</td><td>수</td><td>목</td><td>금</td><td>토</td></tr>
<tr><td colspan="2">봄꽃을 찾아 꽃잎 탐색하기, 여러 가지 색의 꽃을 찾아 걸어다니거나 유모차로 이동하며 놀이하기</td><td colspan="2">나비를 찾아 움직이며 놀기, 나비가 있는 곳을 가리키고 이동하여 관찰하기</td><td>유모차 타고 어린이집 마당 둘러보기</td><td>영아들이 심은 방울토마토에 물을 주고 얼마나 자랐는지 관찰하기</td><td>나들이 준비물을 챙겨서 체육공원으로 나들이 가기</td><td></td></tr>
<tr><td colspan="2">16:00~19:30
기본보육 귀가 및 연장보육</td><td colspan="8">• 자신의 소지품을 함께 정리해 본다.
• 영아반 연장 전담 교사일지를 참고한다.</td></tr>
</table>

주간놀이평가 및 지원	비고
지난주 봄꽃 탐색과 연계하여 봄꽃 사진을 바닥에 펼쳐 지원하였더니 영아들이 사진을 손으로 만져보기도 하고 끼적이기 하며 놀이를 함. 교사가 꽃 이름, 색깔 등을 이야기해 주며 놀이했더니 영아들도 집중해서 들으며 교사의 목소리와 끼적이기 등에 집중하여 놀이하는 모습을 볼 수 있었음. 실제 사진을 제공하여 바깥놀이 중 볼 수 있었던 꽃과 비교하며 놀이할 수 있었음. 꽃 위에 나비가 있는 사진을 보고 관심을 보여 벽 그림에 있는 ○○, ○○, ○○ 나비를 지원하여 놀이하였더니 꽃 위의 나비에 관심을 보였음. 나비들의 움직임에 관심을 보이고 영아들이 나비 사진을 가지고 꽃 위를 날아다니며 놀이할 수 있었음. 교사가 나비가 다양하게 움직이는 모습을 모델링하자 영아도 교사를 따라 나비의 움직임을 표현할 수 있었음. 봄의 느낌을 청각 자극을 통해 느끼고 표현해 볼 수 있도록 지원하였더니 리듬에 맞춰 리듬 막대를 흔들기도 하고 나비처럼 표현하거나 친구들의 리본을 바라보며 따라 하기도 함. 평소에 듣지 않았던 클래식 음악에 맞춰 영아 스스로 표현할 수 있도록 격려하고 교사도 함께 리듬을 느끼며 리본 막대를 흔들어 보았음. 다른 동요를 들으면서도 리듬 막대를 흔들며 몸으로 표현할 수 있었음. 바깥놀이에서 주워온 꽃잎에 관심을 보여 꽃잎과 인공 꽃잎을 지원하여 놀이하였음. 실제 꽃잎과 조화 꽃잎을 가지고 향을 맡으며 탐색하는 모습이 보였음. 교사의 도움 없이 영아 스스로 꽃잎을 탐색하고 친구들에게 주기도 하며 적극적으로 놀이하는 모습이 보임. 꽃잎을 쥐고 떨어뜨리고 바닥에 흩뿌리는 등 반복적인 행동으로 촉감 탐색을 즐김. 꽃잎을 볼 수 있게 밖으로 나들이 가자고 이야기하며 나들이 놀이를 지원하였더니 가방, 모자, 물병 등에 관심을 보이고 나들이 준비를 할 수 있었음. 모자, 가방, 물병을 가지고 교실을 돌아다니며 탐색하며 '나들이' 상황을 생각하고 함께 나들이 흉내를 내 보았음. 꽃을 보러 가는듯한 상황 설정과 함께 이전 놀이 경험(꽃, 나비, 꽃잎) 등을 자연스럽게 떠올릴 수 있었음.	• 대청소 및 놀잇감 소독 • 금요일 이불 세탁

배움을 위한 자료제공	봄꽃 실사 사진, 꽃잎, 나들이 가방 등을 제공하여 놀이할 수 있도록 함.
놀이를 위한 공간구성	나들이 온 공간을 마련하여 돗자리를 펴고 놀이할 수 있도록 공간을 구성함.
주간운영평가	지난주 관심을 보인 놀이와 연계하여 봄꽃을 시작으로 봄에 관련된 놀이를 자연스럽게 진행하였음. 교사가 준비한 놀이를 영아들이 스스로 나서 놀이하는 모습을 보였으며 교사는 영아들이 필요로 하는 자료를 제공함. 꽃잎에 관심은 많았으나 꽃잎이 많지 않아 조금 더 많은 양을 제공하였으면 좋겠다는 아쉬움이 남았음. 차후 비슷한 놀이를 진행할 시에는 넉넉하게 제공해 주면 좋을듯함. 봄꽃, 나비, 나들이, 꽃잎 등의 놀이를 통해 봄이 왔음을 느껴 보았고 봄과 관련된 놀이를 할 수 있었음.

* 보육과정 평가는 매주 금요일에 실시하며 다음 보육계획에 반영합니다.

(7) 다문화 놀이이야기

〈표 12-11〉 0세 다문화 놀이이야기

<table>
<tr><td>예상놀이</td><td colspan="3">선생님과 만나요</td></tr>
<tr><td>다문화
예상놀이주제</td><td>여러 가지 인사</td><td>대상 연령</td><td>0세</td></tr>
<tr><td>활동기간</td><td>4월</td><td>다문화 요소</td><td>다양성</td></tr>
<tr><td>교사의 기대</td><td colspan="3">• 다양한 문화의 인사말(제스처, 말)을 접하고 경험한다.
• 교사와의 상호작용을 통해 인사 표현에 흥미를 가진다.</td></tr>
<tr><td>개정
표준보육과정
관련 요소</td><td colspan="3">• 예술경험 〉 창의적으로 표현하기 〉 소리와 리듬, 노래로 표현한다.
• 의사소통 〉 책과 이야기 즐기기 〉 말놀이와 이야기에 재미를 느낀다.</td></tr>
<tr><td>놀이 환경
지원</td><td colspan="3">여러 나라 인사 모습, 다양한 인사말 동요</td></tr>
<tr><td>자료첨부</td><td colspan="3">여러 나라의 인사 모습

출처: 구글</td></tr>
</table>

놀이의 시작	- 영아가 등원하며 교사에게 손짓으로 인사를 하여 교사도 영아에게 손짓과 말로 인사를 하자 영아가 웃으며 반응을 보였다. 교실에 들어와서 다시 손짓과 말로 인사를 하자 웃으며 반응을 보여 인사 동요를 틀어주며 놀이가 시작되었다.
놀이의 흐름	- "안녕~ Hello~ こんにちは~ 你好~"와 같이 여러 나라 인사말이 담긴 짧은 동요를 놀이 중 들려주자 영아가 손짓하며 인사하는 듯한 모습을 보였다. 교사가 인사말에 맞는 손짓(손 흔들기, 머리 숙이기 등)을 함께 보여주며 영아들이 인사말에 맞는 손짓 등을 경험하였다. - 인사하는 모습을 담은 그림책을 보여주자 영아들이 직접 인사하며 여러 인사를 해보았다. (예: 아이들이 "Hi", "Hola"라고 말하는 장면) 손 인형을 이용하여 "안녕~ Hello~" 식의 짧은 인사말을 하며 영아와 놀이 중 인사를 경험하였다. - 영아가 거울 앞에서 스스로에게 "안녕" 하며 손을 흔들 수 있게 해보고 교사가 영아의 손을 부드럽게 잡고 다양한 인사 손동작을 함께 해보았다. 영아가 자주 접하는 가족 사진, 친구 사진에 "안녕~" 하며 직접 인사도 해보며 놀이를 이어갔다.
고민과 지원	- 낯선 소리에 반응이 없어서 교사가 친숙한 목소리로 반복해 들려주며 인사 소리에 익숙해지도록 지원하였고, 영아가 관심을 가질 때 영아의 눈높이에 맞춰서 짧고 반복적인 표현을 사용, 동작 중심으로 놀이를 진행하였다. - 손을 흔들며 인사하는 것에 익숙하지 않은 영아의 손을 부드럽게 잡고 함께 움직이며 감각 자극을 하며 놀이를 지원하였다.
[평가] 놀이를 통한 배움	- 여러 나라의 인사말 동요를 들으며 소리와 리듬을 느끼고 노래를 몸으로 표현하였고 이를 바탕으로 언어적 자극을 통해 다양한 소리에 대한 반응을 보이고, 소리 모방을 시도할 수 있었다. - 그림책을 보며 말놀이와 이야기에 재미를 느끼고 인사 방법을 자연스럽게 경험할 수 있었다. - 다양한 사람들과의 인사를 통해 사회적 상호작용을 자연스럽게 경험하고 다양한 문화의 인사를 보며 다름에 대한 긍정적 경험을 나눌 수 있었다.
유의사항	- 인사말을 사용할 때 천천히, 정확한 발음과 표정으로 전달할 수 있도록 한다. - 문화를 소개할 때 고정관념이 담기지 않은 표현을 사용한다. - 발달 수준에 따라 맞춤형 자극을 지원한다.

2) 1세 다문화교육 놀이지원 사례

(1) 연간 놀이지원 계획

〈표 12-12〉 1세 다문화교육 연간 놀이지원 계획

(다문화 요소 : ●문화이해 ▲다양성 ■협력 ♥평등 ★편견 ♠정체성)

계절	예상놀이	다문화 예상놀이주제	놀이 환경 지원	개정 표준보육과정 주요 관련 요소	다문화 요소
봄	• 새로운 곳이 낯설어요	친구들아 사랑해	우리 반 친구들 막대 인형	사회관계	▲
	• 봄을 만났어요	모양 도장으로 꽃밭을 꾸며요	여러 가지 모양 도장, 여러 가지 모양 자료, 꽃밭 그림자료	신체운동 · 건강	▲
	• 우리 가족은 어떤 느낌일까?	악기를 흔들어요	다양한 악기 실물과 그림자료	예술경험	▲
여름	• 내가 좋아하는 동물이에요	내가 좋아하는 동물은?	여러 가지 동물 그림, 여러 가지 동물 머리띠, 여러 가지 동물 인형	자연탐구	▲
	• 첨벙첨벙 물놀이가 재미있어요	물고기를 잡자!	다양한 물고기, 낚싯대	신체운동 · 건강	▲
	• 내 변기야 안녕!	뿌지지직 응가	여러 가지 응가 그림자료	신체운동 · 건강	▲
가을	• 자동차가 데굴데굴 굴러요	일하는 자동차	일하는 자동차 장난감, 일하는 자동차 책	자연탐구	▲
	• 알록달록 가을을 만나요	알록달록 나뭇잎	알록달록한 나뭇잎 실물	예술경험	▲
	• 나는 할 수 있어요	다양한 인사	여러 나라 인사 그림자료, 여러 나라 사람 그림자료	의사소통	▲
겨울	• 꼬옥 안아줘요, 겨울은 추워요	냠냠 맛있게 먹어요	겨울 간식 놀이자료	신체운동 · 건강	▲
	• 나처럼 해봐요	재미있는 전통놀이	다양한 전통놀이 놀잇감	신체운동 · 건강	▲
	• 이만큼 컸어요	좋아해요	내가 좋아하는 사람에게 줄 선물	사회관계	▲

(2) 월간 놀이지원 계획

〈표 12-13〉 1세 다문화교육 월간 놀이지원 계획

– 이번 달 예상 관심과 놀이

<table>
<tr><td>반 훈</td><td colspan="2">안전하고 즐겁게 놀이해요</td><td>놀이기간</td><td>2025년 3월 4일 ~ 3월 29일</td></tr>
<tr><td>예상놀이의 기대</td><td colspan="4">• 부모(보호자)와 등원하여 일과를 경험하며 새로운 환경에 관심을 가진다.
• 부모(보호자)와 적응 시간을 가지며 다양한 놀이를 해본다.
• 부모(보호자)와 헤어져 생활하기를 시도하고, 교사와 상호작용을 나눈다.
• 교사, 친구에게 관심을 가지고 교사와 애착을 형성하며 지낸다.</td></tr>
<tr><td rowspan="3">실내놀이</td><td colspan="2">신체 놀잇감으로 놀아요
큰 종이에 끼적여요
재미있는 쌓기 놀잇감이 있어요
인사 노래 부르며 표현해요</td><td colspan="2">고리를 끼워요
우리 반 사진 위에 끼적여요
벽돌 블록을 늘어뜨리며 놀이해요
신나게 북을 두드려요</td></tr>
<tr><td colspan="4">새로운 곳이 낯설어요</td></tr>
<tr><td colspan="2">공을 굴려요
가족 사진을 보며 표현해요
벽돌 블록으로 아기 침대를 만들어요
친구와 함께 그려요</td><td colspan="2">감각 터널을 지나가요
우리 반 물건 그림 카드를 봐요
친구와 함께 음식을 먹어요
까꿍판 속 놀잇감을 탐색해요
친구들아 사랑해 (다문화)</td></tr>
<tr><td>기본생활</td><td colspan="4">내 물건을 알아요</td></tr>
<tr><td>바깥놀이</td><td>어린이집 놀이터를 탐색해요</td><td>안전하게 놀이 기구를 이용해요</td><td>모래 속에 숨겨진 놀잇감을 찾아요</td><td>비눗방울 놀이를 해요</td></tr>
<tr><td>대체활동</td><td>교실 밖에는 무엇이 있을까요?</td><td>발바닥을 따라 걸어요</td><td>놀잇감 사진 풍선을 쳐 봐요</td><td>‘통통통’ 노래에 맞춰 체조해요</td></tr>
<tr><td>안전교육</td><td>[교통안전]
빵빵 자동차</td><td>[실종 유괴의 예방·방지]
선생님과 손을 잡고 나가요</td><td>[생활안전]
놀잇감 던지지 않아요
[화재] 조리실의 가스 누출로 인한 화재 발생 시</td><td>[재난대비 안전]
코와 입을 막아요</td></tr>
<tr><td>행사 및 지역사회 연계</td><td colspan="4">입학식 / ○○ 생일파티(3/22)</td></tr>
<tr><td>특색활동</td><td colspan="4">(오감 활동) 선생님이랑 쭉쭉쭉</td></tr>
</table>

* 영아가 놀이의 중심이 되는 놀이 중심 활동이 진행됩니다. 놀이과정에서 영아의 흥미도에 따라 다소 달라질 수 있음을 알려드립니다.

(3) 주간 놀이실행 계획

〈표 12-14〉 1세 다문화교육 주간 놀이실행 계획

<table>
<tr><td colspan="2">놀이주제</td><td colspan="6">새로운 곳이 낯설어요</td></tr>
<tr><td colspan="2">놀이의 기대</td><td colspan="6">• 교사, 친구에게 관심을 가지고 교사와 애착을 형성하며 지낸다.</td></tr>
<tr><td colspan="2">기본생활습관</td><td colspan="6">• 신발을 제자리에 정리해요.</td></tr>
<tr><td colspan="2">놀이기간</td><td colspan="6">2025년 3월 24일 ~ 3월 29일</td></tr>
<tr><td colspan="2">활동요일</td><td>월</td><td>화</td><td>수</td><td>목</td><td>금</td><td>토</td></tr>
<tr><td colspan="2">일과</td><td colspan="6">계획 및 실행</td></tr>
<tr><td rowspan="4">일
상
생
활</td><td>07:30~09:00
등원 및
통합보육
(교실 환기)</td><td colspan="6">• 등원 및 맞이하기 (선생님께 “안녕하세요”라고 인사해요)
- 등원하는 영아와 눈을 맞추고 “안녕하세요?”라고 인사함. 영아가 고개를 숙이며 인사를 함. 교사가 “안녕하세요?라고 말도 해볼까?”라고 말하니 영아가 손을 흔들어 인사함.
- 등원하는 영아를 반갑게 맞이하고, 친구와 선생님과 인사를 나눈다.
- 영아의 기분과 건강상태를 확인한다.
- 스스로 소지품을 정리할 수 있도록 돕는다.
- 통합보육실에서 자유롭게 놀이한다.</td></tr>
<tr><td>09:00~09:30
오전 간식
15:00~15:30
오후 간식
(교실 환기)</td><td colspan="6">• 오전 간식 & 오후 간식
(손 씻기)
- 비누로 거품을 내서 씻도록 하고 물로 씻을 때 비누가 남지 않도록 도와서 마무리한다.
- 수건, 페이퍼타올을 이용하여 물기를 제거한다.
(간식 먹기)
- 등원한 순서대로 소독한 책상에서 자유롭게 앉아서 간식을 먹는다.
- 맛, 식감, 향, 색 등을 이야기 나누며 먹는다.
- 간식을 먹은 후 자리를 정리, 환기한다.</td></tr>
<tr><td>11:00~12:30
점심 식사
& 양치질
(교실 환기)</td><td colspan="6">• 점심 식사 (건강·영양 - 떨어진 음식 주워먹지 않아요)
- 어린이집에서 준비한 다양한 음식을 경험한다.
- 점심을 먹은 후 교사의 도움을 받아 스스로 정리해 본다.
- 휴지를 뜯어 스스로 입을 닦아 본다.
* 생선가스를 먹지 않고 다른 반찬만 먹고 있는 영아에게 “이거는 생선이야, 생선가스 포크로 찍어서 한 입 먹어볼까?”라고 하니 영아는 포크로 생선가스를 찍어 한입 먹어보고는 맛있는지 남김 없이 생선가스를 다 먹었다.
(양치질)
- 자신의 차례에 스스로 양치질을 시도해 본 후 교사의 도움을 받아 마무리한다.
- 세수하고 로션을 바른다.</td></tr>
<tr><td>13:00~15:00
낮잠
(교실환기)</td><td colspan="6">• 낮잠 준비 및 낮잠 (낮잠을 자기 전 깨끗한 옷으로 갈아입어요)
- 편안한 분위기 느끼도록 낮잠을 준비한다(조명, 채광, 소음조절).
- 영아를 토닥여주며 개별 수면 습관을 고려해 편안하게 잠들 수 있도록 돕는다.
- 낮잠 자는 동안 꾸는 꿈 이야기를 나누고, 친구와 인사한다.
- 낮잠 후 음악을 들으며 기분좋게 일어난다.</td></tr>
</table>

<table>
<tr><td rowspan="7">놀이</td><td>기저귀 갈이</td><td colspan="3">• 개별 영아에 맞게 수시로 진행
- 교사가 손을 씻고 매트 소독 후 진행한다.
- 영아들과 눈을 맞추고 기저귀 갈이 후 기분 좋음을 이야기한다.
- 다리 마사지 등으로 영아의 신체 발달을 자극한다.
- 기분 좋게 기저귀 갈이 후 매트를 소독하고 교사는 손을 닦는다.</td></tr>
<tr><td rowspan="6">09:30~11:00
실내놀이
(교실 환기)</td><td rowspan="6">놀이실행</td><td colspan="2">• (안전교육) 소방안전 : 코와 입을 막아요
- 안전교육판에 게시되어진 소방 대피하는 사진을 보고 있는 영아에게 "이건 무슨 사진일까?"라고 물어보니 "불"이라고 이야기함. 불이 날 때에는 코와 입을 막고 허리를 숙여 대피해야 함을 말로 이야기해 주며 행동을 보여주었더니 영아도 코와 입을 막는 모습을 볼 수 있었음.</td></tr>
<tr><td colspan="2">• (기본생활습관) 제자리에 신발을 넣어요
- 아침에 등원한 영아와 인사를 나누고 "신발을 정리해보자, ○○이 신발은 어디에 넣어야 할까?"라고 물어봄. 자신의 얼굴 사진이 있는 곳에 자신의 신발을 넣어 정리함.</td></tr>
<tr><td colspan="2">• 친구들아 사랑해 (다문화 요소 - 다양성)
- 우리 반 친구들에게 관심을 보이는 영아들에게 친구들의 사진을 제공해 주었더니 친구들 얼굴에 끼적이기하며 놀이함. 한꺼번에 많은 친구들이 와서 놀이하기도 하여 친구들 막대 인형을 지원해 주며 자기가 좋아하는 친구의 막대 인형으로 놀이가 이루어짐. 세계 여러 나라 사람들의 사진 등 환경적 제공도 해주며 다양한 사람들이 있음을 알 수 있었음.</td></tr>
<tr><td>월</td><td>기어다니기를 좋아하는 영아가 있어 다른 영아들도 같이 따라 기어다니며 놀이함. 영아들이 기어서 놀이할 수 있는 감각 터널을 제공해 주니 영아들이 관심을 보이며 터널 속으로 들어가 기어서 나옴. 양쪽으로 들어가 부딪힐 수 있는 상황이 있어 들어가는 곳과 나오는 곳을 정해 보았으며, 미끌미끌, 거칠거칠, 매끈매끈, 부들부들 등 다양한 느낌의 감각들을 언어로 지원해 주었음.</td></tr>
<tr><td>화</td><td>감각 터널을 들어갔다 나갔다 하며 흥미를 보이는 영아들에게 감각 터널에 풍선을 붙여주니 들어갈 때, 나올 때 풍선을 손으로 치기도 하고, 머리도 치기도 함. 또한 풍선에 관심을 보여 풍선을 더 제공하여 영아들이 풍선놀이도 할 수 있도록 지원함. 영아들이 터널 안에서 나오지 않고 누워있거나 자동차를 굴리며 놀기도 하여 터널을 한 개 더 제공해 주어 터널 안에서 마음껏 놀이할 수 있도록 지원해 주어야겠음.</td></tr>
<tr><td>수</td><td>감각 터널을 두 개 제공해 주니 영아들의 흥미도가 더 높아짐. 터널이 두 개라서 한 개의 터널 안에서는 놀잇감을 가지고 놀이하였고, 다른 한 개의 터널에서는 감각을 느끼며 터널을 통과하며 놀이가 이루어짐. 터널 두 개가 교실에 있으니 교실이 다소 좁아 복도를 활용하여 영아들이 공간을 넓게 쓸 수 있도록 지원해 주었음.</td></tr>
</table>

<table>
<tr><td rowspan="5">놀이</td><td rowspan="3">09:30~11:00
실내놀이
(교실 환기)</td><td rowspan="3">놀이실행</td><td>목</td><td colspan="4">터널 안에서 놀잇감을 굴리며 재미를 느끼는 영아들에게 마음껏 굴릴 수 있도록 공을 지원해 줌. 공을 굴리고 터널로 들어가 공을 잡아 나옴. 교사가 공을 굴려 ○○에게 전해주니 ○○도 교사에게 공을 전해줌. 공을 굴리며 대근육 활동이 이루어짐. 옆에 있던 △△가 관심을 보여 ○○와 함께 공을 굴리며 "공이 떼구르르 굴러가네."라고 언어 지원을 해줌.</td></tr>
<tr><td>금</td><td colspan="4">터널놀이를 좋아하여 상자 터널도 지원을 해줌. 상자에 관심이 많았으며 상자 터널을 지나가며 놀이가 이루어짐. 상자 터널을 지탱해 놓았던 자석 벽돌 블록에도 관심을 보이며 영아들이 의자처럼 앉으며 놀이함. 영아들이 상자에 들어갔다 나왔다 신나게 놀이하며 상자를 눌러 무너지기도 하여 상자를 세워주었더니 그 안에 들어가고 싶다고 함. 상자 속에 들어가 까꿍놀이도 하며 상자 속에 숨으며 놀이함.</td></tr>
<tr><td>토</td><td colspan="4">토요 등원 유아 없음.</td></tr>
<tr><td rowspan="2">11:00~11:50
바깥놀이
(대체활동)</td><td>월</td><td>화</td><td>수</td><td>목</td><td>금</td><td>토</td></tr>
<tr><td>영아들이 좋아하는 미끄럼틀을 타며 놀이함. 내려갈 때 얼굴 쪽으로 내려가려고 하여 엉덩이로 앉아서 내려갈 수 있도록 안전에 주의함.</td><td></td><td>비눗방울을 불어주었더니 비눗방울을 잡아보려고 하였으며 비눗방울도 불고 싶어함. 비눗방울을 부는데 부는 힘이 세지 않아 잘 불리지 않았지만 "우와 비눗방울 잘 분다."라고 이야기하며 비눗방울 불기를 시도한 영아들을 칭찬함.</td><td>원장님과 함께 물고기를 풀어준 다음부터 영아들이 물고기에 관심이 많음. 놀이터에 나오면 물고기를 찾으며 인사를 해줌. 물고기를 보고 미소를 지었으며 물고기 밥을 주기도 함.</td><td></td><td></td></tr>
<tr><td colspan="2">16:00~19:30
기본보육 귀가 및 연장보육</td><td colspan="6">• 자신의 소지품을 함께 정리해 본다.
• 영아반 연장 전담 교사일지를 참고한다.</td></tr>
</table>

<table>
<tr><th>주간놀이평가 및 지원</th><th>비고</th></tr>
<tr><td>기어다니기를 좋아하는 영아가 있어 다른 영아들도 같이 따라 기어다니며 놀이함. 영아들이 기어서 놀이할 수 있는 감각 터널을 제공해 주니 영아들이 관심을 보이며 놀이에 흥미를 보임. 영아들이 감각 터널을 재미있어 하여 내일은 다른 감각 터널을 지원해 주어야겠음.
감각 터널을 들어갔다 나갔다 하며 흥미를 보이는 영아들에게 감각 터널에 풍선을 붙여주니 들어갈 때, 나갈 때 풍선을 머리로 치기도 하고, 손으로 치기도 하며 놀이가 이루어짐. 터널 안에서 누워있거나 장난감을 가지고 들어가 놀이하고 싶어 하는 영아들을 위해 터널을 한 개 더 지원해 주어야겠음.
터널을 한 개 더 지원해 주었더니 터널을 통과하고 싶은 영아들은 통과하며 놀이하고, 터널 안에서 놀이하고 싶은 영아들은 터널 안에서 놀이함. 터널 안에서 놀잇감을 굴리며 재미를 느끼는 영아들에게 공을 지원해 주도록 해야겠음.
터널 안에서 공을 굴리며 놀이가 이루어지긴 했으나 공을 굴리는 것보다 통과하며 놀이하는 것을 좋아함. 터널을 통과하며 놀이를 좋아하는 영아들에게 상자 터널을 지원해 주어야겠음.</td><td>• 원장님과 함께 어린이집 연못에 물고기 풀어주기

• 대청소 및 놀잇감 소독</td></tr>
</table>

상자 터널을 지원해 주었더니 영아들이 상자에 흥미를 보이며 터널 안을 통과하며 놀이함. 상자 안에 숨기도 하며 까꿍놀이도 이루어짐. 상자 속에서 한참을 앉아있기도 하며 혼자만의 공간을 탐색함. 따뜻한 봄이 되면서 연못의 물도 따뜻해졌음. 연못에 물고기가 살 수 있는 환경을 영아들과 함께 만들어준 후 물고기를 연못에 풀어주었음. 연못과 물고기를 보호할 수 있는 방법에 대해 이야기 나누며 바깥놀이 시간에 물고기를 관찰하고 돌봐주기로 하였음. 바깥놀이를 나가면 영아들이 연못에 가서 물고기한테 관심을 보임. 물고기에게 인사를 해주고, 물고기 밥을 주기도 함.	
배움을 위한 자료제공	다양한 과일 그림 카드, 그림책, 야채 모형 등을 제공하여 영아들이 스스로 놀이할 수 있도록 제공함
놀이를 위한 공간구성	터널 두 개를 제공해 주니 교실이 다소 좁아 복도로 나가 놀이를 하며 놀이를 위한 공간구성을 넓혀줌.
주간운영평가	주말을 지내고 오면 영아들이 피곤해서 울기도 하고, 놀이가 다소 산만해지기도 함. 영아들의 컨디션을 살펴서 울음을 보이는 영아들에게는 안아주며 도움을 주었고, 점심 먹고는 일찍 낮잠을 잘 수 있도록 영아 중심의 일과 운영을 지원함. 낮잠을 푹 자고 일어나니 오후에는 안정된 모습으로 놀이가 이루어졌음. 일주일 동안 감각 터널을 이용한 놀이를 다양한 방법으로 지원하며 놀이하였더니, 감각 터널 놀이는 다소 흥미가 떨어졌고, 상자에 대한 흥미가 높아졌음. 다음 주 '기차놀이 하며 우리 반을 탐색해요' 활동이 있는데 상자 기차를 타며 탐색해 볼 수 있도록 지원해 주어야겠음. 물고기 풀어주기 활동을 통해 자연과 동물에 관심을 가지고 사랑하는 마음을 키울 수 있었음. 놀이터에 나가면 연못으로 가서 물고기에게 인사를 하고 물고기를 관찰함. 매일 놀잇감 세척이 이루어지고 있으며 금요일은 대청소 및 소독을 진행하며 영아들이 깨끗한 환경에서 건강하게 놀이할 수 있도록 지원함.

* 보육과정 평가는 매주 금요일에 실시하며 다음 보육계획에 반영합니다.

(4) 다문화 놀이이야기

〈표 12-15〉 1세 다문화 놀이이야기

<table>
<tr><td>예상놀이</td><td colspan="3">새로운 곳이 낯설어요</td></tr>
<tr><td>다문화 놀이주제</td><td>친구들아 사랑해!</td><td>대상 연령</td><td>1세</td></tr>
<tr><td>활동기간</td><td>3월 4주</td><td>다문화 요소</td><td>다양성</td></tr>
<tr><td>교사의 기대</td><td colspan="3">• 생김새, 성격 등은 다르지만 또래에게 관심을 가지며 우리 반 친구들과 놀이한다.
• 다양한 방법(언어, 몸짓, 표정)으로 의사소통한다.</td></tr>
<tr><td>개정 표준보육과정 관련 요소</td><td colspan="3">• 사회관계 〉 더불어 생활하기 〉 또래에게 관심을 가진다.
• 의사소통 〉 듣기와 말하기 〉 상대방의 이야기를 들으면서 말소리를 낸다.</td></tr>
<tr><td>놀이 환경 지원</td><td colspan="3">다양한 우리 반 친구들 막대 인형, 다양한 사람들 사진자료, 영아들이 함께 놀이할 수 있는 놀잇감</td></tr>
<tr><td rowspan="4">자료첨부</td><td colspan="3">여러 나라의 다양한 사람들의 모습 사진</td></tr>
<tr><td>
</td><td colspan="2"></td></tr>
<tr><td></td><td colspan="2"></td></tr>
<tr><td colspan="3">출처: 네이버</td></tr>
<tr><td>놀이의 시작</td><td colspan="3">- 우리 반 끼적이기판에 붙여진 친구들의 사진을 보며 “○○, △△, ◇◇. ㅁㅁ”라고 이야기함. 친구들에게 관심을 보이며 우리 반 친구들과 놀이가 시작되었다.</td></tr>
</table>

놀이의 흐름	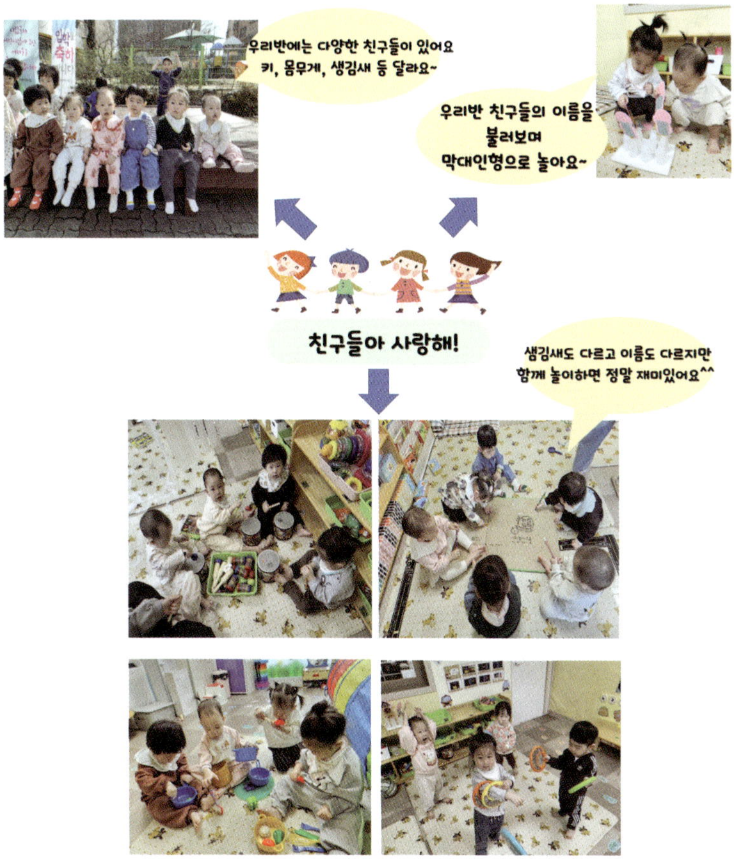
고민과 지원	- 친구들을 좋아하는 영아들이 친구들 사진을 보려고 한꺼번에 몰려서 서로 미는 상황이 발생하여 각 친구들의 막대 인형을 만들어 주어 영아들이 자신이 좋아하는 친구의 막대 인형으로 놀이할 수 있도록 지원해 주었다. - 사랑하는 친구들이지만 친구들의 장난감에 관심을 보이며 친구의 장난감을 뺏으려는 친구들이 있어 똑같은 놀잇감을 여러 개 제공하여 함께 놀이할 수 있도록 지원해 주었다.
[평가] 놀이를 통한 배움	- 우리 반 친구들은 서로 다른 생김새와 성격을 가지고 있고, 사랑하는 마음을 말이나 행동으로 표현하며 함께 놀이하는 즐거움을 느꼈다. - 세계 여러 나라 사람들의 사진을 환경으로 제공해 주었더니 영아들이 사진을 보며 관심을 보여 다양한 사람들의 모습을 관찰할 수 있었다.
유의사항	- 일과 중 다양한 사람들을 볼 수 있도록 환경을 제공한다.

1세 반응적 상호작용 지원 시 TIP

연두새싹반 다문화교육 속 반응적 상호작용 예시

상황 : 여러 나라의 다양한 전통의상을 입은 친구들 사진 막대 인형으로 놀이하는 상호작용 상황

> 친구들에게 관심을 보이는 영아들은 친구들 이름을 부르며 놀이를 한다. ○○이는 친구들 사진이 붙은 여러 나라 전통의상 막대 인형 중 ○○○ 막대 인형을 가지고 교사 옆으로 온다.

영아 : ○○○이의 사진이 붙은 인형을 손으로 꼭 쥐며 교사에게 다가간다.
교사 : "○○아~ ○○○이가 궁금했구나? 이 인형을 들고왔네~"
영아 : 교사를 보며 인형을 흔든다.
교사 : "인형을 흔들흔들 하는구나~ ○○○이랑 놀고 싶었구나~"
영아 : "네~"
교사 : "○○이가 ○○○을 좋아하는구나. ○○○ 한번 안아줄까?"
영아 : 옆에 있는 ○○○을 안아준다.
교사 : "○○○을 이렇게 안아주었네. ○○○이 기분이 참 좋겠다."
영아 : □□ 사진 막대 인형을 가져오며 "□□!"
영아2 : (아프리카 전통의상을 입고 있는 막대 인형을 들고) "어어~"
교사 : "아프리카 옷 입은 ○○아, 반가워."
영아 : "□□ 좋아."
교사 : "○○이를 좋아하는구나~ 한 번 안아줄까?"
영아들 : 서로 안아준다.

(5) 월간 놀이지원 계획

〈표 12-16〉 1세 다문화교육 월간 놀이지원 계획

<table>
<tr><td>반 훈</td><td colspan="2">행복과 사랑이 넘치는 어린이</td><td>놀이기간</td><td>2025년 5월 5일 ~ 5월 31일</td></tr>
<tr><td>예상놀이의 기대</td><td colspan="4">• 가족과 관련된 놀이를 경험하며 가족의 사랑을 느낀다.
• 오감을 이용한 놀이를 통해 다양한 촉각을 발달한다.</td></tr>
<tr><td>실내놀이</td><td colspan="4">엄마, 아빠에게 사랑을 표현해요
재미있는 소리를 경험해요
딸랑딸랑 풍선놀이
악기를 흔들어요 (다문화)
우리 가족은 어떤 느낌일까?
여러 가지 촉감을 느껴요
다양한 색깔로 놀아요
신기한 궁금이 상자</td></tr>
<tr><td>기본생활</td><td colspan="4">손을 입에 넣지 않아요</td></tr>
<tr><td>바깥놀이</td><td>내 화분에 물을 줘요</td><td>똑같은 색을 찾아보아요</td><td>나무와 인사해요</td><td>쿵쾅쿵쾅 소리를 만들어요</td></tr>
<tr><td>대체활동</td><td>우리 반 가족 사진 길 따라 걸어요</td><td>색깔 유니바를 건너요</td><td>폼폼이를 바구니에 넣어요</td><td>소리 나는 공을 굴려요</td></tr>
<tr><td>안전교육</td><td>[성폭력·아동학대 예방]
나를 사랑해요</td><td>[감염병 및 약물의 오용·남용 예방 등 보건위생 관리]
만지면 안돼요
먹으면 안돼요
[재난대비 안전]
나가면 안돼요. 미세 먼지</td><td>[화재]
1층 복도에서 전기누전으로 인한
화재 발생 시
공공기관 합동
소방훈련</td><td>[교통안전]
차에 탈 때 조심조심</td></tr>
<tr><td>행사 및 지역사회 연계</td><td colspan="4">5월 2일 – 봄소풍 / 5월 12일 – ○○ 생일파티</td></tr>
<tr><td>특색활동</td><td colspan="4">(오감활동) 국수놀이 / (베이비마사지) 다리와 발</td></tr>
</table>

* 영아가 놀이의 중심이 되는 놀이 중심 활동이 진행됩니다. 놀이과정에서 영아의 흥미도에 따라 다소 달라질 수 있음을 알려드립니다.

(6) 주간 놀이실행 계획

〈표 12-17〉 1세 다문화교육 주간 놀이실행 계획

<table>
<tr><td colspan="2">놀이주제</td><td colspan="6">우리 가족은 어떤 느낌일까?</td></tr>
<tr><td colspan="2">놀이의 기대</td><td colspan="6">• 교사, 친구에게 관심을 가지고 교사와 애착을 형성하며 지낸다.</td></tr>
<tr><td colspan="2">기본생활습관</td><td colspan="6">• 손을 입에 넣지 않아요.</td></tr>
<tr><td colspan="2">놀이기간</td><td colspan="6">2025년 5월 12일 ~ 5월 17일</td></tr>
<tr><td colspan="2">활동요일</td><td>월</td><td>화</td><td>수</td><td>목</td><td>금</td><td>토</td></tr>
<tr><td colspan="2">일과</td><td colspan="6">계획 및 실행</td></tr>
<tr><td rowspan="3">일상생활</td><td>07:30~09:00
등원 및
통합보육
(교실 환기)</td><td colspan="6">• 등원 및 맞이하기 (인사 후 내 신발을 내 자리에 정리해요)
- 등원하는 영아와 눈을 맞추고 “안녕하세요?”라고 인사한다. “○○이 자리에 신발 정리할 수 있을까?”라고 물으니 ○○이는 신발을 들어 ○○이 자리에 넣고 “다했다.”라고 말한다. “우와 ○○이가 스스로 잘 정리하는구나.”라고 칭찬을 한다.
- 등원하는 영아를 반갑게 맞이하고, 친구와 선생님과 인사를 나눈다.
- 영아의 기분과 건강상태를 확인한다.
- 스스로 소지품을 정리할 수 있도록 돕는다.
- 통합보육실에서 자유롭게 놀이한다.</td></tr>
<tr><td>09:00~09:30
오전 간식
15:00~15:30
오후 간식
(교실 환기)</td><td colspan="6">• 오전 간식 & 오후 간식 (스스로 먹어요)
(손 씻기)
- 비누로 거품을 내서 씻도록 하고 물로 씻을 때 비누가 남지 않도록 도와서 마무리한다.
- “누가 손을 씻을까?”라고 물어보니 ○○가 다가와 손을 씻는다고 표현한다. 손을 씻는 그림을 보며 어떻게 씻는지 눈으로 본 후 ○○가 스스로 닦을 수 있도록 기다린다. 스스로 손가락, 손바닥, 손등을 비누로 닦았으며 물로 헹구었다.
- 수건, 페이퍼타올을 이용하여 물기를 제거하도록 한다.
(간식 먹기)
- 등원한 순서대로 소독한 책상에서 자유롭게 앉아서 간식을 먹는다.
- 맛, 식감, 향, 색 등을 이야기 나누며 먹는다.
- 간식을 먹은 후 자리를 정리, 환기한다.</td></tr>
<tr><td>11:00~12:30
점심 식사
& 양치질
(교실 환기)</td><td colspan="6">• 점심 식사 (건강·영양 - 도구를 사용해서 먹어요)
- 어린이집에서 준비한 다양한 음식을 경험한다.
- 점심을 먹은 후 교사의 도움을 받아 스스로 정리해 본다.
- 휴지를 뜯어 스스로 입을 닦아 본다.
- “우리 ○○이 밥 먹을까?”라고 하니 숟가락을 들어 밥을 먹는다. 밥을 먹다가 다른 손으로 반찬을 집어먹어 “○○아 반찬은 포크로 찍어볼까?”라고 말하며 교사가 시범을 보이니 ○○이도 포크로 반찬을 찍어 입으로 넣었다.
(양치질)
- 자신의 차례에 스스로 양치질을 시도해 본 후 교사의 도움을 받아 마무리한다.
- 세수하고 로션을 바른다.</td></tr>
</table>

<table>
<tr><td rowspan="2">일상생활</td><td>13:00~15:00
낮잠
(교실환기)</td><td colspan="3">• 낮잠 준비 및 낮잠 (내 이불에서 잠을 자요)
- 편안한 분위기를 느끼도록 낮잠을 준비한다(조명, 채광, 소음조절).
- 영아를 토닥여 주며 개별 수면 습관을 고려해 편안하게 잠들 수 있도록 돕는다.
- 낮잠 자는 동안 꾼 꿈 이야기를 나누고, 친구와 인사한다.
- 낮잠 후 음악을 들으며 기분좋게 일어난다.</td></tr>
<tr><td>기저귀 갈이</td><td colspan="3">• 개별 영아에 맞게 수시로 진행
- 교사가 손을 씻고 매트 소독 후 진행한다.
- 영아들과 눈을 맞추고 기저귀 갈이 후 기분 좋음을 이야기한다.
- 다리 마사지 등으로 영아의 신체 발달을 자극한다.
- 기분 좋게 기저귀 갈이 후 매트를 소독하고 교사는 손을 닦는다.</td></tr>
<tr><td rowspan="5">놀이</td><td rowspan="5">09:30~11:00
12:30~13:00
15:30~16:00
실내놀이
(교실 환기)
(전이시간 10분포함)</td><td rowspan="5">놀이실행</td><td colspan="2">• (안전교육) 약물 오남용 : 만지면 안돼요 먹으면 안돼요
- 친구가 먹고 있는 약에 관심을 보이는 영아들에게 "이건 ○○이 엄마가 보내주신 약이라 ○○이만 먹는거야."라고 이야기해 줌. 아무 약이나 먹으면 안되는 것임을 알려주며 약을 만지거나 혼자서 먹어서는 안되는 것을 알려줌.</td></tr>
<tr><td colspan="2">• (기본생활습관) 손을 입에 넣지 않아요
- 세균이 붙은 손가락을 준비해 두고 입에 손가락을 넣는 영아에게 세균이 붙은 손가락을 보여주며 "손가락에는 벌레가 있어서 입에 손가락을 넣으면 벌레가 입속으로 들어가 배가 아프고, 감기에 걸릴 수 있어."라고 말해줌. 손가락을 입에 넣을 때마다 반복해서 이야기해 주었음.</td></tr>
<tr><td colspan="2">• 악기를 흔들어요 (다문화 요소 - 다양성)
- 벽면에 제시된 여러 나라의 다양한 악기 그림을 보며 영아들이 관심을 보이며 같은 악기를 가져와 그림과 똑같다고 표현함. 악기에 관심을 보이는 영아들과 악기를 빠르게 느리게 세게 약하게 여러 가지 방법으로 쳐 보았으며 영아들이 좋아하는 노래를 틀어주니 악기를 치기도 하였고 노래에 맞추어 율동도 함. 다양한 놀이 후에는 영아들과 "즐겁게 놀이하다가 정리를 합시다~"라고 노래를 불러주었더니 평소보다 정리도 즐겁게 참여함.</td></tr>
<tr><td>월</td><td>동요를 틀어주자 영아가 마라카스를 꺼내서 흔드는 모습을 보여 교사는 "찰찰찰", "토도도도도독"하고 마라카스를 흔들었을 때 나는 소리에 대해 언어로 지원을 함. 교사가 마라카스를 더 빠르게, 느리게 흔드는 모습을 보여주며 "찰! 찰! 찰!", "토독 토독", 차르르르륵" 하고 마라카스를 흔드는 속도에 따라 소리를 다르게 언어로 지원하자 영아들도 마라카스를 빠르게, 느리게 흔들며 시각, 청각 등의 감각으로 탐색함. 마라카스를 굴렸을 때도 소리가 난다는 것을 발견한 영아가 마라카스를 굴렸다가 주워서 다시 굴리기를 반복하며 자연스럽게 놀이가 확장됨.</td></tr>
<tr><td>화</td><td>영아가 버튼을 누르면 다양한 소리가 나는 교통기관 그림책을 가져와 교사에게 건네주어 교사는 영아가 버튼을 눌러보며 다양한 소리를 탐색할 수 있도록 상호작용함. 소방차 그림의 버튼을 눌렀을 때 나는 사이렌 소리를 듣고 영아가 몸짓과 소리로 표현하여 교사는 "애~앵~ 소방차 사이렌 소리구나~"라고 언어로 표현해 주며 영아의 탐색과정을 도움. 이를 관찰하던 다른 영아가 다양한 인사말이 나오는 그림책을 가져와서 읽어달라고 하여 교사가 책을 읽어주며 그림에 맞는 버튼을 눌러주자 영아가 버튼을 눌렀을 때 나오는 인사말('안녕하세요', '안녕히 주무세요' 등)을 따라 말하는 모습을 볼 수 있었음.</td></tr>
</table>

<table>
<tr><td rowspan="7">놀이</td><td rowspan="4">09:30~11:00
12:30~13:00
15:30~16:00
실내놀이
(교실 환기)
(전이시간
10분포함)</td><td rowspan="4">놀이실행</td><td>수</td><td colspan="4">풍선을 발견한 영아가 풍선을 만져보고 흔들며 관심을 보여 교사는 "딸랑딸랑~", "풍선이 흔들흔들" 하며 풍선의 움직임과 풍선을 흔들었을 때 나는 소리에 대해 언어로 지원함. 영아가 팔을 높이 들어서 풍선을 던지며 대소근육을 조절하는 모습을 보여 교사는 "우와~ ㅇㅇ이가 풍선을 멀리 던졌보았구나."라며 영아의 행동을 언어로 격려해줌. 영아가 던진 풍선을 주워서 교사에게 건네주어 교사는 "ㅇㅇ이가 다시 받아볼까?"라며 영아에게 풍선을 던져주고, 영아가 던지는 풍선을 받는 행동을 반복함으로써 놀이 참여자로서 영아의 행동을 지지해줌. 교사가 던지는 풍선을 받기 위해 손을 뻗은 채 풍선을 끝까지 눈으로 쫓으며 눈과 손을 협응해서 풍선을 받는 영아가 있었고, 풍선을 받는 것을 어려워하는 영아들의 모습을 보며 신체 발달 수준의 차이를 앎. 신체 발달이 느린 영아들의 경우 방울 풍선을 탐색하는 것에 대한 관심 자체가 없어 풍선에 끈을 달아서 천장에 달아주는 것도 흥미로운 탐색 방법이 될 수 있을 것 같음.</td></tr>
<tr><td>목</td><td colspan="4">방울 넣은 풍선을 영아들의 키를 고려하여 높이가 다 다르게 달아주었더니 어제는 풍선으로 놀이하는 것에 큰 관심을 보이지 않던 영아들도 풍선을 손으로 치고, 들고 있던 놀잇감으로 치며 다양하게 놀이하는 모습을 볼 수 있었음. 교사가 "풍선이 슈웅~", "통통통 딸랑딸랑" 하며 풍선의 움직임과 소리를 언어로 지원하자 영아도 "슝~", "~랑" 하며 교사의 말을 따라 하며 풍선의 움직임과 소리에 관심을 가지고 탐색함.</td></tr>
<tr><td>금</td><td colspan="4">실로 연결된 두 개의 종이컵을 발견한 영아가 "뭐야~?"라고 관심을 보여 교사가 종이컵 한 개는 입에 대고 한 개는 귀에 대며 "따르릉~ 여보세요~"라고 하고 전화하는 시늉을 하면서 "종이컵으로 만든 전화기네~"라고 말해주자 영아도 교사의 행동을 따라 하며 전화하는 시늉을 함. 다른 친구가 다가오며 관심을 보이자 영아가 종이컵 한 개는 친구의 귀에 대고 자신이 들고 있는 종이컵 한 개는 입에 대며 "여보세요~"라고 말하고 전화하는 시늉을 함. 영아와 다른 영아가 서로 종이컵을 입에 대었다가 귀에 대었다가를 반복하며 전화놀이에 흥미를 보일 때 교사는 "안녕~ ㅇㅇ아", "반가워 ㅇㅇ아", "우리 같이 놀자~"라고 말해주며 전화할 때 나눌 수 있는 대화에 대해 지원하여 영아들이 표현해 볼 수 있도록 도움. 영아들은 전화놀이를 통해 같은 놀잇감으로 함께 놀이하면서 서로 같은 감정을 느끼며 친밀감을 쌓아감.</td></tr>
<tr><td>토</td><td colspan="4">토요 등원 유아 없음.</td></tr>
<tr><td rowspan="3">11:00~11:50
바깥놀이
(대체활동)</td><td>월</td><td>화</td><td>수</td><td>목</td><td>금</td><td>토</td></tr>
<tr><td>리듬악기를 사용하여 쿵쾅 쿵쾅 걸을 때 같이 쳐주며 놀이에 흥미를 가질 수 있도록 하였음.</td><td>바닥에 소리 나는 재질을 붙여주어 걸을 때 소리가 나도록 지원해 주니 영아들이 흥미를 보이며 놀이에 참여함.</td><td>북소리가 크면 크게 걷기, 북소리가 작으면 작게 걷기도 해보았음.</td><td>딸랑이 풍선을 가지고 나가 손이나 다양한 도구로 두드려 보며 다양한 소리를 만들어 놀이함.</td><td>소리 나는 공에 관심을 보여 소리 나는 공으로 굴리기 던지기 발로차기 등 다양한 놀이가 이루어짐.</td><td></td></tr>
<tr><td colspan="6">사유 : (금) 초미세 먼지 나쁨으로 '소리 나는 공을 굴려요' 놀이를 함.</td></tr>
</table>

16:00~19:30 기본보육 귀가 및 연장보육	• 자신의 소지품을 함께 정리해 본다. • 영아반 연장 전담 교사일지를 참고한다.,

주간놀이평가 및 지원	비고
교사는 활동 전, 다양한 색깔의 풍선 안에 작은 딸랑이를 넣어 준비하고, 영아의 눈에 잘 띄는 공간에 풍선을 배치하였더니 영아들이 풍선에 관심을 가졌다. 처음 접하는 재료에 낯설어하는 영아들에게는 풍선을 손에 쥐어주며 "풍선 안에 뭐가 들어있을까?", "소리 들어볼까?" 등 확장적 상호작용을 지원하였다. 풍선을 흔들었을 때 딸랑이 소리가 나는 것을 보고 흥미를 보인 영아에게는 반복적으로 소리를 들려주며 소리의 원인을 인식할 수 있도록 도왔고, 영아가 직접 손으로 흔들거나 바닥에 굴리려는 시도를 보였을 때는 "ㅇㅇ가 흔드니까 소리가 나네!", "우와 ~ 소리가 재밌지?"와 같은 긍정적 언어로 반응해 자발적인 놀이를 강화하였다. 풍선을 움직이는 동안 시선으로 따라가는 영아에게는 "풍선이 데구르르 굴러가네~ 같이 가보자~"라며 이동을 격려하고, 풍선을 잡으려고 기어가는 영아에게는 안전한 환경에서 충분히 몸을 움직일 수 있도록 공간을 정리하고 관찰하였다. 또한 영아들이 서로의 놀이를 관찰하고 모방하려는 행동을 보일 때는 풍선을 함께 굴려보는 소그룹 상호작용을 유도하며 또래와의 긍정적인 상호작용도 자연스럽게 이어질 수 있도록 했다. 교사는 놀이 전 과정에서 영아의 행동을 면밀히 관찰하고, 필요할 때 직접적인 도움을 주기보다는 언어적 격려와 환경 조성 등을 통해 영아 스스로 놀이를 탐색하고 즐길 수 있도록 지원하였다.	• 대청소 및 놀잇감 소독

배움을 위한 자료제공	다양한 소리를 제공하여 소리를 들으며 어떤 소리인지 언어로 표현을 해봄.
놀이를 위한 공간구성	영아들이 자유롭게 탐색할 수 있도록 우산 꾸미기와 꽃 탐색 놀이를 위한 넓은 바닥 공간과 테이블을 마련하여 다양한 활동을 유도하였다. 딸랑이를 넣은 풍선을 지원해 주니 영아들이 흥미를 보여 공간을 더 많이 확보하여 영아들이 안전하게 풍선놀이를 할 수 있도록 하였다.
주간운영평가	이번 딸랑이 넣은 풍선놀이를 통해 영아들이 소리 나는 풍선에 많은 흥미를 보이며 자발적으로 놀이에 참여하는 모습을 관찰할 수 있었다. 새로운 소리 자극과 풍선의 움직임이 결합된 놀이가 영아들의 호기심과 탐색 행동을 자극하는 데 효과적이었음을 느꼈다. 특히, 단순한 풍선놀이에 '딸랑이'라는 감각 요소를 더함으로써 소근육 움직임뿐 아니라 청각적 자극도 함께 경험할 수 있었던 점이 긍정적이었다. 놀이를 진행하면서 영아들이 자발적으로 풍선을 흔들거나 굴리며 소리를 유발하는 과정을 반복하려는 행동을 보였고, 이러한 반복을 통해 인과관계를 스스로 탐색해 나가는 모습을 관찰하였다. 그 과정에서 교사는 직접적인 개입보다는 언어적 격려와 상호작용을 통해 영아가 스스로 시도할 수 있도록 기다리고 지지하는 태도를 유지한 점은 긍정적인 실천이었다고 생각한다. 다만, 일부 영아는 풍선을 무서워하거나 소리에 놀라는 모습을 보이기도 하여, 앞으로는 놀이 전 감각 자극에 대한 준비 활동(예: 딸랑이 소리 들려주기, 풍선 만져보기 등)을 추가하여 사전 경험을 제공하는 것이 필요하겠다는 점을 느꼈다. 또한 놀이에 적극적으로 참여하지 못한 영아에게 더 세심하게 다가가 놀이에 자연스럽게 스며들 수 있도록 유도하는 교사의 민감성도 지속적으로 발전시켜야겠다고 반성하였다. 전반적으로 이번 활동은 간단한 재료로도 풍부한 감각놀이가 가능하다는 점에서 유익했고, 영아의 반응에 민감하게 응답하며 놀이 흐름을 따라가는 교사의 역할이 중요함을 다시 한 번 느낄 수 있는 시간이었다.

* 보육과정 평가는 매주 금요일에 실시하며 다음 보육계획에 반영합니다.

(7) 다문화 놀이이야기

〈표 12-18〉 1세 다문화 놀이이야기

<table>
<tr><td>예상놀이</td><td colspan="3">우리 가족은 어떤 느낌일까?</td></tr>
<tr><td>다문화 놀이주제</td><td>악기를 흔들어요</td><td>대상 연령</td><td>1세</td></tr>
<tr><td>활동기간</td><td>5월 2주</td><td>다문화 요소</td><td>다양성</td></tr>
<tr><td>교사의 기대</td><td colspan="3">• 다양한 악기로 자유롭게 연주할 수 있다.
• 내가 좋아하는 악기로 나의 감정을 표현할 수 있다.</td></tr>
<tr><td>개정 표준보육과정 관련 요소</td><td colspan="3">• 사회관계 〉 나를 알고 존중하기 〉 나의 욕구와 감정을 표현한다.
• 예술경험 〉 창의적으로 표현하기 〉 소리와 리듬, 노래로 표현한다.</td></tr>
<tr><td>놀이 환경 지원</td><td colspan="3">여러 가지 악기 그림자료, 여러 가지 악기 실물자료, 영아들이 좋아하는 노래 음원</td></tr>
<tr><td rowspan="5">자료첨부</td><td colspan="3">여러 나라의 다양한 악기 사진</td></tr>
<tr><td>
아프리카 젬베</td><td colspan="2">
대한민국 소고</td></tr>
<tr><td>
스위스 뮤지컬스푼</td><td colspan="2">
멕시코 마라카스</td></tr>
<tr><td>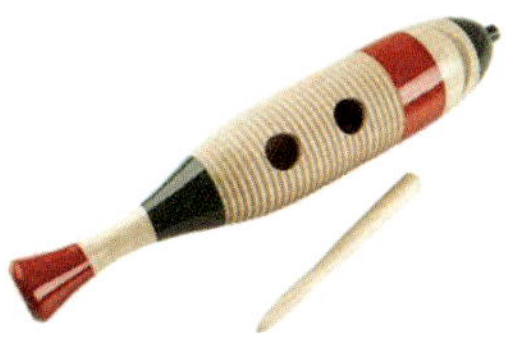
쿠바 귀로</td><td colspan="2">
필리핀 우쿨렐레</td></tr>
<tr><td colspan="3">출처: 네이버</td></tr>
</table>

놀이의 시작	- 벽면에 제시된 여러 나라 악기 지원자료에 관심을 보이며 교실에 있는 악기를 가져와 북을 치고, 마라카스를 흔들며 놀이가 시작되었다.
놀이의 흐름	- 벽면에 제시된 여러 나라의 다양한 전통악기 그림을 보더니 교실에 있던 멕시코 마라카스를 가져와 악기를 자유롭게 탐색하며 소리를 내보았다. 마라카스 외에도 다양한 악기를 쳐보며 악기의 생김새를 알 수 있었다. - 악기 사운드 퍼즐을 이용하여 악기 퍼즐을 맞추었으며, 악기 퍼즐을 잘 맞추면 악기 소리가 나와 다양한 악기 소리를 들어볼 수 있었다. - 교사가 간단한 리듬(빠르게/천천히, 크게/작게 등)으로 악기를 연주하니 영아들도 따라 빠르게 천천히 크게 작게 악기를 치며 놀이하였다. - 영아들이 좋아하는 노래(아기돼지 삼형제, 아기상어, 통통통 동요 등)를 틀고 악기를 가지고 함께 연주하였고, 영아들이 좋아하는 노래여서 악기놀이를 멈추고 일어나서 노래에 맞추어 율동도 하였다. - 친구와 악기를 교환하며 소리를 비교하고 함께 연주해 보았고, 악기를 치면서 나는 소리(딩동댕, 찰찰찰 등)를 언어로 표현해 주었다. - "즐겁게 악기 치다가 정리를 합시다~"라고 노래를 부르며 악기놀이를 정리하였다.
고민과 지원	- 영아들이 짧은 시간만 집중하고 금방 흥미를 잃을 수 있어서 영아의 반응에 따라 놀이 시간을 조절하고 영아가 흥미를 보이는 악기로 놀이하였다. - 악기를 입에 넣거나 던지는 등 안전 문제 우려가 있어 악기는 깨끗하게 소독된 안전한 재질의 것으로 준비하고, 입에 넣는 행동은 부드럽게 제지하였다. - 소음에 민감한 유아는 놀이를 거부하거나 불편함을 느낄 수 있어 너무 시끄러운 소리를 싫어하는 영아에게는 조용한 타악기(실로폰 등)를 제공하거나 소리 크기를 조절해 주었다.
[평가] 놀이를 통한 배움	- 영아들이 다양한 악기를 흔들고 두드리며 감각적으로 탐색하는 모습이 활발히 관찰되었고, 손으로 악기를 쥐고 흔들거나 두드리는 과정에서 소근육과 대근육 발달이 촉진되었다. - 대부분의 영아가 악기 놀이에 즐겁게 참여하며 소리를 반복적으로 탐색하며 흥미도와 참여도가 높았고, 친구와 악기를 바꾸며 나누는 초기 상호작용이 자연스럽게 나타났다. - 교사의 반복적인 언어 모델링("딩동댕~", "찰찰찰~")을 따라 하며 소리 표현을 시도하는 모습도 관찰되었다.
유의사항	- 악기를 사용할 때 서로 부딪히거나 던지지 않도록 지도하며, 안전하게 다룰 수 있도록 반복적으로 안내한다. - 큰 소리에 민감한 영아도 있을 수 있으므로 소리의 크기와 사용 시간에 유의한다. - 활동 후 정리 시간에도 놀이의 연장선으로 자연스럽게 연결되도록 즐거운 분위기를 유지한다.

3) 2세 다문화교육 놀이지원 사례

(1) 연간 놀이지원 계획

〈표 12-19〉 2세 다문화교육 연간 놀이지원 계획

(다문화 요소 : ●문화이해 ▲다양성 ■협력 ♥평등 ★편견 ♠정체성)

계절	예상놀이	다문화 예상놀이주제	놀이 환경 지원	개정 표준보육과정 주요 관련 요소	다문화 요소
봄	• 나는 밝은미소 반이에요	다양한 친구들 만나기	다양한 인형	사회관계	▲★♠
		우리는 친구	거울, 다양한 인형, 소꿉놀이 놀잇감	사회관계, 의사소통	
	• 꽃이랑 곤충이 친구예요	아름다운 꽃	다양한 꽃 사진	자연탐구	▲★♠
		곤충은 어떻게 생겼을까?	곤충 실물사진, 곤충모형	자연탐구	
	• 우리 가족을 사랑해요	가족 인사말 놀이	다양한 가족 형태의 포스터, 인형	사회관계, 의사소통	▲★♠
		우리 가족이 좋아하는 놀이	다양한 가족 그림책, 세계 가족 사진	사회관계	
여름	• 나는 씩씩해요	소중한 우리 가족	가족 사진	의사소통	▲★♠
		기분 좋은 말	다양한 언어 인사판	사회관계, 의사소통	
	• 나는 물이 좋아요	신나는 물놀이	물놀이 용품	사회관계	▲★♠
		여행을 가요	캠핑놀이 텐트	사회관계	
	• 동물이 좋아요	동물 인사놀이	동물카드, 동물 손가락 인형	사회관계	▲★♠
		동물 소리 따라해요	동물 울음소리, 동물 인형 소품	사회관계	
가을	• 부릉부릉 운전해요	뛰뛰빵빵	다양한 교통기관 사진, 박스, 교통기관 놀잇감	자연탐구	▲★♠
		어디로 갈까요?	사진자료, 블록	사회관계	
	• 알록달록 단풍잎이 예뻐요	가을 열매 밥상	가을 열매 소꿉놀이 놀잇감	사회관계, 자연탐구	▲★♠
		가을 낙엽 스크래치	가을 낙엽, 색연필	사회관계	
	• 알록달록 모양 친구와 놀이해요	다양한 모양이 있어요	다양한 모양 틀, 패턴 블록	예술경험	▲★♠
		알록달록 예쁜색	다양한 색깔의 조형재료	예술경험	

계절	예상놀이	다문화 예상놀이주제	놀이 환경 지원	개정 표준보육과정 주요 관련 요소	다문화 요소
겨울	• 겨울 옷을 입었어요	펑펑 눈이 와요	눈놀이 용품	사회관계	▲★♠
		산타할아버지 사랑해요	크리스마스 용품	사회관계	
	• 친구랑 함께하면 재미있어요	내가 도와줄게	나눌 수 있어요 동화책	의사소통	▲★♠
		오색 맞이 떡국놀이	다양한 떡 사진자료, 오색떡 모형	사회관계	
	• 내가 해볼래요	키가 컸어요	키재기 용품	사회관계	▲★♠
		전통놀이를 해요	콩주머니 던지기, 공기놀이, 딱지 등	신체운동·건강, 사회관계	

(2) 월간 놀이지원 계획

〈표 12-20〉 2세 다문화교육 월간 놀이지원 계획

– 이번 달 예상 관심과 놀이

반 훈	웃음이 가득 밝은 어린이		놀이기간	2025년 3월 3일 ~ 3월 29일
예상놀이의 기대	• 우리 반에 관심을 가지고 새로운 환경을 탐색한다. • 부모와 기분 좋게 헤어지고 안정적인 적응 기간을 가진다. • 우리 반 친구들에게 관심을 가지고 함께 놀이하며 친밀감을 형성한다. • 우리 반의 다양한 놀잇감을 탐색하고 놀잇감으로 즐겁게 놀이한다.			
실내놀이	무지개 백업 터널을 건너요 풍선을 손으로 톡톡 쳐요 봄바람을 따라 걸어요		종이컵 전화놀이를 해요 웃는 얼굴 예쁜 얼굴 들으며 표현하기 볼링놀이를 해요	
	나는 밝은미소반이에요			
	친구 몸 그리기 친구 얼굴 꾸미기 친구 손과 내 손을 찍어 탐색해요		내 키만큼 친구 키만큼 쌓아요 친구와 함께 소꿉놀이를 해요 다양한 나라가 있어요 (다문화)	
바깥놀이	친구 손을 잡고 천천히 걸어요	어린이집 놀이터에서 미끄럼틀을 타요	어린이집 주변의 자연을 살펴봐요	선생님과 걷고 달려요
대체활동	벽돌 위를 올라갔다 내려와요	고무줄을 넘어요	친구와 함께 움직여요	유희실에서 자동차를 타요

안전교육	[교통안전] 빵빵 자동차	[실종 유괴의 예방·방지] 선생님과 손을 잡고 나가요	[생활안전] 놀잇감 던지지 않아요 [화재] 조리실의 가스 누출로 인한 화재 발생 시	[재난대비 안전] 코와 입을 막아요
행사 및 지역사회 연계				
특색활동	(자연활동) - 상추야, 무럭무럭 자라! (상추 모종을 심고 탐색해요)			
특별활동	영어 (월, 화, 목-12:30~12:50) / 오감 (수-15:25~15:50) / 체육 (금-12:30~13:00)			

* 유아가 놀이의 중심이 되는 놀이 중심 활동이 진행됩니다. 놀이과정에서 유아의 흥미도에 따라 다소 달라질 수 있음을 알려드립니다.

(3) 주간 놀이실행 계획

〈표 12-21〉 2세 다문화교육 주간 놀이실행 계획

놀이주제		나는 밝은미소반이에요					
놀이의 기대		• 우리 반의 다양한 놀잇감을 탐색하고 놀잇감으로 즐겁게 놀이한다.					
기본생활습관		• 동네 어른들께 인사를 드려요.					
놀이기간		2025년 3월 24일 ~ 3월 29일					
활동요일		월	화	수	목	금	토
일과		계획 및 실행					
일상생활	07:30~09:00 등원 및 통합보육 (교실 환기)	• **등원 및 맞이하기 (선생님께 "안녕하세요"라고 인사해요)** - 등원하는 영아와 눈을 맞추고 "안녕하세요?"라고 인사함. 영아가 교사의 눈을 보고 방긋 웃으며 안아달라고 팔을 벌린다. 교사가 영아를 반갑게 안아 기분 좋게 등원한다. - 등원하는 영아 반갑게 맞이하기, 친구와 선생님과 인사를 나눈다. - 영아의 기분과 건강상태를 확인한다. - 스스로 소지품을 정리할 수 있도록 돕는다. - 통합보육실에서 자유롭게 놀이한다.					
	09:00~09:30 오전 간식 15:00~15:30 오후 간식 (교실 환기)	• **오전 간식 & 오후 간식 (음식을 먹기 전에 손을 깨끗하게 씻어요)** - 교사가 옆에서 손 씻는 모델링을 한다. 영아가 교사의 손 씻는 모습을 따라한다. - 깍두기 김치를 먹어본다. 영아가 깍두기를 먹으면 몸이 튼튼해지고 건강해진다는 걸 알고 먹는 경험을 해본다. (손 씻기) - 비누로 거품을 내서 씻도록 하고 물로 씻을 때 비누가 남지 않도록 도와서 마무리한다. - 수건, 페이퍼타올을 이용하여 물기를 제거한다. (간식 먹기) - 등원한 순서대로 소독한 책상에서 자유롭게 앉아서 간식을 먹는다. - 맛, 식감, 향, 색 등을 이야기 나누며 먹는다. - 간식을 먹은 후 자리를 정리, 환기한다.					

<table>
<tr><td rowspan="3">일상생활</td><td>11:00~12:30
점심 식사
& 양치질
(교실 환기)</td><td colspan="3">• 점심 식사 (건강·영양 - 음식을 골고루 먹어요)
- 어린이집에서 준비한 다양한 음식을 경험한다.
- 휴지를 뜯어 스스로 입을 닦아 본다.
* 처음 맛보는 음식의 맛과 색 향 등을 탐색하며 먹는다. 교사가 먹는 모습을 따라 맛보며 골고루 먹어보며 다양한 음식을 경험한다.
(양치질)
- 자신의 차례에 스스로 양치질을 시도해 본 후 교사의 도움을 받아 마무리한다.
- 세수하고 로션을 바른다.
* 양치질을 깨끗이 한 후 깨끗한 치아를 보며 기분 좋은 느낌을 이야기한다.</td></tr>
<tr><td>13:00~15:00
낮잠
(교실환기)</td><td colspan="3">• (낮잠 준비 및 낮잠, 낮잠 정리) 음악을 들으며 편안하게 자요
- 편안한 분위기에서 잘 수 있도록 한다(조명, 채광, 소음 조절).
- 영아를 토닥여주며 개별 수면 습관을 고려하여 편안하게 잠들 수 있도록 돕는다.
- 낮잠 자는 동안 편안하게 잘 수 있도록 친구들과 인사한다.
- 낮잠 후 음악을 들으며 기분 좋게 일어날 수 있도록 한다.</td></tr>
<tr><td>기저귀 갈이
&
배변활동</td><td colspan="3">• 개별 영아에 맞게 수시로 진행
- 교사는 손을 씻고 매트 소독 후 진행한다.
- 영아들과 눈을 맞추고 기저귀 갈이 후 기분 좋음을 이야기한다.
- 다리 마사지 등으로 영아의 신체 발달을 자극한다.
- 기분 좋게 기저귀 갈이 후 매트를 소독하고 교사는 손을 닦는다.</td></tr>
<tr><td rowspan="5">놀이</td><td rowspan="5">09:30~11:00
실내놀이
(교실 환기)</td><td rowspan="5">놀이실행</td><td colspan="2">• (안전교육) 소방안전 : 코와 입을 막아요
- 손인형으로 화재 시 안전하게 대피하는 방법을 알아본 후 영아들이 코와 입을 막아 보는 자세를 함께 해봄.</td></tr>
<tr><td colspan="2">• (기본생활습관) 선생님에게 인사를 해요.
- 어린이집에 등원 시 선생님과 인사를 하고, 어린이집에서 선생님을 만났을 때 인사를 해볼 수 있도록 상시로 교육함.</td></tr>
<tr><td colspan="2">• 다양한 나라가 있어요 (다문화 요소 - 다양성·문화)
- 세계 여러 나라의 사진자료를 보며 관찰함.
- 세계 여러 나라 인형을 영아들과 함께 보며 상호작용을 함.
- 각 나라에 대해 소개하며 다양한 나라의 놀이를 알아봄.</td></tr>
<tr><td>월</td><td>집 만들기 블록으로 밝은미소반을 만들어 봄. 크게 만들어야 한다는 영아들의 생각을 바탕으로 집 만들기 블록으로 우리 반을 구성해 봄. 블록 만들기를 다 한 후 영아들이 블록 안으로 들어가서 놀이를 시작함. 영아들을 블록으로 구성한 밝은미소반에서 색종이접기를 하거나 자동차놀이, 소꿉놀이를 함.</td></tr>
<tr><td>화</td><td>선생님 얼굴이 붙은 역할 머리띠를 영아들에게 제공함. 영아들이 선생님의 사진을 보며 관심을 보임. 영아들이 역할 머리띠를 쓰고 블록 안으로 들어와서 역할놀이를 함. 영아가 "같이 놀아요.", "화장실 가요." 등 선생님의 말과 행동을 따라 하며 놀이하는 모습이 관찰됨.</td></tr>
</table>

<table>
<tr><td rowspan="7">놀이</td><td rowspan="4">09:30~11:00
실내놀이
(교실 환기)</td><td rowspan="4">놀이실행</td><td>수</td><td colspan="4">영아들과 집 모양 쿠키를 꾸며보고, 만든 쿠키를 직접 먹어보는 요리놀이를 함. 쿠키의 모양과 색깔, 냄새를 맡아보며 요리 재료를 영아들이 스스로 탐색해 봄. 초코펜과 집 모양의 쿠키를 영아들이 스스로 선택하여 자유롭게 꾸며봄. 다 꾸민 후 자리에 앉아서 친구에게 자신이 만든 쿠키를 자랑하고 맛에 대한 이야기를 나누며 맛있게 먹음.</td></tr>
<tr><td>목</td><td colspan="4">선생님 역할 머리띠를 쓰고, 병원놀이 교구로 병원놀이를 함. 체온계를 꺼내 옆에 있는 친구 귀에 대보며 체온을 재봄. 주사기를 꺼내 친구 팔에 꾹 눌러 주사 맞는 모습을 표현함. 병원 의사 선생님 말을 흉내 내며 몰입하여 놀이를 함.</td></tr>
<tr><td>금</td><td colspan="4">벽면에 제시해 준 병원놀이 사진을 보고 영아들이 관심을 보임. 교사와 친구에게 병원을 가보았던 경험을 떠올리며 이야기를 해줌. 영아는 아기 인형을 가져와 "아기가 아파요."라고 이야기하며 친구에게 다가가서 병원놀이를 시작함. 병원놀이 놀잇감을 가져와서 인형에 주사를 놓고, 약을 발라주며 병원놀이가 확장됨.</td></tr>
<tr><td>토</td><td colspan="4">토요 등원 유아 없음.</td></tr>
<tr><td rowspan="3">11:00~11:50
바깥놀이
및
대체활동</td><td>월</td><td>화</td><td>수</td><td>목</td><td>금</td><td>토</td></tr>
<tr><td>선생님과 걷고 달려요</td><td>친구와 걷고 달려요</td><td>짝꿍 손을 잡아요</td><td>대체활동: 유희실에서 자동차를 타요</td><td>물고기가 사는 연못을 구경해요</td><td></td></tr>
<tr><td colspan="6">사유 : 목요일 미세 먼지로 인해 대체활동을 실시함.</td></tr>
<tr><td rowspan="2"></td><td rowspan="2">12:30 ~3:00
15:30
~16:00
오후
실내놀이</td><td colspan="2">영어</td><td colspan="2">오감놀이</td><td colspan="2">체육</td></tr>
<tr><td colspan="2">12:30~13:00(월, 화)
13:00~13:30(수)
13:15~13:35(목)
12:30~13:00(금)</td><td colspan="2">15:00~15:30(수)</td><td colspan="2">13:00~13:30(금)</td></tr>
<tr><td colspan="2">16:00~19:30
기본보육 귀가 및
연장보육</td><td colspan="6">• 자신의 소지품을 함께 정리해 본다.
• 영아반 연장 전담 교사일지를 참고한다.</td></tr>
</table>

<table>
<tr><th colspan="2">주간놀이평가 및 지원</th><th>비고</th></tr>
<tr><td colspan="2">집 만들기 블록으로 영아들이 우리 반을 구성하여 그 안에서 역할놀이를 해봄. 블록을 만들 때, 영아들이 스스로 구성하기 어려운 블록이어서 교사의 도움이 필요했음. 도움을 요청하는 영아들에게 교사가 옆에서 같이 블록 만들기를 해줌. 영아들이 블록으로 우리 반을 만들기 전에 "우리 교실은 어떻게 생겼을까?", "블록으로 어떻게 만들어 보면 좋을까?"라고 질문하며 영아들의 생각을 들어보고 놀이의 흥미를 유발함. 역할놀이의 흥미를 유발하기 위해 선생님 얼굴 사진 머리띠를 만들어 다음 날 지원할 예정임.
교사가 지원한 역할 머리띠를 보며 영아들이 "선생님~"이라고 부르며 관심을 보임. 영아들과 사진을 보며 어느 반 선생님인지 이야기를 나누며 상호작용을 함.
교사가 어제 만들었던 블록 집으로 들어가서 "선생님 저 왔어요."라고 역할놀이를 시작하였더니, 영아들이 머리띠를 쓰고 블록안으로 들어와서 "안녕하세요."라고 말하며 인사를 하며 선생님의 모습을 흉내내며 역할놀이가 더 활발하게 이루어졌음.
집 모양의 쿠키를 제공하여 영아들과 우리 반 쿠키 꾸미기 요리놀이를 진행함. 요리 재료를 보며 냄새, 색깔, 모양 등을 다양하게 탐색하며 상호작용을 하여 흥미를 유발함. 영아들이 스스로 쿠키를 꾸미고 친구들에게 자랑하며 자신의 요리활동에 대한 자부심을 느낄 수 있었음.
병원놀이 교구 중 체온계를 꺼내서 친구의 귀에 대며 체온을 재는 모습을 흉내냄. 병원놀이를 하는 영아에게 자연스럽게 다가가 "의사선생님, 감기가 걸렸어요."라고 이야기를 하며 놀이에 함께 참여함. 영아가 주사기, 의사 안경 등 다양한 병원놀이 교구를 가져와서 "어디가 아파요?", "아~"라고 이야기하며 의사 선생님의 모습을 흉내냄. 교사의 놀이 참여로 병원놀이가 더 활발하게 이루어졌음. 벽면에 병원 사진자료를 붙여주어야겠음.</td><td>• 원장님과 함께 어린이집 연못에 물고기 풀어주기

• 안전교육

• 대청소 및 놀잇감 소독

• 금요일 이불 세탁</td></tr>
<tr><td>배움을 위한 자료제공</td><td colspan="2">역할 머리띠, 병원놀이 교구, 병원 사진자료, 쿠키 요리재료</td></tr>
<tr><td>놀이를 위한 공간구성</td><td colspan="2">병원놀이 시 책상을 옮겨 공간을 넓게 확보함.</td></tr>
<tr><td>주간운영평가</td><td colspan="2">집 만들기 블록이 영아들이 스스로 해보기에는 어려웠음. 다음 활동 시에는 영아들 수준을 고려하여 블록을 준비하여 제공해야겠음.
원장님과 함께 연못에 물고기 풀어주기 활동을 해봄. 활동을 통해 영아들이 물고기에 관심을 갖고, 생명을 소중히 다루는 마음을 가져볼 수 있었음.</td></tr>
<tr><td colspan="3">* 보육과정 평가는 매주 금요일에 실시하며 다음 보육계획에 반영합니다.</td></tr>
</table>

(4) 다문화 놀이이야기

〈표 12-22〉 2세 다문화 놀이이야기

예상놀이	나는 밝은미소반이에요.		
다문화 놀이주제	다양한 나라가 있어요	대상 연령	2세
활동기간	3월 4주	다문화 요소	다양성, 반편견, 정체성
교사의 기대	• 세계 여러 나라 사람이 있음을 알고 다른 생김새를 관찰해 본다. • 다양한 문화를 종중하며 서로 어울려 살아간다.		
개정 표준보육과정 관련 요소	• 사회관계 〉 사회에 관심 가지기 〉 다양한 문화에 관심을 가진다. • 사회관계 〉 더불어 생활하기 〉 서로 다른 감정, 생각, 행동을 존중한다. • 자연탐구 〉 탐구과정 즐기기 〉 주변 세계와 자연에 대해 지속적으로 호기심을 가진다. • 의사소통 〉 듣기와 말하기 〉 자신의 경험, 느낌, 생각을 말한다.		
놀이 환경 지원	다양한 종류의 재활용품, 뽕뽕이, 개구리 알, 플레이콘		
자료첨부	세계 여러 나라 사람들의 모습		

		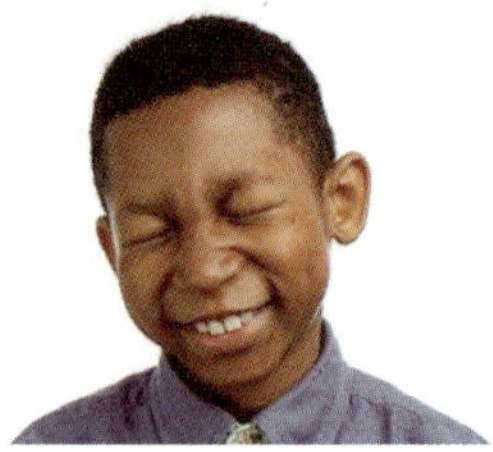	
	출처: 네이버		

놀이의 흐름	- 우리 반에 있는 캄보디아 친구의 얼굴에 관심을 보여, 교사가 여러 나라 친구들의 사진을 제시해 주자 사진을 만져보거나 사진에 끼적이는 등의 관심을 보였다. 어린이집에 게시되어 있던 다양한 다문화 인형 친구들을 지원해 주자 또래와 함께 오랜 시간 인형놀이를 하며 상호작용하는 모습을 보였다.

고민과 지원	- 교사 주도가 아닌 영아 스스로 여러 가지 놀이를 즐기기 위해서는 어디까지 어떻게 지원해 줄 수 있을지 고민이 되어 다양한 놀이 영역에 영아들이 매력적으로 느낄 수 있는 다양한 종류의 놀잇감을 제시해 주었다. - 놀이의 흐름이 가게놀이로 확장되면서 영아들이 더욱 다양한 가게도 열고 싶어하였다. 그러나 공간이 좁아 불편한 점이 있어 어떻게 지원하면 좋을지 생각해 보았고, 싱크대 앞에 놀이공간을 추가로 지원했으며 이후 가게놀이를 시작하자 영아들은 쾌적한 공간에서 갈등 상황 없이 원할하게 놀이를 할 수 있었다.
[평가] 놀이를 통한 배움	다양한 나라의 친구들을 만나보는 활동을 통해 세계 여러 나라 사람들의 모습을 접한 영아들은 다양한 문화에 대한 자연스러운 흥미를 보였다. 여러 나라 친구들의 손 인형과 미술놀이 용품 등을 지원하자 영아들은 해당 인형을 관찰하며 서로의 이름을 부르거나 옷의 특징을 이야기하며 의사소통과 사회적 상호작용을 시도하였다. 놀이가 진행되는 중, 일부 영아들은 레고 블록에 있는 주스 병을 보고 음료를 떠올리며 이전 경험을 언어화하였고, 자연스럽게 '주스 가게 놀이'로 확장되었다. 이 과정에서 영아들은 물감 물, 개구리 알 등의 재료를 이용해 주스를 만들며 감각 탐색과 소근육 조절을 경험하였고 친구와 역할을 나누고 주고받은 과정을 통해 사회적 기술과 창의적 표현력을 함께 발달시킬 수 있었다. 이번 활동을 통해 영아들은 다문화에 대한 열린 태도를 형성하며, 자신만의 상상력을 더해주고 놀이를 확장하는 경험을 하였고, 이는 자발적인 탐색과 풍부한 상호작용으로 이어져 전인 발달에 긍정적인 영향을 준 활동이었다.
유의사항	- 놀이의 흐름을 관찰하며 유아의 개별적 수준을 고려하여 교사가 지원하도록 한다. - 유아들이 다양한 방법을 시도하고 협력하여 문제를 해결하는 모습을 관찰하였고 자신의 생각을 자유롭게 표현하고 적응할 수 있는 환경을 지속적으로 제공하도록 한다.

2세 반응적 상호작용 지원 시 TIP

밝은미소반 다문화교육 속 반응적 상호작용 예시

상황 : 세계 여러 나라 인형으로, 역할놀이를 하는 상황

> 교실에 있는 세계 여러 나라 인형에 관심을 보인다.
> ○○이가 인형의 옷 색깔에 대해 이야기를 한다.
> ㅁㅁ와 △△가 자기 얼굴 인형을 가져와서
> "나는 분홍색 옷을 입었어."라고 말하며 놀이를 한다.

영아 : 세계 여러 나라 인형에 관심을 보이며, "우와!"

교사 : "○○이가 인형 친구들을 만났네~ 인형들이 반갑다고 하네~"

영아 : "응 나도 할래."

교사 : 세계 여러 나라 인형을 흔들며 "안녕 ○○아~ 나는 중국에서 온 친구야 만나서 반가워."

영아 : 세계 여러 나라 인형을 흔들며 "안녕, 빨간색이다."

교사 : 인형의 옷을 가리키며 "친구가 빨간색 치마를 입었네, ○○이는 무슨색 옷 입었어?"

영아 : "나는 분홍색!"

영아2 : 자기 얼굴 인형 사진을 흔들며 "안녕, 나는 핑크색이야."

영아3 : ㅁㅁ의 모습을 보고 다가온다. "나도 할래! 나도 원피스 입었어."

영아1 : ㅁㅁ의 인형을 만지며 "나도 핑크핑크!"

교사 : "ㅁㅁ는 핑크색 옷을 입고, ○○이는 빨간색 옷을 입었네~ ○○이는 핑크색을 하고 싶구나."

(5) 월간 놀이지원 계획

〈표 12-23〉 2세 다문화교육 월간 놀이지원 계획

– 이번 달 예상 관심과 놀이

<table>
<tr><td>반 훈</td><td colspan="2">안전하고 즐겁게 놀이해요</td><td>놀이기간</td><td colspan="2">2025년 3월 31일 ~ 5월 3일</td></tr>
<tr><td>예상놀이의 기대</td><td colspan="5">• 우리 반의 다양한 놀잇감을 탐색하며 즐겁게 놀이한다.
• 다양한 놀잇감을 탐색하고 봄나들이를 표현해 본다.
• 봄과 관련된 놀이를 즐겁게 한다.</td></tr>
<tr><td>실내놀이</td><td colspan="5">봄에 만날 수 있어요
휴지로 표현하는 봄
애벌레의 변신

봄의 색 팔레트
꽃잎이 바람에 흩날려요
아름다운 꽃 (다문화)

꽃이랑 곤충이 친구예요

꽃 가게 놀이
아기 응가를 변기통에 쏙!
곤충은 어떻게 생겼을까? (다문화)</td></tr>
<tr><td>바깥놀이</td><td>새싹아 반가워</td><td>맨발로 걸어요</td><td>봄바람을 느껴요</td><td>텃밭 가꾸기</td><td>나비처럼 움직여요</td></tr>
<tr><td>대체활동</td><td>꽃 막대로 놀이해요</td><td>꼬불꼬불 선 따라 걸어요</td><td>징검다리를 건너요</td><td>곤충 신체표현</td><td>기저귀 쌓기</td></tr>
<tr><td>안전교육</td><td>[성폭력·아동학대 예방]
기저귀를 갈 때 좋은 느낌</td><td>[생활안전]
움직일 때 조심해요</td><td>[감염병 및 약물의 오용·남용 예방 등 보건위생 관리]
맛있는 냄새! 먹으면 안돼요
[재난대비 안전]
모래바람이 불어요</td><td>[소방대피훈련]
2층 화장실에서 전기 누전으로 인한 화재 발생 시</td><td>[미세 먼지]
황사 발생 시 안전행동
(미세 먼지 농도가 높을 때 포함)</td></tr>
<tr><td>행사 및 지역사회 연계</td><td colspan="5">인천대공원 / 봄 소풍</td></tr>
<tr><td>특색활동</td><td colspan="5">(자연활동) – 상추야, 무럭무럭 자라! (상추 모종을 심고 탐색해요)</td></tr>
<tr><td>특별활동</td><td colspan="5">영어 (월, 화, 목–12:30~12:50) / 오감 (수–15:25~15:50) / 체육 (금–12:30~13:00)</td></tr>
</table>

* 유아가 놀이의 중심이 되는 놀이 중심 활동이 진행됩니다. 놀이과정에서 유아의 흥미도에 따라 다소 달라질 수 있음을 알려드립니다.

(6) 주간 놀이실행 계획

〈표 12-24〉 2세 다문화교육 주간 놀이실행 계획

<table>
<tr><td colspan="2">놀이주제</td><td colspan="6">꽃이랑 곤충이 친구예요</td></tr>
<tr><td colspan="2">놀이의 기대</td><td colspan="6">• 봄이 되어 변화된 주변 환경을 탐색하고 바깥놀이를 하며 즐거움을 느낀다.</td></tr>
<tr><td colspan="2">기본생활습관</td><td colspan="6">• 사물함에 내 물건을 정리해요.</td></tr>
<tr><td colspan="2">놀이기간</td><td colspan="6">2025년 4월 7일 ~ 4월 12일</td></tr>
<tr><td colspan="2">활동요일</td><td>월</td><td>화</td><td>수</td><td>목</td><td>금</td><td>토</td></tr>
<tr><td colspan="2">일과</td><td colspan="6">계획 및 실행</td></tr>
<tr><td rowspan="5">일상생활</td><td>07:30~09:00
등원 및
통합보육
(교실 환기)</td><td colspan="6">• 등원 및 맞이하기 (사물함에 내 물건을 정리해요)
- 등원하는 영아 반갑게 맞이하기, 친구와 선생님과 인사를 나눈다.
- 겉옷과 양말을 벗어 가방 안에 넣을 때 교사가 “나는 양말이야~ 사물함에 넣어줘서 정말 고마워.”라고 이야기한다. 영아들은 웃으며 사물함에 물건을 넣어 정리한다.
- 영아의 기분과 건강상태를 확인한다.
- 스스로 소지품을 정리할 수 있도록 돕는다.
- 통합보육실에서 자유롭게 놀이한다.</td></tr>
<tr><td>09:00~09:30
오전 간식
15:00~15:30
오후 간식
(교실 환기)</td><td colspan="6">• 오전 간식 & 오후 간식 (건강·영양 - 음식을 먹기 전에 손을 깨끗하게 씻어요)
(손 씻기)
- 비누로 거품을 내서 씻도록 하고 물로 씻을 때 비누가 남지 않도록 도와서 마무리한다.
- 수건, 페이퍼타올을 이용하여 물기를 제거한다.
(간식 먹기)
- 등원한 순서대로 소독한 책상에서 자유롭게 앉아서 간식을 먹는다.
- 맛, 식감, 향, 색 등을 이야기 나누며 먹는다.
- 간식을 먹은 후 자리를 정리, 환기한다.</td></tr>
<tr><td>11:00~12:30
점심 식사
& 양치질
(교실 환기)</td><td colspan="6">• 점심 식사 (건강·영양 - 음식을 골고루 먹어요)
- 어린이집에서 준비한 다양한 음식을 경험한다.
- 휴지를 뜯어 스스로 입을 닦아 본다.
(양치질)
- 자신의 차례에 스스로 양치질을 시도해 본 후 교사의 도움을 받아 마무리한다.
- 세수하고 로션을 바른다.</td></tr>
<tr><td>13:00~15:00
낮잠</td><td colspan="6">• (낮잠 준비 및 낮잠, 낮잠 정리) 음악을 들으며 편안하게 자요.
- 이불을 덮고 누워있는 영아들을 토닥이며 잠들 수 있도록 한다.
- 편안한 분위기에서 잘 수 있도록 한다(조명, 채광, 소음 조절).
- 영아를 토닥여 주며 개별 수면 습관을 고려하여 편안하게 잠들 수 있도록 돕는다.
- 낮잠 자는 동안 편안하게 잘 수 있도록 친구들과 인사한다.
- 낮잠 후 음악을 들으며 기분 좋게 일어날 수 있도록 한다.</td></tr>
<tr><td>기저귀 갈이</td><td colspan="6">• 개별 영아에 맞게 수시로 진행
- 교사는 손을 씻고 매트 소독 후 진행한다.
- 영아들과 눈을 맞추고 기저귀 갈이 후 기분 좋음을 이야기한다.
- 다리 마사지 등으로 영아의 신체 발달을 자극한다.
- 기분 좋게 기저귀 갈이 후 매트를 소독하고 교사는 손을 닦는다.</td></tr>
</table>

<table>
<tr><td rowspan="9">놀이</td><td rowspan="9">09:30 ~ 11:00
12:30 ~ 13:00
15:30 ~ 16:00
실내놀이
(교실 환기)</td><td rowspan="9">놀이실행</td><td colspan="2">• (안전교육) 생활안전 : 움직일 때 조심해요
- 영아들과 '움직일 때 조심해요'를 주제로 안전교육을 진행함. 걷거나 뛰어다닐 때 주변을 잘 살펴야 한다는 내용을 간단한 동화와 이야기 나누기를 통해 전달함. 아이들이 자주 다니는 교실과 복도, 놀이터에서 조심해야 할 상황에 대해 그림자료를 보며 함께 이야기 나눔. "어떻게 해야 조심할 수 있을까?" 질문을 던지며 아이들의 생각을 자연스럽게 이끌어냄. 교육 후 교실 내에서 직접 걸어보며, 천천히 걷기, 친구와 부딪히지 않기 등을 실천해 보는 시간을 가짐. 일부 영아는 "천천히 가야 해."라는 같은 표현을 사용하며 내용을 이해하고 실천하려는 모습을 보임.</td></tr>
<tr><td colspan="2">• (기본생활습관)
- 아이들과 아침 등원 후 겉옷과 가방, 개인 물건을 사물함에 차례대로 정리하는 방법을 안내함. 사진자료를 활용하여 정리된 사물함의 모습을 보여주며 영아의 이해를 도모함. 교사가 먼저 시범을 보인 후, 영아가 스스로 물건을 정리해 볼 수 있도록 격려함. 일부 영아는 순서를 기억하며 가방을 사물함에 넣는 모습을 보임. 정리 후 "정리가 끝났어요."라고 말하며 성취감을 표현하는 영아도 있었음. 정리하는 습관이 자연스럽게 형성될 수 있도록 반복적인 연습과 칭찬을 병행함.</td></tr>
<tr><td colspan="2">• (다문화) 아름다운 꽃 (다양성)
- 교실에 제공되었던 여러 나라의 다양한 꽃 그림과 꽃 블록에 관심을 보이며 꽃의 색깔도 스스로 말해봄. 영아들이 여러 나라의 다양한 꽃을 경험할 수 있도록 여러 나라의 꽃을 제시해 주었으며 영아들의 놀이가 확장되며 꽃 가게 놀이가 활발히 이루어짐.</td></tr>
<tr><td>월</td><td>지난 식목일에 심어보았던 씨앗을 회상하며 물뿌리개를 활용하여 꽃에 물을 주었더니 교실로 돌아와 꽃에 물 주기 놀이를 진행함. 교사가 먼저 시범을 보이며 "꽃이 물을 마셔요."라는 표현을 사용하자, 영아들도 흥미롭게 따라함. 일부 영아는 꽃에게 말을 걸며 물을 주는 등 놀이에 몰입하는 모습을 보임.</td></tr>
<tr><td>화</td><td>인천대공원으로 봄 나들이를 다녀옴. 다양한 꽃을 관찰하며 꽃의 이름과 색깔, 냄새에 대해 이야기를 나눔. "이건 노란 꽃이에요.", "좋은 냄새 나요." 등의 표현을 하며 자연에 대한 관심을 드러냄. 나무를 만져보고, 안아주는 영아, 꽃의 향기를 맡아보는 영아, 새를 보며 새의 이름을 묻는 영아들이 있었음.</td></tr>
<tr><td>수</td><td>씨앗 → 새싹 → 줄기 → 꽃으로 이어지는 성장과정을 블록에 그림으로 표현하여 제공함. 아이들이 블록을 맞추며 식물의 성장 단계를 살피기 시작함. "씨앗이 이렇게 자라요."라고 말하며 순서를 기억하는 모습도 관찰됨. 블록으로 집을 만들고 놀이하며 인형으로 꽃에 물을 줌.</td></tr>
<tr><td>목</td><td>역할 영역에서 '꽃 가게'를 구성하고 역할놀이를 진행함. 요구르트 병이 화분이 되고, 꽃 그림에 빨대를 붙여주었음. 교사는 '꽃을 사러 온 손님' 역할을 하며, 영아가 '꽃집 주인'이 되어 꽃을 소개하고 포장하는 활동을 함. 놀이를 통해 꽃의 이름, 수량, 색깔 등의 표현을 사용하며 즐겁게 놀이에 참여함.</td></tr>
<tr><td>금</td><td>벌 머리띠를 쓰고 벌처럼 움직이며 신체놀이가 진행됨. 꽃을 들고 있는 유아는 꽃이 되고, 벌 머리띠를 쓴 영아는 벌이 되어 잡기놀이를 함. 교사가 "벌은 어떻게 날아다닐까?" 질문을 던지며 다양한 동작을 유도함. 날갯짓을 하며 "윙윙~" 소리를 내는 등 영아들이 신체를 활용해 창의적으로 표현함.</td></tr>
<tr><td>토</td><td>토요 등원 유아 없음.</td></tr>
</table>

<table>
<tr><td rowspan="3">놀이</td><td rowspan="3">11:00~11:50
바깥놀이
및
대체활동</td><td>월</td><td>화</td><td>수</td><td>목</td><td>금</td><td>토</td></tr>
<tr><td>내 화분을
관찰하고
물조리개로
물을 주었음.</td><td>인천대공원
봄 나들이
다녀옴.</td><td>다양한 꽃과
나무에 물을
주고 관찰함.
물고기의
움직임을
표현해 봄.</td><td>꽃 가게 놀이가
진행되던 중
꽃과 벌 술래잡기
놀이로 연계됨.</td><td>꽃과 벌 술래
잡기, 숨바꼭질
놀이가 진행됨.</td><td></td></tr>
<tr><td colspan="6">사유 : 미세 먼지가 있어 마스크를 착용하고 바깥놀이를 진행함.</td></tr>
<tr><td colspan="2">16:00~19:30
기본보육 귀가 및
연장보육</td><td colspan="6">• 자신의 소지품을 함께 정리해 본다.
• 영아반 연장 전담 교사일지를 참고한다.</td></tr>
</table>

<table>
<tr><td>주간놀이평가 및 지원</td><td>비고</td></tr>
<tr><td>이번 주에는 지난 식목일 경험을 기반으로 '꽃과 식물'이라는 주제를 다양한 놀이활동으로 확장함. 영아들은 식물과 꽃에 대한 직접적인 경험을 통해 자연에 대한 관심과 흥미를 적극적으로 표현하였음. 식목일에 심었던 씨앗을 회상하며 물뿌리개를 활용해 꽃에 물을 주는 놀이를 자발적으로 이어나감. 교사의 "꽃이 물을 마셔요."라는 말에 반응하며 표현을 모방하고, 일부 영아는 꽃에게 말을 걸며 상호작용하는 모습도 보이며 놀이에 몰입함. 또 봄 나들이를 통해 실제 꽃과 자연물을 관찰하며 감각적으로 경험함. "좋은 냄새 나요.", "이건 노란 꽃이에요." 등 자신의 느낌과 생각을 언어로 표현하려는 시도가 활발하게 나타났으며, 나무와 꽃, 새와 같은 자연 요소에 관심을 가지며 탐색함. 씨앗의 성장 단계를 블록으로 구성해 제공하였으며, 영아들이 순서를 이해하고 표현하는 모습이 나타남. 놀이가 블록 쌓기 및 인형놀이로 자연스럽게 확장되어, 영아 스스로 의미를 부여하며 창의적인 놀이로 이어감. 꽃에 관심을 보이는 영아들에게 꽃 꽂이 놀이, 빨대 꽃 만들기 등 다양한 종류의 놀이와 꽃 가게 역할놀이를 통해 상호작용과 상징놀이가 활발하게 이루어졌음. 교사가 손님 역할로 참여하자, 영아는 주인의 역할에 몰입하여 꽃을 소개하고 포장하는 등 역할을 구체적으로 표현함. 벌 역할과 꽃 역할을 구분하여 놀이함으로써 상상력을 활용한 신체표현이 활발하게 나타났으며, 친구와의 상호작용 속에서 규칙을 익히고 협동하는 모습도 관찰됨.
교사는 영아가 과거 경험(식목일)을 현재 놀이로 자연스럽게 연결할 수 있도록 회상 질문과 도구(물뿌리개)를 활용하였으며 표현이 부족한 영아에게는 "꽃은 어떻게 자라요?", "이 꽃은 무슨 색일까요?"와 같은 질문을 통해 인지적 사고와 언어표현을 지원함. 나들이 활동 이후 관련 활동(씨앗-성장 블록, 꽃 가게 놀이 등)을 연계하여 직접 경험이 놀이로 확장될 수 있도록 환경을 구성함. 신체활동 시 꽃과 벌을 표현할 수 있도록 벌 머리띠를 만들어 벌의 움직임을 상상해 보고 표현해 봄.
다음 주에는 봄의 곤충에 관심을 갖는 유아들을 위해 블록에 다양한 곤충 사진을 붙여주어 놀이 속에서 동물의 특징과 생김새를 탐색할 수 있도록 할 예정이며, 꽃의 이름보다는 색으로 구분하는 영아들과 봄의 색을 찾을 수 있는 팔레트를 지원해 주어 놀이를 통해 색깔의 이름을 알고 봄꽃을 색깔별로 구분하는 등 다양한 놀이로 활용해 볼 예정임.</td><td>• 대청소 및 놀잇감 소독

• 금요일 이불 세탁</td></tr>
</table>

배움을 위한 자료제공	동화책 〈윙 윙 윙〉, 꽃 꽃이 놀잇감, 벌 머리띠, 모래놀이 놀잇감
놀이를 위한 공간구성	벌 신체표현 놀이를 하기 위해 교실이 아닌 넓은 마당으로 나가 뛰어놀 수 있도록 함.
주간운영평가	영아들이 주제를 놀이로 자연스럽게 확장할 수 있도록 충분한 시간과 환경을 제공했는지 돌아보게 되었음. 놀이 흐름을 존중하며 개입 시점을 신중히 선택해야 함을 다시금 느꼈음. 또 꽃 가게 놀이 중 적절한 질문과 시범을 통해 영아의 표현을 유도하고 놀이의 깊이를 확장할 수 있었음. 다만, 소극적인 영아에게 좀 더 개별적으로 다가가 상호작용을 이끌어내는 지원이 필요함. 일과 흐름 전반에 걸쳐 영아의 흥미와 자발성을 존중하려 노력하였으며, 자연 경험을 기반으로 놀이가 이어질 수 있도록 계획하고 실천함. 유연한 태도로 활동을 조율하며 영아의 주도성을 지지한 점은 긍정적으로 평가됨.

* 보육과정 평가는 매주 금요일에 실시하며 다음 보육계획에 반영합니다.

(7) 다문화 놀이이야기

〈표 12-25〉 2세 다문화 놀이이야기

<table>
<tr><td>예상놀이</td><td colspan="3">꽃이랑 곤충이 친구예요</td></tr>
<tr><td>다문화 놀이주제</td><td>아름다운 꽃</td><td>대상 연령</td><td>2세</td></tr>
<tr><td>활동기간</td><td>4월 2주</td><td>다문화 요소</td><td>다양성</td></tr>
<tr><td>교사의 기대</td><td colspan="3">• 다양한 꽃의 종류와 생김새를 알 수 있다.
• 다양한 놀이를 통해 꽃에 관심을 가질 수 있다.</td></tr>
<tr><td>개정 표준보육과정 관련 요소</td><td colspan="3">• 자연탐구 〉 자연과 더불어 살기 〉 날씨와 계절의 변화를 느낀다.
• 사회관계 〉 더불어 생활하기 〉 또래와 함께 놀이한다.</td></tr>
<tr><td>놀이 환경 지원</td><td colspan="3">여러 가지 꽃 자료</td></tr>
<tr><td rowspan="5">자료첨부</td><td colspan="3">여러 나라의 다양한 꽃</td></tr>
<tr><td></td><td colspan="2"></td></tr>
<tr><td></td><td colspan="2"></td></tr>
<tr><td></td><td colspan="2"></td></tr>
<tr><td colspan="3">출처: 별하쌤 이미지</td></tr>
</table>

놀이의 시작	- 꽃 그림을 보던 영아가 "빨간 꽃!"이라고 말하며 꽃 모형을 꺼내니, 옆에 있던 영아가 "여기 노란 꽃도 있어."라고 말하며 노란 꽃 모형을 꺼낸다. 교사는 "○○이는 빨간 튤립, △△이는 노란 개나리를 찾았네~ 다른 꽃도 찾아볼까?" 하며 꽃놀이가 시작되었다.
놀이의 흐름	- 영아들이 꽃에 관심을 보여 벽면에 여러 나라의 상징하는 꽃 사진을 지원해 주었더니 영아들이 다가와 꽃을 관찰하며 다양한 꽃의 이름과 특징들을 알 수 있었다. - 꽃바구니 안에 다양한 꽃을 넣어두었더니 영아가 들여다보며 향기를 맡으며 "음~ 냄새 좋아!"라고 말하고, 교사는 "어떤 꽃향기가 좋았어?"라고 이야기하니 다른 친구들도 관심을 가지며 영아들이 각자 꽃을 꺼내며 냄새를 맡아보았다. - 교실에 비치되어 있는 꽃 도장을 보며 "나도 찍을래!" 하며 도장을 집는다. 도장을 고르며 자유롭게 꽃 도장을 찍으며 놀이하였다. - 화단에 있는 아카시아 꽃을 보며 "노란 꽃 있어요!"라고 외쳐 교사는 "노란 아카시아를 찾았구나~ 우리 다 같이 어떤 꽃들이 있는지 찾아볼까?" 하며 나만의 자연물 팔레트를 만들어 보고 노란색 아카시아를 상징하는 호주에 대해 알아보았다. - 다양한 꽃놀이를 경험하고 있던 중 "꽃 가게에 가서 꽃을 샀어요."라고 말하는 영아의 이야기를 듣고, 다른 영아들도 꽃에 대한 경험에 대해 이야기하며 꽃 가게 놀이가 이루어졌다. 교사는 영아들의 놀이가 확장될 수 있도록 꽃 가게 환경을 지원해 주니 꽃 가게 주인, 손님의 역할을 알고 친구들과 상호작용하며 꽃 가게 놀이를 하였다.
고민과 지원	- 영아들이 꽃 가게 놀이를 하는데 꽃 가게 주인만 하려고 하고 꽃을 사는 사람은 하지 않으려고 하여 역할 분담 조정을 하여 역할을 번갈아 하도록 유도하고, 새로운 역할(예: 배달원, 화분 디자이너 등)을 제안하였다. - 역할놀이의 단순 반복으로 영아들이 꽃을 사고파는 활동만 반복하여 놀이가 단조롭게 진행되고 영아들이 새로운 아이디어를 내기 어려웠고, 놀이가 깊이 있게 발전하지 않아 놀이의 확장도 어려워 실제 꽃 가게 견학 사진, 영상, 이야기 나누기 등을 통해 배경 지식을 넓혀주었다.
[평가] 놀이를 통한 배움	- 대부분의 영아들이 꽃 가게 놀이에 많은 흥미를 보이며 자발적으로 참여하며 다양한 역할(사장, 손님, 배달원 등)을 맡아 적극적으로 역할을 수행하였다. - 교사의 언어적 모델링과 소품 제공, 역할 재구성 등의 지원을 통해 놀이가 풍성하게 이루어졌고, 영아들의 몰입도가 높아졌다.
유의사항	- 도장 찍기, 자연물 팔레트 만들기 등 미술활동 시 물감이나 도구 사용과 작은 재료에 대한 안전 지도가 필요하다. - 꽃 가게 역할놀이 중에는 친구와의 순서, 역할 나누기 등이 자연스럽게 이루어질 수 있도록 주의한다. - 놀이에 몰입한 영아들이 흥분하거나 과도하게 동작할 경우에는 부드럽게 조율하며 안정적인 분위기 유지에 유의한다. - 영아의 표현과 관심을 잘 관찰하며, 놀이가 강요되지 않고 자연스럽게 확장될 수 있도록 한다.

4) 3세 다문화교육 놀이지원 사례

(1) 연간 놀이지원 계획

〈표 12-26〉 3세 다문화교육 연간 놀이지원 계획

(다문화 요소 : ●문화이해 ▲다양성 ■협력 ♥평등 ★편견 ♠정체성)

계절	예상놀이	다문화 예상놀이주제	놀이 환경 지원	개정 누리과정 주요 관련 요소	다문화 요소
봄	• 신나는 우리 반 탐험 • 우리는 사이좋은 친구 • 나는 유치원 탐험대	토닥토닥 사이좋은 친구들	유아 얼굴 사진, 다양한 국가, 성, 인종의 사진자료	의사소통, 사회관계	♥●▲
		자동차 여행을 떠나요	다양한 표지판 게시자료 여러 나라의 도로 모습, 다양한 자동차	신체운동·건강, 의사소통, 사회관계	●▲■
	• 오늘은 나무 심는 날 • 봄바람은 따뜻해요 • 내가 찾은 봄이야기 • 봄 친구들을 찾아라	새싹이랑 길을 찾아요	다양한 씨앗, 화분, 씨앗 심기 순서 화보자료, 흙, 모종삽, 물조리개	신체운동·건강, 사회관계, 자연탐구	■●▲
		봄바람 따라 웃어요	다양한 나라의 봄 축제 사진자료 (홀리 축제, 벚꽃 축제, 청명절 등)	예술경험, 사회관계, 자연탐구	●▲■
	• 나를 위한 즐거운 축제 • 감사합니다 사랑해요 • 내 마음을 전해요 • 사랑해요 우리 가족	사랑해요 엄마 아빠	우리 반 친구들 가족 사진	예술경험, 의사소통, 사회관계	♥●▲
		두근두근 결혼했어요	가족 사진, 다양한 형태의 가족 사진자료	신체운동·건강, 자연탐구, 사회관계	♥● ▲★
여름	• 내가 고른 특별한 날 • 우리 동네 친구 만나기 • 재미있는 우리 동네 이야기 • 우리 함께 놀아요	친구들아 반가워	다양한 나라의 의상, 인형, 사진자료	신체운동·건강, 자연탐구, 사회관계	♠●▲
		친구들과 동네 한 바퀴	우리 동네의 모습과 다양한 시장과 가게 사진자료	예술경험, 의사소통, 사회관계	●▲■
	• 여름옷을 입었어요 • 신나는 물놀이 축제 • 튼튼하게 여름나기 (프로젝트)	바람을 따라가요	날씨 그림자료, 부채, 선풍기 등	예술경험, 의사소통, 사회관계	●▲
		첨벙첨벙 물놀이를 해요	여름 물 축제 사진자료 (인도: 홀리 축제, 스페인: 라 토마티나, 대한민국: 물총 축제)	신체운동·건강, 자연탐구, 사회관계	●▲■

계절	예상놀이	다문화 예상놀이주제	놀이 환경 지원	개정 누리과정 주요 관련 요소	다문화 요소
여름	• 도로 위를 달려요 • 대한이의 태극기 놀이터 • 뛰뛰빵빵 고마워요 • 나는야 안전지킴이	내가 좋아하는 것	다양한 나라의 탈 것 그림자료 (빨간 이층버스, 삼륜택시, 자전거, 오토바이)	예술경험, 의사소통, 사회관계	●▲
		우리가 지켜줄께	안전약속 안내(경찰, 소방관, 안전 교사 등)	의사소통, 예술경험, 사회관계	●▲♠
가을	• 우리나라 이름은 대한민국이에요 • 옛날이야기 보물찾기 • 우리나라는 멋져요	할머니가 들려주는 이야기	전래동화 책	예술경험, 의사소통, 사회관계	●▲
		보물을 찾으러 떠나요	다양한 나라 건축물, 우리나라 문화제 그림자료	예술경험, 의사소통, 사회관계	●▲■
	• 둥근달이 떴어요 • 색깔 모으기 대작전 • 가을 열매 놀이터 • 숲속 소꿉놀이를 해요 (프로젝트)	무지개 나무에 놀러와	세계 여러 나라의 나무 사진자료, 비구조적 놀잇감, 미술도구	신체운동·건강, 자연탐구, 사회관계	●▲
		쑥쑥 튼튼 대장이 되어요	다양한 나라 주식 사진자료	신체운동·건강, 자연탐구, 사회관계	▲■
	• 내가 좋아하는 공룡 친구들 • 공룡 친구들 모여라 • 신나는 공룡나라 놀이	쿵쿵 공룡 발자국을 찾아요	공룡 발자국 사진과 공룡모형	예술경험, 의사소통, 사회관계	●▲■
		공룡 친구들 모여라	공룡의 서식 환경(사막, 숲, 강가 등) 사진	신체운동·건강, 자연탐구, 사회관계	●▲■
겨울	• 겨울 찾기 놀이 • 따듯한 겨울을 보내요 • 신나는 눈놀이 축제 • 산타클로스를 만나요	데굴데굴 눈 굴리기	겨울 화보 벽면 게시, 장갑, 목도리	신체운동·건강, 자연탐구, 사회관계	●▲
		눈나라로 여행가요	겨울 축제 사진자료 (일본: 삿포로 눈 축제, 캐나다[퀘벡]: 겨울 카니발, 러시아: 마슬레니차)	신체운동·건강, 자연탐구, 사회관계	●▲
	• 내가 좋아하는 색이에요 • 모양이 달라요 • 알록달록 색깔 모양 놀이	알록달록 색깔여행을 떠나요	대표적인 색깔과 의미 사진자료, 비구조적 놀잇감, 미술도구	신체운동·건강, 자연탐구, 사회관계	●▲
		동그라미, 네모, 세모 친구들 모여라	건축물, 예술 작품, 전통문양 등 사진자료, 비구조적 놀잇감, 미술도구	예술경험, 의사소통, 사회관계	●▲
	• 나도 이렇게 컸어요 • 파란하늘반 이야기 • 설날놀이 한마당 • 마음을 담은 선물	쑥쑥 나의 키가 커요	성장의식과 전통사진, 나의 자란 모습 그림이나 사진	예술경험, 의사소통, 사회관계	●▲♠
		사랑하는 마음을 담아요	감사 표현에 대한 그림이나 사진, 비구조적 놀잇감, 미술도구	예술경험, 의사소통, 사회관계	●▲

(2) 월간 놀이지원 계획

〈표 12-27〉 3세 다문화교육 월간 놀이지원 계획

– 이번 달 예상 관심과 놀이

<table>
<tr><td>반 훈</td><td colspan="2">안전하고, 즐겁게, 배려하며 놀아요!</td><td>놀이기간</td><td>2025년 3월 4일 ~ 3월 28일</td></tr>
<tr><td>예상놀이의 기대</td><td colspan="4">• 새로 오게 된 우리 반에 관심을 가지고 다양한 놀이에 즐겁게 참여한다.
• 우리 반의 친구들에게 관심을 가지고 함께 놀이하는 경험을 한다.
• 유치원에서 지켜야 하는 여러 가지 약속을 함께 생각해 본다.</td></tr>
<tr><td rowspan="5">실내놀이</td><td colspan="2">신나는 우리 반 탐험</td><td colspan="2">우리는 사이좋은 친구</td></tr>
<tr><td colspan="2">블록으로 우리 반을 구성해 보아요
내 이름 찾기
우리 반 탐험놀이
돋보기로 놀잇감 관찰하기
나는 유치원에 갑니다</td><td colspan="2">블록으로 친구 탑 쌓기
친구와 나누어 먹고싶은 식탁
사이좋은 친구들 (다문화)
친구와 리본 막대 흔들기
친구랑 키 재보기</td></tr>
<tr><td colspan="4">유치원과 친구</td></tr>
<tr><td colspan="2">안전마을 만들기</td><td colspan="2">나는 유치원 탐험대</td></tr>
<tr><td colspan="2">함께 만들면 재미있어요
약속 나무 만들기
꼭꼭 약속해
‘여러가지 감정’ 책 읽기
교실 물건 궁금이 상자</td><td colspan="2">블록으로 우리 유치원 구성하기
자동차 여행을 떠나요 (다문화)
여러 가지 도형 찾기
하루 일과 책 보기
원가 부르기</td></tr>
<tr><td>바깥놀이</td><td>바깥놀이터 가는 길</td><td>모래 위에 친구 얼굴 그리기</td><td>꼭꼭 숨어라</td><td>기차놀이</td></tr>
<tr><td>대체활동</td><td>친구 이름 떼기</td><td>친구와 함께 춤추기</td><td>멀리멀리 뛰어보기</td><td>풍선 전달하기</td></tr>
<tr><td>안전교육</td><td>[감염병 예방을 위한 위생실천]
코로나19 예방수칙
[교통안전]
안전하게 다녀요</td><td>[실종 유괴의 예방·방지]
우리 동네 안전 지킴이</td><td>[소방안전]
코와 입을 막아요
[소방대피훈련]
조리실에서 불이 났어요
[성폭력 및 아동학대 예방]
내 몸의 소중함</td><td>[재난대비 안전]
콘센트 안전이야기
전기 콘센트를 안전하게 사용해요</td></tr>
<tr><td>행사 및 지역사회 연계</td><td colspan="4">입학식</td></tr>
<tr><td>특색활동</td><td colspan="4">키 쑥쑥 몸 튼튼 체조 ‘온몸 체조’</td></tr>
<tr><td>특별활동</td><td colspan="4">♥</td></tr>
</table>

* 유아가 놀이의 중심이 되는 놀이 중심 활동이 진행됩니다. 놀이과정에서 유아의 흥미도에 따라 다소 달라질 수 있음을 알려드립니다.

(3) 주간 놀이실행 계획

〈표 12-28〉 3세 다문화교육 주간 놀이실행 계획

<table>
<tr><th colspan="2">놀이주제</th><td colspan="6">나는 유치원 탐험대</td></tr>
<tr><th colspan="2">놀이의 기대</th><td colspan="6">• 우리 원에 대해 관심을 가지고 행복한 우리 원을 만들기 위한 방법에 대해 알아보고 실천한다.</td></tr>
<tr><th colspan="2">기본생활습관</th><td colspan="6">• 신발을 신발장에 스스로 정리한다.</td></tr>
<tr><th colspan="2">놀이기간</th><td colspan="6">2025년 3월 24일 ~ 3월 29일</td></tr>
<tr><th colspan="2">활동요일</th><th>월</th><th>화</th><th>수</th><th>목</th><th>금</th><th>토</th></tr>
<tr><th colspan="2">일과</th><th colspan="6">계획 및 실행</th></tr>
<tr><td rowspan="3">일상생활</td><td>07:30~09:00
등원 및
통합보육
(교실 환기)</td><td colspan="6">• 등원 및 맞이하기 (어린이집에 있는 선생님들과 인사하기)
- 유아를 반갑게 맞이하며 유아의 건강 및 기분상태를 파악함.
○○는 부모와 떨어지기 어려워하며 울음을 보였으나, 교사가 따뜻하게 안아주며 관심을 보여주자 차츰 안정됨. 등원 시 유아들과 눈을 맞추며 따뜻하게 인사하고, “오늘 기분은 어때?”, “집에서 어떤 재미있는 일이 있었니?” 등의 이야기를 나누며 유아의 기분과 상태를 확인함.
- 등원하는 유아의 이름을 부르며 눈맞춤을 하였고 건강 및 기분상태를 살피며 반갑게 인사를 나눔.
○○이가 신발을 벗고 스스로 정리하는 모습을 보고 격려해 주었고, ○○이는 친구들에게 먼저 인사를 건네며 활기찬 모습을 보임.</td></tr>
<tr><td>09:00~09:30
오전 간식
15:00~15:30
오후 간식
(교실 환기)</td><td colspan="6">• 오전 간식 & 오후 간식 (건강·영양 - 음식을 먹기 전에 손을 깨끗하게 씻어요)
- 간식을 먹기 전에 왜 손을 씻어야 할까요?”라는 질문을 통해 유아들의 생각을 유도함.
○○는 “손에 더러운 게 있으면 배가 아플 수 있어요!”라고 대답하며 손 씻기 이유를 잘 알고 있었고 ○○이는 “손이 더러우면 간식이 더러워져요.”라고 말하며 손 씻기의 필요성을 이해함.
○○이는 손을 대충 헹구기만 하고 비누를 사용하지 않으려 하여 교사가 다시 설명해 주자 비누를 사용하여 올바른 방법으로 손 씻기가 이루어짐. 지속적인 손 씻기 습관 형성을 위해 손 씻기 과정과 씻어야 하는 이유에 대한 반복 안내가 필요함.
- 우유가 가진 영양소에 대해 알아보며 뼈를 튼튼하게 해주는 이로운 점에 대해 알 수 있었음.</td></tr>
<tr><td>12:00~13:00
점심 식사
(교실 환기)</td><td colspan="6">• 점심 식사 (건강·영양 - 음식 꼭꼭 씹어서 삼키기)
- 처음에는 음식을 빨리 삼키려는 모습을 보였으나, 교사의 안내를 따라 천천히 씹기 활동에 참여하게 됨.
- 소화와 건강을 돕는 방법을 이해하도록 음식 관련 영양소와 관련된 그림을 제공하고 유아들이 음식을 천천히 씹으며 즐거움을 느끼도록 지속적인 지도가 이루어질 예정.</td></tr>
</table>

<table>
<tr>
<td rowspan="3">놀이 실행 및 지원</td>
<td rowspan="3">09:20~10:50
오전
실내놀이
(교실환기)
13:20~15:00
15:30~15:50
오후 놀이</td>
<td>월</td>
<td>여러 개의 상자를 연결하여 제공하자 유아들은 상자 안으로 들어가며 새로운 공간을 탐색하기 시작하였고 상자의 구조를 살펴보며 몸을 기대거나 안락한 공간으로 활용함. ㅇㅇ이는 (상자 안으로 들어가며) "여기는 우리 집이에요! 내가 아빠 할게."라며 상자 안을 집으로 설정하고, 가족 구성원이 되어 역할을 나누는 모습을 보였고 ㅇㅇ와 ㅇㅇ이는 상자를 가게로 인식하고 손님과 점원 역할을 하며 놀이를 확장해 나감.
놀이가 지속되면서 유아들은 자신이 설정한 공간에서 더 풍부한 놀이를 하기 위해 주변 환경을 탐색하기 시작함. 가게 역할을 맡은 유아들은 진짜 가게처럼 운영하고 싶어 하여, 음식 관련 놀잇감이 많은 곳으로 자리를 이동할 수 있도록 지원하였고 유아들은 필요한 물건을 찾아 스스로 이동하며 공간을 적극적으로 활용하는 모습을 보임. 놀이가 진행될수록 역할이 명확해지고, 놀이에 필요한 도구를 찾고 배치함.
어린이집 연못과 그 안에 사는 물고기들을 잘 보호하는 방법에 대해 이야기를 나누며 연못에 금붕어를 풀어줌. 유아들과 함께 연못을 잘 돌보는 것이 왜 중요한지 생각해 보고, 연못을 깨끗하게 유지하기 위해 우리가 할 수 있는 일을 알아보며 연못과 금붕어를 보호하기 위해 우리가 할 수 있는 일을 잘 이해하고 표현하였음. 교사는 이러한 유아의 반응을 긍정적으로 수용하며 "네가 한 말처럼, 우리가 지켜줘야 할 것들이 정말 많구나."라며 유아들의 표현을 강화하고 자연 보호에 대한 감수성을 키워나갈 수 있도록 정서적 지지를 제공하였음.
금붕어에게 아무 음식이나 주면 안 된다는 점과 꽃과 나무도 보호해야 한다는 것을 이해하는 모습이 긍정적으로 관찰되었고 앞으로도 지속적으로 연못을 관찰하며 유아들과 함께 연못 보호 활동을 실천하도록 격려하고 지원할 예정임.</td>
</tr>
<tr>
<td>화</td>
<td>계산기가 제공되자 점원 역할을 맡은 유아는 상품의 가격을 정하고, 숫자 버튼을 눌러 계산하는 흉내를 내며 "이 물건은 천원이예요!"라고 말하는 등 현실적인 가게 운영 방식으로 놀이를 발전시킴. 돈 놀잇감이 추가되면서 손님 역할을 맡은 유아들은 돈을 보관할 만한 바구니를 가져옴.
바구니가 제공되면서 손님 역할의 유아들은 여러 개의 물건을 담으며 쇼핑놀이를 구체화하였고 "마트에서 장 보러 왔어요!" 등의 대화를 나누며 놀이에 적극적으로 참여함. 교사도 자연스럽게 놀이에 참여하며 상품을 정리하거나, 바구니에 물건을 담아 "여기 담아 가세요!", 봉투 필요하세요?"와 같은 실제 상점에서 들을 수 있는 말들을 사용하며 언어적 자극을 줌. 놀이의 이동이 자연스럽게 이루어질 수 있도록 동선을 방해하지 않고 필요할 때만 지원함.</td>
</tr>
<tr>
<td>수</td>
<td>유아들은 책상 위에서 자동차를 굴리거나 바닥에 떨어뜨리는 단순한 놀이를 즐김. 다양한 재활용품(상자, 두꺼운 종이, 테이프 등)을 제공하자 상자들을 이용해 자동차가 달릴 수 있는 도로를 넓게 만들고, 도로를 이어 붙이거나 높낮이를 조정하여 다리를 만드는 등 공간을 창의적으로 재구성하는 모습이 보임. 놀이 중 유아들은 "여기를 더 길게 이어 보자!", "테이프로 붙여야 잘 연결돼!" 등의 대화를 나누며 서로의 생각을 존중하고 협력하는 태도를 기르는 모습을 보임. 교사는 여러 나라의 도로 모습 사진자료와 유아들이 주도적으로 역할을 나누고 놀이에 몰입할 수 있도록 공간을 유연하게 열어주는 방식으로 환경을 지원함.
여러 나라의 도로 모습에 관심을 갖고 "중국처럼 길도 넓게 만들 거야.", "우리나라에서는 빨간불에 건너면 안 돼!"라고 경균이가 말하자, ㅇㅇ가 "여기도 신호등을 만들어!"라며 색종이로 신호등을 만들었고, "차가 멈춰야 사람도 갈 수 있어!"라고 하며 도로에 건널목도 추가함.
1x2x5=10분의 기적의 법칙을 이용해 소중한 나의 몸에 대해 이야기하며 안전교육이 이루어짐. 교사는 그림자료와 상황극을 활용하여 유아 눈높이에 맞춘 안전교육이 될 수 있도록 지원함.</td>
</tr>
</table>

<table>
<tr><td rowspan="7">놀이실행 및 지원</td><td rowspan="3">09:20~10:50
오전
실내놀이
(교실환기)
13:20~15:00
15:30~15:50
오후 놀이</td><td>목</td><td colspan="5">바닥에 도로 모양의 테이프를 붙이며 놀이하였고 테이프를 붙이는 과정에서 서로 도움을 주고받으며 고마움을 표현함. 처음에는 단순히 테이프를 붙이는 것에 집중하며 "여기 길을 만들어야 해!", "이쪽으로 가는 길이에요!"라며 길의 형태를 결정하였고 테이프를 점점 이어 붙이면서 자동차가 다닐 수 있는 도로를 형성해 나감.
길이 완성되자 유아들은 자동차를 가져와 주행하며 놀이를 확장하였고 도로를 따라 자동차를 움직임. 자동차가 움직이는 놀이가 반복적으로 이루어져 교통 표지판을 만들어 배치하는 등 놀이의 환경을 지원하여 교통규칙놀이로 놀이가 확장되었음. 교사는 유아의 자율적인 놀이 흐름을 존중하면서도 필요한 자료 제공을 통해 놀이가 더욱 풍성해질 수 있도록 적극적으로 지원하였음.</td></tr>
<tr><td>금</td><td colspan="5">유아들은 바닥에 테이프를 이용해 교차로를 만들기 시작하였고 교차로를 만든 후, 유아들은 서로 다른 방향에서 오는 자동차들이 서로 부딪히는 일이 생겨 규칙의 필요성을 제기하였고 유아들과 함께 규칙을 만들어봄.
기본적인 교통 흐름을 이해하고, 도로에서 다른 사람과 협력해야 한다는 사회적 규칙에 대해 안내하며 더불어 살아가는 것에 대해 생각해보는 시간이 되었음. 교사는 유아의 감정 표현을 경청하며 충분한 시간과 여유를 가지고 기다려주는 태도로 정서적 지원을 제공함. 놀이 중 갈등 상황 시 유아들이 서로의 감정을 이해할 수 있도록 상대방은 어떤 느낌이었을지 생각해보며 서로의 감정을 표현하며 공감 능력을 기를 수 있도록 다음 주에도 지속적인 안내와 기다림의 시간이 필요함.</td></tr>
<tr><td>토</td><td colspan="5">토요 등원 유아 없음.</td></tr>
<tr><td rowspan="3">10:50~12:00
바깥놀이
(대체활동)</td><td>월</td><td>화</td><td>수</td><td>목</td><td>금</td><td>토</td></tr>
<tr><td>기차놀이
(안전한 경로 설정을 위해 줄 유지 도움),
연못에 물고기 풀어주기</td><td>기차놀이 시 장애물 추가</td><td>선두와 후미를 담당하는 아이들에게 역할을 배분하여 책임감 키울 수 있도록 안내</td><td>풍선 전달하기
(다양한 신체 부위를 사용하도록 아이디어 제시하고 격려하기)</td><td>놀이터 자유롭게 놀이하기</td><td></td></tr>
<tr><td colspan="6">사유 : 미세 먼지가 있어 마스크를 착용하고 바깥놀이를 진행함.</td></tr>
<tr><td></td></tr>
<tr><td></td><td rowspan="2">13:00 ~ 13:20
활동</td><td colspan="6">• 불시 소방대피훈련 : 조리실에서 불이 났어요
- 조리실에서 불이 났다는 가상의 상황을 설정하여 소방대피훈련을 실시하였음. 훈련 시작을 알리는 경보음이 울리자 안전하게 대피가 이루어짐.
- 선생님의 지시에 따라 낮은 자세로 천천히 이동하였고 교사는 아이들이 안전하게 이동할 수 있도록 앞에서 인도하고, 보조교사는 뒤에서 아이들이 잘 따라오는지 확인하며 안전을 살핌.</td></tr>
<tr><td></td><td colspan="6">• 성폭력 및 아동학대 예방: 내 몸의 소중함
- 내 몸의 소중함을 강조하며, 유아들에게 자신의 몸을 지킬 수 있는 권리가 있음을 명확히 전달하며 역할극을 활용하여 유아들이 직접 부적절한 상황에서 "싫어요!"라고 말할 수 있도록 하는 활동을 진행함.
- 신뢰할 수 있는 어른에게 도움을 요청할 수 있도록 격려하고, 불편하면 언제든 말할 수 있다는 메시지를 반복적으로 전달하며 유아들이 자신의 감정을 표현할 수 있도록 기회를 제공함.
- 일부 유아는 자기 몸을 보호하는 개념을 완전히 이해하지 못한 경우도 있어 추가적인 설명과 함께 유아들이 쉽게 이해할 수 있도록 더욱 구체적인 예시를 들어 자기 몸을 보호하는 것에 대해 조금씩 인식하게 되었고, 역할극 활동을 통해 스스로 싫다고 말하는 방법을 실천하는 모습을 보임.</td></tr>
</table>

<table>
<tr><td rowspan="4">13:20~15:00
15:30~15:50
오후 실내놀이
및 대체활동</td><td colspan="4">〈오전 실내놀이 확장〉
- 오전에 놀이하였던 경험을 떠올리며 놀이가 연결되어 진행될 수 있도록 지원함.</td></tr>
<tr><td>〈영어〉</td><td>〈책 읽기〉</td><td>〈오르프〉</td><td>〈체육〉</td></tr>
<tr><td>13:00~13:30(월, 화)
13:30~14:00(수, 금)
13:15~13:35(목)</td><td>14:00~14:20(월)</td><td>5:00~15:30(수)</td><td>12:00~12:30(금)</td></tr>
<tr><td colspan="4">• 이번 주 대체활동 내용 : 어린이집 그리기 / 우리 선생님 그리기 / 종이접기
• 특별활동 참여 여부를 스스로 결정할 수 있도록 하여 유아의 자기결정권을 기르고, 놀이 선택에 대한 주체성을 존중함.</td></tr>
<tr><td>15:50~ 16:00
기본보육 귀가 및
연장보육준비</td><td colspan="4">• 자신의 소지품을 함께 정리해 본다.
- 기본보육 하면서 개별적으로 귀가 및 연장 반으로 이동한다.</td></tr>
<tr><td>16:00~19:30
연장보육 및 귀가</td><td colspan="4">• 유아반 연장 전담 교사일지 참고</td></tr>
<tr><td>배움을 위한
자료제공</td><td colspan="4">교통규칙과 함께 지켜야 하는 약속이 있다는 것을 알 수 있도록 교차로, 신호등 사진 제공.</td></tr>
<tr><td>놀이를 위한
공간구성</td><td colspan="4">다양한 형태로 상자를 연결하여 유아들이 공간을 자유롭게 탐색하고 창의적으로 활용할 수 있도록 함.
유아들이 놀이를 발전시킬 수 있도록 적절한 공간 배치를 고려하여 주변에 필요한 놀잇감을 두는 환경 조성.</td></tr>
<tr><td>주간운영평가</td><td colspan="4">놀이 시간이 충분히 확보되어 유아들이 다양한 놀이를 자유롭게 시도하고 확장할 수 있었고 상자놀이, 자동차 도로 놀이로 놀이의 주제가 자연스럽게 확장되며 유아들이 스스로 놀이의 흐름을 만들어가는 모습을 볼 수 있었음.
놀이의 확장성을 고려하여 충분한 시간과 환경을 제공함으로써 유아들이 깊이 있는 놀이를 경험함.
몇몇 유아들은 놀이를 중단하기 어려워하거나, 집중력이 흐트러지는 모습도 보여 놀이 시간을 일정하게 운영하면서도 유아의 관심과 흥미를 고려하여 융통성 있게 시간을 조정할 필요가 있음.
연못 보호 활동과 개구리알 관찰 등 자연 탐색 활동에서도 유아들이 주도적으로 탐구하며 배움을 확장하는 모습이 관찰되었고 교사의 개입은 주로 유아의 언어 표현을 확장하거나 놀이 환경을 지원하며 적절히 이루어졌고 적절한 개입을 통해 유아의 흥미를 지속시킬 수 있었음.
4월에는 유아들의 흥미를 바탕으로 자연탐구 활동을 포함하여 놀이를 확장할 계획임.
유아들과 함께 봄 풍경을 감상해 보고 새롭게 피어나는 동식물이 우리에게 주는 즐거움과 아름다움을 느끼며 자연의 소중함에 대해 알고 자연을 보호하는 방법에 관심을 가질 수 있도록 지원할 예정임.</td></tr>
</table>

* 보육과정 평가는 매주 금요일에 실시하며 다음 보육계획에 반영합니다.

(4) 다문화 놀이이야기

〈표 12-29〉 3세 다문화 놀이이야기

<table>
<tr><td>예상놀이</td><td colspan="3">나는 어린이집 탐험대</td></tr>
<tr><td>다문화 놀이주제</td><td>자동차 여행을 떠나요</td><td>대상 연령</td><td>3세</td></tr>
<tr><td>활동기간</td><td>3월 4주</td><td>다문화 요소</td><td>다양성, 문화, 협력</td></tr>
<tr><td>교사의 기대</td><td colspan="3">• 다양한 문화의 차이를 이해하고 존중하며 협력하는 태도를 기를 수 있다.
• 다양한 문화권의 도로 환경을 탐색하고 이해한다.</td></tr>
<tr><td>개정 누리과정 관련 요소</td><td colspan="3">• 사회관계 〉 사회에 관심 가지기 〉 다양한 문화에 관심을 가진다.
• 사회관계 〉 더불어 생활하기 〉 서로 다른 감정, 생각, 행동을 존중한다.
• 자연탐구 〉 탐구과정 즐기기 〉 주변 세계와 자연에 대해 지속적으로 호기심을 가진다.
• 의사소통 〉 듣기와 말하기 〉 자신의 경험, 느낌, 생각을 말한다.</td></tr>
<tr><td>놀이 환경 지원</td><td colspan="3">다양한 표지판 게시자료, 여러 나라의 도로 모습, 다양한 자동차</td></tr>
<tr><td rowspan="4">자료첨부</td><td colspan="3">다양한 도로와 표지판</td></tr>
<tr><td>
</td><td colspan="2">
</td></tr>
<tr><td></td><td colspan="2"></td></tr>
<tr><td>
</td><td colspan="2"></td></tr>
</table>

<table>
<tr><td rowspan="3">자료첨부</td><td></td><td></td></tr>
<tr><td></td><td></td></tr>
<tr><td colspan="2">출처 : 네이버</td></tr>
<tr><td>놀이의 시작</td><td colspan="2">- 책상 위에서 자동차를 굴리며 놀던 중, 자동차가 바닥에 떨어지는 모습을 보고 “어! 왜 자동차가 멀리 안 가지?”라는 궁금증이 생기면서 놀이가 시작되었다.</td></tr>
<tr><td>놀이의 흐름 및 확장</td><td colspan="2"></td></tr>
</table>

고민과 지원	- "왜 자동차가 멀리 안 가지?"라는 궁금증이 놀이로 지속될 수 있도록 고민하며 경사로가 될 수 있는 판, 다양한 크기의 상자 등 비구조적 놀잇감을 잘보이는 곳에 두어 유아들이 자유롭게 사용할 수 있도록 지원해 주었다. - 유아들이 서로 다른 문화를 놀이에 반영할 때 이를 긍정적으로 받아들이고 존중할 수 있도록 돕는 방법을 고민하게 되어 "우리가 다 같이 사용할 수 있는 방법은 뭐가 있을까?", "미국 도로와 일본 도로가 함께 있는 길을 만들 수 있을까?" 등 협력적인 방법을 탐색할 수 있도록 도우며 서로의 문화적 배경을 존중하며 놀이를 진행할 수 있도록 격려하였다.
[평가] 놀이를 통한 배움	- 유아들은 책상 위에서 자동차를 굴리며 떨어뜨리는 단순한 놀이에서 자동차 도로 놀이로 확장되었다. 다양한 재활용품을 제공하자 유아들은 도로를 넓게 펼쳐 자동차가 잘 다닐 수 있도록 하였고, 또 다른 유아는 다리를 만들어 높이감을 추가하는 등 다양한 방법을 시도하였다. - "여기를 더 길게 이어 보자!", "테이프로 붙여야 잘 연결돼!"와 같은 대화를 통해 서로의 생각을 존중하며 협력하는 태도를 기르게 되었고 단순히 바닥에서 굴리기만 하던 자동차놀이가 재활용 상자라는 도구를 만나면서 새로운 방식으로 변형되어 상자를 도로로 사용하며 환경을 창의적으로 재구성할 수 있었다. 또한 다양한 나라의 교통 규칙을 놀이로 접하며 규칙의 필요성과 중요성을 알고 자기 주도로 만든 규칙을 지키며 놀이를 진행하는 과정에서 책임감을 배울 수 있었다.
유의사항	- 놀이의 흐름을 관찰하며 유아의 개별적 수준을 고려하여 교사의 지원이 이루어진다. - 유아들이 다양한 방법을 시도하고 협력하여 문제를 해결하는 모습을 관찰하며 자신의 생각을 자유롭게 표현하고 적용할 수 있는 환경을 지속적으로 제공하도록 한다.

3세 반응적 상호작용 지원 시 TIP

파란하늘반 다문화교육 속 반응적 상호작용 예시

상황 : 자동차를 굴리다가 자동차가 바닥으로 떨어지는 모습을 보고 질문하는 유아와 상호작용 상황

어린이집 교실 한쪽, 유아들이 책상 위에서 자동차를 굴리며 놀이를 하고 있었다.
○○이는 자동차를 굴리다가 자동차가 바닥으로 떨어지는 모습을 보고
고개를 갸웃하며 교사에게 다가온다.

유아 : (자동차를 바라보며 살짝 고개를 갸웃) "어? 왜 자동차가 금방 멈추지?"

교사 : (부드럽게 미소 지으며) "그러게~ ○○이가 굴렸는데 금방 멈췄네?"

유아 : (책상 끝을 손으로 가리키며) "여기서 떨어졌어요. 멀리 가게 하고 싶은데…."

교사 : (고개를 끄덕이며) "아~ 여기서 굴렸는데 바로 떨어져서 좀 아쉬웠겠다. ○○이는 자동차가 더 멀리 갔으면 좋겠어?"

유아 : "응! 멀리 가게 하고 싶어요."

교사 : (○○이 말을 자연스럽게 따라주며) "더 멀리 가게 하고 싶구나~ 어떻게 하면 자동차가 멀리 갈 수 있을까? ○○이는 좋은 생각 있어?"

유아 : "음… 길을 만들어야 해요! 상자 가져올래요!"

교사 : "오~ 스스로 길을 만들 생각을 했구나! 어떤 상자가 좋을지 한번 찾아볼까?"

유아 : (○○이가 큰 재활용 상자를 가져와 도로를 만들기 시작한다.)

유아 : (여러 나라 도로 사진자료를 가리키며) "여기는 중국처럼 길 넓게 만들 거야! 음~ 여기는 파란불일 때만 가기!"

교사 : (미소를 지으며) "○○이는 파란불일 때만 가기로 정했구나!"

(5) 월간 놀이지원 계획

〈표 12-30〉 3세 다문화교육 월간 놀이지원 계획

<table>
<tr><td>반 훈</td><td colspan="2">안전하고, 즐겁게, 배려하며 놀아요!</td><td>놀이기간</td><td colspan="2">2025년 6월 30일 ~ 8월 1일</td></tr>
<tr><td>예상놀이의 기대</td><td colspan="5">• 여름의 날씨와 풍경을 즐기며 적절한 휴식의 중요성을 알아보고, 건강하고 안전하게 여름을 보내는 방법에 관심을 가진다.
• 다양한 물놀이 활동을 통해 여름을 즐겁게 경험하고, 신체를 활발히 움직이며 감각을 탐색하고, 친구들과 함께 노는 즐거움을 느껴본다.</td></tr>
<tr><td rowspan="5">실내놀이</td><td colspan="2">여름옷을 입었어요</td><td></td><td colspan="2">내가 그린 여름</td></tr>
<tr><td colspan="2">여름이 되어 달라졌어요
시원한 바람을 찾아라!
천둥 번개 소리
여름을 언어로 표현하기
바람을 따라가요 (다문화)</td><td></td><td colspan="2">여름 꽃밭 만들기
바다에 가요
비닐 물고기 만들기
매미 소리
여름에 피는 꽃</td></tr>
<tr><td colspan="5">첨벙첨벙 여름</td></tr>
<tr><td colspan="2">신나는 물놀이 축제</td><td></td><td colspan="2">튼튼하게 여름나기</td></tr>
<tr><td colspan="2">수영장 만들기
첨벙첨벙 물놀이를 해요 (다문화)
거품 그림 그리기
'고기잡이' 들으며 악기 연주하기
여름 수수께끼</td><td></td><td colspan="2">시원한 나라 만들기
우리 농장에는
우유가 이상해요
'수박 파티' 들으며 난타 연주하기
여름철 물건 찾기</td></tr>
<tr><td>바깥놀이</td><td>우리 동네
여름 찾기</td><td>물길 따라 걷기
주변 공원 산책하기</td><td>수건 체조
주변에서 바다생물
찾아보기</td><td>꿈틀꿈틀 땅속
친구들 찾아라!</td><td>분필 그림
운동기구 이용해
보기</td></tr>
<tr><td>대체활동</td><td>여름 체조 운동</td><td>물 나르기 릴레이</td><td>훌라후프 터널놀이</td><td>재미있게 걷기</td><td>비눗방울놀이</td></tr>
<tr><td>안전교육</td><td>[감염병 및 약물의 오용·남용 예방 등 보건위생관리]
약은 정해진 규칙대로 먹어요
[식중독 및 감염병 예방을 위한 위생실천]
코로나19 예방수칙</td><td>[감염병 및 약물의 오용·남용 예방 등 보건위생관리]
감염병 발생 시 대응훈련
[재난대비 안전]
멈춰요 엎드려요 뒹굴어요</td><td>[감염병 및 약물의 오용·남용 예방 등 보건위생관리]
약물은 좋은 것? 나쁜 것?</td><td>[소방 안전 및 소방 대피 훈련]
투척용 소화기의 올바른 사용방법을 알아요(늘푸른 솥반에 불이 났어요)
[교통안전]
멈춘다 살핀다 건넌다</td><td>[감염병 및 약물의 오용·남용 예방 등 보건위생관리]
감염병 예방을 위한 위생실천
감염병 예방수칙</td></tr>
<tr><td>행사 및 지역사회 연계</td><td colspan="5">힘센 코끼리방 (아빠 동아리) / 원내 물놀이 / 부모 참여 수업</td></tr>
<tr><td>특색활동</td><td colspan="5">키 쑥쑥 몸 튼튼 체조 '온몸 체조'</td></tr>
<tr><td>특별활동</td><td colspan="5">영어·체육·오르프</td></tr>
</table>

* 유아가 놀이의 중심이 되는 놀이 중심 활동이 진행됩니다. 놀이과정에서 유아의 흥미도에 따라 다소 달라질 수 있음을 알려드립니다.

(6) 다문화 놀이이야기

〈표 12-31〉 3세 다문화 놀이이야기

<table>
<tr><td>예상놀이</td><td colspan="3">신나는 물놀이 축제</td></tr>
<tr><td>다문화
놀이주제</td><td>첨벙첨벙 물놀이를 해요</td><td>대상 연령</td><td>3세</td></tr>
<tr><td>활동기간</td><td>7월 3주</td><td>다문화 요소</td><td>다양성, 문화, 협력</td></tr>
<tr><td>교사의 기대</td><td colspan="3">• 물의 성질을 탐색하며 즐거움을 느끼며 친구와 협력하며 놀이를 확장해 나간다.
• 다양한 문화의 차이를 이해하고 존중하며 협력하는 태도를 기를 수 있다.</td></tr>
<tr><td>개정
누리과정
관련 요소</td><td colspan="3">• 신체운동·건강 〉 신체활동 즐기기〉 신체를 인식하고 움직인다.
• 신체운동·건강 〉 안전하게 생활하기〉 일상에서 안전하게 놀이하고 생활한다.
• 자연탐구 〉 탐구과정 즐기기 〉 주변 세계와 자연에 대해 지속적으로 호기심을 가진다.</td></tr>
<tr><td>놀이 환경
지원</td><td colspan="3">다양한 물놀이 축제 사진, 물놀이 도구(작은 컵, 물통, 분무기, 물총 등)</td></tr>
<tr><td rowspan="5">자료첨부</td><td colspan="3">여러 나라의 다양한 물놀이 축제 모습</td></tr>
<tr><td></td><td colspan="2"></td></tr>
<tr><td></td><td colspan="2"></td></tr>
<tr><td></td><td colspan="2"></td></tr>
<tr><td colspan="3">출처: 네이버</td></tr>
<tr><td>놀이의 시작</td><td colspan="3">- 인형을 씻겨주며 놀던 중 “물이 시원해!” 하고 손에 물을 뿌리기 시작하자 유아들도 하나둘 모여 물을 튀기고 손에 담가 놀며 첨벙첨벙 물놀이로 확장되었다.</td></tr>
</table>

놀이의 흐름 및 확장	놀이는 인형 씻기기 → 물 뿌리며 "물이 시원해!" → 컵, 바가지로 물 담기·옮기기 → 물통·분무기로 물놀이 축제로 이어졌다. 처음에 인형을 씻겨주며 놀던 중 한 유아가 손에 물을 뿌리며 "물이 시원해!" 하자, 옆에 있던 친구들이 물을 보고 다가와 손으로 물을 튀기기 시작하였다. "비 온다~" 하며 손바닥으로 물을 튀기고, "나도 해볼래!" 하며 다른 유아들도 함께 물놀이에 참여하였다. 어떤 유아는 작은 컵을 가져와 "여기 담아야지~" 하며 물을 퍼 담았고, 또 다른 유아는 바가지와 작은 통을 꺼내와 "이거 물통이야!" 하며 친구들에게 보여주었다. 아이들은 "여기로 부어요~", "나도 나도!" 하며 서로 물을 옮겨 담으며 놀이를 이어갔다. 조금씩 컵과 통에 물을 담아 옮기기도 하고, 손으로 퍼서 뿌리기도 하며, 인형에게도 다시 물을 뿌려주며 "인형도 시원하지?" 하고 이야기하였다. 유아들은 자연스럽게 물을 이용해 붓고, 담고, 나누는 활동을 즐기며 점점 놀이를 확장해 나가던 중, 교실에 있던 스리랑카 유아가 "우리나라에는 바다가 많아서 바다에서 물놀이 해.", "같이 해보자."라고 말하며 여러 나라의 물놀이에 관심을 가지게 되어 놀이가 여러 나라의 물놀이 체험으로 확장되었다. "여기 물 주세요~", "받아라!" 하며 물을 살짝 뿌리기도 하고, 작은 물통을 들고 서로 물을 건네며 놀이를 즐겼다. 어떤 유아는 "물이 여기까지 와요~" 하며 통로를 만들었고, 또 다른 유아는 컵으로 물을 퍼서 친구들에게 뿌리며 "비가 내려요~" 하고 소리쳤다. 분무기로 물을 뿌리고, 물을 튀기며 "물총놀이 하자~", "비 맞는 놀이야~" 하며 자연스럽게 놀이를 확장하며 즐거운 물놀이 축제를 이어갔다.
고민과 지원	- 유아들이 손으로 물을 튀기고 컵에 물을 담는 모습을 보며 놀이가 단순 반복에 그치지 않고 확장될 수 있도록 고민하였다. 이에 분무기, 컵, 바가지, 깔때기 등 다양한 물놀이 도구를 가까이에 준비해 두고 유아들이 자유롭게 선택하여 사용할 수 있도록 하여, 물을 퍼 담고, 옮기고, 뿌리는 놀이가 자연스럽게 확장되도록 지원하였다. - 유아들이 물을 튀기며 활발하게 놀기 시작하자, 놀이에 몰입하는 동안 서로 미끄러지거나 다칠 수 있다는 점을 고민하였다. 유아들과 함께 약속을 정하였고, 교사는 약속을 눈에 보이게 그림으로 표현해 놀이 공간 근처에 붙여두어 유아들이 놀이 중에도 스스로 안전을 인식하고 지킬 수 있도록 지원하였다.
[평가] 놀이를 통한 배움	- 유아들은 물놀이 활동을 통해 친구들과 함께 협력하며 소통하는 방법과 물을 나누고 친구들과 순서를 지키며 놀이를 진행하는 과정에서 자연스럽게 사회성을 발달시킬 수 있었고 물을 비처럼 표현하거나 다양한 도구를 사용해 물놀이를 확장하는 과정에서 창의적이고 상상력 넘치는 사고를 키울 수 있었다. - 또한 자연 현상에 대한 호기심을 키우며 물을 옮기고 뿌리는 동작을 반복하면서 신체조절 능력을 기르고, 소근육과 대근육을 고루 발달시키며 유아들과 함께 만든 안전 약속을 유아들이 놀이 속에서 스스로 지키며 자연스럽게 안전의식을 기르고 안전한 물놀이의 즐거움을 경험할 수 있었다.
유의사항	- 놀이의 흐름을 관찰하며 유아의 개별적 수준을 고려하여 교사의 지원이 이루어진다. - 물놀이 활동은 유아들이 신체를 많이 움직이고 물을 사용하므로, 안전에 대한 주의가 필요하며 유아들이 스스로 안전을 지킬 수 있도록 지속적으로 주의를 기울여야 한다. - 개인 위생 관리 및 감염 예방을 위한 관리가 잘 이루어지도록 한다.

(7) 월간 놀이지원 계획

〈표 12-32〉 3세 다문화교육 월간 놀이지원 계획

– 이번 달 예상 관심과 놀이

반 훈	안전하고, 즐겁게, 배려하며 놀아요!		놀이기간	2025년 8월 4일 ~ 8월 30일
예상놀이의 기대	• 우리 생활 속에서 쉽게 접하는 교통기관에 관심을 가지고 교통수단의 특징과 교통 기관을 이용하기 위한 규칙을 알고, 안전한 교통 생활 습관을 기른다. • 광복절의 의미를 알고 우리나라에 대한 관심과 소속감을 키운다.			
실내놀이	**움직이는 교통기관** **도로 위를 달려요** 경사로에 모양바퀴 굴리기 다양한 교통기관 소리 듣기 내가 좋아하는 탈 것 (다문화) 느리게 달릴 때와 빠르게 달릴 때 간다 간다		**대한이의 태극기 놀이터** 내가 가고 싶은 곳 택시기사놀이, 신호등 만들기 등 태극기 탐색하기 태극기 흔들며 걸어보기 만세놀이 '통통배' 동요 들으며 탬버린 두드리기	
	뛰뛰빵빵 고마워요 교통기관을 타고 여행을 해요 교통기관 퍼즐 교통기관 수수께끼 헬리콥터 소리 표현하기 내 손톱에 물들이기 우리가 지켜줄게 (다문화)		**나는야 안전지킴이** 기차와 기찻길 만들기 나를 지켜주는 안전표지판 비닐 낙하산 만들기 신호에 따라 악기 연주하기 빨간 깃발, 초록 깃발	
바깥놀이	우리 동네 주변 교통수단 찾기 모래 위에 자전거 만들기	저절로 가는 배 돛단배 물 위에 띄워보기	종이비행기 날리기 관제탑놀이	나는 안전지킴이
대체활동	대중교통 카드 뒤집기 게임	노를 저어라	나뭇가지 활주로	타이어 모양 징검다리 건너기
안전교육	[성폭력 및 아동학대 예방] 함부로 만지지 마세요 (성폭력 예방과 대처법)	[실종 유괴의 예방·방지] 동물원, 놀이 공원에 갔어요 [재난대비 안전] 수해 발생 시	[감염병 및 약물의 오용·남용예방 등 보건위생관리] 약은 간식이 아니예요 [소방안전] 가스의 소중함과 위험성을 알아보아요(맑은미소 반에서 불이 났어요)	[감염병 예방을 위한 위생실천] 코로나19 예방수칙 [소방안전] 가스의 소중함
행사 및 지역 사회 연계	힘센 코끼리방 (아빠 동아리) 캠핑놀이 / 원내 물놀이 축제 / 봉숭아 물들이기			
특색활동	키 쑥쑥 몸 튼튼 체조 '온몸 체조'			
특별활동	영어 · 체육 · 오르프			

* 유아가 놀이의 중심이 되는 놀이 중심 활동이 진행됩니다. 놀이과정에서 유아의 흥미도에 따라 다소 달라질 수 있음을 알려드립니다.

(8) 다문화 놀이이야기

〈표 12-33〉 3세 다문화 놀이이야기

<table>
<tr><td>예상놀이</td><td colspan="3">도로 위를 달려요</td></tr>
<tr><td>다문화 놀이주제</td><td>내가 좋아하는 탈 것</td><td>대상 연령</td><td>3세</td></tr>
<tr><td>활동기간</td><td>8월 1주</td><td>다문화 요소</td><td>다양성, 문화, 협력</td></tr>
<tr><td>교사의 기대</td><td colspan="3">• 다양한 탈 것(기차, 버스, 트럭, 배, 비행기 등)에 대한 놀이를 통해 교통수단에 관심을 갖고 탐색한다.
• 다양한 문화의 차이를 이해하고 존중하며 협력하는 태도를 기를 수 있다.</td></tr>
<tr><td>개정 누리과정 관련 요소</td><td colspan="3">• 신체운동·건강 〉 신체활동 즐기기〉 신체를 인식하고 움직인다.
• 의사소통 〉 듣기와 말하기 〉 상황에 적절한 단어를 사용하여 말한다.
• 사회관계 〉 사회에 관심 가지기 〉 다양한 문화에 관심을 가진다.</td></tr>
<tr><td>놀이 환경 지원</td><td colspan="3">다양한 교통기관 사진, 화보</td></tr>
<tr><td rowspan="5">자료첨부</td><td colspan="3">여러 나라의 다양한 교통기관 모습</td></tr>
<tr><td>
</td><td colspan="2">
</td></tr>
<tr><td></td><td colspan="2"></td></tr>
<tr><td></td><td colspan="2"></td></tr>
<tr><td colspan="3">출처: 네이버</td></tr>
</table>

놀이의 시작	- 유아들이 큰 상자에 들어가 상자를 밀며 놀다가 "이거 차예요!", "움직여요~"라고 말하며 여러 상자를 연결해 기차, 버스, 트럭처럼 만들어 운전놀이, 신호등놀이로 확장되었다.
놀이의 흐름 및 확장	놀이의 흐름은 상자 탐색 → 상자를 연결하여 기차놀이 → 트럭, 버스 놀이 → 상자를 배, 비행기로 꾸미는 활동으로 이어졌으며, 점차 바다와 하늘로 꾸미며 놀이를 확장해 나갔다. 처음에 교실 한쪽에 놓여 있던 큰 상자들을 유아들이 하나둘 꺼내 바닥에 펼치기 시작했다. 상자 안에 쏙 들어간 유아는 "여기 내 자리야~", "나는 운전기사예요!"라고 말하며 놀이를 시작했다. 한 유아가 상자를 앞에서 밀자, 안에 타고 있던 친구가 "어~움직인다! 진짜 차야~"라며 외쳤다. 유아들의 관심에 따라 여러 나라의 다양한 교통기관 모습 그림자료를 게시해 두자 여러 나라의 교통기관에 관심을 갖고 "나는 일본 기차처럼 보라색으로 할래."라고 말했고, 세 개의 상자가 길게 연결되며 기차놀이가 시작되었다. 유아들은 상자 안에 종이로 만든 운전대를 붙이고, 색종이로 자동차를 꾸미며 "출발합니다~ 삐이~", "빨간불! 멈추세요~" 하며 상황에 맞는 말도 주고받았다. 놀이가 이어지자, 한 유아는 상자 안에 블록을 넣고 "여긴 트럭이에요! 짐 실어요~"라고 하였고 그 모습을 본 또 다른 유아는 "나는 버스 타러 갈게!"라며 역할을 더했다. 어느새 상자는 배가 되고, 유아들은 "이건 배예요~ 바다로 가요~"라고 말하며 흔들흔들 노를 젓는 시늉을 했다. 또 어떤 유아는 상자에 종이 날개를 붙이며 "비행기 타러 가요~ 출발~" 교사가 어느 나라로 가고 싶은지 묻자, 유아들은 미국, 하와이, 베트남 등 다양한 나라에 대해 말했고 친구들과 팔을 양쪽으로 벌려 하늘을 나는 흉내를 냈다. 기차, 트럭, 버스, 배, 비행기까지! 유아들의 놀이 속에서는 다양한 탈 것들이 등장했고, 길을 따라 달리던 놀이가 하늘과 바다로 점점 넓어졌다. 유아들은 종이, 블록, 색연필 같은 교실에 있는 재료들을 스스로 꺼내 쓰며 자신만의 탈 것을 만들고, 친구들과 함께 놀이를 이어갔다.
고민과 지원	- 유아들이 놀이를 스스로 만들어가는 흐름이 끊기지 않도록 '어떻게 지원해 줄 수 있을까?'라는 고민을 하게 되어 색종이, 테이프, 블록, 도화지, 가위 등 유아들이 놀이에 활용할 수 있는 재료들을 눈에 잘 보이고 손이 닿는 곳에 배치하여, 유아들이 스스로 꺼내 쓰며 놀이를 이어갈 수 있도록 하였다. - 상자를 타고 밀거나 당기며 놀이하는 과정에서 유아들이 균형을 잃고 넘어질 수 있거나 친구와 부딪히는 상황이 발생할 수 있음을 고려하여 교사는 유아들과 함께 안전하게 놀이할 수 있는 놀이 약속을 함께 만들어 유아 스스로 지킬 수 있도록 격려하였다. 또한 유아들이 상자를 자유롭게 움직이며 놀 수 있도록 놀이 공간을 충분히 확보하고, 상자가 부딪히지 않도록 교실 환경을 조절하여 안전한 놀이가 이루어질 수 있도록 지원하였다.
[평가] 놀이를 통한 배움	상자를 밀고 타며 이동하는 과정에서 자연스럽게 신체를 활발히 움직이고, 균형을 잡거나 방향을 조절하는 등 대근육의 움직임을 조절하는 능력을 기를 수 있었다. 또한 놀이 공간에서 친구들과 함께 이동하며 부딪히지 않도록 주의하는 모습 속에서 안전에 대한 인식도 함께 자라났다. 놀이가 확장되면서 유아들은 "나는 버스 기사야.", "빨간불이에요~ 멈추세요!"와 같이 역할에 맞는 언어를 주고받으며 표현력을 키우고, 유아들과의 대화를 통해 의사소통 능력도 자연스럽게 발달하였다. 놀이 속에서 서로 역할을 조율하고 차례를 기다리며 사회적 규칙을 익히고, 함께 상자를 연결하거나 꾸미는 과정에서는 협동심과 배려하는 태도를 기를 수 있었다.
유의사항	- 놀이의 흐름을 관찰하며 유아의 개별적 수준을 고려하여 교사의 지원이 이루어진다. - 상자를 타고 밀거나 당기는 활동은 넘어질 위험이 있으므로 매트나 푹신한 깔개를 깔아주거나, 충분한 공간 확보를 통해 유아들이 부딪히지 않도록 환경을 미리 조성한다. - 상자의 모서리를 둥글게 처리하거나, 테이프로 감싸 날카로운 부분이 없도록 하고, 상자 내부에 들어가는 경우 바닥이 미끄럽지 않도록 사전에 확인한다.

5) 4세 다문화교육 놀이지원 사례

(1) 연간 놀이지원 계획

〈표 12-34〉 4세 다문화교육 연간 놀이지원 계획

(다문화 요소 : ●문화이해 ▲다양성 ■협력 ♥평등 ★편견 ♠정체성)

<table>
<tr><th>계절</th><th>예상놀이</th><th>다문화 예상놀이주제</th><th>놀이 환경 지원</th><th>개정 누리과정 주요 관련 요소</th><th>다문화 요소</th></tr>
<tr><td rowspan="6">봄</td><td rowspan="2">• 유치원을 둘러보아요
• 우리는 친구
• 고운햇살반 교실이에요</td><td>나처럼 해봐라 이렇게!</td><td>신체표현 사진자료, 거울, 노래, 스피커</td><td>신체운동 · 건강, 의사소통, 사회관계</td><td>●▲■</td></tr>
<tr><td>삐뽀삐뽀 다 고쳐요 병원놀이</td><td>다양한 감정카드, 감정 우체통, 감정약</td><td>신체운동 · 건강, 의사소통, 사회관계</td><td>●▲♥</td></tr>
<tr><td rowspan="2">• 따뜻한 봄을 만났어요
• 봄 식물을 찾았어요
• 봄 동물들을 만났어요
• 자연을 사랑하는 어린이에요
(프로젝트)</td><td>어떤 모양일까?(씨앗 심기)</td><td>다양한 씨앗, 화분, 씨앗 심기 순서 화보자료 흙, 모종삽, 물조리개</td><td>의사소통, 사회관계, 자연탐구</td><td>●▲</td></tr>
<tr><td>빙글빙글 색깔놀이</td><td>셀로판지, 바람개비 도안, 다양한 꽃 자료</td><td>의사소통, 사회관계 예술경험, 자연탐구</td><td>●▲</td></tr>
<tr><td rowspan="2">• 우리 가족은 나의 슈퍼 히어로
• 선생님 감사합니다
• 우리 가족을 소개해요
• 사랑 가득 결혼식놀이</td><td>우리 가족을 소개해요</td><td>나의 가족 사진, 액자, 다양한 형태의 가족 사진자료</td><td>신체운동 · 건강, 의사소통, 사회관계</td><td>●▲♥★♠</td></tr>
<tr><td>결혼식놀이</td><td>턱시도, 드레스, 왕관, 부케, 레드카펫, 꽃, 풍선</td><td>의사소통, 사회관계 예술경험</td><td>●▲♥★♠</td></tr>
<tr><td rowspan="4">여름</td><td rowspan="2">• 나라 사랑 작은 발걸음
• 내가 살고 있는 우리 동네
• 우리가 함께 생활해요
• 내가 사는 곳 군자동!
(프로젝트)</td><td>내가 되고 싶은 직업</td><td>다양한 직업군 사진자료, 다양한 직업놀이 교구, 도화지, 조형재료</td><td>의사소통, 사회관계 예술경험</td><td>●▲♥★♠</td></tr>
<tr><td>동전과 지폐 관찰하기</td><td>우리나라 동전 및 지폐, 여러 나라 동전 및 지폐</td><td>의사소통, 사회관계 자연탐구</td><td>●▲♠</td></tr>
<tr><td rowspan="2">• 물놀이 탐험을 떠나요
• 여름 과일이 좋아요
• 여름아 함께 놀자!
• 더운 여름을 시원하게 보내요</td><td>낚시놀이</td><td>다양한 물고기 그림자료, 물고기 모형, 낚싯대, 천막, 바구니, 바닷가 배경 사진 벽면 게시</td><td>신체운동 · 건강, 자연탐구, 사회관계</td><td>●▲♥★</td></tr>
<tr><td>나만의 수영복 디자인</td><td>다양한 수영복 사진자료, 색종이, 골판지, 머메이드지, 시트지, 펠트지, 모루, 스티커</td><td>신체운동 · 건강, 사회관계, 예술경험</td><td>●▲</td></tr>
</table>

<table>
<tr><th>계절</th><th>예상놀이</th><th>다문화
예상놀이주제</th><th>놀이 환경 지원</th><th>개정 누리과정
주요 관련 요소</th><th>다문화
요소</th></tr>
<tr><td rowspan="2">여름</td><td rowspan="2">• 도로 위 슈퍼스타 자동차
• 하늘길 여행, 광복의 기쁨
• 배 타고 세계로
• 신호등 요정과 안전 나라</td><td>타보고 싶은 교통기관</td><td>세계 여러 나라 교통기관 사진자료</td><td>의사소통, 사회관계, 예술경험</td><td>● ▲ ♠</td></tr>
<tr><td>교통 안전 표지판</td><td>교통 안전 표지판 사진자료, 색연필, 사인펜, 도화지, 연필, 지우개, 매직, 코팅지</td><td>의사소통, 사회관계, 예술경험</td><td>● ▲</td></tr>
<tr><td rowspan="6">가을</td><td rowspan="2">• 자랑하고 싶은 우리나라
• 한글 속 보물찾기
• 내가 농부가 된다면?
• 세계 여러 나라가 궁금해요
(프로젝트)</td><td>세계의 건축물</td><td>세계 여러 나라 건축물, 우리나라 문화재 그림자료, 클레이, 사인펜</td><td>신체운동·건강, 사회관계, 예술경험</td><td>● ▲ ♠</td></tr>
<tr><td>다양한 콩이 있어요</td><td>다양한 콩 사진자료, 실물 콩</td><td>의사소통, 사회관계, 예술경험</td><td>● ▲</td></tr>
<tr><td rowspan="2">• 보름달에 소원을 빌어요
• 알록달록 가을이 왔어요
• 곡식이 익어가는 이야기
• 가을아~ 같이 놀자~!</td><td>전통놀이 미니 올림픽</td><td>전통놀이 사진자료, 전통놀이 교구</td><td>신체운동·건강, 자연탐구, 사회관계</td><td>● ▲</td></tr>
<tr><td>가을 색 팔레트</td><td>팔레트 도안, 나뭇잎, 가을 꽃</td><td>신체운동·건강, 사회관계, 예술경험</td><td>● ▲</td></tr>
<tr><td rowspan="2">• 쓰레기를 멋진 작품으로 뚝딱!
• 재활용 마을 이야기
• 재활용품 과학 연구소
• 두드려! 흔들어! 오케스트라
(프로젝트)</td><td>재활용품 놀잇감</td><td>다양한 재활용품, 내가 만들고 싶은 놀잇감 도안</td><td>신체운동·건강, 사회관계, 예술경험</td><td>● ▲ ★</td></tr>
<tr><td>플라스틱으로 놀아요</td><td>다양한 재활용 플라스틱</td><td>신체운동·건강, 자연탐구, 사회관계</td><td>● ▲ ★</td></tr>
<tr><td rowspan="4">겨울</td><td rowspan="2">• 첫 눈 오는 날의 마법
• 겨울 맞이 준비 대작전
• 눈꽃 나라에서 놀아요
• 산타는 어디서 올까요?
• 새해를 준비해요</td><td>눈사람 만들기</td><td>박스, 플라스틱 병, 병뚜껑, 휴지심, 계란판 등 재활용품 재료</td><td>신체운동·건강, 사회관계, 예술경험</td><td>● ▲ ★</td></tr>
<tr><td>교실에 눈이 온다면?</td><td>겨울 화보 벽면 게시, 장갑, 목도리, 눈송이 모형</td><td>신체운동·건강, 자연탐구, 사회관계</td><td>● ▲</td></tr>
<tr><td rowspan="2">• 반짝반짝 뽀득뽀득
• 새해
• 주방 도구의 비밀
• 거품나라 도구 찾기
• 전통을 지키는 힘!
(프로젝트)</td><td>오색 떡국 만들기</td><td>다양한 떡 사진자료, 오색 떡 모형</td><td>신체운동·건강, 자연탐구, 사회관계</td><td>● ▲</td></tr>
<tr><td>나는야 생활도구 발명가</td><td>다양한 재활용품, 목공풀, 가위</td><td>신체운동·건강, 사회관계, 예술경험</td><td>● ▲</td></tr>
</table>

계절	예상놀이	다문화 예상놀이주제	놀이 환경 지원	개정 누리과정 주요 관련 요소	다문화 요소
겨울	• 행복했던 고운햇살반 • 복을 나누는 설날 이야기 • 고마워요, 안녕 친구야 • 우리 다시 만나자 (프로젝트)	누워서 키재기	줄자, 휴지심, 우유갑, 블록	신체운동 · 건강, 자연탐구, 사회관계	●▲
		랜덤 포즈 사진 찍기	카메라, 삼각대	신체운동 · 건강, 의사소통, 사회관계	●▲

(2) 월간 놀이지원 계획

〈표 12-35〉 4세 다문화교육 월간 놀이지원 계획

– 이번 달 예상 관심과 놀이

<table>
<tr><td>반 훈</td><td colspan="2">신나게 놀고, 따뜻하게 배려하며, 함께 성장해요</td><td>놀이기간</td><td>2025년 3월 4일 ~ 3월 31일</td></tr>
<tr><td>예상놀이의 기대</td><td colspan="4">• 유아들이 새로운 환경에 잘 적응할 수 있도록 충분한 탐색 시간을 제공하여 유아들이 관심을 갖고 다양한 놀잇감과 반을 탐색할 수 있도록 지원한다.
• 유치원과 교실을 탐색하며 선생님과 친구들과의 원활한 관계 형성을 놀이를 통해 경험해 볼 수 있도록 지원한다.</td></tr>
<tr><td rowspan="5">실내놀이</td><td colspan="2">즐거운 하루 보내기</td><td colspan="2">유치원을 둘러보아요</td></tr>
<tr><td colspan="2">친구와 함께 블록으로 놀이해요
미술 영역에서 작품 만들고 전시하기
하루 일과 책을 만들어요
원가 배우기
정리하는 방법</td><td colspan="2">종이접기 – 우리 원 접기
미술재료 탐색하고 자유롭게 꾸미기
정리 게임
놀이터에는 무엇이 있을까?
'둥근해가 떴습니다'를 불러요
교실에서의 약속</td></tr>
<tr><td colspan="4">유치원은 즐거워!</td></tr>
<tr><td colspan="2">우리는 친구</td><td colspan="2">고운햇살반 교실이에요</td></tr>
<tr><td colspan="2">내 이름 모자이크
내가 좋아하는 놀이 투표하기
친구를 칭찬해요
친구야 나는 너를 사랑해 ♡
내가 좋아하는 친구</td><td colspan="2">종이접기–내 얼굴 접기
우리 반 약속판 만들기
우리를 도와주시는 분들께 편지쓰기
꼭꼭 약속해
우리는 다양한 감정을 표현할 수 있어요
삐뽀삐뽀 다 고쳐요 병원놀이 (다문화)</td></tr>
<tr><td>바깥놀이</td><td>놀이터야 안녕?</td><td>유치원 마당에서 술래잡기</td><td>모래로 이름 쓰기</td><td>들꽃 채집하기</td></tr>
<tr><td>대체활동</td><td>즐거운 풍선놀이</td><td>나처럼 해봐라 이렇게! (다문화)</td><td>유치원 오는 길 메모리 게임</td><td>키 컸으면 체조</td></tr>
</table>

안전교육	[감염병 및 약물의 오용.남용 예방 등 보건 위생관리] 감염병 예방을 위한 위생실천 (감염병 예방수칙) [교통안전] 안전하게 다녀요	[실종 유괴의 예방·방지] 우리 동네 안전지킴이	[성폭력 및 아동학대 예방] 내 몸의 소중함 [재난대비 안전] 콘센트 안전이야기 전기 콘센트를 안전하게 사용해요	[소방안전] 코와 입을 막아요 (조리실에서 불이 났어요)
행사 및 지역 사회 연계	입학식 / 급식관리지원센터 편식 개선교육			
특색활동	뚝딱뚝딱 친환경 놀이			
특별활동	영어 / 체육 / 창의 미술·과학 / 책 놀이터 / 기어 블록 / 지니코딩 / 축구 활동 / 한글, 수 놀이			

* 유아가 놀이의 중심이 되는 놀이 중심 활동이 진행됩니다. 놀이과정에서 유아의 흥미도에 따라 다소 달라질 수 있음을 알려드립니다.

(3) 주간 놀이실행 계획

〈표 12-36〉 4세 다문화교육 주간 놀이실행 계획

놀이주제		고운햇살반 교실이에요					
놀이의 기대		• 우리 원에 대해 관심을 가지고 알아보며 행복한 우리 원을 만들기 위한 방법에 대해 알아보고 실천한다.					
기본생활습관		• 신발은 신발장에 스스로 정리해요.					
놀이기간		2025년 3월 24일 ~ 3월 29일					
활동요일		월	화	수	목	금	토
일과		계획 및 실행					
일상생활	07:30~09:00 등원 및 통합보육 (교실 환기)	**• 등원 및 맞이하기 (인사 - 부모님께 "다녀오겠습니다"라고 인사해요)** - 선생님과 부모님께 바르게 인사한 후 체온을 측정함. - 자신의 사물함에 소지품을 정리하고 손을 깨끗이 할 수 있도록 도움. - 3/26 ○○이가 등원 후 신발장에 신발을 스스로 정리하며 등원하였음. 엄마와 헤어지면서 인사를 하지 않고 서 있는 모습을 보여 교사가 모델링을 보이며 인사를 나눠봄. ○○이는 웃기만 하며 고개를 숙이지 않았으나 앞으로 반복하여 연습해 보기로 하였음.					
	09:00~09:30 오전 간식 15:00~15:30 오후 간식 (교실 환기)	**• 오전 간식 & 오후 간식** - 친구들과 화장실 앞에서 줄을 서서 차례대로 손을 씻고 간식 먹을 준비를 함. - 자리에 바르게 앉아서 간식을 먹은 후 접시와 컵을 정리해 봄. - 3/25 오전 간식에 관심을 보이며 씨리얼을 소개하자 먹어본 경험에 대해 이야기를 나누며 즐겁게 간식을 먹어볼 수 있었으며, 우유를 먹으면 왜 몸에 좋은지 궁금해하여 우유에 들어있는 영양소에 대해 이야기를 나눠봄.					

<table>
<tr><td>일상생활</td><td>12:00~13:00
점심 식사
(교실 환기)</td><td colspan="2">• 점심 식사 (건강·영양 - 내가 먹은 자리는 깨끗하게 정리해요)
- 점심을 먹기 위해 손을 씻고 오늘의 식단을 알아본 후 식사함.
- 바른 자세로 앉아서 음식을 골고루 먹을 수 있도록 격려함.</td></tr>
<tr><td rowspan="4">놀이실행 및 지원</td><td rowspan="4">09:30~10:50
실내놀이
(교실 환기)</td><td>월</td><td>지난주 박스기차놀이에 쓰였던 박스가 박스집으로 만들어져 박스로 하는 놀이가 연속적으로 확장되어 이루어짐. 유아들은 박스집에 문이 없다며 교사에게 문을 요청하였으며, 유아들은 박스집을 유치원이라고 표현하며 유치원 구성하기 놀이가 이루어짐. 유아들은 하얀색 우드락 문을 꾸며야 한다며 문을 꾸미기 위해 재료를 요청하였고 교사는 유아들이 원하는 재료를 자유롭게 선택할 수 있도록 충분한 자료를 제공함. 유아들은 아직 가위질 사용이 익숙하지 않아 교사에게 색종이를 다양한 모양으로 오려달라고 요청하기도 함. 이에 교사는 유아의 표현 의도를 존중하면서도 가능한 경우 간단한 모양을 함께 자르거나, 손잡이 가위와 도안을 제공하며 스스로 시도해 볼 수 있도록 단계적 지원을 제공함. 손 근육의 힘과 조절하는 능력을 기를 수 있는 놀이를 제안해 보면 좋을 듯함.</td></tr>
<tr><td>화</td><td>박스 안에 유아들이 들어가서 놀이를 하다보니 많은 유아들이 박스에 들어가지 못하고 양보를 해야하는 과정을 통해 갈등을 긍정적으로 해결할 수 있는 유아들도 있었지만, 기다리지 못하고 박스에 들어가고 싶어하는 유아들이 많이 발생하면서 다투는 상황들이 발생함. 교사는 유아들의 놀이 상황을 세심하게 관찰한 뒤, "어떻게 하면 여러 친구들이 같이 들어가 놀이할 수 있을까?"라고 스스로 해결해 볼 수 있는 기회를 제공함.
유아들은 기존 우드락 문에 박스를 연결하며 커다란 집을 구성하였고, 놀이 공간이 넓어지면서 더 많은 유아들이 함께 참여할 수 있는 환경이 조성됨.</td></tr>
<tr><td>수</td><td>유아들은 넓어진 박스 집 안에 다양한 블록으로 집 실내를 구성하며 놀이가 이어짐. 또한 유아들은 놀이 속 규칙을 스스로 정해보며 약속의 필요성을 알고 "들어오려면 띵동을 눌러야 해."라고 말하며 터치벨을 놓기도 함. 이에 교사는 약속을 정해 함께 놀이하는 유아들의 긍정적인 모습을 인정하며, 동화책을 활용해 다투지 않고 놀이하는 방법, 친구와 함께하는 즐거움에 대해 다시 한 번 이야기하며 정서적 지원을 제공하였음. 또한 유아들은 길어진 박스의 길이와 크기에 대해 이야기를 나누며 "선생님 이건 박스가 큰 거예요?"라고 물어봄. 교사는 유아의 관심을 수용하며 '길다', '짧다', '더 크다' 등 길이 비교 개념에 대한 언어적 설명과 실제 비교 활동을 통해 수학적 사고를 지원해 줌.</td></tr>
<tr><td>목</td><td>박스 집이 길어지고 커지면서 많은 유아들이 집에 들어가서 놀이하였고 유아들은 자발적으로 내가 하고 싶은 역할을 선택하여 이야기하며 박스 집 안에서 음식을 만들어서 먹기도 하고, 누워서 자는 유아, 강아지 역할을 하는 유아 등 일상을 놀이로 표현함. 교사는 유아들이 자신만의 방식으로 역할을 선택하고 놀이를 구성할 수 있도록 간섭하지 않고 충분한 시간을 제공하며, 필요할 경우 소품이나 언어적 모델링을 통해 몰입을 돕는 방식으로 지원함.
유아들은 자신의 경험을 회상하여 놀이로 표현해 보기도 하고, 가정에서의 모습을 흉내내어 표현하기도 하였음.</td></tr>
</table>

<table>
<tr><td rowspan="8">놀이 실행 및 지원</td><td rowspan="2">09:30~10:50
실내놀이
(교실 환기)</td><td>금</td><td colspan="5">유아들이 박스집 놀이 도중 내일 주말이라는 것에 대해 이야기를 나눔. "선생님 저 내일 소풍가요!"라고 한 유아가 이야기하자 다른 유아들도 "선생님 우리도 소풍가요! 소풍가면 김밥 먹죠?"라고 이야기하며 소풍에 관심을 보임. "소풍 가려면 돗자리도 필요하잖아. 김밥도 필요하고!", "간식도 필요해!!"라고 이야기하며 소풍에 대해 이야기를 나눔. 유아들이 자신의 경험을 나누고, 다른 친구들의 이야기에도 공감하며 사회적 상호작용과 표현력을 기를 수 있는 기회가 되었음.</td></tr>
<tr><td>토</td><td colspan="5">토요 등원 유아 없음.</td></tr>
<tr><td rowspan="3">10:50~12:00
바깥놀이
(대체활동)</td><td>월</td><td>화</td><td>수</td><td>목</td><td>금</td><td>토</td></tr>
<tr><td>들꽃 채집하기
&
원장님과 함께 유치원 연못에 물고기 풀어주기</td><td>새싹 관찰하기
&
동네 산책하기</td><td>새싹 관찰하기</td><td>새싹 관찰하기</td><td>새싹 관찰하기</td><td></td></tr>
<tr><td colspan="6">사유 : 미세 먼지가 있어 마스크를 착용하고 바깥놀이를 진행함.</td></tr>
<tr><td rowspan="3">13:00~13:20
활동</td><td colspan="6">• (안전교육) 소방안전 – 코와 입을 막아요 (조리실에서 불이 났어요)
- 지난주 수요일에 소방대피훈련을 해보았음. 고운햇살반에서 이루어지는 첫 번째 소방대피 훈련으로 사전에 유아들과 어디에서 불이 났을지, 왜 불이 났는지에 대해 충분히 이야기를 나누었음. 유아들은 소방대피훈련을 하는 이유를 알고 있었으며, 대피 시 어떻게 대피해야 하는지에 대한 방법도 잘 알고 있었음. 유아들은 조리실에서 불이 나는 이유에 대해 불을 사용하는 공간이라서 늘 조심해야 한다고 이야기하였으며, 소방대피훈련을 경험한 후 안전교육을 한번 더 실행하여 소방대피훈련의 중요성에 대해 다시 한 번 숙지할 수 있도록 이야기 나누었음.
- 1x2x5=10분의 기적의 법칙을 이용해 소중한 나의 몸에 대해 이야기하며 안전교육이 이루어짐.</td></tr>
<tr><td colspan="6">• (기본생활습관) 선생님과 친구의 말을 끝까지 들어요
- 놀이 시 또는 일과 시에 자신의 말을 표현하다 보면 선생님과 친구들의 말을 끝까지 듣지 않는 경우가 많았음. 교사의 말을 끝까지 듣지 않았을 때 다음 활동에 참여하기 어려움을 보여 말을 끝까지 들어야 하는 이유에 대해서 알아보았음. 또한 그것이 상대방에 대한 예의임을 이야기 나누며 인성도 함께 지도해 볼 수 있었음.</td></tr>
<tr><td colspan="6">• (이야기 나누기) 삐뽀삐뽀 다 고쳐요 병원놀이 (다문화 요소 – 문화이해, 평등, 협력)
- 유아들이 놀이 시 서로에게 감정을 표현하는 다양한 방법으로 다투는 상황들이 발생하기도 하고, 서로 다른 의견 충돌하면서 서로의 감정을 이해해 주지 못하는 모습을 보이기도 하여, 우리는 서로 다른 생각을 갖기도 하고, 서로 다른 감정이 있음을 이해하며 함께 생활해 볼 수 있다는 것을 이야기 나눔. 여러 나라 사람들의 다양한 얼굴 표정, 사진 자료를 게시하여 그에 맞는 감정을 언어 또는 표정으로 표현해 보는 방법에 대해 연습하며 감정 표현이 서툰 친구들을 배려하고 도와주는 기회를 가져보았음.</td></tr>
</table>

<table>
<tr><td rowspan="4">13:20~15:00
15:30~15:50
오후 실내놀이
(교실 환기)
및
대체활동</td><td colspan="3">• 오전 실내놀이 확장
– 오전에 놀이하였던 경험을 떠올리며 놀이가 연결되어 진행될 수 있도록 지원함.
– 책 읽기, 창의 미술 과학, 코딩, 기어 블록 등 자유롭게 놀이할 수 있도록 지원함.</td></tr>
<tr><td>영어</td><td>축구</td><td>체육</td></tr>
<tr><td>13:30~14:00(월, 화)
14:00~14:30(수, 금)
13:35~13:55(목)</td><td>12:00~12:30(월)</td><td>13:30~14:00(금)</td></tr>
<tr><td colspan="3">• 이번 주 대체활동 내용 : 친구 얼굴 그리기 / 어린이집에서 가장 즐거운 나 그리기 / 어린이집 접기
• 특별활동 참여 여부를 스스로 결정할 수 있도록 하여 유아의 자기결정권을 기르고, 놀이 선택에 대한 주체성을 존중함.</td></tr>
<tr><td>15:50~ 16:00
기본보육 귀가 및
연장보육준비</td><td colspan="3">• 자신의 소지품을 함께 정리해 본다.</td></tr>
<tr><td>16:00~19:30
연장보육 및 귀가</td><td colspan="3">• 유아반 연장 전담 교사일지 참고</td></tr>
<tr><td>배움을 위한
자료제공</td><td colspan="3">– 우드락으로 만든 문을 꾸미기 위해 다양한 조형재료를 지원함.
– 집에 있는 초인종을 놀이로 표현하고 싶다고 하여 터치벨을 지원함.</td></tr>
<tr><td>놀이를 위한
공간구성</td><td colspan="3">– 박스집이 너무 작아 많은 유아들이 들어갈 수가 없어 박스를 넓게 펼쳐서 집 공간을 넓게 제공함.</td></tr>
<tr><td>주간운영평가</td><td colspan="3">유아들이 지난주 박스로 놀이했던 경험이 즐거웠는지 이번 주도 박스로 놀이를 연속적으로 하고 싶다고 하여 박스를 계속 제공하였음. 지난주 박스기차였던 박스가 이번 주에는 박스집이 되어 놀이가 이루어지는 것을 보면서 유아들의 흥미를 고려하여 놀이자료를 제공하면 유아들이 같은 재료지만 다양한 방법으로 구성하며 놀이가 이루어질 수 있다는 것을 관찰을 통해 알 수 있었음. 또한 바깥놀이 시 변화하는 계절의 특성을 발견하며 봄이라는 계절에 관심을 보이는 유아들이 많았으며, 한 유아가 "선생님 저 내일 꽃 보러 소풍가기로 했어요. 우리도 소풍 가는 거 어때요?"라고 이야기하여 유아들과 이야기 나누기를 통해 어떤 놀이를 해보면 좋을지 이야기를 나눈 후 소풍가면 김밥을 먹는다고 이야기하며 소풍놀이를 하고 싶다고하여 김밥 교구와 돗자리를 지원해 줄 예정임.</td></tr>
</table>

* 보육과정 평가는 매주 금요일에 실시하며 다음 보육계획에 반영합니다.

(4) 다문화 놀이이야기

〈표 12-37〉 4세 다문화 놀이이야기

예상놀이	고운햇살반 교실이에요		
다문화 놀이주제	삐뽀삐뽀 다 고쳐요 병원놀이	대상 연령	4세
활동기간	3월 4주	다문화 요소	다양성, 편견, 인종
교사의 기대	• 사람들은 감정이 다양하다는 것을 알고, 서로의 감정을 존중하는 태도를 기른다. • 다양한 문화 배경을 가진 사람들도 같은 감정을 느낄 수 있음을 인식한다. • 각 가정마다 다른 문화를 존중하며 다양한 감정 표현 방식에 관심을 가진다.		
개정 누리과정 관련 요소	• 신체운동·건강 〉 안전하게 생활하기 〉 일상에서 안전하게 놀이하고 생활한다. • 사회관계 〉 사회에 관심 가지기 〉 다양한 문화에 관심을 가진다. • 사회관계 〉 더불어 생활하기 〉 서로 다른 감정, 생각, 행동을 존중한다. • 의사소통 〉 듣기와 말하기 〉 자신의 경험, 느낌, 생각을 말한다.		
놀이 환경 지원	다양한 감정 카드, 감정 우체통, 감정약		
자료첨부	여러 나라 사람들의 얼굴 표정		
	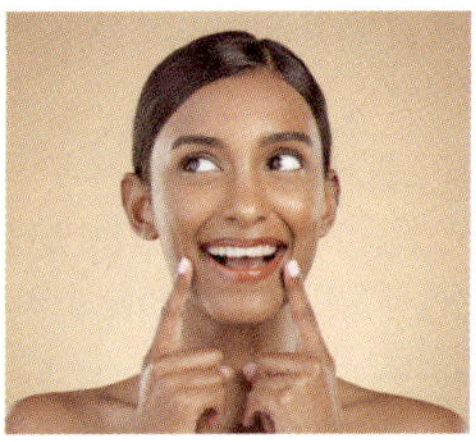		

	출처: 찬진교육 유아스토리, 구글		

놀이의 시작	- 유아들이 블록 놀이를 하던 중, 서로 원하는 블록을 동시에 사용하고자 하면서 갈등이 발생하였다. ○○는 블록을 가지려다가 친구와 부딪히며 "이건 내가 먼저 하려고 했어! 화가 나!"라고 자신의 감정을 표현하였고 ○○도 "아니야! 나도 하고 싶었어!"라고 울먹이며 토라지는 모습을 보였다. 유아는 "마음이 아파"라고 이야기하며 다른 유아에게 다가갔다. 유아는 청진기를 가져와서 "어디가 아파요? 마음이 아파요?"라고 이야기하며 병원놀이가 시작되었다.
놀이의 흐름 및 확장	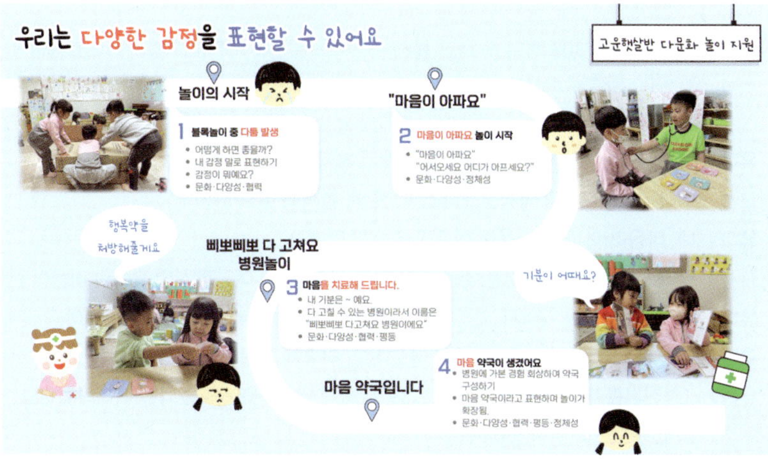
고민과 지원	- 일부 유아들은 자신의 감정을 표현하는 것을 어려워하거나, 특정 감정을 부정적으로 인식할 수 있기에 슬픔이나 두려움을 표현할 때 그 감정이 자연스럽고 건강하게 표현될 수 있도록 돕는 방법에 대한 고민이 되어 유아들이 다양한 감정을 자연스럽게 표현할 수 여러 나라 사람들의 감정 표현 카드를 다양하게 준비하였고, 카드를 직접 만들 수 있는 기회를 제공하여 유아들이 감정을 표현해 보고, 자신만의 감정 표현을 시각적으로 표현할 수 있도록 지원하였다. - 다른 유아들이 친구의 감정을 이해하고 공감할 수 있도록 돕는 방법이 필요하여 유아들이 이야기한 감정을 친구들과 함께 표현해 보며 공감하는 시간을 마련하였다. - 자신의 감정을 이야기로 표현하는 데 어려움을 느낄 수 있기 때문에 "그때 기분이 어땠어요?", "어떤 일이 있었나요?"와 같은 질문을 던지며 이야기를 확장할 수 있도록 지원하였다.
[평가] 놀이를 통한 배움	- 여러 나라 사람들의 다양한 감정을 표현한 카드를 뽑아 유아들이 자신의 경험과 연결하여 이야기하며 "이 표정을 지은 적이 있어?", "이 흑인 아저씨는 어떤 기분일까?"와 같은 질문을 통해 유아들은 자신의 감정을 인식하고 표현하는 방법을 배우고 감정 카드를 사용하여 기쁨, 슬픔, 화남, 두려움 등 다양한 감정을 명확히 구분하고 언어로 표현하는 능력을 기를 수 있었다. - 화남이나 슬픔 같은 부정적인 감정도 자연스럽게 표현할 수 있도록 하여 감정 조절 능력을 발달시켰고 친구들이 표현한 감정을 듣고 이해하며 공감하는 과정을 경험하게 되며 서로의 감정을 존중하고 차이를 받아들이는 태도를 배우며 사회성을 기를 수 있었다. - 웃음을 표현하는 방법, 슬픔을 표현하는 방법, 화를 표현하는 방법 등을 배워보고, 다른 나라의 노래, 춤, 인사법을 함께 알아보며 다른 문화권에서 감정을 표현하는 방식이 다를 수 있음을 배우며, 다양한 표현 방식을 존중하는 태도를 기를 수 있었다.
유의사항	- 유아들이 화남, 슬픔, 두려움 등의 부정적인 감정을 표현할 때 교사가 이를 억제하거나 부정하지 않도록 한다. - 같은 감정을 표현하더라도 유아마다 방식이 다를 수 있음을 인정하고 존중한다.

4세 반응적 상호작용 지원 시 TIP

고운햇살반 다문화교육 속 반응적 상호작용 예시

상황 : 놀이 중 갈등 상황이 발생한 유아와 상호작용 상황

> 유아들이 블록놀이를 하던 중 서로 원하는 블록을 동시에 사용하고자 하면서 갈등이 발생하였다. ㅇㅇ이는 블록을 가지려다가 친구와 부딪히며 마음이 아프다고 표현하며 교사에게 다가온다.

유아 : "선생님 이거 내가 먼저 하려고 했는데 △△가 자꾸 자기가 먼저 잡았다고 해요."

교사 : "어머 ○○야, 정말 속상했겠다. ○○도 저 블록이 필요했구나?"

유아 : "네. 마음이 아파요. 마음이 아프면 속상한 거예요."

교사 : "맞아 ○○야. 마음이 아픈 게 속상한 거지. 우리 ○○ 어떻게 하면 속상한 마음이 괜찮아질까?"

유아2 : "아프면 병원에 가야지. ○○아~ 이리와 여기가 삐뽀삐뽀 다고쳐 병원이야."

교사 : "□□ 의사 선생님, ○○ 마음이 아프대요. 어떻게 하면 좋을까요?"

유아2 : (청진기를 대고 소리를 듣는다.) "음. 마음이 많이 아프군요? 약을 먹어야겠어요. 웃는 약을 먹고 웃으면 기분이 좋아져요."

교사 : "웃는 약? 웃는 약이 있어요?"

유아2 : "네, 웃는 약을 먹으면 웃음이 나오고 속상했던 마음이 괜찮아져요."

교사 : "그렇구나. 웃는 약을 먹으면 마음이 조금씩 편안해지는구나! 선생님도 궁금한데 어떤 맛일까?"

유아 : (먹는 흉내를 낸다.)

교사 : "○○아 어때? 마음이 괜찮아졌어?"

유아1 : "네! 정말 웃음이 나오려고 해요!"

교사 : (여러 나라 사람들의 얼굴 표정 그림자료를 가리키며) "저기 있는 흑인 아저씨처럼 화났을 때 먹는 약도 있나요?"

유아2 : "네. 화가 날 때 먹는 약도 있어요. 먹으면 화가 나지 않아요. 슬픈 약을 먹으면 눈물이 쏙 들어가요. 선생님은 어떤 약이 필요해요?"

교사 : "선생님은 고운햇살반을 더 사랑하고 싶은데 그런 약도 있을까요?"

유아2 : "네 사랑해요 약도 있어요. 먹으면 사랑을 할 수 있어요."

유아 : "나는 즐거운 약이 필요해. 즐거운 약도 있어?"

유아2 : "네 즐거울 때 먹는 약도 줄게요. 즐거운 약 여기 있습니다."

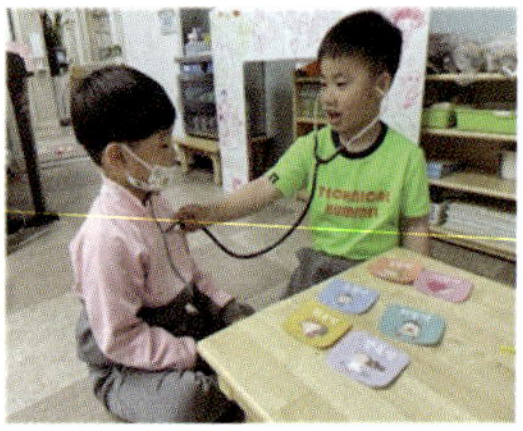

(5) 월간 놀이지원 계획

〈표 12-38〉 4세 다문화교육 월간 놀이지원 계획

– 이번 달 예상 관심과 놀이

<table>
<tr><td>반 훈</td><td colspan="2">신나게 놀고, 따뜻하게 배려하며, 함께 성장해요</td><td>놀이기간</td><td>2025년 9월 1일 ~ 9월 26일</td></tr>
<tr><td>예상놀이의 기대</td><td colspan="4">• 우리나라를 자랑스럽게 여기며, 다양한 놀이를 통해 우리나라와 세계 여러 나라의 문화를 이해할 수 있도록 지원한다.
• 마당 텃밭에서 콩을 키우며 콩으로 만들 수 있는 음식, 콩을 키우는 방법에 대해 알아보며 농부의 마음을 경험해 볼 수 있도록 지원한다.</td></tr>
<tr><td rowspan="3">실내놀이</td><td colspan="2">자랑하고 싶은 우리나라
우리나라 자랑거리 문화재
화장솜에 물감을 물들여요
각 나라의 전통 옷이 있어요
각 나라 국가 부르기
다양한 나라의 전통예술 (전통춤, 놀이)</td><td colspan="2">한글 속 보물찾기
한글로 꾸며요
세종대왕 이야기
바른말 캠페인
한국을 빛낸 100명의 위인들
나는 한글이 좋아요!</td></tr>
<tr><td colspan="4">나라 사랑 놀이 & 콩콩콩 콩을 키웁시다</td></tr>
<tr><td colspan="2">내가 농부가 된다면?
다양한 콩이 있어요 (다문화)
옛날에는 어떻게 농사를 지었을까?
콩으로 만든 음식
옛날 주방 도구
‘아기 콩’ 노래 감상하기</td><td colspan="2">세계 여러 나라가 궁금해요
나라를 대표하는 음식이 있어요
세계의 건축물 (다문화)
만국기 썬캐쳐
‘도레미송’을 영어로 불러요
세계 여러 나라가 있어요</td></tr>
<tr><td>바깥놀이</td><td>손바닥 씨름을 해요</td><td>무궁화 꽃이 피었습니다</td><td>콩 되어보기</td><td>세계 여러 나라 건축물 뒤집기</td></tr>
<tr><td>대체활동</td><td>고무신 던지기</td><td>쌀보리 놀이를 해요</td><td>엉덩이 씨름</td><td>동전치기를 해요</td></tr>
<tr><td>안전교육</td><td>[성폭력 및 아동학대 예방]
아이를 위한 성학대 예방법</td><td>[장애인식개선 교육]
[교통안전]
날씨에 따른 보행안전</td><td>[재난대비 안전]
일과 중에 지진이 발생했어요
[소방대피훈련]
2세반에 불이 났어요</td><td>[실종 유괴의 예방·방지]
큰 일이 생겼어요
(자동차, 위급 상황 이용 유인)
[감염병 예방을 위한 위생실천]</td></tr>
<tr><td>행사 및 지역사회 연계</td><td colspan="4">환경 캠페인 – 지구를 지켜줘 ESG 플로킹</td></tr>
<tr><td>특색활동</td><td colspan="4">뚝딱뚝딱 친환경 놀이</td></tr>
<tr><td>특별활동</td><td colspan="4">영어 / 체육 / 창의 미술·과학 / 책 놀이터 / 기어 블록 / 지니코딩 / 축구 활동 / 한글, 수 놀이</td></tr>
</table>

* 유아가 놀이의 중심이 되는 놀이 중심 활동이 진행됩니다. 놀이과정에서 유아의 흥미도에 따라 다소 달라질 수 있음을 알려드립니다.

(6) 다문화 놀이이야기

〈표 12-39〉 4세 다문화 놀이이야기

예상놀이	세계 여러 나라가 궁금해요		
다문화 놀이주제	세계의 건축물	대상 연령	4세
활동기간	9월 4주	다문화 요소	문화이해, 다양성, 정체성
교사의 기대	• 세계 여러 나라의 건축물에 관심을 가진다. • 서로 다른 문화와 전통에 대한 열린 마음을 갖고 존중하는 태도를 가진다. • 건축물을 통해 각 나라의 문화적 특성과 생활 모습을 알아본다.		
개정 누리과정 관련 요소	• 의사소통 〉 듣기와 말하기 〉 자신의 경험, 느낌, 생각을 말한다. • 사회관계 〉 사회에 관심 가지기 〉 다양한 문화에 관심을 가진다. • 예술경험 〉 예술 감상하기 〉 다양한 예술을 감상하며 상상하기를 즐긴다. • 자연탐구 〉 탐구과정 즐기기 〉 주변 세계와 자연에 대해 지속적으로 호기심을 가진다.		
놀이 환경 지원	다양한 세계 건축물 화보자료		
자료첨부	다양한 세계 건축물		

	출처: 구글		

놀이의 시작	- 일본으로 여행을 다녀온 유아가 "선생님 일본에도 높은 타워가 있었어요. 우리나라에 있는 남산타워처럼요."라고 말하며 일본 건축물에 대해 이야기하였다. "정말? 이번에 여행 가서 보았니?"라고 물어보자 "네 엄마가 무슨 타워라고 했는데 이름이 잘 기억이 안나요. 혹시 선생님 알고 있어요?"라고 물어보았다. 교사가 도쿄로 여행을 다녀온 유아의 경험을 파악하고 "혹시 도쿄타워였어?"라고 말하자 "맞아요!! 도쿄타워예요"라고 이야기하였다. 유아는 다른 유아들에게 도쿄타워 본 이야기를 하며 "우리 높이 높이 쌓기 놀이하자 진짜 엄청 높았어. 나보다 훨씬 더!"라고 이야기하며 블록 높이 쌓기 놀이가 시작되었다.
놀이의 흐름 및 확장	- 한 유아의 도쿄타워 경험 이야기에서 시작된 놀이는 → 또래의 경험 공유 → 세계의 전파탑에 대해 관심 갖기 → 블록으로 세계 건축물 구성하기 등으로 이어졌다. - 유아들은 한 유아의 도쿄타워를 본 경험 이야기를 듣고 자신들의 경험도 이야기하기 시작하였다. "도쿄타워 말고도 아주 높은 건물을 본 적이 있니?"라고 교사가 물어보자 유아들은 직접 본 높은 건물들에 대해 "엄마랑 서울에 갔는데 건물들이 아주아주 높았어요", "우리 할머니 아파트도 엄청 높아!"라고 나의 경험들을 이야기하였다. "그런데 도쿄타워가 뭐예요?" 한 유아가 물어보았다. 교사는 도쿄타워 사진을 보여주며 "이건 일본에 있는 아주아주 높은 탑이야. 옛날에 일본에서 사람들이 TV를 많이 보기 시작했는데 높은 산이나 멀리 사는 사람들은 TV가 잘 나오지 않았대. 그래서 아주 높은 탑을 세워서 TV가 잘 나오도록 전파를 멀리 멀리 보내주는 방법을 생각한 거야! 그게 바로 도쿄타워래."라고 소개하자 "우와 우리나라에도 전파탑이 있어요? 어떻게 생겼어요?"라고 질문하였다. "그럼! 우리나라는 남산타워라고 하는 전파탑이 있어. 우리나라도 멀리 멀리 전파를 보내기 위해 남산타워를 만들었단다. 지금은 도쿄타워처럼 많은 사람들이 관광하고 관찰할 수 있도록 예쁘게 꾸며놓았어."라고 말하자 "그럼 미국은요? 베트남은요? 중국은요?"라고 질문하며 다양한 나라의 전파탑에 대해 궁금해하였다. 교사는 다양한 나라의 전파탑을 유아들과 함께 찾아보기로 하였다. 검색을 하기도 하고, 다양한 문화를 전달해 줄 수 있는 부모님들을 초대하기도 하고, 각 나라를 소개하는 책을 읽어보며 유아들은 다양한 나라의 전파탑에 대해 알게 되었다. 유아들은 "나는 엄마가 중국사람이라고 했어. 나는 동방명주탑을 만들게", "나는 베트남에 있는 하노이 타워를 만들어 볼게!"라고 이야기하며 유아들은 블록으로 다양한 세계 전파탑을 구성하기 시작하였다.
고민과 지원	- 세계 여러 나라의 전파탑에 대해 궁금해하며 놀이가 시작되었으나 전파탑이라는 개념이 다소 어려워 이해하지 못하는 유아들도 있었다. 그렇다 보니 일부 유아들은 흥미를 갖지 못하고 다른 놀이를 하는 모습을 보이기도 하였다. 또한 전파탑 구성하기 놀이는 높이 쌓는 것 말고는 구성이 다소 단순하여 흥미를 잃는 모습을 보이기도 하였다. - 교사는 전파탑만 구성하는 유아들에게 다양한 건축물이 있다는 것을 그림자료로 제공하였다. 그러자 "이걸 만드려면 휴지심이 필요하겠는데? 여기에는 빨대처럼 생긴 긴 막대가 있어!"라고 이야기하며 다양한 재료를 활용하여 건축물을 구성하는 모습이 관찰되었으며, 유아들이 서로 협력하여 구성해 볼 수 있도록 역할을 나누어 구성하는 방법에 대해 지원하였다.
[평가] 놀이를 통한 배움	- 유아들은 세계의 건축물 사진을 탐색하면서 각 나라의 문화적 다양성에 대해 흥미를 갖고 다양한 재료들과 다양한 방법으로 표현하는 것을 시도하였다. 유아들은 직접 건축물을 구성하면서 형태, 색, 구조를 관찰하며 표현력과 창의성을 기르게 되었으며 건축물을 구성할 때 역할을 나누어 놀이를 실행하면서 나 혼자만이 아닌 함께 협력하여 구성하면 더욱 멋진 건축물을 구성할 수 있음을 알게 되었다. 또한 유아들은 세계 여러 나라에 대해 이야기를 나누며 우리 가족의 나라, 우리 엄마 아빠가 어디에서 왔는지 등을 이야기 나누며 다양한 나라에서 온 친구들에게 관심을 갖고 나라가 달라도 함께 생활하는 데에 큰 어려움이 없다는 것도 알게 되었다.
유의사항	- 다양한 건축물을 구성할 때 꼭 실존하는 건축물이 아니더라도 유아가 상상한 표현 건축물도 존중한다. - 문화적 편견을 갖지 않도록 긍정적인 언어로 다양한 문화와 형태를 존중하는 태도를 보인다. - 교사의 과도한 설명보다는 유아들과 함께 발견해 가는 자세를 지닌다.

(7) 월간 놀이지원 계획

〈표 12-40〉 4세 다문화교육 월간 놀이지원 계획

– 이번 달 예상 관심과 놀이

<table>
<tr><td>반훈</td><td colspan="2">신나게 놀고, 따뜻하게 배려하며, 함께 성장해요</td><td>놀이기간</td><td>2025년 9월 29일 ~ 10월 31일</td></tr>
<tr><td>예상놀이의 기대</td><td colspan="4">• 개천절과 한글날에 관심을 갖고 자랑스러운 우리나라의 고유 명절 추석을 맞이하여 우리나라 전통놀이에 관심을 갖고 직접 경험해 볼 수 있도록 지원한다.
• 가을 날씨에 관심을 갖고 달라지는 날씨와 풍경의 변화를 느낄 수 있도록 지원한다.
• 가족과 함께하는 운동회를 놀이로 경험해 보고 가을의 아름다움을 가족과 함께 느껴볼 수 있도록 지원한다.</td></tr>
<tr><td rowspan="3">실내놀이</td><td colspan="2">보름달에 소원을 빌어요

추석에 하는 놀이
추석 노래에 맞춰 악기 연주하기
한복 입고 놀이해요
개천절과 한글날
전통놀이 미니 올림픽 (다문화)</td><td colspan="2">알록달록 가을이 왔어요

가을 숲 구성하기
낙엽 목걸이 만들기
단풍잎이 되어 춤을 춰요
코스모스 노래 불러보기
종이접기-메뚜기 접기</td></tr>
<tr><td colspan="4">가을 속 보물찾기 & 추석</td></tr>
<tr><td colspan="2">곡식이 익어가는 이야기

과수원 놀이
열매의 겉과 속
허수아비 만들기
밀과 보리가 자라네-곡식 악기로 연주해요
사과 갈변을 실험해요</td><td colspan="2">가을아~ 같이 놀자~!

가을 운동회 놀이
가을 명화를 감상해요
노을 노래를 불러요
가을 색 팔레트 (다문화)
종이접기-도토리 접기</td></tr>
<tr><td>바깥놀이</td><td>메뚜기처럼 폴짝!</td><td>단풍잎 공을 굴려요</td><td>신나는 가을 운동회</td><td>낙엽으로 놀아요</td></tr>
<tr><td>대체활동</td><td>단풍잎 따라 걸어요</td><td>달려라! 풍선 다람쥐</td><td>솔방울 제기차기</td><td>데굴데굴 열매 볼링</td></tr>
<tr><td>안전교육</td><td>[성폭력 및 아동학대 예방]
아이를 위한
성학대 예방법</td><td>따끔따끔 밤송이 폭탄</td><td>[재난대비 안전]
일과 중에 지진이 발생했어요
[소방대피훈련]
4세반에서 불이 났어요</td><td>[실종 유괴의 예방·방지]
큰 일이 생겼어요
(자동차, 위급상황 이용 유인)
[감염병 예방을 위한 위생실천]</td></tr>
<tr><td>행사 및 지역사회 연계</td><td colspan="4">한마음 가족 운동회</td></tr>
<tr><td>특색활동</td><td colspan="4">뚝딱뚝딱 친환경 놀이</td></tr>
<tr><td>특별활동</td><td colspan="4">영어 / 체육 / 창의 미술·과학 / 책 놀이터 / 기어 블록 / 지니코딩 / 축구 활동/ 한글, 수 놀이</td></tr>
</table>

* 유아가 놀이의 중심이 되는 놀이 중심 활동이 진행됩니다. 놀이과정에서 유아의 흥미도에 따라 다소 달라질 수 있음을 알려드립니다.

(8) 다문화 놀이이야기

〈표 12-41〉 4세 다문화 놀이이야기

예상놀이	보름달에 소원을 빌어요		
다문화 놀이주제	전통놀이 미니 올림픽	대상 연령	4세
활동기간	10월 1~2주	다문화 요소	문화이해, 다양성, 협력, 정체성
교사의 기대	• 우리나라의 전통놀이를 다양한 방식으로 경험하고 놀이 속에 담긴 문화적 의미를 이해한다. • 전통놀이의 다양성과 가치를 체험하는 활동을 통해 문화적 정체성을 발견하고 또래와의 협동과 소통의 즐거움을 느낀다.		
개정 누리과정 관련 요소	• 신체운동·건강 〉 신체활동 즐기기 〉 신체를 인식하고 움직인다, 도구를 이용한 운동을 한다. • 의사소통 〉 듣기와 말하기 〉 자신의 경험, 느낌, 생각을 말한다. • 사회관계 〉 사회에 관심 가지기 〉 우리나라에 대해 자부심을 가진다, 다양한 문화에 관심을 가진다. • 예술경험 〉 예술 감상하기 〉 다양한 예술을 감상하며 상상하기를 즐긴다.		
놀이 환경 지원	다양한 전통놀이 사진자료, 각 나라별 전통 놀잇감		
자료첨부			

	출처: 구글		

놀이의 시작	- 추석을 맞이하여 여러 나라의 전통놀이 사진을 벽면에 게시해 주었더니 여러 나라의 다양한 전통놀이에 관심을 가짐. 유아들은 마당 놀이터에 있는 전통 놀잇감으로 각자 하고 싶은 전통놀이를 하던 중 "선생님 우리 체육시간에도 팀 나눠서 대결하잖아요. 전통놀이도 팀을 나눠서 대결하는거 어때요?"라고 한 유아가 놀이를 제안했다. 교사가 "그러면 우리 반 올림픽을 한번 해볼까?"라고 대답하며 유아의 제안을 받아들였다. 유아들은 심판이 필요하다며 교사에게 요청했고, 유아들은 올림픽 종목을 선정하기 시작하였다. "제기차기랑 굴렁쇠, 투호놀이랑 비석 치기 어때요?"라고 이야기하며 놀이가 시작되었다.
놀이의 흐름 및 확장	- 추석 맞이 전통 놀잇감 탐색 → 팀을 나누어 전통놀이 실행 → 나만의 전통놀이 방법 만들기 놀이 - 유아들의 올림픽 놀이가 시작되고 교사는 심판으로 놀이에 참여하게 되었다. 유아들은 제기차기의 규칙이 있다며 서로 의논했다. "제기는 손으로 만지면 안돼. 무조건 발로만 차는 거야. 알겠지?"라고 이야기하며 제기차기를 한다. 교사가 빨간팀, 파란팀의 제기 찬 수를 세어준다. 제기차기 경기를 보며 한 유아가 "선생님 이거 축구 같아요. 우리 축구공도 발로만 차야 하는데 제기도 똑같아요!"라고 이야기하였다. "어머 제기랑 축구에 그런 공통점이 있었네?"라고 교사가 대답하자 다른 유아가 "굴렁쇠 굴리기 우리 해봤잖아요. 훌라후프로!"라고 말하며 자신의 경험을 이야기하였다. 그러고는 "선생님 굴렁쇠도 훌라후프처럼 그냥 굴려도 굴러갈까요?"라고 한 유아가 굴렁쇠의 다른 방법을 제안하였다. 유아들은 굴렁쇠를 다른 방법으로 놀이하는 방법을 제안하는 친구를 보며 "우리 한번 해보자!"라고 이야기하며 굴렁쇠를 손잡이 없이 굴려보기를 시도하였다. 굴렁쇠가 훌라후프처럼 데굴데굴 굴러가자 "선생님! 굴렁쇠도 훌라후프처럼 굴러가요."라고 이야기하며 "선생님 제기도 다른 방법으로 해보고 싶어요."라고 이야기하였다. "그래? 그럼 어떤 방법으로 제기놀이를 하면 좋을까?"라고 이야기하자 한 유아가 "제기를 손으로 잡아서 주고받는 놀이를 해보는 건 어때요?", "어머 선생님은 제기를 손으로 할 생각은 못 해봤는데 우리 한번 주고받아 볼까?"라고 말하자 다른 유아들도 전통 놀잇감 앞에 앉아서 "우린 어떤 방법으로 놀이해 보면 좋을까?"라고 서로의 의견을 나누며 의논하는 모습을 보였다. "선생님 우리 제기를 만들어 보는 건 어때요? 비닐봉지로 만들어요!", "어? 그래서 우리 입으로 불어보자. 제기가 둥둥 떠다니겠는데?" 라며 유아들은 자신의 생각을 다양하게 제안하며 나만의 전통놀이 방법 만들기로 놀이가 확장되었다.
고민과 지원	- 매년 명절 때마다 전통놀이를 하면서 전통놀이의 방법을 소개해 주기만 하고 방법을 바꿔서 놀이를 제안해 볼 생각은 못했던 것 같다. 교사는 유아들의 제안으로 전통놀이의 방법을 바꿔서 놀이해 볼 수 있도록 적극 지원하였다. 유아들은 교사가 소개했던 방법보다 나만의 전통놀이 방법을 만들어서 놀이하자 더욱 즐겁게 참여하는 모습을 보였다. - 나만의 전통놀이 방법을 만들어서 놀이를 하다 보니 유아들이 우리나라 조상들이 했던 방법을 잊고 앞으로 지켜나가야 하는 우리의 문화가 사라지지는 않을지 고민이 되었다. 전통을 지키는 것과 동시에 현대적인 해석을 허용하는 접근은 문화의 지속성과 발전에 긍정적인 영향을 미치지 않을까 생각하여 전통놀이의 방법은 소개하되 나만의 방법으로 바꿔서 놀이를 해도 됨의 개방적인 태도를 열어두기로 했다.
[평가] 놀이를 통한 배움	- 유아들은 자신만의 놀이 방법을 생각해 내는 과정을 통해 창의적으로 문제를 해결하고 새로운 아이디어를 만들어 내는 능력을 기를 수 있었으며, 또래와 소통하고 논의하는 과정에서 소통 능력과 협력하는 자세를 배워볼 수 있었다. 또한 서로의 아이디어를 존중하고 조율하는 경험은 사회성 발달에 크게 기여하였다. - 유아들은 전통놀이의 기본적인 규칙이나 방법을 배우면서 그 배경에 있는 문화와 역사에 대한 이해를 높일 수 있었다. 또한 전통의 중요성과 전통놀이는 우리가 지켜야 하는 소중한 문화라는 것을 알게 되었다.
유의사항	- 다양한 문화권에서 온 유아들이 많이 있어 우리나라만의 전통놀이를 제공해 주기보단 세계 여러 나라의 전통놀이를 제공해 주면 좋을 듯하다. - 우리나라 문화만 소중한 것이 아닌 다른 문화권의 문화도 소중하다는 것을 알려주면 좋을 것 같다.

6) 5세 다문화교육 놀이지원 사례

(1) 연간 놀이지원 계획

〈표 12-42〉 5세 다문화교육 연간 놀이지원 계획

(다문화 요소 : ●문화이해 ▲다양성 ■협력 ♥평등 ★편견 ♠정체성)

계절	예상놀이	다문화 예상놀이주제	놀이 환경 지원	개정 누리과정 주요 관련 요소	다문화 요소
봄	• 늘푸른솔반이 좋아요 • 우리 반에서 이렇게 놀았어요 • 우리 유치원이 좋아요	사이좋은 우리들	손거울, 다양한 국가, 성, 인종의 사진자료	의사소통, 사회관계, 자연탐구	●▲■
		시끌벅적 도일시장에 가요	도일시장 사진자료	신체운동·건강, 의사소통, 사회관계	●▲■★
	• 따뜻한 봄이 왔어요 • 나무를 심었어요 • 이 꽃이 좋아요 • 봄에 즐기는 놀이 (프로젝트)	뽀득뽀득 새싹들	다양한 씨앗, 화분, 씨앗 심기 순서 화보자료 흙, 모종삽, 물조리개	신체운동·건강, 사회관계, 자연탐구	■●▲
		향기 가득 책갈피	다양한 꽃잎, 미술도구, 종이, 지끈,	예술경험, 사회관계, 자연탐구	▲■
	• 오늘은 내가 주인공 • 부모님, 선생님 감사합니다 • 가족이 있어서 행복해요.	사랑하는 우리 가족	나의 가족 사진	신체운동·건강, 의사소통, 사회관계	♥●▲
		우리 결혼해요	가족 사진, 다양한 형태의 가족 사진자료, 꽃 모형, 풍선	예술경험, 의사소통, 자연탐구	♥●▲★
여름	• 우리나라 대통령이야기 • 동네 사람들을 만났어요 • 우리 동네가 궁금해요 • 도일시장에 갔어요 (프로젝트)	하늘에서 본 우리 동네	컴퓨터, 네이버 지도 사이트	신체운동·건강, 자연탐구, 사회관계	♠●▲
		신나는 축제	세계 여러 나라 축제 (스페인 '토마토 축제' 등) 그림자료 벽면 게시	예술경험, 의사소통, 사회관계	●▲■
	• 여름 햇님이 뜨거워요 • 물놀이와 휴식을 해요 • 물놀이가 재미있어요	더운 여름 우리들 이야기	다양한 나라의 7월 날씨 그림자료, 부채, 선풍기, 아이스크림 모형, 죽부인	예술경험, 의사소통, 사회관계	●▲
		물고기 잡으러 가자!	물고기 사진자료, 낚싯대, 물고기 모형, 바구니, 바닷가 배경 사진 벽면 게시	신체운동·건강, 자연탐구, 사회관계	▲■

계절	예상놀이	다문화 예상놀이주제	놀이 환경 지원	개정 누리과정 주요 관련 요소	다문화 요소
여름	• 자동차로 놀이해요 • 우리나라의 두 번째 생일이에요 • 도로에 차가 많아요 • 자동차가 도와줘요	여행을 떠나요	세계 여러 나라 국기, 비구조적 놀잇감, 미술도구, 세계 대표 건축물 배경 사진 벽면 게시	예술경험, 의사소통, 사회관계	●▲
		자동차가 사라진다면?	세계 여러 나라의 탈것 그림자료	의사소통, 예술경험, 사회관계	♥●▲
가을	• 우리나라가 자랑스러워요 • 세종대왕님, 고마워요 • 우리나라 말이 참 예뻐요 (프로젝트)	나만의 멋진 건축물	세계 여러 나라 건축물, 우리나라 문화제 그림자료, 클레이, 사인펜	예술경험, 의사소통, 사회관계	●▲
		뉴스를 전해드려요	마이크, 텔레비전 모형	예술경험, 의사소통, 사회관계	●▲■
	• 우리나라 시작과 한글날 • 우리 반에도 가을이 왔어요 • 색깔과 낙엽놀이 • 가을밤, 달님에게 인사해요	알록달록 나무 세상	세계 여러 나라의 나무 사진자료, 가로수길 화보, 단풍잎 모형	신체운동·건강, 자연탐구, 사회관계	●▲
		맛있는 쌀밥	세계 여러 나라의 주식 사진자료, 추수 사진자료, 벼 모형, 농기구 모형	신체운동·건강, 자연탐구, 사회관계	▲■
	• 우주에 가고 싶어요 • 해, 달, 별 이야기 • 우주선을 타고 떠나요! (프로젝트)	우주를 탐험해요	우주 화보자료 게시, 비구조적 놀잇감, 미술도구, 색채도구	예술경험, 의사소통, 사회관계	♥▲■
		환경 릴레이	집게, 쓰레기 봉투, 색채도구, 종이	신체운동·건강, 자연탐구, 사회관계	▲■
겨울	• 친구와 눈놀이를 해요 • 따뜻한 마음을 나눠요 • 즐거운 크리스마스 • 복 많이 받으세요!	펑펑 눈이 와요!	겨울 화보 벽면 게시, 장갑, 목도리	신체운동·건강, 자연탐구, 사회관계	●▲
		메~리 크리스마스	크리스마스 다양한 가족들의 모습 사진자료, 크리스마스 트리 그림 벽면 게시	자연탐구, 의사소통, 사회관계	●▲

<table>
<tr><th>계절</th><th>예상놀이</th><th>다문화
예상놀이주제</th><th>놀이 환경 지원</th><th>개정 누리과정
주요 관련 요소</th><th>다문화
요소</th></tr>
<tr><td rowspan="4">겨울</td><td rowspan="2">• 새해가 왔어요
• 지니봇으로 놀이해요
• 우리 집에도 로봇이 있어요
• 내가 만든 로봇이에요 (프로젝트)</td><td>삐리 삐리 로봇</td><td>최초의 로봇 사진자료</td><td>예술경험, 자연탐구, 사회관계</td><td>▲■</td></tr>
<tr><td>나는 별명가</td><td>세계 여러 발명가 사진자료,
비구조적 놀잇감,
미술도구</td><td>예술경험, 의사소통, 사회관계</td><td>●▲</td></tr>
<tr><td rowspan="2">• 초등학교가 궁금해요
• 나는 곧 1학년이에요
• 설날놀이가 재미있어요
• 졸업하지만 기억할게요 (프로젝트)</td><td>학교 가는 길</td><td>다양한 블록,
우리 동네 모습 사진
벽면 게시</td><td>예술경험, 의사소통, 사회관계</td><td>●▲■</td></tr>
<tr><td>명화 속 주인공이 되어봐요</td><td>브뢰헬의
'아이들 놀이'
명화자료</td><td>예술경험, 의사소통, 사회관계</td><td>●▲♥</td></tr>
</table>

(2) 월간 놀이지원 계획

〈표 12-43〉 5세 다문화교육 월간 놀이지원 계획

– 이번 달 예상 관심과 놀이

<table>
<tr><td>반 훈</td><td colspan="2">존중하며 배려하는 어린이</td><td>놀이기간</td><td>2025년 3월 1일 ~ 3월 29일</td></tr>
<tr><td>예상놀이의 기대</td><td colspan="4">• 새로운 우리 반에 관심을 가지고, 교실에서 즐길 수 있는 다양한 활동을 탐색하며 즐겁게 생활한다.
• 함께 생활하는 우리 반 친구들과 사이좋게 지내며, 협동하는 놀이에 즐겁게 참여한다.
• 우리 반의 규칙적인 하루 일과를 경험하며 함께 생활할 때 필요한 약속과 규칙을 이해하고 실천해 본다.</td></tr>
<tr><td rowspan="5">실내놀이</td><td colspan="2">늘푸른솔반이 좋아요</td><td colspan="2">사이좋은 친구들</td></tr>
<tr><td colspan="2">우리 반 선생님
우리 반을 블록으로 만들어요
확대경으로 교실 둘러보기
우리 반과 인사 나누기</td><td colspan="2">블록으로 '친구' 만들기
친구 이름 글자 써보기
내 친구를 관찰해요
(다문화) 사이좋은 우리들</td></tr>
<tr><td colspan="4">우리가 만드는 유치원</td></tr>
<tr><td colspan="2">우리 반에서 이렇게 놀았어요</td><td colspan="2">우리 유치원이 좋아요</td></tr>
<tr><td colspan="2">원에서의 하루
우리가 함께 만든 약속
모두 제 말만 해요
우리 유치원 원가</td><td colspan="2">우리 반 도우미 놀이
함께하는 우리 원
얼굴 찌푸리지 말아요
내 얼굴 그리기</td></tr>
<tr><td>바깥놀이</td><td>즐거운 바깥놀이</td><td>바깥놀이를 안전하게 해요</td><td>바깥놀이 규칙을 정해요</td><td>시끌벅적 도일시장에 가요 (다문화)</td></tr>
<tr><td>대체활동</td><td>평균대를 걸어요</td><td>짝짓기 게임을 해요</td><td>상자에 공 던져넣기</td><td>정리상자에 놀잇감 놓고 돌아오기</td></tr>
<tr><td>안전교육</td><td>[감염병 및 약물의 오용, 남용 예방 등 보건위생관리]
감염병 예방을 위한 위생 실천(코로나19 예방수칙)
[교통안전]
안전하게 다녀요.</td><td>[실종 유괴의 예방·방지]
우리 동네 안전 지킴이</td><td>[재난대비]
콘센트 안전이야기
전기 콘센트를 안전하게 사용해요
[성폭력 및 아동학대예방]
내 몸의 소중함
[소방대피훈련]
조리실에서 불이 났어요</td><td>[소방안전]
코와 입을 막아요</td></tr>
<tr><td>특색활동</td><td colspan="4">성장 줄넘기</td></tr>
<tr><td>특성화활동</td><td colspan="4">책 읽기(세힘) / 창의 미술 / 창의 과학 / 기어 블록 / 지니코딩 / 한글 수(두더러링)</td></tr>
<tr><td>특별활동</td><td colspan="4">영어(매일) / 원어민 영어 / 줄넘기 / 체육</td></tr>
</table>

* 유아가 놀이의 중심이 되는 놀이 중심 활동이 진행됩니다. 놀이과정에서 유아의 흥미도에 따라 다소 달라질 수 있음을 알려드립니다.

(3) 주간 놀이실행 계획

〈표 12-44〉 5세 다문화교육 주간 놀이실행 계획

<table>
<tr><td colspan="2">놀이주제</td><td colspan="6">우리 유치원이 좋아요</td></tr>
<tr><td colspan="2">놀이의 기대</td><td colspan="6">• 함께 생활할 때 필요한 약속과 규칙을 이해하고 실천해 본다.</td></tr>
<tr><td colspan="2">기본생활습관</td><td colspan="6">• 동네 어른들께 인사를 드려요.</td></tr>
<tr><td colspan="2">놀이기간</td><td colspan="6">2025년 3월 24일 ~ 3월 29일</td></tr>
<tr><td colspan="2">활동요일</td><td>월</td><td>화</td><td>수</td><td>목</td><td>금</td><td>토</td></tr>
<tr><td colspan="2">일과</td><td colspan="6">계획 및 실행</td></tr>
<tr><td rowspan="3">일상생활</td><td>07:30~09:00
등원 및
통합보육
(교실 환기)</td><td colspan="6">• 등원 및 맞이하기 (인사 – 선생님께 “안녕하세요”라고 인사해요)
– 선생님과 부모님께 바르게 인사한 후 체온을 측정함.
– 자신의 사물함에 소지품을 정리하고 손을 깨끗이 할 수 있도록 도움.</td></tr>
<tr><td>09:00~09:30
오전 간식
15:00~15:30
오후 간식
(교실 환기)</td><td colspan="6">• 오전 간식 & 오후 간식 (건강 · 영양 – 음식을 먹기 전에 손을 깨끗하게 씻어요)
– 바르게 손 씻는 것을 도와주며 개인위생에 관심을 갖고 손을 씻을 수 있도록 상호작용함.
– 오전 간식으로 나온 두유를 먹기 싫다고 하는 유아들도 있어 의사를 존중해 줌. ○○이가 언어 영역에 있는 ‘채소마을 콩대장’이라는 책을 보여주며 두유를 먹지 않겠다고 하는 유아와 함께 읽기를 원하여 읽어보며 콩이 들어있는 두유에는 우리 몸에 필요한 영양소가 풍부하게 들어있다는 것에 대해 이야기를 나누어봄. 두유를 먹지 않던 몇몇 유아들은 조금씩 따라 준 두유를 먹어보며 관심을 가짐.</td></tr>
<tr><td>12:00~13:00
점심 식사
(교실 환기)</td><td colspan="6">• 점심 식사 (건강 · 영양 – 음식을 골고루 먹어요)
– 음식을 골고루 먹어볼 수 있도록 질감, 맛 등에 대해 상호작용함. ○○이는 “골고루 먹지 않으면 아플 수도 있고 콜라, 초콜릿처럼 좋아하는 것만 먹으면 뚱뚱해져.”라는 표현을 하여 당이 들어간 음식을 적게 섭취해야 한다는 것에 대해 잘 알고 있었음. 점심 식사 시 평소 국이나 채소를 먹지 않던 신재가 “선생님 저도 오늘은 조금 먹었어요.”라고 말을 하며 골고루 먹는 것을 실천하려고 노력하는 모습이 보임.</td></tr>
<tr><td>놀이</td><td>09:30~10:50
실내놀이
(교실 환기)</td><td>놀이실행 및 지원</td><td>월</td><td colspan="4">오늘은 우리 유치원 마당에도 물고기가 있었으면 좋겠다는 아이들의 이야기에 원장님께서 물고기를 사오셔서 유치원 마당에 모여 함께 연못을 만들고 물고기를 풀어주었음. 유아들은 원장님께서 사오신 물고기에 관심을 보이며 ○○이가 “새로운 물고기는 어떤 물고기일까?”라고 옆에 있던 △△에게 물어보자 “금붕어! 금붕어는 어떤 색일까?”라고 이야기함. 유아들은 연못을 만들고 물고기를 풀어주는 활동에 적극적으로 참여함. 물고기를 풀어주고 나서 물고기에게 밥을 주기도 함. ○○이는 “물고기가 정말 큰 돌 아래로 숨을까?” 하며 돌 아래를 한참 쳐다보기도하고, ㅁㅁ이는 ‘내가 주는 밥은 아직 안 먹고 있어!“ 하며 자신의 밥만 바라보기도 했음. 물고기 풀어주기 활동 후 교실에서는 연못 만들기 놀이로 연계 확장되는 것을 볼 수 있었음. 유아들은 큰 돌, 작은 돌은 벽돌 블록으로 표현하고 물고기는 레고 블록으로 만들어 “우리 반에도 연못이 생겼어요!”라고 말하며 좋아함. 교사는 유아의 호기심을 존중하며 탐색을 유도하는 질문과 다양한 재료를 제공하여 놀이가 자연스럽게 확장될 수 있도록 지원하였고, 유아들은 실제 경험을 바탕으로 상상력을 발휘하며 구성과 협력을 통해 자연과의 상호작용을 깊이 있게 경험하는 모습을 보여줌.</td></tr>
</table>

놀이	09:30~10:50 실내놀이 (교실 환기)	놀이 실행 및 지원	화	먼저 등원한 ○○와 △△가 연못 만들기를 시작하니 몇 유아들도 관심을 갖고 "같이 놀자"라며 참여함. ○○이는 큰 벽돌 블록을 옮겨 연못을 구성하고 ○○는 '내가 작은 돌을 가져올게!' 하며 사이사이 작은 벽돌 블록을 넣어 빈자리를 채움. 그리고 레고 블록으로 물고기를 만들어 연못을 만들고 밥 주는 놀이가 이어짐. 교사는 다양한 블록 재료를 유아들이 스스로 선택할 수 있도록 공간을 유연하게 구성하고 필요한 재료를 가까운 곳에 배치해 지원함. 이 모습을 지켜보던 ○○이는 십자 블록으로 물고기를 만들어 놀이에 참여하기도 함. 늦게 등원한 ㅁㅁ이가 "우리 연못에 물고기가 없었어!" 하고 이야기하자 ○○는 "물고기가 겨울잠을 다시 자나?" 하며 창문 밖 연못을 바라봄. 교사가 놀이를 정리하고 놀이터에 빨리 가보는 것은 어떤지 물어보자 모든 유아들이 나가고 싶어함. 교사는 바깥놀이 시간을 유연하게 조정하여 연못으로 이동하였고, 유아들은 실제 물고기를 관찰하며 실내놀이와 바깥 활동을 유기적으로 연결하는 경험을 가짐. 3월 적응기간 동안 잘 적응하고 있는 유아들의 모습에 앞으로는 하루 일과에 더 관심을 갖고 우리 반의 다양한 활동에 참여하여 흥미를 가질 수 있도록 도우미 활동을 지원할 계획으로 유아들에게 이야기하자 제비 뽑기로 도우미를 정했으면 좋겠다고 이야기하여 교사는 유아의 의견을 반영하여 도우미 막대 만들기 활동으로 이어질 수 있도록 지원함. 아이스크림 막대에 자신의 이름을 적고 꾸며줌.
			수	오늘은 어제 만든 도우미 막대에 ○○이가 "오늘부터 이걸로 뭐 할 거에요?"라고 물어보자 △△는 "우리가 선생님을 계속 도와주는 거에요?"라고 물으며 관심을 보였고 선생님의 역할을 함께한다는 것에 즐거워함. 유아들의 의견을 반영하여 하루 일과 중 도우미 막대를 이용하여 특성화 활동을 할 때 친구의 이름을 보고 블록 박스를 찾아주는 친구, 급·간식 도우미 친구 등 다양한 참여를 도움. 또한 도우미 막대를 이용하여 막대를 뽑아 술래를 정하거나 막대를 뽑아 춤추는 친구를 정하는 등 놀이도구로 확장됨. 놀이 중 ○○가 "선생님, 저도 도우미 막대 뽑고 싶은데 ○○만 계속해요."라고 이야기하며 또래 간 갈등 상황이 있었으나, ○○이가 "도우미 막대를 하나 더 만들어주면 안 돼요?"라고 제안하며 친구의 감정을 고려하고 문제를 해결하고자 하는 모습이 나타남. 이에 교사는 유아들의 자발적인 해결 방안을 존중하고, 내일 색깔 막대를 더 준비하여 모두가 공평하게 사용할 수 있도록 지원하기로 하였음.
			목	오늘은 색깔 막대를 더 지원해 주니 유아들이 도우미 막대를 추가로 만들어 사용하는 놀이가 활발히 이루어졌음. ○○는 "선생님, 저도 연필꽂이가 필요해요."라며 도우미 막대를 꽂아둘 통이 필요함을 인식하고 이야기하였고, 이에 교사는 "우리 교실에 어떤 통이 있을까? 함께 찾아볼까?"라고 제안하며 유아의 요구를 존중하고 해결을 위한 자발적인 탐색을 유도하였음. ○○는 △△에게 "아, 어떤 통으로 하지? 통 필요한데…."라며 고민을 나누었고, △△는 다양한 비구조적 재료들을 살펴보며 "이거 어때?" 하고 ○○를 불러 요구르트 병을 건네주는 등 자연스럽게 또래 간 협력과 상호작용이 이루어졌음. 유아들은 요구르트 병이나 요플레 통 등을 이용해 각자의 도우미 막대 통을 만들었으며, 교사는 유아들이 자신만의 재료를 자유롭게 선택하고 꾸밀 수 있도록 다양한 재료를 정리하여 지원해줌.

<table>
<tr>
<td rowspan="6">놀이</td>
<td rowspan="2">09:30~10:50
실내놀이
(교실 환기)</td>
<td rowspan="2" colspan="2">놀이 실행 및 지원</td>
<td>금</td>
<td colspan="5">오늘은 역할놀이를 하던 유아들 사이에 서로 경찰 역할을 하겠다며 다툼이 있었는데, ○○이가 “이름 막대 뽑아! 뽑힌 사람이 해!”라고 말하며 해결 방안을 제안하였고, 어제 만든 도우미 막대를 이용하여 역할놀이 중 순서를 정하는 방식으로 자연스럽게 이어지는 모습을 볼 수 있었음. 교사는 유아가 스스로 규칙을 만들고 갈등 상황을 해결하는 과정을 존중하며, “좋은 생각이네! 친구들이 모두 동의하면 그렇게 해보자.”라고 말하며 유아의 자율적 문제 해결을 지지하고 놀이의 흐름을 방해하지 않도록 민감하게 반응함. 이어 ○○이는 “어? 날짜판이 안 바뀌었는데? 도우미 막대 하나 더 뽑아야겠다.”라고 하며 날짜판을 바꿀 친구를 자발적으로 정하였고, ○○이는 “여기 누가 색연필 정리 안 했어! 아무도 없다고 하면 도우미가 필요할 것 같은데.”라고 말하며 정리 도우미의 필요성을 인식하고 역할을 제안함. 이처럼 유아들은 이름 막대를 활용하여 날짜판 도우미, 정리 도우미, 오늘의 날씨 도우미 등 다양한 역할을 자율적으로 구성하고 실천하는 모습이 나타났으며, 교사는 유아들이 도우미 역할을 기억하고 실천할 수 있도록 도우미판을 눈에 잘 보이는 자리에 정리해 주고, 필요 시 역할 내용을 다시 떠올릴 수 있도록 간단한 언어적 안내를 제공함. 역할 분담을 통해 유아들은 교실생활의 일부분을 스스로 운영하는 경험을 하며, “선생님 우리가 하니까 너무 재미있어요.”, “저도 또 도우미 하고 싶어요.” 등 즐거움을 표현하고 책임감을 갖고 활동에 참여하는 모습이 관찰되었음. 교사는 유아의 이러한 긍정적인 경험을 지속적으로 강화하기 위해 다음 날 역할을 교대로 할 수 있도록 계획을 공유하고, 각자의 도우미 경험이 교실 운영에 기여하고 있음을 함께 이야기 나누며 유아의 자율성과 공동체 의식을 북돋아 주었음.</td>
</tr>
<tr>
<td>토</td>
<td colspan="5">토요 등원 유아 없음.</td>
</tr>
<tr>
<td rowspan="3">10:50~12:00
바깥놀이
(대체활동)</td>
<td>월</td>
<td colspan="2">화</td>
<td>수</td>
<td>목</td>
<td>금</td>
<td>토</td>
</tr>
<tr>
<td>원장님과 함께 유치원 연못에 물고기 풀어주기</td>
<td colspan="2">물고기야 안녕?</td>
<td>보물찾기</td>
<td>친구와 자리 바꾸기</td>
<td>[지역사회 연계] 시끌벅적 도일 시장에 가요</td>
<td>토요 등원 유아 없음</td>
</tr>
<tr>
<td colspan="7">사유 : 미세 먼지가 있어 마스크를 착용하고 바깥놀이를 진행함.</td>
</tr>
<tr>
<td>13:00~13:20
활동</td>
<td colspan="7">• (안전교육) 소방안전 : 코와 입을 막아요
- 유아들과 불이 났을 때 어떻게 해야 하는지에 대해 상호작용해 봄. ○○는 “불이나면 119에 신고해야 해요.”라고 했고 ○○는 “우리는 밖으로 나가야 하는 거야.”라고 소방대피훈련을 했던 경험을 떠올리며 이야기함. 그러자 ○○이가 자리에서 일어나 “불이야!” 하고 외치며 놀이 매트로 뛰어가 “이렇게 하는거잖아요.”라고 이야기함.
- 사이렌 소리가 들리면 놀던 것을 멈추고 교사를 따라 “불이야!”를 외치며 코와 입을 막고 허리를 숙여 교사와 안전하게 대피하는 것을 이야기하며 코와 입은 왜 막아야 하는지 상호작용함.

• (기본생활습관) 동네 어른들께 인사를 드려요
- 바깥놀이 및 도일시장 다녀오기, 산책할 때 만나는 어른들께 바르게 인사할 수 있도록 도움.

• 도일시장에 다녀왔어요 (다문화 요소 - 다양성 · 문화 · 편견 · 협력)
- 시장을 둘러보다 우리 동네 중국 간식매점을 발견함. ○○이는 “여기 가봤어? 우리 엄마 나라가 중국이야.”라고 이야기하며 가게를 보며 이야기함. 몇몇 유아들이 가보았다고 이야기하자 ○○이는 중국어로 써있는 간판, 글씨를 보며 “이게 바로 중국어야.”라며 자신의 경험을 친구들에게 이야기함.</td>
</tr>
</table>

<table>
<tr><td rowspan="4">13:20~15:00
15:30~15:50
오후 실내놀이
및
대체활동</td><td colspan="4">• 오전 실내놀이 확장
– 오전에 놀이하였던 경험을 떠올리며 놀이가 연결되어 진행될 수 있도록 지원함.</td></tr>
<tr><td>영어</td><td>책 읽기</td><td>체육</td><td>줄넘기</td></tr>
<tr><td>14:00~14:30(월, 화)
14:30~15:00(수)
13:55~14:15(목)
13:00~13:30(금)</td><td>13:20~13:40(목)</td><td>12:30~13:00(금)</td><td>12:30~13:00(월)</td></tr>
<tr><td colspan="4">• 이번 주 대체활동 내용 : 공룡 그리기 / 내가 만든 상상 동물 그리기 / 고양이 접기 / 기린 접기
• 특별활동 참여 여부를 스스로 결정할 수 있도록 하여 유아의 자기결정권을 기르고, 놀이 선택에 대한 주체성을 존중함.</td></tr>
<tr><td>15:50~ 16:00
기본보육 귀가 및
연장보육준비</td><td colspan="4">• 자신의 소지품을 함께 정리해 본다.
– 기본보육 하면서 개별적으로 귀가 및 연장 반으로 이동한다.</td></tr>
<tr><td>16:00~19:30
연장보육 및 귀가</td><td colspan="4">• 유아반 연장 전담 교사일지를 참고한다.</td></tr>
<tr><td>배움을 위한
자료제공</td><td colspan="4">물고기와 연못, 도우미 막대, 비구조적 놀잇감, 색채도구</td></tr>
<tr><td>놀이를 위한
공간구성</td><td colspan="4">연못 구성을 위해 충분한 놀이 영역 확보</td></tr>
<tr><td>주간운영평가</td><td colspan="4">원장님께서 가져오신 물고기에 관심을 갖고 궁금해할 때는 바깥놀이 시간을 조정하는 것에 대해 의논하며 실내놀이와 바깥놀이 시간을 융통성 있게 운영하였음.
유아의 건강상태 확인 및 점검, 교실 위생과 소독에 힘쓰며 건강하고 안전한 생활을 할 수 있도록 노력하였고 수시로 자연스럽게 위생교육이 이루어짐. 바깥놀이 시간에는 물고기가 궁금해 연못 앞까지 가까이 쭈그려 앉거나 친구를 뒤에서 잡는 행동을 해서 연못에서는 한걸음 떨어지기, 옆 친구를 잡지 않기 등의 안전교육을 실시하였음. 또한 미끄럼틀은 거꾸로 올라가지 않기, 마당의 탈 것은 한 방향으로만 돌기와 놀이 중 숨이 찰 때는 잠시 쉬기 등의 놀이 안전교육이 이루어짐. 교사는 유아들이 옷을 많이 입어 덥거나 얇게 입어 추위를 느끼지는 않는지 주의 깊게 살펴보며 안전하고 즐거운 바깥놀이가 될 수 있도록 지원함.
유아들이 어린이집과 친구에 대해 즐겁게 경험하며 배울 수 있도록 풍부한 비구조적 놀이 자료를 제공하고 음원을 들려주었음.
놀이과정에서 봄이 되어 달라진 자연의 모습을 발견하거나 날씨가 점점 더워지고 있음을 느끼며 덥다고 표현하는 모습을 많이 발견하였음. 4월에는 유아들과 봄꽃으로 즐겁게 놀이하면서 봄의 날씨를 느끼고 꽃의 아름다움을 느끼며 자연의 소중함도 함께 경험하고 배우기를 기대함.</td></tr>
</table>

* 보육과정 평가는 매주 금요일에 실시하며 다음 보육계획에 반영합니다.

(4) 다문화 놀이이야기

〈표 12-45〉 5세 다문화 놀이이야기

<table>
<tr><td>예상놀이</td><td colspan="4">우리 유치원이 좋아요</td></tr>
<tr><td>다문화
놀이주제</td><td>시끌벅적 도일시장에 가요</td><td>대상 연령</td><td colspan="2">5세</td></tr>
<tr><td>활동기간</td><td>3월 4주</td><td>다문화 요소</td><td colspan="2">다양성, 문화, 협력, 편견</td></tr>
<tr><td>교사의 기대</td><td colspan="4">• 다문화를 존중하고 다양성을 긍정하는 자세를 지닌다.
• 다양한 문화를 존중하며 서로 어울려 살아간다.
• 나와 다른 모습의 친구나 이웃을 이해하고 서로 협력한다.
• 편견을 극복하고 더 다양한 세상을 경험한다.</td></tr>
<tr><td>개정
누리과정
관련 요소</td><td colspan="4">• 신체운동·건강 〉 신체활동 즐기기 〉 실내·외 신체활동에 자발적으로 참여한다.
• 의사소통 〉 읽기와 쓰기에 관심 가지기 〉 주변의 상징, 글자 등의 읽기에 관심을 가진다.
• 사회관계 〉 사회에 관심 가지기 〉 다양한 문화에 관심을 가진다.
• 사회관계 〉 더불어 생활하기 〉 서로 다른 감정, 생각, 행동을 존중한다.</td></tr>
<tr><td>놀이 환경
지원</td><td colspan="4">우리 동네 모습 벽면 게시자료, 세계 여러 나라 국기, 세계지도</td></tr>
<tr><td rowspan="5">자료첨부</td><td colspan="4">우리 동네에 있는 여러 나라 가게들의 모습</td></tr>
<tr><td colspan="2">
</td><td colspan="2">
</td></tr>
<tr><td colspan="2">
</td><td colspan="2">
</td></tr>
<tr><td colspan="2">
</td><td colspan="2">
</td></tr>
<tr><td colspan="4">출처: 네이버</td></tr>
</table>

<table>
<tr><td>놀이의 시작</td><td>- 우리 동네에 5일장이 열려 도일시장에 가는 길, 유아들은 “너 새로 생긴 아이스크림 가게에 가봤어?”, “빵집도 새로 생겼잖아.” 하며 내가 알고 있는 우리 동네 가게에 대해 이야기를 나누었다. 시장을 둘러보던 중 “저기 있다. 아이스크림 가게!” 하며 우리 동네 다양한 가게 찾기 놀이가 시작되었다.</td></tr>
<tr><td>놀이의 흐름 및 확장</td><td>
</td></tr>
</table>

고민과 지원	- 중국어 간판을 보고 뭐라고 써있는지 궁금해했지만 교사가 잘 알지 못해서 함께 찾아보기로 했다. 중국어를 사진 찍어와 찾아보는 과정에서 유아들은 "난 중국어는 너무 어려워." 하며 자신이 알고 있는 것 이외에 것은 부정적인 감정을 가지고 편견을 갖는 유아들이 많이 있다는 것을 느꼈다. 교사는 우리 반 중국 다문화가정 어머님께 부탁을 드려 초청하는 시간을 만들어 놀이를 지원하였다. - 교실에 비치된 컵 쌓기 놀잇감으로 컵을 쌓는 놀이를 하다가 다른 친구의 제안으로 만리장성보다 더 길게 쌓아 늘푸른성벽을 만들기로 했다. "컵 다 썼는데? 컵이 너무 조금이야!" 하며 아쉬워하는 유아들이 있어 비구조적 놀잇감을 지원하여 자유롭게 구성놀이를 할 수 있도록 지원하였다. - 이번 놀이를 통해 우리 반 유아들도 개별 유아의 독특한 특성과 가치를 존중받으면서 고유의 정체성을 잃지 않고 친구들과 조화롭게 지낼 수 있도록 교사가 유아들의 개별적 차이를 수용하고 이해하며 학급에서 조화롭게 생활할 수 있도록 지원이 필요하겠다고 느껴 교사연수를 통해 다문화교육에 대한 교사 역량 강화가 필요하겠다.
[평가] 놀이를 통한 배움	바깥놀이 시간 도일시장을 둘러보며 다양한 가게들을 보며 여러 나라의 음식과 다양한 종류의 가게를 경험해 보았다. 유아들은 새로 생긴 가게 이름을 이야기하거나 내가 가보았던 음식점을 떠올리며 "저번에 엄마랑 여기 베트남 음식점에 갔었는데, 나는 쌀국수가 비빔국수보다 더 맛있었어. 하나도 안 매워." 하고 이야기하며 다양성을 경험할 수 있었다. 중국 간식 가게 앞에 써있는 중국어를 보고 어떤 말인지 궁금해하여 교사가 잘 모르지만 함께 찾아보자고 제안하자 "중국어는 너무 어려워." 하며 내가 모르는 것은 어렵다고 편견을 갖는 유아가 있었다. 이때 "우리 엄마는 중국에서 태어났다고 했어. 중국어 잘해."라고 이야기하는 친구와 "난 한국말이 더 어려워."라고 하는 외국인 친구의 이야기를 듣고 편견을 극복해 보고 배움이 나타나는 것을 볼 수 있었다. 또한 다문화가정의 재능기부 활동을 통해 유아들은 "○○이네 엄마는 중국어를 정말 잘해.", "아줌마는 중국에서 태어나서 한국말보다 중국말이 더 쉬웠데."라고 이야기하며 이번 놀이를 통해 편견을 극복하는 유아들의 모습을 보며 교사의 역할에 대해 생각해 볼 수 있었다. 한편에서는 컵 쌓기 놀이로 탑을 만든 후 "이거 만리장성 같지 않아?" 하며 중국의 만리장성 쌓기 놀이가 시작되었다. "중국 만리장성보다 더 길게 만들어 보는 건 어때?" 하며 늘푸른성벽을 쌓는 과정에서 다 함께 협력해 보는 경험이 되었다.
유의사항	- 놀이의 흐름을 관찰하며 유아의 개별적 수준을 고려하여 교사의 지원이 이루어지도록 한다. - 다양한 놀이 속에서 창의적인 사고가 증진될 수 있도록 관찰하고 지원하도록 한다.

5세 반응적 상호작용 지원 시 TIP

늘푸른솔반 다문화교육 속 반응적 상호작용 예시

상황 : 중국 간식 가게 간판을 보고 질문하는 유아와 상호작용 상황

> 어린이집이 위치한 군자동에는 5일장이 열린다.
> 시장에 가는 길 유아들은 우리 동네의 다양한 가게 찾기 놀이를 하고 있었다.
> 중국 간식 가게를 보고 ㅇㅇ이가 교사에게 다가온다.

유아 : "선생님, 이 간판에 있는 글씨는 왜 이렇게 이상해요? 하나도 모르겠어요."
교사 : "ㅇㅇ이는 한글이 더 익숙해서 그렇게 보였나보다~"
유아 : "여기! 이건 무슨 말인지 하나도 모르겠어요."
교사 : "글자가 우리랑 다르게 생겼지?"
유아 : "근데 왜 저렇게 써 있어요? 우리처럼 한글로 쓰면 되잖아요."
교사 : "한글로 쓰면 바로 알 수 있는데 다른 나라 사람들도 자기 나라 글자가 익숙하니까 이렇게 썼나 보다."
유아 : "아~ 그런 거구나. 저기 뭐라고 써 있는 거에요?"
교사 : "음 선생님도 정확히는 모르겠지만 글씨가 멋지게 생겼네~ 뭐라고 쓰여 있을지 궁금하다."
유아 : "진짜요? 좀 멋있긴 해요! 선생님 그럼 우리 중국 사람에게 여기 뭐라고 써 있는지 물어봐요!"

(5) 월간 놀이지원 계획

〈표 12-46〉 5세 다문화교육 월간 놀이지원 계획

<table>
<tr><td>반 훈</td><td colspan="8">존중하며 배려하는 어린이</td><td colspan="3">놀이기간</td><td colspan="9">2026년 12월 1일 ~ 1월 2일</td></tr>
<tr><td>예상놀이의 기대</td><td colspan="20">• 겨울 날씨에 관심을 가지고 달라진 주변 풍경을 알아본다.
• 건강하게 겨울을 나는 방법을 알아보며, 따뜻하고 건강한 겨울을 보낸다.
• 도움이 필요한 이웃이 있음을 알고, 나눔의 의미를 이해하며 더불어 살아가는 태도를 기른다.
• 겨울에 할 수 있는 다양한 놀이를 알아보고, 여러 가지 놀이를 경험한다.</td></tr>
<tr><td rowspan="5">실내놀이</td><td colspan="10">친구와 눈놀이를 해요</td><td colspan="10">따뜻한 마음을 나눠요</td></tr>
<tr><td colspan="10">겨울 풍경 퍼즐 맞추기
겨울 안전 포스터 만들기
눈으로 노는 모습 표현하기
내가 하고 싶은 겨울놀이
(다문화) 펑펑 눈이 와요!</td><td colspan="10">친구에게 줄 선물 상자 만들기
친구와 함께해요
함께 나누어요
겨울놀이 기억력 게임</td></tr>
<tr><td colspan="20">함께해서 더 즐거운 겨울놀이와 새해맞이</td></tr>
<tr><td colspan="10">즐거운 크리스마스</td><td colspan="10">복 많이 받으세요</td></tr>
<tr><td colspan="10">어느 것이 더 미끄럽지 않을까?
겨울 음식점 놀이
친구들과 함께 부르는 캐럴
(다문화) 메~리 크리스마스</td><td colspan="10">눈썰매장 구성하기
새해 달력 만들기
새해 소망 마임
겨울 물건 빙고 게임</td></tr>
<tr><td>바깥놀이</td><td colspan="5">눈이 온 곳 찾아보기</td><td colspan="5">쌓인 눈 치우기</td><td colspan="5">겨울나무의 눈 살펴보기</td><td colspan="5">겨울 풍경 사진 찍기</td></tr>
<tr><td>대체활동</td><td colspan="5">여우야 여우야 놀이하기</td><td colspan="5">팽이치기</td><td colspan="5">겨울 식물 관찰하기</td><td colspan="5">콩 주머니를 던져요</td></tr>
<tr><td>안전교육</td><td colspan="4">[감염병 예방을 위한 위생실천]
코로나19 예방수칙
[재난대비 안전]
폭설과 한파
(전열기 사용안전)</td><td colspan="4">[실종 유괴의 예방·방지]
문을 열어 주면 안 돼요</td><td colspan="4">[감염병 예방을 위한 위생실천]
코로나 발생 시 대응 훈련
[교통안전]
어른과 손잡고 걸어요</td><td colspan="4">[감염병 예방을 위한 위생실천]
코로나19 예방수칙
[소방안전]
마트, 영화관에서 불이 났어요
(연두새싹반에 불이 났어요)</td><td colspan="4">[실종 유괴의 예방·방지]
이럴 땐 어떻게 해야 하나요?</td></tr>
<tr><td>행사 및 지역사회 연계</td><td colspan="4">도일시장,
인형극 관람</td><td colspan="4">김장 담그기</td><td colspan="4">신체 계측
천사들의 축제</td><td colspan="4">도일시장,
산타잔치</td><td colspan="4">키즈카페</td></tr>
<tr><td>특성화활동</td><td colspan="20">책 읽기(세힘) / 창의 미술 / 창의 과학 / 기어 블록 / 지니코딩 / 한글 수(두더러링)</td></tr>
<tr><td>특별활동</td><td colspan="20">영어(매일) / 원어민 영어 / 줄넘기 / 체육</td></tr>
</table>

* 유아가 놀이의 중심이 되는 놀이 중심 활동이 진행됩니다. 놀이과정에서 유아의 흥미도에 따라 다소 달라질 수 있음을 알려드립니다.

(6) 다문화 놀이이야기

〈표 12-47〉 5세 다문화 놀이이야기

<table>
<tr><td>예상놀이</td><td colspan="4">즐거운 크리스마스</td></tr>
<tr><td>다문화 놀이주제</td><td colspan="2">메~리 크리스마스</td><td>대상 연령</td><td>5세</td></tr>
<tr><td>활동기간</td><td colspan="2">12월 3주</td><td>다문화 요소</td><td>다양성, 문화, 협력</td></tr>
<tr><td>교사의 기대</td><td colspan="4">• 다양한 나라의 문화와 전통을 이해하며 존중하는 태도를 가진다.
• 크리스마스를 기념하는 방식이 나라마다 다르다는 것을 알고 다양성을 존중한다.
• 자신이 접한 이야기를 바탕으로 놀이로 확장하며 창의적으로 표현한다.</td></tr>
<tr><td>개정 누리과정 관련 요소</td><td colspan="4">• 의사소통 〉 듣기와 말하기 〉 상대방이 하는 이야기를 듣고 관련해서 말한다.
• 사회관계 〉 사회에 관심 가지기 〉 다양한 문화에 관심을 가진다.
• 사회관계 〉 더불어 생활하기 〉 서로 다른 감정, 생각, 행동을 존중한다.
• 자연탐구 〉 자연과 더불어 살기 〉 날씨와 계절의 변화를 생활과 관련짓는다.</td></tr>
<tr><td>놀이 환경 지원</td><td colspan="4">크리스마스 다양한 가족들의 모습 사진자료, 크리스마스 트리 그림 벽면 게시</td></tr>
<tr><td rowspan="5">자료첨부</td><td colspan="4">브라질의 여름 크리스마스 해변, 핀란드의 산타마을 등 세계 여러 나라의 크리스마스</td></tr>
<tr><td colspan="2"></td><td colspan="2"></td></tr>
<tr><td colspan="2"></td><td colspan="2"></td></tr>
<tr><td colspan="2"></td><td colspan="2"></td></tr>
<tr><td colspan="4">출처: 네이버</td></tr>
</table>

놀이의 시작	- 교실 한쪽 벽면에 붙여놓은 세계 여러 나라의 크리스마스 사진자료를 보며 "여긴 눈이 없어! 진짜 크리스마스 맞아?", "이 나라는 왜 바다에서 놀아?" 하고 관심을 갖으며 "나 여기 가보고 싶어. 우리 비행기 타고 여행가는 놀이하자."라며 메리 크리스마스 놀이가 시작되었다.
놀이의 흐름 및 확장	한 유아가 브라질의 여름 크리스마스 해변으로 여행 가는 놀이를 제안하자 유아들은 의자를 줄 세워 비행기를 만들고 교실을 나라별 크리스마스 공간으로 설정하였다. "내가 비행기 조종사야. 승객 여러분 빨리 앉으세요. 출발합니다~ 아주 더운 브라질로 갈거에요~"라며 조종사 역할과 승객 역할을 정해 놀이가 이루어졌다. 브라질에서 내린 승객들은 브라질 해변에서 시원한 과일주스를 마시고 모래놀이를 즐겼고 유아들은 "브라질은 너무 더워서 오래 놀 수가 없어. 가자 다른 나라로 가야겠어!"라며 다시 비행기에 탑승했다. 조종사는 "다음 목적지는 핀란드 산타마을입니다~ 눈이 아주 많이 와요. 모두 옷을 많이 입으세요~"라고 방송했다. 유아들은 "우와~ 눈 오는 나라다!"라며 "장갑이랑 목도리를 만들어야겠어."라고 하며 종이로 장갑과 목도리를 만들어 손과 목에 붙인 후, 하얀 도화지를 찢어 눈을 뿌리며 핀란드에 도착했다. 산타마을에 도착한 유아들은 "산타 할아버지 계세요?"라고 말하며 크리스마스트리 옆에 모였다. 한 유아는 산타 역할을 맡아 의자에 앉고, 다른 유아들은 "저는 착한 일을 많이 했어요!"라며 선물 받기를 기다렸다. "여긴 루돌프가 있어야 돼!"라는 유아의 말에 빨간 코를 그려 붙이고 루돌프 역할도 등장했다. 다른 유아가 "우리 이번엔 아프리카로 가자! 아프리카 크리스마스는 야자나무 아래서 한대!"라고 제안했다. 유아들은 다시 의자 비행기에 탑승하고, 지도 책을 펼쳐 "아프리카는 여기 있어요~"라며 경로를 설정했다. 아프리카에 도착한 아이들은 손수 만든 열대 나무 밑에 동물 모형으로 꾸미고, 전통 춤을 흉내 내며 "여기는 따뜻해서 산타가 반팔 입고 와요!"라고 상상 놀이를 이어갔다.
고민과 지원	- "아프리카는 그냥 덥기 만해."라고 말하는 유아를 보며 놀이가 사실과 너무 동떨어지거나 편견을 형성하지 않을까 고민이 되어 "아프리카도 겨울이 있대~ 아프리카에 더운 곳도 있고 12월에 비가 오는 곳도 있어~"라며 놀이 흐름을 방해하지 않으면서도 자연스럽게 자료나 질문을 통해 균형잡힌 정보를 지원하였다. - "핀란드는 정말 이상해~"라고 말하는 유아를 보며 문화적 민감성을 어떻게 자연스럽게 길러줄 수 있을까 고민이 되어 유아의 말에 정면으로 부정하기보다는, 다양한 시각을 자연스럽게 소개하는 방법으로 "그럴 수도 있겠지만, 어떤 친구들은 다른 산타이야기를 듣기도 한 대~"라고 상호작용을 지원하였다. 또한 교사가 스스로 다양한 문화를 존중하는 말과 태도를 꾸준히 보여주며 모델이 되어주었다. - 역할이 필요한 곳에 간단한 사진 카드나 말풍선 그림을 붙여주어 아이들이 쉽게 몰입할 수 있도록 환경을 지원하였다.
[평가] 놀이를 통한 배움	여러 나라의 크리스마스 문화를 접하며 서로 다른 기후, 환경, 풍습을 자연스럽게 인식하고 "브라질은 더워서 바닷가에서 놀아요!", "핀란드는 눈이 와요!" 등 다양한 배경의 문화를 자신만의 언어로 해석하고 수용하며 다름에 대한 호기심과 긍정적인 태도가 자라나는 것을 볼 수 있었다. 놀이 중 종이로 목도리, 장갑을 만들거나 눈을 도화지로 표현하며 재료를 창의적으로 활용하고 산타, 루돌프, 조종사, 승객 등 다양한 역할을 자발적으로 구성하고 몰입하여 상상한 상황을 구체적인 놀이로 전환하며 창의력과 문제해결력을 기를 수 있었다. 놀이로 시작 전 역할을 서로 정하고, 상황에 따라 조정하며 협력하는 모습이 보였으며 서로의 제안에 긍정적으로 반응하고 "같이 가자!", "내가 루돌프 할게!"처럼 친구의 아이디어에 참여함으로써 또래 간 존중과 협동을 실천하는 것이 관찰되었다. 놀이 속에서 차례를 지키고 의견을 조율하는 사회적 규칙 역시 자연스럽게 익힐 수 있었다.
유의사항	- 문화적 고정관념이나 편견이 형성되지 않도록 유의해야 한다. - 공간과 시간구성의 유연성을 확보하여 유아들의 놀이가 확장될 수 있도록 지원한다.

(7) 월간 놀이지원 계획

〈표 12-48〉 5세 다문화교육 월간 놀이지원 계획

<table>
<tr><td>반 훈</td><td colspan="2">존중하며 배려하는 어린이</td><td>놀이기간</td><td>2026년 2월 2일 ~ 2월 28일</td></tr>
<tr><td>예상놀이의 기대</td><td colspan="4">• 초등학교에 관심을 가지고, 초등학교 생활에 대해 궁금한 점을 알아보며, 초등학생이 되어 달라지는 점에 대해 알아본다.
• 졸업의 의미를 알고, 우리 반에서의 생활을 마무리하며 원에서 도움을 주신 분들께 감사의 마음을 전한다.
• 지난 일 년을 회상하고, 함께 지낸 선생님과 친구들에게 사랑을 표현한다.</td></tr>
<tr><td rowspan="5">실내놀이</td><td colspan="2">초등학교가 궁금해요</td><td colspan="2">나는 곧 1학년 이에요</td></tr>
<tr><td colspan="2">초등학교 홈페이지 검색해 보기
친구들이 가는 초등학교 조사하기
초등학교 교실 구성하기
초등학교가 궁금해요
(다문화) 학교 가는 길</td><td colspan="2">책가방을 바르게 정리해요
1학년이 된 내 모습 상상하여 그리기
초등학교 가는 길 구성하기
꿈 실은 종이비행기
1학년이 되면</td></tr>
<tr><td colspan="4">초등학교에 가요</td></tr>
<tr><td colspan="4">설날놀이가 재미있어요 / 졸업하지만 기억할게요</td></tr>
<tr><td colspan="2">졸업식놀이
칭찬 상장 만들기
'졸업가' 노래 부르며 우드 블록 연주하기
고마우신 선생님
(다문화) 명화 속 주인공이 되어봐요</td><td colspan="2">우리 반 친구 칭찬 콘테스트
우리 반 사진관놀이
동생에게 줄 선물 만들기
우리 반 친구 칭찬 콘테스트</td></tr>
<tr><td>바깥놀이</td><td>초등학교 운동장에서 놀이하기</td><td>공을 이용한 운동 경기</td><td>추억의 장소 돌아보기</td><td>재미있던 바깥놀이하기</td></tr>
<tr><td>대체활동</td><td>달팽이 놀이</td><td>보물찾기 놀이</td><td>빠르게 움직이다 멈추기</td><td>풍선 채 배드민턴</td></tr>
<tr><td>안전교육</td><td>[실종 유괴의 예방·방지]
미아란 무엇일까?</td><td>[감염병 및 약물의 오용.남용 예방 등 보건위생관리]
생활주변의 해로운 약물·화학제품에 대해 알아요</td><td>[소방안전]
119 소방관들에게 감사한 마음을 가져요
(2층 복도에서 불이 났어요)
[실종 유괴의 예방·방지]
부모님, 선생님께 알려요</td><td>[감염병 예방을 위한 위생실천]
코로나19 예방수칙</td></tr>
<tr><td>행사 및 지역사회 연계</td><td>도일시장, 설날</td><td>졸업여행</td><td>도일시장</td><td>졸업</td></tr>
<tr><td>특색활동</td><td colspan="4">성장 줄넘기</td></tr>
<tr><td>특성화활동</td><td colspan="4">책 읽기(세힘) / 창의 미술 / 창의 과학 / 기어 블록 / 지니코딩 / 한글 수(두더러링)</td></tr>
<tr><td>특별활동</td><td colspan="4">영어(매일) / 원어민 영어 / 줄넘기 / 체육</td></tr>
</table>

* 유아가 놀이의 중심이 되는 놀이 중심 활동이 진행됩니다. 놀이과정에서 유아의 흥미도에 따라 다소 달라질 수 있음을 알려드립니다.

(8) 다문화 놀이이야기

〈표 12-49〉 5세 다문화 놀이이야기

<table>
<tr><td>예상놀이</td><td colspan="3">초등학교가 궁금해요</td></tr>
<tr><td>다문화
놀이주제</td><td>학교 가는 길</td><td>대상 연령</td><td>5세</td></tr>
<tr><td>활동기간</td><td>2월 1주</td><td>다문화 요소</td><td>문화이해, 다양성, 협력</td></tr>
<tr><td>교사의 기대</td><td colspan="3">• 세계 친구들의 학교 가는 모습을 보며 다양한 삶의 방식과 문화를 이해하고 존중한다.
• 비교와 탐색을 통해 유아 자신의 삶을 되돌아보며 관점을 넓힌다.
• 우리와 다른 생활 모습이 틀림이 아니라 ‘다름’임을 자연스럽게 경험한다.</td></tr>
<tr><td>개정
누리과정
관련 요소</td><td colspan="3">• 의사소통 〉 듣기와 말하기 〉 상대방이 하는 이야기를 듣고 관련해서 말한다.
• 사회관계 〉 더불어 생활하기 〉 서로 다른 감정, 생각, 행동을 존중한다.
• 예술경험 〉 창의적으로 표현하기 〉 극놀이로 경험이나 이야기를 표현한다.</td></tr>
<tr><td>놀이 환경
지원</td><td colspan="3">다양한 블록, 우리 동네 모습 사진 벽면 게시, 각국의 초등학교 모습, 다양한 교통수단 모형</td></tr>
<tr><td rowspan="5">자료첨부</td><td colspan="3">세계 여러 나라 아이들의 학교 가는 길</td></tr>
<tr><td colspan="2"></td><td></td></tr>
<tr><td colspan="2"></td><td></td></tr>
<tr><td colspan="2"></td><td></td></tr>
<tr><td colspan="3">출처: 네이버</td></tr>
</table>

놀이의 시작	- 등원시간 한 유아가 "○○이 언제 오지? 오늘 늦게 오나?"라고 이야기하자 다른 유아가 "초등학교 가면 이렇게 늦게 오면 안 되잖아."라고 이야기하며 "또 누가 안 왔는지 볼게요~ 이름 불러볼게요~"라며 친구들의 이름을 부르기 시작하며 선생님 놀이가 시작되었다.
놀이의 흐름 및 확장	친구가 출석을 부른다는 이야기에 옆에 있던 유아들이 하나둘 의자에 앉기 시작했다. 선생님 역할을 맡은 유아가 "○○○ 있나요?"라고 이야기하자 "네~ 왔어요!" 하고 대답한다. 아이들은 웃으며 서로 역할을 나누었다. 누군가는 선생님, 누군가는 학생, 또 다른 친구는 '아픈 친구를 치료해 주는 선생님'이라며 인형의 체온을 재기도 했다. 선생님 역할을 맡은 유아는 "오늘은 그림 그리기 수업이에요~ 칠판을 보세요."라며 교실 창문에 종이를 붙여 칠판처럼 꾸미자, 다른 유아들은 색연필과 도화지를 가져와 책상 위에 펼쳤다. 한 유아가 "나는 체육 선생님 할래! 오늘은 밖에 나가서 달리기 수업해요~" 이때 한 유아가 갑자기 이야기했다. "근데 밖에 물이 너무 많아서 나갈 수가 없는데요? 학교가 물 위에 떠 있어요!"라고 이야기한다. 다른 유아들이 궁금한 듯 쳐다보자 벽면에 제시해 둔 인도네시아에서 배를 타고 가는 아이들 사진을 가리키며 "저거봐! 배를 타고 학교 가는 나라도 있잖아."라고 말했다. 유아들은 "그럼 우리 다른 나라 학교라고 하자. 우리도 배 타고 학교 가야 해! 배를 만들어!"라며 유아들은 책상을 옮기고 방석과 블록, 비구조적 놀잇감 등을 모아 '배'를 만들기 시작했다. 한 유아가 배 위에 올라서서 "여긴 물이야! 발 닿으면 안 돼~ 악어 있어!"라고 이야기하자 "이거 내 배야~ 여기 노 젓는 데 있어.", "난 배에서 자는 학생이야~ 학교 가다가 잠들었어~" 하며 다 함께 웃기도 했다. 유아들은 배를 타고 교실 한쪽 끝에 도착한 후 다시 교실을 차렸다. 교사 역할을 맡은 유아는 "여기가 물 위 학교예요~ 모두들 젖지 않게 조심조심 오세요!"라고 하자, "나는 오다가 악어가 책을 가져가버렸어!", "나는 옷이 다 젖어서 옷을 갈아입어야 해."라고 이야기하며 상상으로 규칙과 상황을 만들며 놀이를 이어갔다. 놀이하는 중 한 유아가 "비오면 어떻게 학교 가? 우리는 차 타고 가면 되는데 진짜 힘들겠다."라고 이야기하자 "우산 쓰고 가면 되지~ 배에 지붕도 있어야 돼!"라며 지붕 있는 배를 만들기도 했다.
고민과 지원	- 유아들이 '선생님 놀이'를 하며 스스로 상황을 만들고 역할을 확장해 가는 모습을 보며, 이 자발적인 놀이 흐름 속에서 다문화 요소가 자연스럽게 스며들 수 있도록 교사가 놀이에 직접 개입하기보다는, 유아들의 상상력과 표현이 이어질 수 있도록 벽면에 세계 여러 나라의 학교 사진을 사전에 게시해 두고, 비구조적 재료(방석, 블록, 천 등)를 교실 한쪽에 충분히 마련해 두었다. - 놀이 중 유아가 "학교가 물 위에 떠 있어요!"라고 말하며 사진을 가리키고, 놀이가 '다른 나라 학교 놀이'로 자연스럽게 전환되는 모습을 지켜보며, 교사는 놀잇감 제공과 공간 정리 등을 지원하고 뒷받침하며 유아 주도의 흐름을 존중했다. - 유아들이 만든 상황 속 상상과 이야기가 타문화에 대한 오해나 고정관념으로 이어지지 않도록, 놀이가 끝난 후 "진짜 물 위에 있는 학교는 어떤 느낌일까?", "우리는 어떤 길로 학교에 가?"와 같은 질문을 통해 놀이를 회상하며 실제 문화와 연결할 수 있도록 지원하였다.
[평가] 놀이를 통한 배움	배를 타고 학교 가는 모습, 물 위에 있는 학교, 비 오는 날의 상황 등을 상상하며 다른 환경의 삶을 존중하고 이해하는 태도를 기를 수 있었으며 놀이를 통해 친구들과 상황을 만들고 역할을 나누며, 사회적 상호작용 능력과 창의적 사고를 기를 수 있었다. 유아들은 "비 오면 어떻게 하지?"라는 질문에 우산과 지붕을 떠올리고 만들어내는 등 친구와의 이야기를 통해 문제 해결력과 언어 표현 능력을 발달시킬 수 있었으며 단순히 '다른 나라 놀이'가 아닌, 유아 스스로가 문화를 기반으로 한 새로운 놀이 구조를 만들면서 다문화적 감수성을 자연스럽게 키울 수 있었다.
유의사항	- 유아들이 타문화에 대해 '특이하다'거나 '이상하다'는 표현을 쓰지 않도록 유의하며, 다른 문화는 '그럴 수 있어'라는 수용의 태도로 이어지도록 도움을 준다.

참/고/문/헌

감사원(2018). 성과감사 감사보고서 - 다문화가족정책 추진실태.

감사원(2023). 여성가족부 제출 자료.

강석광(2007). 국제결혼 이주여성과 자녀와의 의사소통에 관한 연구 - 충남 지역을 중심으로-. 공주대학교 대학원 석사학위논문.

강휘원(2010). 미국의 소수인종 통합정책 탐색: 교육, 복지, 언어정책을 중심으로. 한국 정책연구, 10(1), 51-71.

강휘원 · 강성철(2010). 독일 이주정책의 변화와 사회통합 거버넌스. 한국정책과학학회보, 14(4), 한국정책과학학회.

고병갑(2013). 다문화사회의 다문화정책에 대한 선행연구 다문화 연구에 대한 개념적 접근과 다문화정책의 방향 모색. 지방자치연구, 16, 21-41.

고은미 · 이수라 · 장미여 · 소강춘(2008). 국제결혼 이주여성을 위한 효과적인 한국어 지원 정책 방안 연구: 전북지역 기관별 여성결혼 이민자 지원프로그램 분석을 중심으로. 국어문학, 44, 111-138.

고정곤 · 김소영 · 이정순 · 김준권 · 손현숙(2008). 현장중심 부모교육의 이론과 실제. 서울: 양서원.

곽준혁(2007). 다문화 공존과 사회적 통합. 대한정치학회보, 15(2), 30-32.

곽한영(2010). 영국과 호주의 다문화교육. 교육개발 겨울호, 45-50.

교육과학기술부(2008). 다문화가정 자녀를 위한 효과적인 학교교육 실천 방안 탐색. 서울: 한국교육개발원.

교육과학기술부(2008). 종일반 특성화 교육과정 운영을 위한 유아 세계 시민 교육 활동자료.

교육과학기술부 · 보건복지부(2012). 5세 누리과정 해설서. 5세 누리과정 교사용 지침서.

교육부(1999). 유아를 위한 세계 이해교육 활동 지도 자료.

교육부(2024). 개정 표준보육과정.

교육부(2024). 개정 표준보육과정 고시문.

교육부 · 육아정책연구소(2019). 2019 개정 누리과정 유치원 관리자 연수 자료집.

교육부 · 보건복지부 · 육아정책연구소(2019). 2019 개정 누리과정 교사 연수자료.

교육부 · 보건복지부(2019). 2019 개정 누리과정 해설서.

교육인적자원부(2006). 다문화가정 자녀를 위한 교육지원 방안 연구.

교육인적자원부(2007). 2007년도 다문화가정 자녀 교육지원 계획.

구정화(2008). 국제 이해 교육이 초등학생의 세계 이해 태도에 미치는 효과 - 유네스코의

'외국인과 함께하는 문화교실CCAP)' 활동적용을 통해 -.

구정화 · 박윤경 · 설규주(2009). 다문화 교육 이해. 서울: 동문사.

국립특수교육원(2009). 특수교육학 용어사전. 서울: 하우.

권미경(2007). 다문화사회의 교육문화 과제 탐색: 여성결혼이민자의 체험에 관한 질적 연구. 동아대학교대학원 박사학위논문.

김미숙(2009). 영 · 유아 자녀를 둔 어머니의 양육스트레스에 관한 연구: 내국인과 결혼이민자를 중심으로. 성결대학교 대학원 석사학위논문.

김선미(2000). 다문화 교육의 개념과 사회과 적용에 따른 문제. 사회과교육연구, 4, 64-81.

김성희(2012). 다문화가정 어머니의 양육스트레스가 자녀의 발달산물에 미치는 영향. 세종대학교 대학원 석사학위논문.

김숙자 · 김윤이(2011). 표준보육과정에 기초한 보육프로그램에서의 다문화 관련 교육 내용 분석. 유아교육학논집, 16(3), 441-457.

김안나(2008). 여성 결혼이민자 가정환경변인과 유아기 자녀들의 언어능력과의 관계. 계명대학교 교육대학원 석사학위논문.

김연희(2007). 한국 사회의 다문화화와 사회복지분야의 문화적 역량. 사회복지연구, 35, 117-144.

김영옥(1998). 반편견 교육을 위한 유아교육과정, 반편견 교육과정을 통한 인간 교육. 한국어린이육영회, 65-74.

김영옥(2002a). 유아를 위한 다문화 교육 - 반편견, 세계 이해 교육의 현장 적용. 서울: 정민사.

김영옥(2002b). 유아 다문화교육 프로그램 모델 개발 연구. 유아교육논집, 6(2), 5-38.

김영옥 · 서현 · 박형신 · 정상녀 · 윤경선 · 박미자 · 이나영(2011). 유아 다문화교육의이론과 실제. 서울: 학지사.

김욱동(1998). 다문화주의의 도전과 응전. 미국학논집, 30(1), 29-49.

김이선 · 김민정 · 한건수(2006). 여성 결혼이민자의 문화적 갈등 경험과 소통증진을 위한 정책 과제. 한국여성정책연구원 협동연구총서, 06-02-07, 291-308.

김이선 · 황정미 · 이진영(2007). 다민족 · 다문화사회로의 이행을 위한 정책 패러다임 구축(I): 한국사회의 수용과 현실 정책 과제. 한국여성정책연구원.

김인영(2015). 문화간 의사소통능력과 문화간 감수성에 미치는 과정극 기반 초등 영어 문화수업의 효과. 서울교육대학교 교육전문대학원 석사학위논문.

김정열 · 박수준 · 유정욱(2014). 다문화가정의 상담과 실제. 경기: 공동체.

김지윤(2012). 다문화사회 통합정책 비교 연구 - 독일, 프랑스, 미국 및 캐나다의 다문화사회 비교. 숙명여자대학교 국제관계대학원 석사학위논문.

김지현(2009). 다문화가정 어머니를 위한 영 · 유아 건강관리 교육프로그램 개발. 이화여자대학교 대학원 박사학위논문.

김지현 · 정지나 · 조윤주(2015). 부모교육. 파주: 양서원.

김춘경 · 이수연 · 이윤주 · 정종진 · 최웅용(2016). 상담의 이론과 실제. 서울: 학지사.

김춘화(2009). 다문화가정 어머니의 양육스트레스 및 양육지원 요구에 관한 연구. 숭실대학교 교육대학원 석사학위논문.

김현미(2006). 국제결혼의 전 지구적 젠더 정치학 - 한국 남성과 베트남 여성의 사례를 중심으로. 경제와 사회, 70, 10-37.

김현미(2009). 결혼이주여성의 사회통합: 가부장제와 다문화주의 사이에서. 서울: 국회입법조사처.

김현희(2007). 다문화복지 아동 · 청소년의 실태와 과제. 한국청소년보호지도학, 11(2), 75-92.

김혜숙(2011). 유아 다문화교육의 이론과 실제. 파주: 양서원.

김혜순(2007). 한국다문화주의의 이론화. 동북아위원회 최종보고서.

김혜순(2010). 이민자사회통합정책(결혼이민자, 다문화가족). 이민정책연구원 토론회 자료집.

김희경(2010). 다문화가정 여성결혼이민자의 스트레스 유형분석, 여성연구, 18, 119-158.

노석봉(2010). 중등학교 예비교사들의 다문화가정 학생과 다문화 교육에 대한 인식 조사 연구. 전남대학교 교육대학원 석사학위논문.

류왕효(2008). 부모교육. 서울: 신정.

마송희(1992). 유아의 사회적 수용도에 관한 연구. 중앙대학교 대학원 박사학위논문.

민은홍(2008). 영아기 자녀를 둔 어머니의 양육지원과 양육스트레스의 관계. 경원대학교 교육대학원 석사학위논문.

박미경(2007). 교사를 통해 본 다문화가정 유아의 특성 및 교사의 어려움. 이화여자대학교 대학원 석사학위논문.

박성혁 · 곽한영(2009). 다문화 교육정책 국제 비교를 통한 우리나라 다문화 교육정책 방향 모색. 시민교육연구, 100-102.

박윤경(2010). 학교 다문화 교육 실태: 현황과 과제. 제32회 서울 Y 포럼. 서울 YWCA.

박은혜(1998). 반편견 교육을 위한 교사의 반성적 사고, 반편견 교육과정을 통한 인간 교육. 한국어린이육영회, 37-63.

박재옥(2013). 통합적 다문화교육 프로그램의 개발과 유아의 다문화 수용성 및 창의적 놀이행동. 인하대학교 대학원 박사학위논문.

박재옥 · 이완정(2012). 결혼이중성교사에 의한 다문화이해프로그램과 유아의 다문화에 대한 인식 및 또래와의 놀이성. 한국보육지원학회, 1738-9496.

박재옥 · 이완정(2013). 통합적 다문화 교육 프로그램이 유아의 다문화 수용성에 미치는 효과. 한국가정관리학회, 1229-1331.

박재옥 · 이완정(2013). 다문화 이해 접근을 통한 세계 여러 나라 프로그램이 유아의 창의적 사고력과 창의적 놀이 행동에 미치는 영향. 1226-1688.

박재옥 · 홍길회(2020). 유아 다문화교육. 서울: 창지사.

박주희 · 정진경(2007). 국제결혼 이주여성의 문화적응과 정체성. 한국심리학회지 여성, 12(4). 395-432.

박찬옥 · 이예숙(2010). 유치원 교육활동 지도서에 나타난 다문화 교육내용 및 방법 분석. 유아교육학논집, 14(6), 383-403.

박채복(2017). 독일의 이주자정책: 사회적 통합과 배제의 딜레마. 한독사회과학논총, 17(1), 293-319.

박철희(2008). 한국사회 다문화화에 따른 초등학교 교과서 내용에 대한 문제 제기와 한국적 다문화 교육의 방향모색. 한국교육사회학과 – 국제 이해 교육학회 공동학술대회(다문화사회와 다문화 교육, 경주), 발표원고.

배정규(1995). 정신분석치료에서의 공감과 인간중심치료에서의 공감. 사회과학연구, 1, 323-335.

백금순(2015). 부모상담 과정에서 어린이집교사가 경험하는 협력적 관계형성에 관한 현상학적 연구. 동국대학교 교육대학원 석사학위논문.

법무부(2025). 2023 출입국자 및 체류외국인 통계.

법무부(2025). 2023 출입국자 및 체류외국인 통계. 시군구별 및 국적(지역)별 등록외국인 현황.

법무부 · 출입국 · 외국인정책본부(2013). 출입국 · 외국인정책 통계월보. 2013년 3월호.

보건복지가족부(2008). 다문화가족상담 가이드북. 서울: 전국다문화가족사업지원단.

보건복지부(2005). 국제결혼 이주여성 실태조사 및 보건·복지지원정책 방안.

보건복지부(2009). 다문화가정의 중장기 전망 및 대책연구.

보건복지부(2013). 제3차 표준보육과정(2013. 8).

보건복지부(2015). 보육통계.

서범석(2010). 다문화 교육정책의 현황과 발전방향 탐색. 한양대학교 대학원 박사학위논문.

서현·이승은(2007). 농촌지역의 국제결혼가정 자녀가 경험하는 어려움에 관한 연구. 열린유아교육연구, 12(4), 25-47.

설동훈(2006). 국민 민족 인종: 결혼이민자 자녀의 정체성. 한국사회학회. 동북아 다문화시대 한국사회의 변화와 통합. 동북아시대위원회 용역과제 보고서.

설동훈(2006). 선진 외국의 다인종·다문화 정책 사례. 지방의 국제화, 33-39.

성상환·김명정·배화순·이윤주(2010). 다문화가정 동반·중도입국 자녀 교육 수요 및 지원방안 연구. 교육과학기술부.

송미경·지승희·임영선(2007). 다문화가정 외국인 모의 경험에 관한 연구. 한국청소년상담원, 140.

송미경·지승희·조은경·임영선(2008). 다문화가정 외국인 모의 부모경험에 관한 연구. 한국 상담 및 심리치료학회지, 20(2), 497-517.

송요현(2009). 결혼이민자가정 유아의 언어능력과 유아-어머니 간 놀이상호작용. 인하대학교 대학원 박사학위논문.

신경희(2008). 농촌의 결혼이민자가정 교육프로그램 개선을 위한 연구. 서강대학교 공공정책 대학원 석사학위논문.

신숙재(1997). 어머니 양육스트레스, 사회적 지원과 부모효능감이 양육행동에 미치는 영향. 연세대학교 대학원 박사학위논문.

신정완(2014). 스웨덴 거주 이주민의 사회적 배제의 실태와 원인. 산업노동연구, 20(2), 277-315.

안은미(2007). 농어촌 국제결혼가정 자녀의 학교적응에 영향을 미치는 요인에 관한 연구. 이화여자대학교 대학원 석사학위논문.

안지영(2001). 2~3세 자녀를 둔 어머니의 양육신념, 효능감 및 스트레스가 양육 행동에 미치는 영향. 이화여자대학교 대학원 박사학위논문.

양옥경·김연수·이방현(2007). 서울거주 국제결혼이주여성의 문화적응과 사회적 지원서비스에 관한 조사연구. 서울도시연구, 8(2), 229-251.

양옥승(1997). 유아교육과정 연구의 재개념화 : 다문화주의의 적용. 덕성여대교육연구, 21(1), 11-30.

여성가족부(2007). 다문화가정 자녀 교육지원 대책.

여성가족부(2013). 2012 전국다문화가족실태 조사연구, 13-16. 한국여성정책연구원

여성가족부(2021). 2021 전국다문화가족 실태조사.

여성가족부(2022). 2022 다문화가족 관련 통계 현황.

오경석 외(2007). 어떤 다문화주의인가?: 다문화사회 논의에 관한 비판적 조망 - 한국에서의 다문화주의: 현실과 쟁점. 한울아카데미.

오성배(2005). 코시안 아동의 성장과 환경에 관한 사례 연구. 한국교육, 32(3), 61-83.

오성배(2007). 현장진단: 국제결혼 가정 자녀의 교육 환경과 문제. 교육비평, 22, 186-213.

왕한석 · 한건수 · 양명희(2006). 국제결혼 이주여성의 언어 및 문화적응 실태 연구: 전라북도 임실군 일원 사례 보고서. 국립국어원.

우민정 · 박성희 · 안지영 · 김민정(2008). 교사를 위한 영 · 유아보육의 실제. 서울: 정민사.

원명선(2006). 아버지의 자녀양육참여도 및 어머니의 양육행동과 유아의 또래놀이 상호작용과의 관계. 경희대학교 교육대학원 석사학위논문.

유네스코 아시아 · 태평양 국제이해 교육원(2007). 다문화사회의 이해(pp. 91-93). 서울: 동녘.

유네스코 아시아. 태평양 국제이해 교육원(2009). 다문화사회의 이해. 서울: 동녘.

유승희 · 김욱진(2018). 국내 여성결혼이민자의 사회문화적 적응에 영향을 미치는 요인에 관한 연구. 다아스포라연구, 12(1), 251-305.

유의정(2009). 다문화 교육지원체계의 현황과 과제. 국회도서관보, 46(10).

유의정 · 전형진(2011). 다문화 교육의 현황과 과제. 국회입법조사처.

유재경(2009). 유아를 위한 다문화 교육의 적용사례. 수업능력 향상을 위한 다 학문적 접근(pp. 181-197). 아이 코리아 연수원.

이경우 · 류재경(1999). 다문화 환경 체크리스트에 관한 기초. 어린이교육, 1, 83-98.

이경우 · 이은화 편역(1999). 반편견 교육과정: 어린이에게 대응능력을 길러 주는 도구. 서울: 창지사.

이경희(2011). 한국 다문화 교육 정책에 대한 비판적 고찰. 교육사회학연구, 21(1), 111-131.

이광규(1998). 반편견 교육과정을 통한 인간 교육. 반편견 교육과정을 통한 인간 교육. 한국어린이육영회, 1-1.

이규영 · 김영미(2010). 호주의 다문화주의정책과 이주민 참정권. 국제정치논총, 50(1), 445-467.

이기숙 · 이경미 · 강경아(2001). 요리활동을 통한 다문화 교육. 교과교육학연구, 5(2), 21-39.

이명종(2013). 한국 다문화 교육 정책의 내용 및 실태 분석. 중부대학교대학원 박사학위논문.

이미승 · 김갑숙(2008). 집단미술치료가 여성결혼이민자의 문화적응 스트레스와 결혼만족도에 미치는 효과. 한국가족복지학, 13(4), 123-143.

이민경(2008). 프랑스 다문화 교육의 배경과 쟁점. 교육과정평가연구, 10(2), 53-76

이선주 · 민무숙 · 신현옥 · 이태정(2010). 민족 · 다문화사회로의 이행을 위한 정책패러다임 구축(III): 다문화사회의 사회통합과 다각적 협력체계 증진방안. 한국여성정책연구원.

이숙희 · 고인숙 · 최향순(2003). 현대 부모교육론. 서울: 교육아카데미.

이순형 · 우현경 · 최나야 · 정현심 · 이강이(2009). 다문화가정 어머니의 한국어능력과 유아기 자녀의 언어발달. 아동학회지, 30(3), 23-36.

이영란(2010). 프랑스 컬리지 3학년 시민교과목 연구 :주요 지향점과 핵심쟁점을 중심으로. 교육사회학연구, 21(2), 149-173.

이용일(2007). 이민과 다문화사회로의 도전-독일의 이민자 사회통합과 한국적 함의. 서양사론, 92, 219-254.

이유진(2009). 캐나다의 이민자 통합정책 레짐에 대한 연구: 온타리오 주를 중심으로. 다문화사회연구, 2(1).

이지현 · 진수진 · 주현정 · 조연실(2012). 결혼이주여성의 한국어능력, 자아존중감, 문화적응 스트레스가 가족건강성에 미치는 영향 - 부부적응의 매개효과를 중심으로. 지역사회건호학회지, 24(1), 87-98.

이철용(2007). 독일의 '뒤늦은' 이민자 사회통합정책. 이화사학연구소 제32회 정기학술대회 발표논문집, 29-44.

이태주(2007). 다민족, 다문화사회 진전에 있어서의 사회갈등 양상과 극복과정 - 호주와 일본의 사례. 한국여성정책연구원.

이해영 · 김영규 · 박선희 · 이준호(2010). 다문화사회의 언어정책 사례와 효과 조사 연구. 문화체육관광부.

이현숙(2000). 유아교육에서의 반편견 교육의 적용. 경복논총, 4, 299-321.

이현지 · 김재춘(2012). 예비유아교사들이 생각하는 다문화 교육의 바람직한 교사상. 다문화교육연구, 5(2), 1-25.

임동진(2018). 호주 정부수준별 다문화 정책의 추진체계 및 프로그램 분석. 한국행정학회 2018년 하계공동학술대회 및 국제학술대회논문집, 1317-1338.

임우영(2010). 유치원교사의 부모-교사 협력에 따른 교사-유아 상호작용. 경희대학교 교육대학원 석사학위 논문.

장영희(1997). 유아를 위한 다문화 교육의 개념 및 교수방법에 대한 이론적 고찰. 성신여대 연구논문집, 35, 395-314.

장인실(2003). 다문화 교육(Multicultural Education)이 한국 교사교육과정 개혁에 주는 시사점. 교육과정연구, 21(3), 409-431.

장인실(2006). 미국 다문화 교육과 교육과정. 교육과정연구, 26(4), 27-53.

전경숙(2010). 다문화 교육에 대한 초등교사의 인식. 경남대학교 대학원 석사학위논문 .

전상미(2006). 영 · 유아기 자녀를 둔 어머니의 양육스트레스와 양육지원 요구도에 관한 연구. 울산대학교 대학원 석사학위 논문.

정방자(1995). 심리치료 특강 : 상담과 심리치료. 한국임상심리학회 하계 학술대회 자료집, 1-11.

정선희(1997). 다문화 교육에 관한 유아교사의 인식과 실태조사. 이화여자대학교 대학원 석사학위 논문.

정정희(2006). 농촌지역 결혼 이주 여성 자녀의 보육시설 적응. 대구 · 경북 RHRD연구보고서. 대구경북연구원.

정천석 · 강기정(2008). 국제결혼 이주여성의 한국생활 적응유형에 관한 연구. 한국가족복지학, 13(1), 5-23.

정하성, 우룡(2007). 다문화가정 청소년의 사회적응 실태 및 사회적응 프로그램 개발방안. 한국청소년정책연구원 연구보고서.

정현숙(2007). 가족생활교육. 서울: 신정.

정혜영(2010). 다문화가정 어머니의 양육스트레스와 양육행동이 아동의 학교 준비도에 미치는 영향. 고려대학교대학원. 석사학위논문.

조연순(1996). 세계교육(Global Education) 프로그램의 비교분석 - 미국, 동남아시아, 한국을 중심으로. 교육학연구, 34(3), 359-383.

조연옥(2008). 다문화사회의 사회통합 정책 활성화에 관한 연구법 제도 및 사회문화 정책을 중심으로. 경희대학교 대학원 석사학위논문.

조영달(2006). 다문화가정의 자녀 교육 실태 조사. 교육인적자원부.

조정남(2001). 현대국가와 다문화주의. 민족연구, 30, 6-7.

지표누리 홈페이지(2025). 연도별 귀화 및 국적상실 현황.

차윤경(2010). 다문화 교육의 지향점 및 실천적 방법. 제32회 서울 Y 포럼, 서울 YWCA.

채정란(1999). 다문화 교육의 관점에서 본 우리나라와 다른 나라 생활주제 분석.한국교원대학교 대학원 석사학위 청구논문.

최경희(2011). 정신역동적 부모교육. 대구: 이문출판사.

최연실(2007). 도시 국제결혼가정아동과 일반가정아동의 이야기 능력 비교. 명지대학교 사회교육대학원 석사학위논문.

최종렬 · 김정규 · 임운택 · 최인영(2008). 다문화주의의 이론적 패러다임과 국가별 유형비교. 서울: 한국여성정책연구원.

최진영 · 조현희 · 이선민(2014). 다문화 교육 접근법에 따른 다문화 교육 정책 및 실행 분석. 초등교육연구, 27(4), 295-322.

최충옥(2012). 다문화 교육에 대한 기술가정과 교사의 인식도 분석 모형 개발: 2007 개정 교육과정을 중심으로. 다문화 교육, 3(2), 25-50.

통계청(2025). 2024 인구동향조사. 한국인 남편의 혼인종류 · 외국인 아내의 국적별 혼인.

통계청 보도자료(2012. 7. 15). 2011년 국제인구이동통계(http://kostat.go.kr/portal/korea/k or_nw/2/1/index.board).

하숙현(2000). 다문화 교육에 대한 부모의 인식 및 양육실제 연구조사. 성균관대학교 교육대학원 석사학위논문.

한경선(2008). 여성결혼이민자의 양육스트레스에 영향을 미치는 요인. 한남대학교 대학원 석사학위논문.

한국교육개발원(2023). 교육기본통계.

한국교육과정평가원(2008). 다문화 교육을 위한 교수 · 학습 지원 방안 연구 - 2. 사회과 교수 · 학습 프로그램 개발을 중심으로. 연구보고, RRI 2008-5.

한국보건사회연구원(2013). 다문화가족의 건강문제와 정책과제. 보건 · 복지Issue & Focus, 제185호(2013-15).

한국보육진흥원(2017). 보육교직원을 위한 다문화보육 직무교육과정. 한국보육진흥원.

한국사회학회(2006). 동북아 다문화 시대 한국사회의 변화와 통합. 동북아시대위원회용역과제 보고서.

한국지방자치단체국제화재단(2008). 지방자치단체 거주 외국인 지역사회 정착지원 업무편람.

한서연(2012). 다문화가정 자녀양육을 위한 부모교육 프로그램 개발. 중앙대학교 대학원 박사학위논문.

한석실(2007). 다문화 시대 유아교사교육의 방향모색. 미래유아교육학회지, 14, 29-53.

한영혜(2006). 일본의 다문화공생 담론과 아이덴티 재구축. 사회와 역사, 71, 155-184.

한재희(2016). 한국적 다문화 상담. 서울: 학지사.

행정안전부(2023). 지방자치단체 외국인주민 현황. 각년도.

홍길회(2014). 일과를 통한 다문화 교육 프로그램이 유아의 다문화 수용성과 친사회적인 행동에 미치는 영향. 한국보육지원학회지, 10(6), 313-332.

홍길회 · 박재옥(2013). 유아 다문화교육의 실제. 서울: 창지사.

홍길회 · 황정해(2019). 가족관계의 이해. 경기: 정민사.

홍은미(2014). 사회적 지지의 원천 및 만족도가 결혼이주여성의 양육 스트레스에 미치는 영향. 평택대학원 대학원 박사학위논문.

황미혜(2011). 한국의 이민자 사회통합정책에 관한 연구. 동아대학교 동북아 국제 전문대학원 박사학위논문.

황현주(2003). 유치원 개인면담의 현황 및 교사와 부모의 요구. 이화여자대학교 대학원 석사학위논문.

Alger, C. F. & Harf, J. E. (1986). Global education: why? for whom? about what? In R. E. Freeman(Eds.), *Promising Practices in Global Education: A Handbook With Case Studies*, 1-13. NY: The National Council on Foreign Language and International Studies.

Banks, J. A. & Banks, C. A. (2010). *Multicultural education: Issues and Perspective*. 다문화 교육: 현안과 전망(2011) (차윤경 · 부향숙 · 윤용경 역). 박학사.

Banks, J. A. (1994). Transforming the mainstream curriculum. *Educational Leadership*, *51*(8) 4-8. (ERIC Documentation Reproduction Service No. EJ508257).

Banks, J. A. (2008). 다문화 교육 입문 (모경환 · 최충옥 · 김명정 · 임정수 역). 서울: 아카데미프레스.

Banks, J. A., & Banks, C. A. (1993). *Multicultural education: Issues and perspectives*. Boston:

Allyn and Bacon.

Castles, S. & Miller, M. J. (2013). 이주의 시대 (한국이민학회 역). 서울: 일조각.

Corey, G. (1986). *Theory and Practice of Counseling and Psychotherapy*(3rd Ed.). Monterey, California: Books/Cole Publishing Company.

Derman-Sparks, L. (1989). Anti-bias curricolum: Tools for empowering young children. Washington, DC: National Association for the Education of Young Children.

Derman-Sparks, L. & A. B. C. Task Force (1989). Anti-bias Curriculum: Tools for Empowering Young Children. Washington, D. C.: NAEYC.

Ekberg, J. (2007). Fungerar integrationspolitiken? (통합정책이 기능하는가?). Eknomisk Debatt (경제토론), 2007, No. 3.

Fix, M. (2006). 다문화사회 미국의 이민자 통합정책(2009) (곽재석 역). 서울: 한국학술정보, 25.

Gollnick, D. M. & Chinn, P. C. (2009). *Multicultural education in a pluralistic society*. Upper Saddle River, NJ: Pearson Prentice Hall.

Hall, N. S. & Rhomberg. V. (1995). The affective curriculum, teaching the anti-bias approach to young children. Nelson Canada : International Thomson Pub.

Hanvey, R. G. (1976). *An attainable global perspective*. Denver, CO: The Center for Teaching International Relations. The University of Denver.

Jarolimek, J. (1986). Social studies in elementary education. New York, NY: Macmillan.

Jones, E., & Derman-Sparks, L. (1992). Meeting the challenge of diversity. *Young Children*, *7*, 12-18.

Kessler (1991). Teaching bilingual children. *Studies in Second Language Acquisition*, *18*(1), 130-131.

Koeppel, J. & Mulrooney, M. (1992). The Sister program- A Way for children to Learn about Cultural Diversity. *Young Children*, *69*, 24-32.

Koopmans, R. (2010). Trade-Offs between Equality and Difference: Immigrants Integration, Multiculturalism and the Welfare State in Cross National Perspective. *Journal of Ethnic and Migration Studies*, *36*(1).

Ladd, G. W. & Burgess, K. B. (2001). Charting the relationship trajectories of aggressive withdrawn children during early grade school. *Child Development*, *61*(4), 1081-1100.

Ladd, G. W., Kochenderfer, B. J., & Coleman, C. C. (1996). Friendship quality as a predictor of young choldren's early school adjustment. *Child Development*, *67*(3), 1103-1118.

Melendez, W. R., Beck, V., & Feltcher, M. (2000). *Teaching social studies in early education*. NY: Delmar.

Melendez, W. R. & Beck, V. (2007). *Teaching young children in multi-cultural classrooms*. Thomson Learning.

Merryfield, M. (1997). A framework for teacher education in global perspectives. In M. Merryfield et. al. (Eds.), *Preparing Teachers to Teach Global Perspectives, Handbook for Teacher Educators*, 1-24. CA: Corwin Press, Inc.

Merryfield, M. (2000), Why aren't teachers being prepared to teach for diversity, equity, and global interconnectedness?: A study of lived experiences in the making of multicultural and global educators. *Teaching and Teachers Education*, *16*, 429-443.

Modood, T,(2005). *Multicultural Politics: Racism, Ethnicity, and Muslims in Britain*, (p. 240). USA: University of Minnesota Press.

Nieto, S. (1992). Affirming diversity. The sociopolitical context of multicultural education. NY: Longman.

Northrup, D. (2005). Globalization and the Great Convergence: Rethinking World History in the Long Term, *Journal of World History*, *16*(3), 251-253.

Ramsey, P. G. (1982). Multicultural education in early childhood. *Young children*. *37*(2), 13-24.

Ramsey, P. G. (1987). Teaching and learning in a diverse world : multicultural education for young children. Teachers College Press, NY : Columbia Univ.

Ramsey, P. G. & Williams, L. R. (2003). *Multicultural education: A source book*(2nd Ed.), NY: Routledge Falmer.

Reitz, J. G. (2005). Tappng Immigrant's Skills: New Directions for Canadian Immigration Policy in the Knowledge Economy. *IRPP Choices*, *11*(1), Februrary. www. irpp.org.

Rogers, C. R. (1951). *Client-centered therapy*. London: Constable

Ryan, P. (2010). *Multicultiphobia*. Toronto: University of Toronto Press.

Samuels, V. J. (1994). *Teacher belief and classroom practices regarding a curriculum that is multicultural and anti-bias*. Doctoral dissertation, Iowa State University.

Schmidt, R. (2009). Comparing Federal Government Immigrant Settlement Policies in Canada and the United States, *American Review of Canadian Studies, 37*(1). 103-122.

Seefeldt, C. (2005). *Social studies for the preschool / primary child*. NeW JerseY : Pearson Merrill Prentice Hall.

Sleeter, C. E. & Grant, C. A. (2008). *Making choices for multicultural education: Five approaches to race, class, and gender*. 다문화 교육의 탐구: 다섯 가지 방법들(2009) (문승호 · 김영천 · 정정훈 역). 서울: 아카데미프레스.

Stoffman, D. (2002). Who gets in: what's wrong with Canada's immigration program-and how to fix it. *International Journal*, Toronto 58(1).

Sue, D. W. (2006). *Multicultural Social Work Practice*. John Wilety & Sons, Inc.

Sue, D. W. & Sue, D. (2008). *Counseling the culturally diverse: theory and practice*. 다문화 상담: 이론과 실제 (하혜숙 · 김태호 · 김인규 · 이호준 · 임은미 역). 서울: 학지사.

Tiedt, P. L. & Tiedt, I. M. (2009). *Multicultural teaching: A Handbook of Activities, Information, and Resources* (8th Ed.). Boston, MA: Allyn & Bacon.

Tye, K. (1999). *Global education A worldwide movement*. CA: Interdependence Press.

Ukpokodu, N. (1999). Multiculturalism vs. globalism, *Social Education, 63*(5), 289-300.

UNESCO (1974). *The recommendation concerning education for international understanding, cooperation and peace and education relating to human rights and fundamental freedom*.

Weaver, H. N. (2005). *Explorations in Cultural Competence: Journeys to the For Directions*. Belmont, CA: Thomson.

저자 소개

박 재 옥

인하대학교 대학원 아동학 박사
인천대학교 강사
한국건강가정진흥원 다문화 전문강사
인하대학교 강사 · 겸임교수
동남보건대학교 강사 · 겸임교수
시립월곶어린이집 원장
시립군자어린이집 원장

[주요 저서]

아동관찰과 행동연구
영유아를 위한 수학교육
다문화교육의 실제
영유아 수학교육
유아 다문화교육
보육기관운영의 실제 등

유아 다문화교육

초 판 1쇄 인쇄 2025년 9월 5일
초 판 1쇄 발행 2025년 9월 12일

지 은 이 | 박재옥
펴 낸 이 | 김기섭
편 집 인 | 오선율 · 이윤희
펴 낸 곳 | 창지사 www.changjisa.com
08589 서울시 금천구 가산디지털 1로 83 파트너스타워 1차 9층
전화 (02)719-2211~3
팩스 (02)701-9386
등 록 | 1977년 4월 28일 · 제1-421호

ⓒ 박재옥, 2025
- 이 책 내용의 전부 또는 일부를 재사용하려면 반드시 저작권자와 창지사 양측의 동의를 받아야 합니다.
- 저자와 협의하여 인지는 생략합니다.
- 출판물 불법 복사, 불법 북스캔은 저작권 위반으로 처벌받을 수 있습니다. 불법 제본으로 처벌될 경우(전과기록됨) 취업 불이익이나 해외유학과 이민 등 비자발급이 거부되는 불이익이 발생할 수 있습니다.

ISBN 978-89-426-1938-2 (93370)

값 24,000원